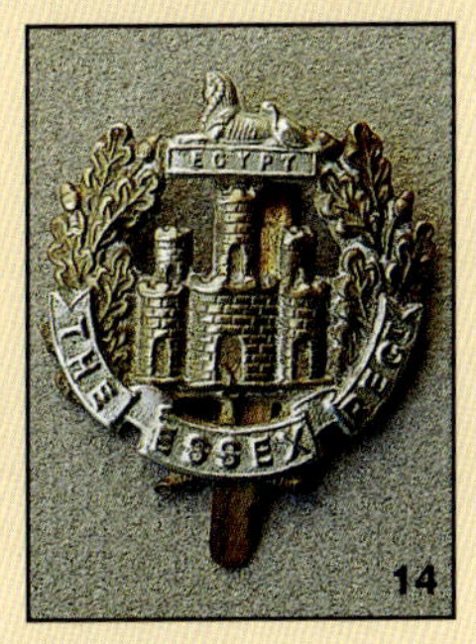

Insignes régimentaires de coiffure (cap badge)

1. Argyll and Sutherland Highlanders (15th et 51st Infantry Divisions).

2. Black Watch (51st Infantry Division).

3. Coldstream Guards (Guard Armoured Division).

4. Dorsetshire Regiment (43 rd Infantry Division).

5. Duke of Cornwall's Light Infantry (43rd Infantry Division).

6. Duke of Wellington Regiment (49th Infantry Division).

7. Cameronian Regiment (15th Infantry Division).

8. Cheshire Regiment (50th Infantry Division, 6th Airborne Division).

9. Devonshire Regiment (50th Infantry Division).

10. Dorsetshire Regiment (50th Infantry Division).

11. Durham Light Infantry (50th Infantry Division).

12. East Lancashire Regiment (53rd, 59th Infantry Divisions).

13. East Yorkshire Regiment (3rd, 50th Infantry Divisions).

14. Essex Regiment (49th Infantry Division).

15. Fife and Forfar Yeomanry (11th Armoured Division).

16. Glasgow Highlanders (15th Infantry Division).

17. Gloucestershire Regiment (49th Infantry Division).

François de Lannoy

21st Army Group

HEIMDAL

– Ouvrage conçu par Georges Bernage.

– Ecrit par François de Lannoy.

– Traduction : John Lee.

– Cartes : Bernard Paich.

– Maquette : Erik Groult.

– Composition et mise en pages : Christel Lebret.

– Photogravure : Christian Caïra, Philippe Gazagne.

– Infographie : Philippe Gazagne.

– Iconographie : IWM.

Editions Heimdal
Château de Damigny - BP 61350 - 14406 BAYEUX Cedex
Tél. : 02.31.51.68.68 - Fax : 02.31.51.68.60 - E-mail : Editions.Heimdal@wanadoo.fr

ISBN 2 84048 184 7

II

Avant-propos
Foreword

Du 6 juin au 25 août 1944, deux millions de soldats alliés auront débarqué en Normandie. Placés sous l'autorité du *21st Army Group*, ils auront mené une campagne décisive, face à un adversaire habile et déterminé. Ils auront aligné des unités d'élite, Rangers, Commandos, trois divisions de paras, mais aussi de nombreuses divisions d'infanterie et des divisions blindées, dont la *79th Armoured Division* avec ses chars spéciaux. Certaines divisions sont très connues, surtout celles qui ont débarqué le 6 juin. Mais d'autres ne sont que rapidement évoquées dans les historiques. Cet ouvrage permet enfin de retrouver toutes les divisions qui ont participé à la Bataille de Normandie, leur histoire, leur organisation, leurs chefs mais aussi les emblèmes qui permettaient de les distinguer et, en ce domaine, les Britanniques présentent, comme à l'habitude, une riche tradition.

Cet ouvrage, comblera une importante lacune et permettra d'appréhender enfin clairement toutes ces unités et l'histoire de ces deux millions de combattants qui ont subi 206 703 pertes en Normandie.

Between 6 June and 25 August 1944, two million Allied soldiers landed in Normandy. Placed under the command of the 21st Army Group, they fought a decisive campaign against a skilful and determined enemy. They committed crack units like the Rangers, Commandos, and three paratroop divisions, as well as numerous infantry divisions and armoured divisions, including the 79th Armoured Division with its special tanks. Some of these divisions are well-known, particularly those that came ashore on D-Day. Others only get a brief mention in the histories. Now this book brings together the story of all the divisions that took part in the Battle of Normandy, their history, their organization, their commanders, and also the emblems they used to tell each other apart; here as usual, the British have a rich tradition to draw upon.

This book will fill a major gap and at last gives a clear overall picture of all these units, along with the story of these two million fighting men who suffered 206,703 losses in Normandy.

Georges Bernage
Historien et éditeur

De gauche à droite : *From left to right : General* Omar N. Bradley, *Admiral* Bertram H. Ramsay, *Air Marshall* Arthur W. Tedder, Eisenhower, *General* Bernard L. Montgomery, *Air Marshall* Stafford Leigh-Mallory, *General* Walter Bedell-Smith *(US Army.)*

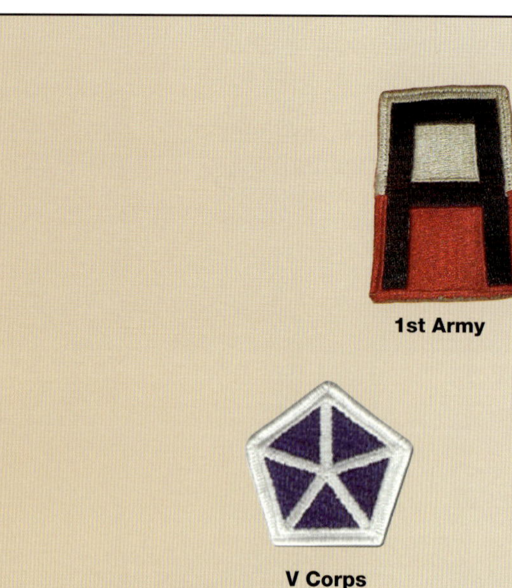

1st Army

3rd Army

V Corps

VII Corps

VIII Corps

XII Corps

XV Corps

XIX Corps

XX Corps

1st Inf. Div.

2nd Inf. Div.

4th Inf. Div.

5th Inf. Div.

8th Inf. Div.

9th Inf. Div.

28th Inf. Div.

29th Inf. Div.

30th Inf. Div.

35th Inf. Div.

79th Inf. Div.

80th Inf. Div.

83rd Inf. Div.

90th Inf. Div.

Armored Divisions

8nd Air. Div.

101st Air. Div.

21st Army Group

2nd Army

I Corps

VIII Corps

XII Corps

XXX Corps

3rd Inf. Div.

15th (Scottish)

43rd (Wessex)

49th (West Riding)

50th (Northumbrian)

51st (Highand)

53rd (Welch) Inf. Div.

59th (Staffordshire)

Guards Arm. Div.

7th Arm. Div.

11th Arm. Div.

79th Arm. Div.

6th Airborne Div.

1st Canadian Army

II Canad. Army

2nd Canad. Inf. Div.

3rd Canad. Inf. Div.

4th Canad. Arm. Div.

2ᵉ DB

1st Polish Arm. Div.

Bibliographie
Bibliography

1) Généralités sur le débarquement et la bataille de Normandie/*General titles on the D-Day landings and the Battle of Normandy*

- *The D-Day Encyclopedia,* New York (Simon and Schuster) 1994, 665 p.
-Bernage (G.)
La retraite allemande, Bayeux (Heimdal) 1988, 96 p.
Les Canadiens face à la Hitlerjugend, Bayeux (Heimdal) 1991, 80 p.
Diables rouges en Normandie, 6th Airborne Division, Bayeux (Heimdal) 2002, 168 p.
Omaha Beach, Bayeux (Heimdal) 2002, 200 p.
Gold Juno Sword, Bayeux (Heimdal) 2003, 200 p.
-Bernage (G.) et alia
Overlord conception, préparation, réalisation, Bayeux (Heimdal) 1993, 544 p.
Bataille de Normandie, album mémorial, Bayeux (Heimdal) 1993, 543 p.
La Garde contre la Hohenstaufen, Bayeux (Heimdal) 1992,64 p.
Falaise-Argentan, le couloir de la mort, Bayeux (Heimdal) 1994, 80 p.
-Keegan (J.) *Six Armies in Normandy, from D Day to the Liberation of Paris*, London (J. Cape) 1982, XVII-364 p.

2) Unités américaines/*US units*

* Généralités/*General*

- Crookenden (N.) *Dropzone Normandy. The story of the American and British airborne assault on D Day 1944*, London 1976, 304 p.
- Dornbusch (C.E.) *Histories of american army units of World War I et World War II*, Washington (Department of Army) 1956, XIV-310 p. (bibliographies)
- *Fact sheet on the Divisions*, Washington 1945-1947 (dactylographié, non paginé)
- Kerrigan (E.E.) *American badges and insignia*, New York (Viking Press) 1967, 286 p.
- Mac Donald (C.B.) *The mighty endeavor. American armed Force in the European Theater in world war II*, New York (Oxford University Press) 1969, 564 p.

* Monographies/*Monographs*

- *The First ! The story of the 1st Infantry Division*, Paris 1945, 32 p.
- *From D + 1 to 105...The story of the 2nd Infantry Division*, Paris 1945, 32 p.
- *Famous Fourth. The story of the 4th Infantry Division*, Paris 1945, 32 p.
- *These are my credentials ! The story of the 8th Infantry Division*, Paris 1945, 32 p.
- Mittleman (J.O.) *Eight stars to victory. A hitory of the veteran 9th US Infantry Division*, Washington 1948, 407 p.

- *Hitler Nemesis. The story of the 9th Infantry Division*, Paris 1945, 32 p.
- *28th Roll on ! The story of the 28th Infantry Division*, Paris 1945, 32 p.
- *29th let's go. History of the 29th Infantry Division*, Paris 1945, 32 p.
- *Attack ! The story of the 35th Infantry Division*, Paris 1945, 32 p.
- *The cross of Lorraine Division. the story of the 79th Infantry Division*, Paris 1945, 32 p.
- *Forward 80th. The story of the 80th Infantry Division*, Paris 1945, 32 p.
- *All American. The story of the 82nd Airborne Division*, Paris 1945, 32 p.
- *Tough Ombres ! The story of the 90th Infantry Division*, Paris 1944, 32 p.
- *The saga of the 3rd Armored spearhead Division*, Paris 1945, 32 p.
- Koyen (K.) *The 4th Armored Division from beach to Bavaria*, Watertown 1949, 296 p.
- *The 4th Armored Division, from the beach to Bastogne*, Paris 1945, 32 p.
- *The road to Germany. The story of the 5th Armored Division*, Paris 1945, 32 p.
- *Brest to Bastogne. The story of the 6th armored division*, Paris 1945, 32 p.
- *Airborne. The story of the 101st Airborne Division*, Paris 1945, 32 p.

3) Unités britanniques et canadiennes/*British and Canadian Units*

* Généralités/*General*

- Darby (H.) *A short story of the 21st Army group*, Aldershot 1949, XII-147 p.
- Bouchery (J.) *Le Tommy de la Libération, de la Normandie à la Baltique*, Paris (Histoire et collection) 1998-1999, 2 t. de 144 p.
- Douglas (W.A.B.) and Greenhous (B.) *Out of shadows. Canada in second world war*, Toronto 1977, 288 p.
- Horrocks (B.) *Corps commander*, London 1977, XVI-256 p.
- Jackson (G.S.) *Operation of VIII corps*, London 1948, 172 p.
- Macksey (K.J.) *Armoured crusader*, London (Hutchinson) 1967, XX-348 p.
- Munro (R.) *Ganntlet to Overlord, the story of the canadian army*, Toronto 1946, 477 p.
- Roy (R.H.) *1944 : the Canadians in Normandy*, Toronto 1984, XIV-368 p.
- Simonds (P.) *Maple leaf up, Maple down. the story of Canadians in the second world war,* New York 1946, 356 p.
- *Souvenirs de vaillance : la participation du Canada à la Seconde Guerre mondiale*, Ottawa 1981, 92 p.

- Stacey (C.P.) *L'armée canadienne 1939-1945*, Otawa 1949, 364 p.

- *The regiments and corps of the canadian army*, Otawa 1964, 253 p.

*** Monographies/Monographs**

- Scarfe (N.) *Assault Division. A history of the 3rd Division, from the invasion of Normandy to the surrender of Germany*, London 1947, 288 p.

- Mac Nish (R.) *Iron Division, the history of the 3rd Division*, London 1978, 192 p.

- Martin (H.G.) *The history of the fifteenth scottish division 1939-1945*, Edinburgh 1948, 383 p.

- Woolcombe (R.) *Lion rampant*, London 1955, 223 p.

- *The 43rd Wessex Division at war*, London 1952, 292 p.

- Baker (A.H.R.) Rust (B.) *A short story of the 50th Notrhumbrian Division*, Berwick upon Tweed 1966, 72 p.

- Clay (S.L.) *The path of the 50th. The story of the 50th (Northumbrian) Division in world war 2*, Aldershot 1950, 327 p.

- Grant (R.) *The 51st Highland Division at war*, London 1977, 160 p.

- Salmond (J.B.) *The history of the 51st Highland Division 1939-1945,* London 1953, 287 p.

- Barclay (C.N.) *The history of the 53rd (Welsh) Division in the world war II*, London 1956, 223 p.

- Rosse (C.L.M.) *The story of the guards armoured Division*, London 1956, 320 p.

- Forty (G.) *Desert rats at war*, London 1977, 160 p.

- Verney (G.L.) *The Deserts rats. the history of the 7th Armored Division 1938 to 1945*, London (Hutchinson) 1954, 312 p.

- Brisset (J.) *La charge du taureau : les combats de la 11ᵉ DB britannique pour la libération du bocage*, Flers 1975, 358 p.

- Fletcher (D.) *Vanguard of victory : the 79th Armoured Division,* London 1984, 87 p.

Table des matières
Contents

US ARMY

Du 6 juin 1944 à la fin du mois d'août 1944, 21 divisions américaines ont été engagées en Normandie soit 14 divisions d'infanterie, 5 divisions blindées et 2 divisions aéroportées. L'engagement de ces grandes unités sur le théâtre des opérations s'est fait progressivement : 13 divisions débarquent au cours du mois de juin, 6 en juillet et 2 en août. Une première vague comprend les deux divisions aéroportées larguées dans le Cotentin dans la nuit du 5 au 6 juin (*82nd* et *101st Airborne Divisions*) et les 3 divisions d'infanterie débarquées à Omaha et Utah Beach le 6 juin (*1st*, *4th* et *29th Infantry Divisions*) auxquelles il faut ajouter des éléments de deux autres divisions (*30th* et *90th Infantry Divisions*). Du 7 au 14 juin, 4 nouvelles divisions d'infanterie prennent pied en Normandie : la *2nd Infantry Division* (7 juin), la *2nd Armored Division* (premiers éléments le 8 juin), la *9th Infantry Division* (10 juin) et la *79th Infantry Division* (12-14 juin) plus le reste des *90th* et *30th Infantry Divisions* (7, 12-14 juin). La seconde quinzaine de juin voit l'arrivée de deux autres divisions : la *83rd Infantry Division* et la *3rd Armored Division* (18 et 28 juin). Cette montée en puissance se poursuit au mois de juillet avec l'arrivée de deux nouvelles divisions blindées, les *4th* et *6th Armored Divisions* (11 et 15 juillet) et d'une douzième division d'infanterie (*28th Infantry Division*, 22 juillet). Cet ensemble est complété début août par la *5th Armored Division* (2 août) et la *80th Infantry Division* (8 août). Sauf les *82nd* et *101st Airborne Divisions*, rapatriées début juillet, toutes ces divisions restent sur le front pendant la durée de la bataille. Si les divisions d'infanterie sont engagées de manière pratiquement continue, les divisions blindées interviennent essentiellement lors de l'opération « Cobra » (fin juillet) dont elles assurent la phase d'exploitation.

L'historique des divisions d'infanterie engagées en Normandie se ressemble. Toutes sont créées au cours de la seconde moitié de l'année 1917 (*1st, 2nd, 4th, 5th, 28th, 30th, 35th, 79th, 80th, 83th* et *90th Infantry Divisions*) ou au cours de l'année 1918 (*8th, 9th Infantry Divisions*) afin d'être engagées en Europe dans le cadre du corps expéditionnaire du général Pershing. Toutes participent aux dernières batailles

de la guerre à l'exception des *8th* et *9th Infantry Division*, mises sur pied trop tard. Sauf les *1st* et *2nd Infantry Divisions,* maintenues en service, elles sont dissoutes en 1919 et réactivées entre octobre 1939 (*5th Infantry Division*) et août 1942 (*83th Infantry Division*). Après une période d'entraînement aux Etats-Unis, elles sont transférées en Grande-Bretagne entre mars 1942 et mai 1944. Sur ces 14 divisions d'infanterie, deux seulement ont eu une expérience des opérations amphibies et du combat avant la Normandie : la *1st Infantry Division* engagée au Maroc et surtout en Sicile et la *9th Infantry Division*, au Maroc, en Tunisie et en Sicile. Globalement, même si elles ont reçu un entraînement poussé pendant deux ans ou plus, les divisions d'infanterie américaines de la bataille de Normandie ne sont pas des unités expérimentées et aguerries. Certaines, mal encadrées, subiront de lourdes pertes dès les premiers jours de l'offensive. Après la bataille de Normandie, toutes ces divisions ont poursuivi la guerre et ont participé à la plupart des grandes batailles du nord-est de l'Europe.

Les divisions blindées sont toutes de création récente. La plus ancienne, la *2nd Armored Division*, a été mise sur pied en juillet 1940, la plus récente, la *6th Armored Division*, en février 1942. La seule à avoir connu le feu est la *2nd Armored Division* engagée en Tunisie (pour certains éléments du moins) et en Sicile. Comme les divisions d'infanterie, toutes ces unités sont passées par la Grande-Bretagne où elles ont complété leur entraînement.

Les deux divisions aéroportées sont mises sur pied en août 1941 (*101st Airborne Division*) et en mars 1942 (*82nd Airborne Division*). Il s'agit de divisions d'élite formées avec des soldats triés sur le volet. Si la *101st Airborne* n'a pas été engagée avant la Normandie, la *82nd* fait figure d'unité expérimentée. Elle a combattu en Sicile et en Italie. Ces divisions, qui subissent de lourdes pertes dès le début de leur engagement, sont rapatriées en Grande-Bretagne au début du mois de juillet. Elles apparaissent de nouveau sur le front à l'automne 1944 en Belgique et en Hollande. Comme les divisions d'infanterie et les divisions blindées, elles combattent jusqu'aux derniers jours de la guerre.

Jusqu'au 1er août 1944, toutes les divisions américaines engagées en Normandie dépendent de la *1st Army* du général Bradley. A partir du 1er août, une seconde armée, la *3rd Army,* du général Patton, est rendue opérationnelle. C'est elle qui dirigera la phase d'exploitation à travers la trouée d'Avranches puis en Bretagne et vers la Loire et la Seine. La création de la *3rd Army* s'accompagne de la mise sur pied d'un nouveau groupe d'armées, le *12th Army Group*, entièrement composé d'unités américaines et confié au commandement du général Bradley.

Les deux armées américaines engagées en Normandie s'articulent en corps d'armée. Début juin, le *V Corps* regroupe les unités débarquées à Omaha Beach (*1st, 2nd* et *29th Infantry Divisions*) tandis que le *VII Corps* prend sous sa responsabilité les unités aéroportées et celles débarquées à Utah Beach (*82nd* et *101st Airborne Divisions, 4th, 9th, 79th* et *90th Infantry Divisions*). Au fur et à mesure de l'arrivée de nouvelles divisions et de l'évolution de la bataille, de nouveaux corps d'armée sont organisés : l'état-major du *VIII Corps*, débarqué dès le 14 juin à Utah Beach, est opérationnel le 18 juin, celui du *XIX Corps* est engagé à partir du 15 juin. Trois autres corps sont créés à la fin de la bataille pour chapeauter, avec le *VIII Corps*, les divisions de la *3rd Army* : les *XII, XV* et *XX Corps*.

La structure des divisions d'infanterie remonte à l'année 1940. Disposant de 15 500 hommes, chaque division est organisée sur le mode ternaire : 3 régiments d'infanterie, quatre groupes (ou bataillons) d'artillerie moyenne ou légère ainsi que des unités de génie, de transmissions et de train. A partir de 1942, l'effectif de la division d'infanterie est ramené à 14 253 hommes mais sa puissance de feu et sa mobilité sont augmentées avec la mise en service d'obusiers de 105 mm, de camions GMC de 2,5 tonnes et de jeeps avec remorque de 250 Kg. Avec 1 440 véhicules, la division d'infanterie américaine a la faculté de pouvoir déplacer la totalité de son personnel et de son matériel simultanément. En juin 1944, le régiment d'infanterie comprend une compagnie de commandement, une compagnie de canons (6 obusiers d'infanterie de 105 mm), une compagnie antichar (12 canons de 57 mm), une compagnie hors rang et 3 bataillons de 860 hommes chacun. L'artillerie divisionnaire est formée d'un groupe d'artillerie moyenne et de 3 groupes d'artillerie légère. Chaque groupe comprend 3 batteries de 4 obusiers tractés de 155 mm ou 105 mm. L'ensemble représente 12 pièces de 155 mm et 36 pièces de 105 mm.

L'organisation de la division blindée remonte à septembre 1943. Chaque division comprend 3 bataillons de chars, 3 bataillons d'infanterie mécanisée et 3 groupes d'artillerie automotrice auxquels il faut ajouter un bataillon du génie, un groupe de reconnaissance, une compagnie de transmission et une unité de train. L'ensemble regroupe 10 937 hommes et 160 chars. Lors des opérations, les divisions blindées sont généralement scindées en trois *Combat Command* désignés par les lettres A, B et C (le *Combat Command* C est souvent gardé en réserve). Chaque *Combat Command* est formé d'un panachage d'unités d'infanterie, de chars et d'artillerie. Ce système assure une plus grande souplesse d'utilisation et une meilleure efficacité dans la guerre de mouvement.

Conçue comme une division légère à haute mobilité, la division aéroportée comprend théoriquement deux régiments d'infanterie parachutistes (3 bataillons, une compagnie de commandement et une compagnie hors rang soit un total de 2 364 hommes), un régiment d'infanterie porté par planeur (3 bataillons, une compagnie de commandement, une compagnie hors rang et une compagnie antichar soit 2 978 hommes), trois batteries d'artillerie démontables ainsi que diverses autres unités (maintenance, génie, transmission et reconnaissance). L'ensemble regroupe 12 979 hommes.

A côté de ces unités endivisionnées, de nombreuses unités indépendantes seront présentes sur le champ de bataille normand : bataillons de chars (parfois utilisés par groupes de cinq ou trois formant des « groupements blindés »), bataillons de chasseurs de chars (*Tank Destroyer Battalions*), batteries d'artillerie, rattachées aux armées ou corps d'armées, parfois rassemblées en groupes.

La grande caractéristique de l'armée américaine de 1944 est l'importance de son soutien logistique. La majeure partie des effectifs n'est pas déployée en première ligne mais dans les unités de soutien et de service (génie, transmission, intendance, train et santé). La « tranche divisionnaire » qui regroupe l'ensemble des personnels nécessaires au maintien opérationnel de la division (y compris les moyens aériens rattachés) peut atteindre jusqu'à 50 000 hommes et nécessite un ravitaillement quotidien de 1 600 tonnes. On comprend mieux le casse-tête logistique que constituait pour le commandement américain, l'engagement simultané en Normandie de 21 divisions et la nécessité de disposer de ports suffisamment équipés pour acheminer le matériel nécessaire au maintien en opération d'une telle masse d'hommes...

From June 6th 1944 to the end of August 1944, 21 US divisions were engaged in Normandy, namely 14 infantry divisions, 5 armored divisions and 2 airborne divisions. These large units were committed gradually to this theater of operations: 13 divisions landed in June, 6 in July and 2 in August. The first wave comprised the two airborne divisions dropped over the Cotentin peninsula during the night of June 5-6th (82nd and 101st Airborne Divisions) and the 3 infantry divisions landed on D-Day at Omaha and Utah Beach (1st, 4th and 29th Infantry Divisions) to which must be added elements of two other divisions (30th and 90th Infantry Divisions). From June 7th to 14th, a further 4 infantry divisions set foot in Normandy: the 2nd Infantry Division (June 7th), the 2nd Armored Division (leading elements on June 8th), the 9th Infantry Division (June 10th) and the 79th Infantry Division (June 12-14th) plus the rest of the 90th and 30th Infantry Divisions (June 7th, June 12-14th). The second fortnight in June saw another two divisions arrive: the 83rd Infantry Division and the 3rd Armored Division (June 18th and 28th). This gradual buildup continued throughout July with the arrival of two more armored divisions, the 4th and 6th Armored Divisions (July 11th and 15th) and a twelfth infantry division (28th Infantry Division, July 22nd). This deployment was completed early in August with the 5th Armored Division (August 2nd) and the 80th Infantry Division (August 8th). Except for the 82nd and 101st Airborne Divisions, sent home early in July, all these divisions remained on the front throughout the battle. While the infantry divisions were committed almost continuously, the armored divisions were brought in mainly for Operation Cobra in late July to exploit the breakout.

For the infantry divisions engaged in Normandy the story is the same. They were all formed during the second half of the year 1917 (1st, 2nd, 4th, 5th, 28th, 30th, 35th, 79th, 80th, 83rd and 90th Infantry Divisions) or in 1918 (8th, 9th Infantry Divisions), to be committed in Europe as part of General Pershing's expeditionary corps. With the exception of the 8th and 9th Infantry Divisions, raised too late, they all took part in the final battles of the war. Except for the 1st and 2nd Infantry Divisions, which were kept in service, they were disbanded in 1919 and re-formed some time between October 1939 (5th Infantry Division) and August 1942 (83rd Infantry Division). After a period of training in the United States, they were transferred to Great Britain from March 1942 to May 1944. Out of those 14 infantry divisions, only two had experience of amphibious operations and of battle prior to Normandy: the 1st Infantry Division, engaged in Morocco and especially Sicily, and the 9th Infantry Division, in Morocco, Tunisia and Sicily. On the whole, while they had had two years or more of intensive training, the US infantry divisions that fought in the Battle of Normandy were not experienced, battle-hardened units. Some suffered from poor leadership and sustained heavy losses during the first days of the offensive. After the Battle of Normandy, all these divisions carried on the war and were involved in most of the major battles in north-eastern Europe.

The armored divisions were all recent creations. The oldest, the 2nd Armored Division, was raised in July 1940, the youngest, the 6th Armored Division, in February 1942. The only one to have seen action was the 2nd Armored Division engaged in Tunisia (certain elements at least) and in Sicily. Like the infantry divisions, all these units passed through the UK where they completed their training.

The two airborne divisions were raised in August 1941 (101st Airborne Division) and March 1942 (82nd Airborne Division). These were crack divisions formed with hand-picked men. While the 101st Airborne had not seen action prior to Normandy, the 82nd was an experienced unit, having fought in Sicily and in Italy. These divisions, which suffered heavy losses right from the start of the battle, were sent home to the UK early in July. They turned up again on the front in Belgium and Holland in the fall of 1944. Like the infantry divisions and the armored divisions, they fought on right up to the final days of the war.

Until August 1st 1944, all the American divisions engaged in Normandy belonged to General Bradley's 1st Army. After August 1st, a second army became operational under General Patton: the 3rd Army. It led the phase to exploit the breakout at Avranches towards Brittany, the Loire and the Seine. The 3rd Army was formed at a time when a new army group, the 12th Army Group, was being raised entirely from American units and placed under General Bradley's command.

The two US armies engaged in Normandy were grouped together into army corps. Early in June, V Corps included units that had landed at Omaha Beach (1st, 2nd and 29th Infantry Divisions) while VII Corps took charge of the airborne units and those that had landed at Utah Beach (82nd and 101st Airborne Divisions, 4th, 9th, 79th and 90th Infantry Divisions). As and when fresh divisions arrived, further army corps were organized to meet the course of the battle: VIII Corps headquarters, which landed at Utah Beach on June 14th, was operational by June 18th; XIX Corps HQ was engaged from June 15th. Three other corps were formed late in the battle alongside VIII Corps, to oversee the 3rd Army divisions: XII, XV and XX Corps.

The organization of the infantry divisions dated back to 1940. With a strength of 15,500 men, each division had a triangular structure: 3 infantry regiments, four medium or light artillery troops (or battalions), and engineer, signals and supply units. As of 1942, the infantry division was reduced to 14,253 effectives but with increased firepower and mobility, with the introduction of 105 mm howitzers, 2.5 tonne GMC trucks and jeeps with 250 Kg trailer. With 1,440 vehicles, the US infantry division was able to move its entire personnel and matériel simultaneously. In June 1944, the infantry regiment comprised a command company, a gun company (six 105 mm infantry howitzers), an antitank company (twelve 57 mm guns), a service company and 3 battalions of 860 men each. The divisional artillery was made up of a medium artillery troop and 3 light artillery troops. Each troop comprised 3 batteries of 4 towed 155 mm or 105 mm howitzers. This came to a grand total of twelve 155 mm guns and thirty-six 105 mm guns.

The organization of the armored division dated back to September 1943. Each division comprised 3 tank battalions, 3 mechanized infantry battalions and 3 self-propelled artillery troops, to which must be added an engineer battalion, a reconnaissance troop, a signals company and a supply unit. Altogether this came to 10,937 men and 160 tanks. During operations, the armored divisions were generally split into three Combat Commands lettered A, B and C (Combat Command C often being held back in reserve). Each Combat Command was a mixture of infantry, tank and artillery units. This system made for more flexible utilization and extra efficiency in a war of movement.

Designed as a highly mobile light division, the airborne division in theory comprised two infantry parachute regiments (3 battalions, a command company and a service company for a grand total of 2,364 men), a glider-borne infantry regiment (3 battalions, a command company, a service company and an antitank company totalling 2,978 men), three dismantlable artillery batteries, and various other units (maintenance, engineer, signals and reconnaissance). The whole unit comprised 12,979 men.

Alongside these divisional units, numerous independent units were present on the battlefield of Normandy: tank battalions (sometimes used in tank groups of five or three tanks), tank destroyer battalions, artillery batteries, attached to armies or corps, and occasionally gathered into groups.

The major feature of the American army in 1944 was the scale of its logistical support. The majority of its strength was not deployed in the front line but in support and supply units (engineer, signals, quartermaster, supply and medical). The divisional troop including all personnel required for operating the division (including any attached air resources) could be anything up to 50,000 men and required 1,600 tonnes of supplies a day. This gives us a better idea of the logistical headache facing the American high command involved in simultaneously fielding 21 divisions in Normandy and the need to have ports with adequate facilities to transport the equipment needed to keep such a mass of men in operation.

1

1st Army

- Emblème : la lettre « A » noire sur fond kaki.
- Composition : *VII Corps*, *VIII Corps*, *XIX Corps*, *V Corps* (17 juin 1944)
- Commandeurs : *Lt.Gen.* Hugh A.Drum (XI-1938/X-1943), *Lt Gen.* Georges Grunert (X-1943/I-1944), *Lt.Gen.*Omar N.Bradley (II-1944/VII-1944), *Lt.Gen.* Courtney H. Hodges (VIII-1944/I-1949).

- Historique :

2

La *1st Army* a été mise sur pied le 10 août 1918 à La Ferté- sous-Jouarre pour prendre le contrôle des unités envoyées en France dans le cadre du corps expéditionnaire américain en Europe. Elle combat en Lorraine puis en Meuse-Argonne. Dissoute le 30 avril 1919 à Bar-sur-Aube, elle est reconstituée dans la réserve le 28 août 1924 à New York. Rebaptisée *7th Army* , elle est de nouveau versée dans l'armée régulière le 13 octobre 1927. Elle reprend la désignation de *1st Army* le 13 octobre 1927 puis est réactivée le 1er octobre 1933.

En juin 1944, elle chapeaute les unités qui débarquent en Normandie de part et d'autre de l'estuaire de la Vire. Elle conduit les opérations dans le Cotentin et vers Saint-Lô. A partir du 25 juillet, elle dirige l'opération « Cobra ». En août, elle participe aux combats de la poche de Falaise puis se rabat vers le nord-est et franchit la Seine. Après la bataille de Normandie, la *1st Army* est engagée dans le Nord de la France, en Rhénanie, dans les Ardennes avant de finir la guerre en Europe centrale.

3rd Army

3

- Emblème : La lettre « A » blanche sur fond bleu, entourée d'un cercle rouge représentant un « O ».
- Composition : *VIII, XII, XV et XX Corps* (16 août 1944).
- Commandeurs : *Lt.Gen.* Walter Krueger (V-1941/II-1943), *Lt.Gen.* Courtney H. Hodges (II-1943/I-1944), *Gen.* George S.Patton (I-1944/X-1945).

- Historique :

4

Une première *3rd Army* est constituée en France le 7 novembre 1918. Après une période d'occupation dans la région de Coblence, elle est dissoute le 15 novembre 1918 à Ligny-en-Barrois. Reconstituée comme armée de réserve le 15 octobre 1922, elle est transférée dans l'armée régulière le 9 août 1932 puis réactivée le 1er octobre suivant au Fort Sam Houston dans le Texas. Transférée en Grande-Bretagne, elle devient opérationnelle en Normandie le 1er août 1944. Elle perce à Avranches puis se répand en Bretagne et vers la Loire avant de se rabattre vers le nord-est. Un de ses corps d'armée (le *XV Corps*) participe aux combats de la poche de Falaise. Après la Normandie, la *3rd Army* est engagée dans l'Est et le Nord de la France, en Rhénanie, dans les Ardennes et en Alsace avant de finir la guerre dans le centre de l'Europe.

1st Army

- *Emblem : a black letter "A" on a khaki ground.*
- *Composition : VII Corps, VIII Corps, XIX Corps, V Corps (June 17th 1944)*
- *Commanders : Lt.Gen. Hugh A.Drum (XI-1938/X-1943), Lt Gen. Georges Grunert (X-1943/I-1944), Lt.Gen. Omar N. Bradley (II-1944/VII-1944), Lt.Gen. Courtney H. Hodges (VIII-1944/I-1949).*

- History :

1st Army was raised on August 10th 1918 at La Ferté-sous-Jouarre to take control of the units dispatched to France as part of the American expeditionary corps in Europe. It fought in the Lorraine and later the Meuse-Argonne sectors. Disbanded on April 30th 1919 at Bar-sur-Aube, it was re-formed in the reserve in New York on August 28th 1924. Renamed 7th Army, it was placed back in the regular army on October 13th 1927. It reverted to the name 1st Army on October 13th 1927 and was later re-formed on October 1st 1933.

In June 1944, it headed the units landing in Normandy on either side of the mouth of the Vire River. It led operations in the Cotentin peninsula and the drive to Saint-Lô. As of July 25th, it directed Operation Cobra. In August, it was involved in the battle for the Falaise pocket then moved off north-east, crossing the Seine River. After the Battle of Normandy, 1st Army was committed in northern France, in the Rhineland and in the Ardennes before ending the war in central Europe.

3rd Army

- *Emblem : A white letter "A" on a blue ground, in a red circle representing an "O".*
- *Composition : VIII, XII, XV and XX Corps (August 16th 1944).*
- *Commanders : Lt.Gen. Walter Krueger (V-1941/II-1943), Lt.Gen. Courtney H. Hodges (II-1943/I-1944), Gen. George S. Patton (I-1944/X-1945).*

- History :

An initial 3rd Army was formed in France on November 7th 1918. After a period occupying the Coblenz area, it was disbanded on November 15th 1918 at Ligny-en-Barrois. Re-formed as a reserve army on October 15th 1922, it was transferred into the regular army on August 9th 1932 then brought back into active service at Fort Sam Houston (Texas) the following October 1st. It was transferred to Great Britain, and became operational in Normandy on August 1st 1944. It broke out at Avranches then spread across Brittany and towards the Loire before swinging round north-eastwards. One corps (XV Corps) took part in the battle for the Falaise pocket. After Normandy, 3rd Army was engaged in eastern and northern France, in the Rhineland, the Ardennes and Alsace, before ending the war in central Europe.

V Corps

- Emblème : un pentagone bleu bordé de blanc, divisé en cinq triangles délimités par des lignes blanches.

- Composition : *1st*, *2nd* et *29th Infantry Divisions* (6 juin 1944), *1st* et *2nd Infantry Divisions*, *2nd Armored Division* (17 juin 1944), *2nd* et *5th Infantry Divisions* (24 juillet 1944), *2nd*, *5th* et *35th Infantry Divisions* (31 juillet 1944).

- Commandeurs : *Maj.Gen.* Edmond L.Daley (III-1941/I-1942), *Maj.Gen.* William S.Key (I/V-1942), *Maj.Gen.* Russel P.Hartle (V-1942/VII-1943), *Maj.Gen.* Leonard T.Gerow (X-1944/I-1945), *Maj.Gen.* Clarence T.Huebner (I-/XI-1945).

- Historique :

Le *V Corps* est mis sur pied le 7 juillet 1918 à Remiremont dans le cadre du corps expéditionnaire américain en Europe. Il est engagé en Lorraine, à Saint-Mihiel puis lors de l'offensive de Meuse-Argonne. Dissous le 2 mai 1919 au camp Funston (Kansas), il est reconstitué dans la réserve le 29 juillet 1921 puis attribué à l'armée régulière le 1er octobre 1933. Réactivé le 20 octobre 1940 au camp Beauregard en Louisiane, il reprend la désignation de *V Corps* le 19 août 1942. Transféré en Grande-Bretagne à partir de novembre 1942, son état-major participe à l'élaboration des plans d'invasion. A la mi-juillet 1943, le *Major-General* L.T.Gerow, ancien chef de la *29th Infantry Division*, en prend la tête

Le 6 juin 1944, le *V Corps* chapeaute les divisions qui débarquent à Omaha Beach (*1st*, *2nd* et *29th Infantry Divisions*). Il progresse ensuite vers le sud en direction de Cerisy-la-Forêt. Il effectue sa liaison avec le *VII Corps* le 10 juin dans le secteur d'Auville-sur-le-Vey. Il prend l'offensive vers Saint-Lô et progresse jusqu'à Caumont. A partir du 25 juillet, il est engagé dans l'opération « Cobra », à l'aile droite de la *1st Army*, mais joue un rôle secondaire. Après la fin des combats de la poche de Falaise, il avance vers Paris. Le *V Corps* est ensuite engagé dans le nord de la France, en Rhénanie, dans les Ardennes et en Alsace. Il finit la guerre en Europe centrale.

VII Corps

- Emblème :Une étoile rouge à sept pointes sur un fond kaki en forme de disque avec en son centre le chiffre romain « VII » moitié bleu moitié blanc.

- Composition : *4th*, *9th*, *79th*, *90th Infantry Divisions*, *82nd*, *101st Airborne Divisions* (6 juin 1944), *4th*, *90th Infantry Divisions*, *82nd Airborne Division* (17 juin 1944), *83th Infantry Division* (30 juin 1944), *1st*, *4th*, *9th* et *30th Infantry Divisions*, *2nd* et *3rd Armored Divisions* (24 juillet 1944), *1st*, *4th*, *9th Infantry Divisions*, *2nd* et *3rd Armored Divisions* (31 juillet 1944).

- Commandeurs : *Maj.Gen.* Robert C. Richardson (VIII-1941/V-1943), *Maj.Gen.* Roscoe B.Woodruff (V-1943/III-1944), *Maj.Gen.* J.Lawton Collins (III-1944/VIII-1945).

- Historique :

Le *VII Corps* est créé le 26 janvier 1918 et mis sur pied à Remiremont le 19 août 1918. Démobilisé le 11 juillet 1919 au camp Upton dans l'état de New York, il est reconstitué dans la réserve le 29 juillet 1921 puis attribué à l'armée régulière le 18 octobre 1927. Réactivé le 25 novembre 1940 au Fort Mc Clellan (Alabama), il reprend l'appellation de *VII Corps* le 19 août 1942. Il arrive en Grande-Bretagne en octobre 1943 et se prépare au débarquement. Il est commandé à partir du 14 février 1944 par le *Major-General* J.L. Collins et reçoit une quadruple mission :

Insigne en tissu du *V Corps*.
V Corps cloth patch.

5

V Corps

- Emblem : a blue pentagon edged with white, divided into five triangles marked out with white lines.

- Composition : *1st*, *2nd* and *29th Infantry Divisions* (June 6th 1944), *1st* and *2nd Infantry Divisions*, *2nd Armored Division* (June 17th 1944), *2nd* and *5th Infantry Divisions* (July 24th 1944), *2nd*, *5th* and *35th Infantry Divisions* (July 31st 1944).

- Commanders : *Maj.Gen.* Edmond L. Daley (III-1941/I-1942), *Maj.Gen.* William S. Key (I/V-1942), *Maj.Gen.* Russel P. Hartle (V-1942/VII-1943), *Maj.Gen.* Leonard T. Gerow (X-1944/I-1945), *Maj.Gen.* Clarence T. Huebner (I-/XI-1945).

- History :

V Corps was raised on July 7th 1918 at Remiremont as part of the American expeditionary corps in Europe. It was committed in the Lorraine, at Saint-Mihiel then during the Meuse-Argonne offensive. Disbanded on May 2nd 1919 at Camp Funston (Kansas), it was re-formed in the reserve on July 29th 1921 then allocated to the regular army on October 1st 1933. After being brought back into active service on October 20th 1940 at Camp Beauregard in Louisiana, it reverted to the name *V Corps* on August 19th 1942. It was transferred to the UK from November 1942, where its staff was involved in devising plans for the invasion. In mid-July 1943, former 29th Infantry Division commander Major-General L.T. Gerow took over command

On June 6th 1944, *V Corps* headed the divisions landing at Omaha Beach (*1st*, *2nd* and *29th Infantry Divisions*). It then advanced south towards Cerisy-la-Forêt. It linked up with *VII Corps* on June 10th in the Auville-sur-le-Vey sector. It went on the offensive on Saint-Lô, advancing to Caumont. From July 25th, it was engaged in Operation Cobra, on 1st Army's right flank, playing only a minor role. When the fighting was over in the Falaise pocket, it advanced on Paris. *V Corps* was then committed in northern France, in the Rhineland, the Ardennes and Alsace. It ended the war in central Europe.

VII Corps

- Emblem : A red seven-pointed star on a khaki ground in the form of a disk with, in the center, half blue half white, the Roman numeral "VII".

- Composition : *4th*, *9th*, *79th*, *90th Infantry Divisions*, *82nd*, *101st Airborne Divisions* (June 6th 1944), *4th*, *90th Infantry Divisions*, *82nd Airborne Division* (June 17th 1944), *83rd Infantry Division* (June 30th 1944), *1st*, *4th*, *9th* and *30th Infantry Divisions*, *2nd* and *3rd Armored Divisions* (July 24th 1944), *1st*, *4th*, *9th Infantry Divisions*, *2nd* and *3rd Armored Divisions* (July 31st 1944).

- Commanders : *Maj.Gen.* Robert C. Richardson (VIII-1941/V-1943), *Maj.Gen.* Roscoe B. Woodruff (V-1943/III-1944), *Maj.Gen.* J. Lawton Collins (III-1944/VIII-1945).

1. Insigne en tissu de la *1st Army*.

2. Le *Lieutenant-General* George S. Patton, chef de la *3rd Army*, à Coutances le 29 juillet 1944. (NA.)

3. Casque de colonel de la *3rd Army*.

4. Le *Lieutenant-General* Courtney Hodges, successeur de Bradley à la tête de la *1st Army*. (DR.)

5. Casque de MP du *V Corps*.

1. *First Army cloth patch.*

2. *Third Army commander Lieutenant-General George S. Patton, at Coutances on July 29th 1944. (NA.)*

3. *Third Army helmet, for a Colonel.*

4. *Lieutenant-General Courtney Hodges, Bradley's successor as First Army commander. (DR.)*

5. *V Corps MP helmet.*

Le *Major-General* Collins sur le fort du Roule le 27 juin. A gauche, un officier de la *79th Infantry Division*.

Major-General Collins at Fort du Roule on June 27th. On the left, an officer of the 79th Infantry Division.

VIIth Corps.

Le *Major-General* Collins, chef du *VII Corps*, à Cherbourg le 27 juin. On remarque sur sa manche l'emblème du VIIth Corps.

VII Corps commander Major-General Collins at Cherbourg on June 27th. Notice the VII Corps insignia on his sleeve.

débarquer sur Utah Beach, effectuer sa liaison avec les forces débarquées à Omaha Beach (*V Corps*), couper la péninsule du Cotentin et s'emparer de Cherbourg. A la veille du débarquement, il rassemble six divisions (*4th, 9th, 79th* et *90th Infantry Divisions* et *82nd* et *101st Airborne Divisions*).

Le 6 juin 1944, ses divisions d'infanterie débarquent sur la plage d'Utah Beach tandis que ses divisions aéroportées sont larguées à l'intérieur des terres la veille. Le 10 juin, il effectue sa liaison avec le *V Corps* à Auville-sur-le-Vey. Du 15 juin au 1er juillet, il conquiert la presqu'île du Cotentin et capture le port de Cherbourg. Il mène ensuite des combats dans le secteur de La Haye-du-Puits (3-15 juillet). Placé au centre du dispositif de la *1st Army*, il joue le rôle principal lors de l'opération « Cobra ». Il est ensuite engagé dans le secteur sud de la poche de Falaise puis progresse vers la Seine. Après la bataille de Normandie, il combat dans le nord de la France, en Rhénanie, dans les Ardennes et en Alsace puis en Allemagne. Il est dissous en 1946.

VIII Corps

- Emblème : Le chiffre « 8 » dans un octogone bleu bordé de blanc.

- Composition : *101st Airborne Division* (15 juin 1944), *90th Infantry Division*, *82nd* et *101st Airborne Divisions* (19 juin 1944), *79th* et *90th Infantry Divisions*, *82nd* et *101st Airborne Divisions* (30 juin 1944), *8th, 79th, 83th* et *90th Infantry Divisions*, *4th Armored Division* (24 juillet 1944), *8th, 9th Infantry Divisions*, *4th* et *6th Armored Divisions* (31 juillet 1944).

- Commandeurs : *Maj.Gen.* Georges V. Strong (V-1941/IV-1942), *Maj.Gen.* Daniel I.Sultan (IV-1942/XI-

1943), *Maj.Gen.* Emil F.Reinhardt (XI-1943/III-1944), *Maj.Gen.* Troy H. Middleton (III-1944/VIII-1945).

- Historique :

Constitué le 19 novembre 1918 à Montigny-sur-Aube, le *VIII Corps* est dissous dès le 29 juillet 1919. Il est reconstitué en tant qu'unité de réserve le 29 juillet 1921 puis versé dans l'armée régulière le 1er octobre 1933. Réactivé au Fort Sam Houston dans le Texas le 14 octobre 1940, il reprend l'appellation de *VIII Corps* le 19 août 1942. En 1943, son état-major est en Grande-Bretagne où il prépare les futures opérations de Normandie.

Les premiers éléments du corps débarquent à Utah Beach le 14 juin 1944. Son état-major est opérationnel le lendemain à midi. La première mission du *VIII Corps* est d'organiser des positions défensives à travers la péninsule du Cotentin. A partir du 18 juin, il tient une partie du front de la *1st Army* entre les *VII et XIX Corps.* Il assure la protection du flanc sud de l'armée lorsque le *VII Corps* entame sa montée vers Cherbourg et le nord du Cotentin. A partir du 4 juillet, il combat dans le Cotentin (secteur de la Haye-du-Puits). Il participe ensuite à l'opération « Cobra » à l'aile droite de la *1st Army*. Il est rattaché à la *3rd Army* le 1er août et opère avec cette dernière en Bretagne. Il est ensuite engagé dans le nord de la France, en Rhénanie, dans les Ardennes et en Alsace puis en Allemagne. En juillet 1945, il est de retour aux Etats-Unis puis est dissous au Camp Gruber (Oklahoma) en décembre 1945.

XII Corps

- Emblème : Des ailes de moulin à vent jaunes sur un écusson bleu.

- Composition : *35th Infantry Division*, *4th Armored Division* (15 août 1944).

- Commandeurs : *Maj.Gen.* William H. Simpson (IX-1942/IX-1943), *Maj.Gen.* Gilbert R. Cook (X-1943/VII-1944), *Maj.Gen.* Manton S.Eddy (VIII-1944/IV-1945), *Maj.Gen.* Stafford LeR. Irwin (IV-IX-1945).

- Historique :

Le *XII corps* est constitué dans l'armée de réserve le 29 juillet 1921. Il est réactivé le 29 août 1942 à Columbia en Caroline du Sud. Attribué à la *3rd Army*, il devient opérationnel à la mi-août 1944. Il est engagé dans les secteurs de Châteaudun-Orléans afin de protéger le flanc droit de la *3rd Army*. Il combat ensui-

- History :

VII Corps came into being on 26th January 1918 and was raised at Remiremont on August 19th 1918. Demobbed on July 11th 1919 at Upton camp (New York State), it was re-formed in the reserve on July 29th 1921 then allocated to the regular army on October 18th 1927. Brought back into active service on November 25th 1940 at Fort Mc Clellan (Alabama), it reverted to the name VII Corps on 19th August 1942. It arrived in Britain in October 1943 and prepared for the D-Day landing. From February 14th 1944 its commander was Major-General J.L. Collins and it was issued a fourfold assignment: land on Utah Beach, link up with the forces landing on Omaha Beach (V Corps), cut off the Cotentin peninsula and capture Cherbourg. On the eve of D-Day, it had six divisions (4th, 9th, 79th and 90th Infantry Divisions and 82nd and 101st Airborne Divisions).

On June 6th 1944, its infantry divisions landed on Utah Beach, the airborne divisions having been dropped a little inland the night before. On June 10th, it linked up with V Corps at Auville-sur-le-Vey. From June 15th to July 1st, it conquered the Cotentin peninsula and captured the port of Cherbourg. It went on to fight in the La Haye-du-Puits sector (July 3rd-15th). Placed in the center of 1st Army's disposition, it played the leading role in Operation Cobra. It was then committed in the southern sector of the Falaise pocket, advancing towards the Seine. After the Battle of Normandy, it fought in northern France, in the Rhineland, the Ardennes and Alsace and then in Germany. It was disbanded in 1946.

VIII Corps

- Emblem : A figure "8" in a blue octagon edged with white.

- Composition : 101st Airborne Division (June 15th 1944), 90th Infantry Division, 82nd and 101st Airborne Divisions (June 19th 1944), 79th and 90th Infantry Divisions, 82nd and 101st Airborne Divisions (June 30th 1944), 8th, 79th, 83rd and 90th Infantry Divisions, 4th Armored Division (July 24th 1944), 8th, 9th Infantry Divisions, 4th and 6th Armored Divisions (July 31st 1944).

- Commanders : Maj.Gen. Georges V. Strong (V-1941/IV-1942), Maj.Gen. Daniel I. Sultan (IV-1942/XI-1943), Maj.Gen. Emil F. Reinhardt (XI-1943/III-1944), Maj.Gen. Troy H. Middleton (III-1944/VIII-1945).

- History :

Raised at Montigny-sur-Aube on November 19th 1918, VIII Corps was promptly disbanded on 29th July 1919. It was re-formed as a reserve unit on July 29th 1921 then placed in the regular army on October 1st 1933. Brought back into active service at Fort Sam Houston (Texas) on October 14th 1940, it reverted to the name VIII Corps on August 19th 1942. In 1943, it moved its headquarters to the UK to prepare for the forthcoming operations in Normandy.

The corps' leading elements landed on Utah Beach on June 14th 1944. Its headquarters was operational the following day at noon. The VIII Corps' first assignment involved setting up defensive positions across the Cotentin peninsula. As of June 18th, it held a section of 1st Army's front between VII and XIX Corps. It provided protection for the army's southern flank as VII Corps began to move up towards Cherbourg and the northern Cotentin. Starting on July 4th, it fought in the Cotentin (La Haye-du-Puits sector). It was then involved in Operation Cobra on 1st Army's right flank. It was attached on 1st August to 3rd Army, operating with it in Brittany. It was then

Insigne en tissu du *VIII Corps*.

VIII Corps cloth patch.

te dans le nord de la France, en Rhénanie, dans les Ardennes, en Alsace et en Allemagne. Il est dissous à Regensburg le 15 décembre 1945.

XV Corps

- Emblème : les chiffres romains X et V bleu et blanc entremêlés sur un disque kaki bordé de bleu.

- Composition : *80th* et *90th Infantry Division*, 2ᵉ Division blindée (19 août 1944).

- Commandeurs : *Lieut.Gen* Wade H. Haislip (III-1943/VI-1945).

- Historique :

Le *XV Corps* est constitué dans l'armée de réserve le 29 juillet 1921. Il est activé le 15 février 1943 au camp de Beauregard en Louisiane. Rattaché à la *3rd Army*, il combat en Mayenne puis dans le sud de la Normandie (secteur de la poche de Falaise) en août 1944. Après avoir gagné la Seine dans le secteur de Mantes, il est engagé dans le Nord de la France, en Rhénanie, en Ardennes-Alsace puis en Allemagne. Il est dissous en Allemagne le 31 mars 1946.

XIX Corps

- Emblème : un tomahawk blanc dans un cercle bleu.

- Composition : *29th* et *30th Infantry Divisions* (17 juin 1944), *29th* et *30th Infantry Divisions*, *3rd Armored Division* (30 juin 1944), *29th* et *35th Infantry Divisions* (24 juillet 1944), *28th*, *29th*, *30th Infantry Divisions* (31 juillet 1944).

- Commandeurs : *Maj.Gen.* Willis D.Crittenberger (VIII-1942/II-1944), *Maj.Gen.* Charles H. Corlett (III/X-1944), *Maj.Gen.* Raymond S.MacLain (X-1944/VIII-1945).

- Historique :

Le *XIX Corps* est mis sur pied le 7 juillet 1942 sous l'appellation de *III Armored Corps* et activé au camp Polk en Louisiane le 20 août 1942. Il prend la désignation de *XIX Corps* le 10 octobre 1943. Commandé par le *Major-General* Corlett, il débarque en Normandie à partir du 12 juin. Son état-major est opérationnel le 14 juin. Le corps prend en charge un secteur de la *1st Army* entre les *V* et *VII Corps*. Il est engagé à partir du 15 juin afin de sécuriser la rive nord du canal Vire-Taute. Il participe ensuite à l'offensive vers Saint-Lô qu'il capture à la mi-juillet. Il joue un rôle secondaire lors de l'opération « Cobra ». Après la fin des combats de la poche de Falaise, il pour-

Le drapeau du *VII Corps* à Cherbourg le 27 juin 1944 pendant une prise d'armes.

The VII Corps flag at Cherbourg on June 27th during a parade.

Insigne en tissu du *XII Corps*.
XII Corps cloth patch.

committed in northern France, the Rhineland, the Ardennes and Alsace then in Germany. In July 1945, it returned to the United States and was disbanded at Camp Gruber (Oklahoma) in December 1945.

XII Corps

- Emblem : Yellow windmill sails on a blue shield.

- Composition : *35th Infantry Division, 4th Armored Division* (August 15th 1944).

- Commanders : *Maj.Gen. William H. Simpson (IX-1942/IX-1943), Maj.Gen. Gilbert R. Cook (X-1943/VII-1944), Maj.Gen. Manton S. Eddy (VIII-1944/IV-1945), Maj.Gen. Stafford LeR. Irwin (IV-IX-1945).*

- History :

XII Corps was raised in the reserve army on 29th July 1921. It was brought back into active service on 29th August 1942 at Columbia (South Carolina). Allocated to 3rd Army, it became operational in mid-August 1944. It was committed in the Châteaudun-Orléans sectors to cover 3rd Army's right flank. It went on to fight in northern France, in the Rhineland, the Ardennes and Alsace and then in Germany. It was disbanded at Regensburg on 15th December 1945.

XIX Corps.
XIX Corps.

Insigne en tissu du *XV Corps*.
XV Corps cloth patch.

Insigne en tissu du *XIX Corps*.
XIX Corps cloth patch.

Insigne en tissu du *XX Corps*.
XX Corps cloth patch.

XV Corps

- *Emblem : Interlocking Roman numerals X and V in blue and white on a khaki disk edged with blue.*
- *Composition : 80th and 90th Infantry Division, 2nd Armored Division (August 19th 1944).*
- *Commanders : Lieut.Gen Wade H. Haislip (III-1943/VI-1945).*

- History :

XV Corps was raised in the reserve army on 29th July 1921. It was brought into active service on February 15th 1943 at Camp Beauregard in Louisiana. Attached to 3rd Army, it fought in the Mayenne area then in southern Normandy (Falaise pocket sector) in August 1944. After reaching the Seine in the Mantes sector, it fought in northern France, in the Rhineland, Ardennes-Alsace and then in Germany. It was disbanded in Germany on March 31st 1946.

XIX Corps

- *Emblem : a white tomahawk in a blue circle.*
- *Composition : 29th and 30th Infantry Divisions (June 17th 1944), 29th and 30th Infantry Divisions, 3rd Armored Division (June 30th 1944), 29th and 35th Infantry Divisions (July 24th 1944), 28th, 29th, 30th Infantry Divisions (July 31st 1944).*
- *Commanders : Maj.Gen. Willis D. Crittenberger (VIII-1942/II-1944), Maj.Gen. Charles H. Corlett (III/X-1944), Maj.Gen. Raymond S. MacLain (X-1944/VIII-1945).*

- History :

XIX Corps was raised on July 7th 1942 with the name III Armored Corps and brought into active service at Camp Polk in Louisiana on August 20th 1942. It was renamed XIX Corps on October 10th 1943. Commanded by Major-General Corlett, it landed in Normandy starting on June 12th. Its headquarters were operational on June 14th. The corps took charge of a 1st Army sector between V and VII Corps. It was committed as of June 15th to secure the north bank of the Vire-Taute canal. It then took part in the offensive on Saint-Lô, which it captured in mid-July. It played a minor role in Operation Cobra. After the fighting was over in the Falaise pocket, it continued to advance towards the Seine as far as Elbeuf. After the Battle of Normandy, it fought in northern France, the Rhineland and then in Germany. It was disbanded in France in September 1945.

suit sa progression vers la Seine et atteint Elbeuf. Après la bataille de Normandie, il combat dans le Nord de la France, en Rhénanie puis en Allemagne. Il est dissous en France en septembre 1945.

XX Corps

- Emblème : le chiffre romain « XX » entremêlé sur un écu bleu bordé de jaune et de rouge.
- Composition : *5th Infantry Division*, *7th Armored Division* (16 août 1944).
- Commandeurs : *Maj.Gen.*Walton H. Walker (IX-1942/V-1945).

- Historique :

La *XX Corps* est créé le 27 août 1942 et activé le 5 septembre de la même année au Camp Young en Californie sous le nom de *IV Armored Corps*. Le 10 octobre 1943, il prend l'appellation de *XX Army Corps*. Il combat en Bretagne et en Mayenne avec la *3rd Army*. Il atteint la Loire à Angers et Nantes puis se rabat vers le nord-est en direction de Chartres et Dreux. Après avoir traversé la Seine, il arrive devant Paris puis est engagé dans le Nord de la France, en Rhénanie, dans les Ardennes et en Alsace. Il finit la guerre en Allemagne.

XX Corps

- *Emblem : an intertwined Roman numeral "XX" on a blue shield edged with yellow and red.*
- *Composition : 5th Infantry Division, 7th Armored Division (August 16th 1944).*
- *Commanders : Maj.Gen. Walton H. Walker (IX-1942/V-1945).*

- History :

XX Corps was created on August 27th 1942 and brought into active service as IV Armored Corps on September 5th 1942 at Camp Young in California. On 10th October 1943, it was renamed XX Army Corps. It fought in Brittany and the Mayenne area with 3rd Army. It reached the Loire River at Angers and Nantes, and then swung round north-eastwards to Chartres and Dreux. After crossing the Seine, it arrived outside Paris and then was engaged in northern France, in the Rhineland, the Ardennes and Alsace, ending the war in Germany.

Divisions d'infanterie
Infantry Divisions

Le *Private* Victor Dowdle, de Blackfoot (Idaho), membre d'une unité antichar de la *1st Infantry Division*, peint l'étoile blanche des Alliés et la mention de son unité sur un véhicule allemand de prise. L'insigne de la division, un 1 rouge sur fond kaki, est ici bien visible. Photo prise le 24-25 juillet. (US Army/ Heimdal.)

Private Victor Dowdle, from Blackfoot (Idaho), a member of an antitank unit of the 1st Infantry Division, paints the Allies' white star and his unit's ID on a captured German vehicle. The division's insignia, a red 1 on a khaki ground, can be seen here. Photo taken on July 24-25th. (US Army/Heimdal.)

Insigne en tissu de la *1st Infantry Division*.

1st Infantry Division cloth patch.

1st Infantry Division

- Surnom : « the fighting first» ou « the red one»

- Devise « no mission is too difficult, no sacrifice too great, duty first» («aucune mission n'est trop difficile, aucun sacrifice trop grand, le service avant tout»)

- Emblème : le chiffre "1" rouge sur un fond vert olive foncé.

- Composition : *16th*, *18th*, *26th Infantry Regiments*, *5th (M)*, *7th*, *33rd (L) Field Artillery Battalions*.

- Commandeurs : *Maj.Gen.* Donald Cubbison (VII-1941/V-1942), *Maj.Gen.* Terry de La Mesa Allen (VI-42/VII-43), *Maj.Gen.* Clarence R. Huebner (VII-43/XII-44), *Maj.Gen.* Clift Andrus (XII-44/V-45).

- Historique :

La *1st Infantry Division* est créée le 8 juin 1917 mais l'un de ses régiments, le *16th Infantry Regiment*, remonte à l'année 1798. Du 14 juin au 22 décembre 1917, les différents éléments de la division sont envoyés en Europe. Première division à participer aux combats en France, la *1st Division* est tout d'abord engagée en Lorraine dans le secteur de Sommerville (21 octobre-21 novembre 1917). Du 8 janvier au 5 février 1918, elle tient des tranchées dans les secteurs de Bouconville et Seichprey. Elle participe ensuite à l'offensive de l'Aisne-Marne et de Saint-Mihiel. Au cours de cette dernière, elle s'empare de Cantigny à l'issue de combats meurtriers. Elle combat ensuite dans le secteur de Soissons et subit de très lourdes pertes. En octobre, lors de l'offensive de Meuse-Argonne, la division marche et se bat pendant 55 heures sans interruption. Lorsque l'armistice est signé, la *1st Infantry Division* est à Sedan et commence à pénétrer en Allemagne en direction de Coblence. Du 13 décembre 1918 au 21 août 1919,

elle reste en occupation en Allemagne puis est rapatriée aux Etats-Unis où elle tient garnison au Fort Hamilton (New York).

Maintenue en service actif pendant l'entre-deux-guerres, la *1st Infantry division* est réorganisée en division triangulaire (trois régiments d'infanterie) en novembre 1939 au Fort Benning (Géorgie). Elle est ensuite transférée au Fort Devens dans le Massachusetts puis, en mars 1942, au Camp Blanding en Floride où elle complète son entraînement.

En août 1942, elle quitte les Etats-Unis pour l'Ecosse où elle poursuit ses exercices amphibies. Elle est ensuite acheminée vers l'Afrique du Nord. La division débarque au Maroc avec la *Western Task Force* du général Patton le 8 novembre 1942. Après une période d'occupation, elle est engagée en Sicile. Comme au Maroc, elle est la première à débarquer sur les plages de l'île (10 juillet 1943). Au cours de ces opérations, le 7 août 1943, son chef, le *Major-General* Terry de la Mesa Allen est remplacé par le *Major-General* Clarence R. Huebner, surnommé « the coach » (l'entraîneur), jugé plus souple par le général Bradley. En octobre 1943, la division est rapatriée en Grande-Bretagne où elle poursuit son entraînement pour se préparer au débarquement de Normandie. A la veille du débarquement, la *1st Infantry Division* est considérée comme la division la plus expérimentée de l'armée américaine. Pour cette raison, elle se voit confier le rôle principal à Omaha Beach où elle devra débarquer la première.

Renforcée par des éléments de la *29th Infantry Division* et du matériel supplémentaire (artillerie, blindés, génie), la division commence à débarquer le 6 juin 1944 à 6 h 30. Elle est articulée en trois *Regimental Combat Team* (RCT) portant les numéros 16, 18 et 26 et combinant des éléments d'infanterie, de l'artillerie, du génie, des services médicaux et autres unités spécialisées. Le *16th RCT* débarque le premier à 6 h 65 sur les secteurs Fox Green et Easy Red, ayant à sa gauche le *116th RCT* de la *29th Infantry Division*. Commandé par le colonel Georges A. Taylor, il subit de lourdes pertes (deux compagnies dérivent vers Port-en-Bessin). La seconde vague débarque de 7 h 30 à 7 h 40. Elle parvient à percer au-delà de la plage en direction de Colleville. Le 7 juin, les éléments débarqués nettoient le secteur de Colleville. Le 9 juin, ils poursuivent leur progression vers le sud, faisant 600 prisonniers. Le 10 juin, la division atteint la route Caen-Balleroy et occupe cette position tout au long de la journée.

Le 11 juin 1944, la *1st Infantry Division*, toujours attachée au *V Corps* dont elle constitue l'aile droite, reçoit l'ordre de se diriger vers Caumont (offensive vers Saint-Lô). Elle commence son attaque à 6 h 00 du matin. Elle rencontre une faible résistance et progresse vers Caumont dont elle s'empare le 13 juin au matin. Le 14 juin, elle est relevée par la *5th Infantry Division* et passe sous le commandement du *XIX Corps*. En une semaine de combat, ses pertes s'élèvent à 1 744 hommes, tués, blessés ou disparus.

En juillet, la *1st Infantry Division* participe à l'opération « Cobra » avec le *VII Corps*. Le 20 juillet, à la veille de cette opération, son PC est à Saint-Jean-de-Daye. Elle entre en action le 25 juillet avec la *3rd*

1st Infantry Division

- Nickname : "the fighting first" or "the red one".
- Motto "no mission is too difficult, no sacrifice too great, duty first".
- Emblem : a red figure "1" on a dark olive green ground.
- Composition : 16th, 18th, 26th Infantry Regiments, 5th (M), 7th, 33rd (L) Field Artillery Battalions.
- Commanders : Maj.Gen. Donald Cubbison (VII-1941/V-1942), Maj.Gen. Terry de La Mesa Allen (VI-42/VII-43), Maj.Gen. Clarence R.Huebner (VII-43/XII-44), Maj.Gen. Clift Andrus (XII-44/V-45).

- History :

The 1st Infantry Division was raised on June 8th 1917 but one of its regiments, the 16th Infantry Regiment, dates back to the year 1798. From June 14th to December 22nd 1917, the various elements of the division were dispatched to Europe. The first division to take part in the fighting in France, the 1st Division, was initially committed in Lorraine in the Sommerville sector (October 21st - November 21st 1917). From January 8th to February 5th 1918, it held the trenches in the Bouconville and Seichprey sectors. It then took part in the Aisne-Marne and Saint-Mihiel offensives. During this last, it took Cantigny after a deadly battle. It went on to fight in the Soissons sector and sustained very heavy casualties. In October, in the Meuse-Argonne offensive, the division marched and fought nonstop for 55 hours. When the armistice was signed, the 1st Infantry Division was in Sedan and beginning to enter Germany, heading for Coblenz. It stayed on to occupy Germany from December 13th 1918 to August 21st 1919, when it was sent home to the United States, where it was garrisoned at Fort Hamilton (New York).

Kept in active service during the interwar years, the 1st Infantry division was reorganized into a triangular division (three infantry regiments) in November 1939 at Fort Benning (Georgia). It was then transferred to Fort Devens in Massachusetts and later, in March 1942, to Camp Blanding in Florida, where it completed its training.

In August 1942, it left the United States for Scotland where it carried out more amphibious exercises. It was then dispatched to North Africa. The division landed in Morocco with General Patton's Western Task Force on November 8th 1942. After a period of occupation, it was committed in Sicily. As in Morocco, it was the first ashore on the island's beaches (July 10th 1943). During these operations, on August 7th 1943, its commander, Major-General Terry de la Mesa Allen was replaced by Major-General Clarence R. Huebner, nicknamed "the coach", as General Bradley found him more flexible. In October 1943, the division was sent home to Britain where it continued training in preparation for the Normandy landing. The day before the landing, the 1st Infantry Division was viewed as being the most experienced division in the US Army. For this reason, it was given the leading role to play on Omaha Beach, where it was to be first ashore.

Reinforced by elements of the 29th Infantry Division and with extra artillery, tanks and engineer material, the division began to land at 06.30 on June 6th 1944. It came ashore in three Regimental Combat Teams (RCT) numbered 16, 18 and 26, and combining elements of infantry, artillery, engineers, medical services and other specialized units. The 16th RCT landed first at 06.65 in the Fox Green and Easy Red sectors, with the 116th RCT, 29th Infantry Division. Commanded by Colonel George A. Taylor, on its left,

it suffered heavy losses (two companies drifted off course towards Port-en-Bessin). The second wave came in from 07.30 to 07.40. It managed to break out off the beach towards Colleville. On June 7th, the elements already ashore mopped up the Colleville sector. On June 9th, they continued to advance southwards, taking 600 prisoners. On June 10th, the division reached the Caen-Balleroy road and occupied that position throughout the day.

On June 11th 1944, the 1st Infantry Division, still attached to V Corps and forming its right flank, received orders to head for Caumont (offensive on Saint-Lô). It launched its attack at 06.00 in the morning. It encountered little resistance and advanced towards Caumont, which it captured on the morning of June 13th. On June 14th, it was relieved by the 5th Infantry Division and came under the command of XIX Corps. In a week's fighting, its losses rose to 1,744 men killed, wounded or missing.

In July, the 1st Infantry Division took part with VII Corps in Operation Cobra. On July 20th, on the eve of the operation, its CP was at Saint-Jean-de-Daye. The division saw action on July 25th with the 3rd Armored Division following the 9th Infantry Division. Passing through the 9th Infantry Division's positions, it advanced towards Marigny without meeting any notable resistance. On July 26th, it pursued its offensive on Marigny with Combat Command "B" of the 3rd Armored Division. During the day, its leading elements (18th Infantry Regiment) reached the outskirts of Marigny then entered the town at 07.00 in the morning on July 27th. They then pressed on as far as Camprond. Starting on July 29th, the division raced southwards, still accompanied by elements of the 3rd Armored Division. It reached Brécey on July 31st and established a bridgehead on the far bank of the Sée. It continued its advance in August. From Coutances, it headed south towards Mortain then south-east towards Mayenne and finally north-east towards the Seine. In mid-August, the division was fighting to the south of the Falaise pocket.

On August 24th, it reached the outskirts of Chartres then advanced towards the Seine, which it crossed in the Corbeil and Melun sectors (August 27th). It then crossed the Marne and came before Soissons on August 31st. After Soissons, it crossed the Aisne River, passing through Laon and Maubeuge. Early in September 1944, it entered Belgium, liberating Charleroi, Namur and Liège. It was the first American unit over the Siegfried Line (September 15th 1944). The following month, it took part in the fierce fighting at Aix-la-Chapelle. On November 16th, it resumed its advance towards Hurtgen Forest. The advance was slow and costly, but the division reached its objectives on November 30th, reaching a line to the west of the Roer. During the Ardennes counterstroke, the 1st Infantry Division was brought in on the north flank of the German disposition. On December 17th, although exhausted (the men had been fighting for six months without a break), it manage to halt several tank thrusts.

The 1st Infantry Division was among the first across Remagen Bridge, then pursued its advance into the heart of Germany with the 9th Armored Division. By the end of the war, it had reached Karlovy Vary (Karlsbad) in Bohemia.

Three members of the 1st Infantry Division were awarded the Congressional Medal of Honor for their action on D-Day: Sergeant John J. Pinder from Burgettstown (Pennsylvania) (posthumously), Private Carlton W. Barret from New York and Second-Lieutenant Jimmie W. Monteith from Richmond (Virginia) (posthumously). Two others received that same distinction on June 10th 1944: Staff-Sergeant Arthur F. De

Des hommes du 3ᵉ Bataillon du *18th Infantry Regiment* traversent Marigny le 28 juillet alors que la localité est toujours sous le feu de l'artillerie allemande. (NA/Heimdal.)

Le 29 juillet, au début de l'opération Cobra, la *1st Infantry Division* traverse le bourg de Marigny. (NA/Heimdal.)

Armored Division suivant la *9th Infantry Division*. Passant à travers les positions de la *9th Infantry Division*, elle progresse vers Marigny sans rencontrer de résistance notable. Le 26 juillet, elle poursuit son offensive vers Marigny avec le *Combat Command "B"* de la *3rd Armored Division*. Dans la journée, ses éléments de tête (*18th Infantry Regiment*) parviennent dans les faubourgs de Marigny puis pénètrent dans cette localité le 27 juillet, à 7 h 00 du matin. Ils poursuivent ensuite leur avance, atteignant Camprond. A partir du 29 juillet, la division, toujours accompagnée d'éléments de la *3rd Armored Division*, fonce vers le sud. Elle atteint Brécey le 31 juillet et établit une tête de pont au-delà de la Sée. Elle poursuit sa progression pendant le mois d'août. De Coutances, elle se dirige vers le sud en direction de Mortain puis vers le sud-est en direction de Mayenne et enfin vers le nord-est en direction de la Seine. A la mi-août, la division combat au sud de la poche de Falaise.

Le 24 août, elle arrive dans les environs de Chartres puis avance vers la Seine qu'elle traverse dans les secteurs de Corbeil et de Melun (27 août). Elle franchit ensuite la Marne et, le 31 août, se retrouve devant Soissons. Après Soissons, elle franchit l'Aisne, passe par Laon et Maubeuge. Début septembre 1944, elle rentre en Belgique, libérant Charleroi, Namur et Liège.

Elle est la première unité américaine à franchir la ligne Siegfried (15 septembre 1944). Le mois suivant, elle participe aux durs combats d'Aix-la-Chapelle. Le 16 novembre, elle reprend sa progression en direction de la forêt de Hurtgen. L'avance est longue et coûteuse mais la division atteint ses objectifs le 30 novembre en parvenant sur une ligne située à l'ouest de la Roer. Lors de la contre-offensive des Ardennes, la *1st Infantry Division* intervient sur le flanc nord du dispositif allemand. Le 17 décembre, en dépit de son épuisement (ses hommes se battent sans interruption depuis six mois), elle parvient à stopper plusieurs attaques de chars.

La *1st Infantry Division* traverse parmi les premières le pont de Remagen puis poursuit son avance vers le centre de l'Allemagne avec la *9th Armored Division*. Lorsque la guerre se termine, elle est parvenue à Karlovy Vary (Karlsbad) en Bohême.

Trois membres de la *1st Infantry Division* ont été décorés de la médaille d'honneur du Congrès pour leur action le jour du débarquement : le *Sergeant* John J.Pinder, de Burgettstown (Pennsylvanie) (à titre posthume), le *Private* Carlton W. Barret, de New York et le *Second-Lieutenant* Jimmie W. Monteith, de Richmond (Virginie) (à titre posthume). Deux autres ont reçu cette distinction le 10 juin 1944 : le *Staff-Sergeant* Arthur F. Defranzo, de Saugus (Mississipi) et le *Staff-Sergeant* Walter D. Ehlers, de Saint George (Kansas).

2nd Infantry Division

- Surnom : « Indian Head » (tête d'indien)

- Devise : « Second to none » (« la Seconde de personne »).

- Emblème : Une tête d'indien sur une étoile blanche brochant sur un écusson noir (Cet insigne a été créé en mars 1918 à la suite d'un concours lancé par l'officier commandant les unités de train de la division).

- Composition : *9th*, *23rd*, *38th Infantry Regiments*, *12th* (M), *15th*, *37th* et *38th Field Artillery Battalions*.

- Commandeurs : *Maj.Gen.* John C.H. Lee (6-XI-1941/8-V-1942), *Maj.Gen.* Walter M.Robertson (9-V-1942/VI-1945).

- *Historique :*

La *2nd Infantry Division* est mise sur pied à Bourmont en France en août 1917. Elle participe à cinq grandes offensives : Château-Thierry, Saint Mihiel, Meuse-Argonne, Blancmont et Soissons. Après l'armistice, la division reste en occupation en Allemagne dans la région de Coblence. De retour aux Etats-Unis à l'été 1919, elle tient garnison dans le Fort Travis à Galveston dans le Texas. Comme la *1st Division*, elle poursuit son existence entre les deux guerres. En octobre 1940, elle adopte l'organisation triangulaire (3 régiments d'infanterie, *9th*, *23rd* et *38th Infantry Regiments*).

Le 9 mars 1942, la *2nd Infantry Division* est rattachée au *VIII Corps* de la *3rd Army*. Elle stationne au Fort Sam Houston dans le Texas où elle suit un entraînement aéroporté (septembre-novembre 1942). De décembre 1942 à mars 1943, elle est au Camp Mc Coy dans le Wisconsin où elle s'entraîne au combat d'hiver. En août-septembre 1943, elle participe aux grandes manœuvres de la *3rd Army* en Louisiane avant de revenir au Camp Mc Coy. En octobre 1943, elle quitte les Etats-Unis pour la Grande Bretagne. Là, elle poursuit son entraînement de manière intensive.

La division débarque à partir du 7 juin 1944 sur Omaha Beach. La première unité à prendre pied sur

franzo from Saugus (Mississippi) and Staff-Sergeant Walter D. Ehlers from Saint George (Kansas).

2nd Infantry Division

- Nickname : "Indian Head"
- Motto : "Second to none".
- Emblem : An Indian head on a white star overlying a black shield (This badge was designed in March 1918 following a competition set by the commanding officer of the divisional supply units).
- Composition : 9th, 23rd, 38th Infantry Regiments, 12th (M), 15th, 37th and 38th Field Artillery Battalions.
- Commanders : Maj.Gen. John C.H. Lee (6-XI-1941/8-V-1942), Maj.Gen. Walter M.Robertson (9-V-1942/VI-1945).

- History :

The 2nd Infantry Division was raised at Bourmont in France in August 1917. It took part in five major offensives: Château-Thierry, Saint Mihiel, Meuse-Argonne, Blancmont and Soissons. After the armistice, the division stayed on to occupy Germany in the Coblenz area. Back in the United States in the summer of 1919, it was garrisoned at Fort Travis in Galveston, Texas. Like the 1st Division, it remained in existence between the two wars. In October 1940, it adopted a triangular organization (3 infantry regiments, 9th, 23rd and 38th Infantry Regiments).

On March 9th 1942, the 2nd Infantry Division was attached to Third Army's VIII Corps. It was stationed at Fort Sam Houston, Texas where it received airborne training (September-November 1942). From December 1942 to March 1943, it was at Camp McCoy in Wisconsin for winter combat training. In August-September 1943, it took part in Third Army's major exercises in Louisiana before returning to Camp McCoy. In October 1943, it left the United States for the UK where it continued intensive training.

The division landed on Omaha Beach starting on June 7th 1944. The first unit to set foot on French soil was the 9th Infantry Regiment (afternoon of June 7th). It was followed by the 38th and 23rd Infantry Regiments, and all the division's infantry elements were ashore by the afternoon of June 8th. Shortly after landing, the 9th Infantry Regiment was ordered to mop up the last pockets of resistance in the beach sector. But the division was properly committed on the morning of June 9th north of Trévières between the 1st and 29th Infantry Divisions. The attack on Trévières was launched towards midday and was completed during the night of June 9-10th. On the morning of June 10th, the division headed off towards Cerisy la Forêt. By 22.00 hours, it had the forest under control in that sector, and then secured its positions.

From June 11th, the 2nd Infantry Division took part in V Corps' offensive towards Saint-Lô. Despite stout resistance, it reached the banks of the Elle, not without heavy losses. It then continued to advance towards Saint-Georges d'Elle. On June 15th, it was counterattacked and pinned down. From June 7th to the 13th, the division lost 855 men killed, wounded or missing.

On July 12th, the 2nd Infantry Division went back on the attack in the Saint-Lô direction, with Cloville its objective. It encountered the paratroops of Fallschirmjäger Regimenten 9 and 5 but managed to reach the Saint-Lô-Bayeux road by day's end.

The division was then committed in Operation Cobra with V Corps (First Army's right flank). It joined the action on July 29th and advanced towards Thorigny-sur-Vire. In early August, it crossed the Vire and continued to advance. In mid-August, it fought in the Tinchebray sector and was then withdrawn from the front.

In September 1944, the 2nd Infantry Division took part in the siege of Brest, then took charge of a defensive sector south-east of the Westwall (the so-called Siegfried Line) near Saint Vith in Belgium (October 1944). In December, it fought in the Ruhr sector, near Wehlerschied, then it had to face a German counterattack. In February, after its numbers were made up, it continued its advance into Germany, taking the towns of Helentham and Gmund. By the time war came to an end, the 2nd Infantry Division was at Plzen (Pilsen) in Czechoslovakia. It was sent home to the United States from Le Havre in July 1945.

4th Infantry Division

- Nickname : "Ivy Division"
- Emblem : on a green background, four ivy leaves in a cross shape, pointing north, south, east and west, the stems joining up in a circle (the four I-VY leaves recalling the division's number, I-V in Roman numerals).
- Composition : 8th, 12th, 22nd Infantry Regiments, 29th, 42nd and 44th Self-Propelled (L) Field Artillery Battalions, 20th (M) Field Artillery Battalion.
- Commanders : Maj.Gen. Walter E.Prosser (VI/XII-1940), Lt.Gen. Lloyd R. Fredenall (I/VII-1941), Maj.Gen. Oscar W.Griswold (VIII/IX-1941), Maj.Gen. Harold R. Bull (X/XI-1941), Maj.Gen. Terry de La Mesa Allen (XII-1941), Maj.Gen. Fred C.Wallace (I/VI-1942), Maj.Gen. Raymond O.Barton (VII-1943/XII-1944), Maj.Gen. Harold Blakeley (XII-1944/X-1945).

- History :

The 4th Infantry Division was raised at Camp Greene in 1917 under Major-General George H. Cameron. It landed in France on June 5th 1918 but it had already sustained early losses on May 23rd 1918 when the ship carrying the division, the Maldovia, was torpedoed by a German submarine (56 killed). In France, the division took part in the Aisne-Marne, Saint-Mihiel and Meuse-Argonne offensives. It stayed on to occupy Germany for six months and was then sent home to the United States where it was demobbed.

The 4th Infantry Division was brought back into active service at Fort Benning (Georgia) on June 1st 1940 and began training. On November 15th 1941, it was transferred to Camp Gordon (Georgia) where it came under Second Army. In April 1943, it was transferred to Fort Dix (New Jersey) where it continued in training until September 1943, when it was sent to Camp Johnston in Florida to take part in amphibious exercises. In December 1943, it was assigned to Fort Jackson (South Carolina), and was later transferred to Britain (January 1944). It continued training in Devon to be ready for D-Day, notably practicing amphibious exercises.

The day before June 6th, it numbered 18,000 men. Attached to VII Corps, it was to land on Utah Beach in three successive waves.

From 06.40 to 06.50, the 8th Regimental Combat Team (RCT) was first ashore on Utah Beach. Among the first men to land was the division's second-in-command, Brigadier-General Theodore Roosevelt. A 10.00, the second wave (22nd RCT) came ashore, followed from noon by the third wave (12th RCT). These forces mopped up the beach approaches and set off inland. That evening, the 8th RCT reached Turqueville. The division's losses during that first day were low (197 men). On June 7th, further progress

Insigne en tissu de la 2nd Infantry Division.
2nd Infantry Division cloth patch.

le sol français est le *9th Infantry Regiment* (après-midi du 7 juin). Il est suivi par les *38th* et *23nd Infantry Regiments* et, dans l'après-midi du 8 juin, tous les éléments d'infanterie de la division ont été débarqués. Peu après son débarquement, le *9th Infantry Regiment* reçoit l'ordre de nettoyer les dernières poches de résistance situées, près de la plage. Mais la division est véritablement engagée le matin du 9 juin au nord du bourg de Trévières entre les *1st* et *29th Infantry Divisions*. L'attaque contre Trévières est lancée en milieu de journée et s'achève dans la nuit du 9 au 10 juin. Le matin du 10 juin, la division se dirige vers Cerisy la Forêt. A 22 h 00, elle contrôle la forêt dans ce secteur puis sécurise ses positions.

A partir du 11 juin, la *2nd Infantry Division* participe à l'offensive du *V Corps* vers Saint-Lô. En dépit d'une vive résistance, elle atteint les rives de l'Elle non sans subir de lourdes pertes. Elle poursuit ensuite sa progression vers Saint-Georges d'Elle. Contre-attaquée le 15 juin, elle est bloquée sur ses positions. Du 7 au 13 juin, la division perd 855 hommes tués, blessés ou disparus.

Le 12 juillet, la *2nd Infantry Division* repart à l'attaque vers Saint-Lô avec pour objectif Cloville. Elle se heurte aux parachutistes des *Fallschirmjäger Regimenten 9* et *5* mais parvient à atteindre la route Saint-Lô-Bayeux en fin de journée.

La division est ensuite engagée dans l'opération « Cobra » avec le *V Corps* (aile droite de la *1st Army*). Elle entre en action le 29 juillet et progresse vers Thorigny-sur-Vire. Début août, elle franchit la Vire et poursuit sa progression. A la mi-août, elle combat dans le secteur de Tinchebray puis est retirée du front.

En septembre 1944, la *2nd Infantry Division* participe au siège de Brest puis prend en charge un secteur défensif au sud-est du *Westwall* (« Ligne Siegfried ») près de Saint Vith en Belgique (octobre 1944). En décembre, elle combat dans le secteur de la Ruhr, près de Wehlerschied puis elle doit faire face à la contre-attaque allemande. En février, après avoir vu ses effectifs recomplétés, elle poursuit son avance en Allemagne, s'emparant des villes de Helentham et de Gmund. Lorsque la guerre s'achève, la *2nd Infantry Division* est à Plzen (Pilsen) en Tchécoslovaquie. Elle est rapatriée aux Etats-Unis à partir du Havre en juillet 1945.

4th Infantry Division

- Surnom : « Ivy Division » (« division du lierre »)

- Emblème : sur un fond vert, quatre feuilles de lierre disposées en croix, orientées vers le nord, le sud, l'est et l'ouest, les tiges sortant d'un cercle (ces feuilles évoquent le numéro de la division, la prononciation du mot i-vy suggérant le chiffre romain IV).

- Composition : *8th*, *12th*, *22nd Infantry Regiments*, *29th, 42nd* et *44th Self-Propelled (L) Field Artillery Bataillons*, *20th (M) Field Artillery Battalion*.

- Commandeurs : *Maj.Gen.* Walter E.Prosser (VI/XII-1940), Lt.Gen. Lloyd R. Fredenall (I/VII-1941), *Maj.Gen.* Oscar W.Griswold (VIII/IX-1941), *Maj.Gen.* Harold R. Bull (X/XI-1941), *Maj.Gen.* Terry de La Mesa Allen (XII-1941), *Maj.Gen.* Fred C.Wallace (I/VI-1942), *Maj.Gen.* Raymond O.Barton (VII-1943/XII-1944), *Maj.Gen.* Harold Blakeley (XII-1944/X-1945).

- Historique :

La *4th Infantry Division* a été mise sur pieds au Camp Greene sous les ordres du *Major-General* George H.Cameron en 1917. Elle débarque en France le 5 juin 1918 mais elle subit ses premières pertes dès le 23 mai 1918 lorsque le bateau qui la transporte, le

Insigne en tissu de la *4th Infantry Division*.
4th Infantry Division cloth patch.

Maldovia, est torpillé par un sous-marin allemand (56 morts). En France, la division participe aux offensives de l'Aisne-Marne, de Saint-Mihiel et de Meuse-Argonne. Elle reste en occupation en Allemagne pendant six mois puis est rapatriée aux Etats-Unis où elle est démobilisée.

La *4th Infantry Division* est réactivée au Fort Benning (Géorgie) le 1er juin 1940 et commence son entraînement. Le 15 novembre 1941, elle est transférée au Camp Gordon (Géorgie) où elle passe sous le contrôle de la *2nd Army* . En avril 1943, elle est déplacée au Fort Dix (New Jersey) où elle continue de s'entraîner jusqu'en septembre 1943, date à laquelle elle est envoyée au Camp Johnston en Floride pour participer à des exercices amphibies. En décembre 1943, elle est affectée au Fort Jackson (Caroline du Sud) puis est transférée en Grande-Bretagne (janvier 1944). Elle poursuit son entraînement dans le Devon afin d'être prête pour le débarquement, participant notamment à des exercices amphibies

A la veille du 6 juin, elle compte 18 000 hommes. Rattachée du *VII Corps*, elle doit débarquer en trois vagues successives sur Utah Beach.

De 6 h 40 à 6 h 50, le *8th Regimental Combat Team* (RCT) débarque le premier sur Utah Beach. Parmi les premiers hommes débarqués se trouve le commandant en second de la division, le *Brigadier-General* Theodor Roosevelt. A 10 h 00, la seconde vague (*22nd RCT*) a débarqué. Elle est suivie à partir de midi par la troisième vague (*12th RCT*). Ces forces nettoient les abords de la plage et commencent à s'enfoncer dans les terres. En soirée, le *8th RCT* atteint Turqueville. Les pertes de la division au cours de cette première journée de combat sont faibles (197 hommes). Le 7 juin, la progression se poursuit. Une partie de la division fait sa jonction avec la *82nd Airborne Division* à Sainte-Mère l'Eglise tandis que l'autre remonte vers le nord en direction des batteries de Saint-Marcouf. Le soir, ces éléments sont bloqués devant Saint-Marcouf et Azeville et subissent une contre-attaque. Le 8 juin, la division combat au nord de Sainte-Mère-Eglise et ne progresse pas devant Azeville et Saint-Marcouf. Le 9 juin, le *22th RCT* obtient la reddition d'Azeville puis se dirige vers Quinéville et Ozeville. Le *12th RCT* avance dans la direction de Montebourg. Le 10 juin, le *12th RCT* est contre-attaqué et se replie à l'est de Saint Floxel. Le *22nd RCT* atteint le sud d'Ozeville. Jusqu'au 15 juin, la division s'oppose aux éléments des *709.* et *243. Infanterie Divisionen* sur la route de Montebourg.

Le 18 juin, la division participe avec le *VII Corps* (dont elle constitue l'aile droite) à l'offensive vers Cherbourg. Le 19 juin, les *8th* et *12th Infantry Regiments* attaquent dans le secteur de Montebourg. Puis la division poursuit son avance vers Rufosse, Le Theil et le Hameau Mouchel. Le 21 juin, elle coupe la route Cherbourg-Saint-Pierre-Eglise à l'ouest de Gonneville et progresse jusqu'à la Saire. Le lendemain, elle se dirige vers Cherbourg mais rencontre de fortes résistances dans le secteur de Digosville. Le 23 juin elle progresse peu. Le 24 juin, l'*Infantry Regiment 12* parvient à Tourlaville à l'est de Cherbourg. Le 27 juin, après la reddition de Cherbourg, elle achève le nettoyage des abords est de la ville (aéroport de Maupertus) et du Cap Lévy. Le 28 juin, elle capture les derniers éléments allemands retranchés sur la ligne de défense « Osteck », faisant 990 prisonniers. Du 6 au 30 juin, la division déplore la perte de 5 452 hommes, tués, blessés ou disparus.

Les 6 et 7 juillet, lors de l'offensive du *VII Corps* vers Périers, deux régiments de la division (*8th* et *12th Infantry Regiments*) interviennent dans le secteur de la *83rd Infantry Division* afin de débloquer cette der-

was made. One part of the division linked up with the 82nd Airborne Division at Sainte-Mère l'Eglise while the other moved up north towards the batteries at Saint-Marcouf. That evening, these elements were held up and came under counter-attack before Saint-Marcouf and Azeville. On June 8th, the division fought to the north of Sainte-Mère-Eglise and made no headway before Azeville and Saint-Marcouf. On June 9th, Azeville fell to the 22nd RCT which then headed off towards Quinéville and Ozeville. The 12th RCT advanced towards Montebourg. On June 10th, the 12th RCT came under counter-attack and fell back east of Saint Floxel. The 22nd RCT reached a point south of Ozeville. Until June 15th, the division stood up against elements of 709. and 243.Infanterie Divisionen on the Montebourg road.

On June 18th, the division took part with VII Corps (whose right flank it formed) in the offensive on Cherbourg. On June 19th, the 8th and 12th Infantry Regiments attacked in the Montebourg sector. Then the division pursued its advance on Rufosse, Le Theil and Le Hameau Mouchel. On June 21st, it cut across the Cherbourg-Saint-Pierre-Eglise road west of Gonneville and advanced as far as the Saire. The next day, it headed towards Cherbourg but met stiff resistance in the Digosville sector. On June 23rd it made little progress. On June 24th, the 12th Infantry Regiment reached Tourlaville east of Cherbourg. On June 27th, after the surrender of Cherbourg, it mopped up the eastern suburbs of the city (Maupertus Airport) and Cap Lévy. On June 28th, it captured the last remaining German elements entrenched on the Osteck defensive line, taking 990 prisoners. From June 6th to the 30th, the division suffered 5,452 casualties, killed, wounded or missing.

On July 6th and 7th, during VII Corps' offensive towards Périers, two of the division's regiments (8th and 12th Infantry Regiments) were employed in the 83rd Infantry Division's sector in order to clear the way for that division, but they failed and sustained heavy losses (600 men on July 7th).

Starting on July 25th, still with VII Corps, the division took part in Operation Cobra, with the 9th Infantry Division on its right flank and the 30th Infantry Division on its left. On the first day of the attack, it established a front north-east of La Chapelle-en-Juger. At dawn on July 26th, it captured La Chapelle-en-Juger. On July 31st, it resumed its advance with Combat Command "B", 3rd Armored Division. On August 1st, it captured Villedieu-les-Poêles and was then withdrawn from the front. However, on August 7th, the 12th Infantry Regiment was sent in to reinforce the 30th Infantry Division's lines in order to see off the German counterstroke in the Mortain sector (Operation Lüttich). Until August 12th, it was engaged in some fierce fighting in that area.

After a rest period, the division was attached to V Corps on August 23rd. It helped to liberate Paris, then pursued its advance right into Belgium. On September 11th 1944, it began to cross the Westwall. In October 1944, it launched its advance into Germany, and then fought in Hurtgen Forest (December 1944). During the Ardennes counterstroke, the division fought in the Dickweiler and Ostweiler sectors in Luxembourg and helped to halt the German advance. On January 18th 1945, it resumed its advance and crossed the Sauer River. It then captured Fuhren and Vianden before crossing the Prum (February 9th 1945). With the 11th Armored Division, it crossed the Kyll early in March 1945. A Task Force then took the towns of Adenau and Reifferscheid. The division then proceeded into the heart of the Reich where it stood when the armistice was signed. It was sent home shortly afterwards to the United States. Having been constantly in action since June 6th 1944, the

1. Major-General Raymond C. Barton, commander of the 4th Infantry Division, and his second-in-command, Brigadier-General Theodore Roosevelt, on Utah Beach.

2. Brigadier-General Theodore Roosevelt, second-in-command of the 4th Infantry Division. The son of the 26th US President Theodore Roosevelt, and cousin of President Franklin Delano Roosevelt, Theodore Roosevelt Jr. fought in World War I with the 26th Infantry Regiment, 1st Infantry Division. After returning to civilian life after the armistice, he was recalled when war broke out. He fought in the Tunisia and Sicily campaigns then was allowed to come ashore with the first wave on Utah Beach. He died of a heart attack during a German counter-attack at Méautis on July 12th 1944.

1. Le *Major-General Raymond C.* Barton, chef de la 4th Infantry Division, et son commandant en second, le Brigadier-General Theodor Roosevelt, sur la plage d'Utah.

2. Le *Brigadier-General* Theodore Roosevelt, commandant en second de la *4th Infantry Division*. Fils de Théodore Roosevelt, 26ᵉ président des Etats-Unis et cousin du président Franklin Delano Roosevelt, Théodore Roosevelt Jr. combat pendant la Première Guerre mondiale au sein du *26th Infantry Regiment* de la *1st Infantry Division*. Revenu à la vie civile après l'armistice, il est rappelé au début de la guerre. Il participe aux campagnes de Tunisie et de Sicile puis, à sa demande, débarque à Utah Beach avec la première vague. Il meurt d'une crise cardiaque le 12 juillet 1944 à Méautis au moment d'une contre-attaque allemande.

Le *Major-General* Raymond C. Barton, chef de la *4th Infantry Division* décore de la *Silver Star* des hommes de sa division qui se sont distingués lors des combats pour Cherbourg. Photo prise à Cherbourg le 30 juin 1944. (US-Army/Coll. Heimdal.)

Major-General Raymond C. Barton, commander of the 4th Infantry Division, awarding the Silver Star to men of his division who had fought with distinction during the battle for Cherbourg. Photo taken at Cherbourg on June 30th 1944 (US-Army/Coll. Heimdal).

Ci-contre : le même lieu aujourd'hui.

Opposite: the same spot today.

1. Le 21 juillet, le *Major-General* Raymond O. Barton explique aux hommes du *22nd Regiment* de la *4th Infantry Division* le rôle qu'ils auront à jouer dans les prochaines opérations. (US-Army/Coll. Heimdal.)

1. On July 21st, Major-General Raymond O. Barton explains to the men of the 22nd Regiment, 4th Infantry Division the role they are to play in the coming operations. (US-Army/Coll.Heimdal.)

2. Un prisonnier allemand interrogé fournit des indications à deux officiers de la *4th Infantry Division* : au centre, le *Lieutenant* Walter V. Bodlanger reporte les renseignements sur la carte, à droite, le *Lieutenant-Colonel* Hanson. Secteur de Saint-Lô, 25 juillet 1944. On remarquera l'emblème de la division bien visible sur la manche du *Lieutenant* Bodlanger. (US-Army/Coll.Heimdal.)

2. A German prisoner on being interrogated gives indications to two officers of the 4th Infantry Division: in the center, Lieutenant Walter V. Bodlanger marks the information on the map; on the right, Lieutenant-Colonel Hanson. Saint-Lô sector, July 25th 1944. Notice the division's insignia on Lieutenant Bodlanger's sleeve. (US-Army/Coll. Heimdal.)

division had lost 21,550 men in nearly a year's fighting…

One member of the 4th Infantry Division was (posthumously) awarded the Congressional Medal of Honor during the Battle of Normandy: the division's second-in-command, Brigadier-General Theodore Roosevelt, who was killed on July 12th 1944. The 8th Infantry Regiment, the first American unit to be committed in Normandy, was also cited for its role on D-Day. The 22nd Infantry Regiment also received a citation for its action from July 26th to August 1st 1944, as did that same regiment's 3rd Battalion for its action from June 6-9th 1944.

5th Infantry Division

- Nickname : "Red Diamond Division" (the Germans also nicknamed it "Red Devil").

- Motto : "It shall be done" (the motto of the 2nd Infantry Regiment : Noli me tangere, of the 10th : Courage et fidélité and of the 11th : Semper Fidelis).

- Emblem : A red diamond.

- Composition : 2nd, 10th and 11th Infantry Regiments, 19th, 46th, 50th (L) and 21st (M) Field Artillery Battalions.

- Commanders : Brig.Gen. Campbell B.Hodges (X-1939/IX-1940), Maj.Gen. Joseph M.Cummins (X-1940/VII-1941), Maj.Gen. Charles H.Bonestell (VII-1941/VIII-1941), Maj.Gen. Curtland Parker (VIII-1941/VI-1943), Maj.Gen. Stafford L.Irwin (VI-1943-IV 1945), Maj.Gen. Albert E.Brown (IV-1945/I-1946).

- History :

The 5th Infantry Division was raised on December 1st 1917 at Camp Logan in Texas. It landed in France in May 1918. It was committed alongside French troops in the Vosges on June 14th 1918. On September 12th, it took part in the Saint Mihiel offensive and later the Meuse offensive. It stayed in line throughout October and November 1918. In the course of its various engagements, it took 2,356 prisoners but sustained heavy losses (9,883 men). On returning to the United States in July 1919, it was demobilized.

The 5th Infantry Division was brought back into active service in October 1939 and was stationed at Fort Custer (Michigan). In September 1941, one of its regiments (10th Regiment) was sent to Iceland while the rest of the division went to Louisiana, where it took part in exercises with Second Army. In August 1943, the division left Iceland and the United States for Europe. It was stationed in Northern Ireland where it continued training.

The 5th Infantry Division landed in Normandy early in July 1944. It was committed for the first time in the Viderville sector. From July 29th, it took part with V Corps in Operation Cobra. It advanced towards Thorigny but encountered fierce opposition from 3. Fallschirmjäger-Division. On July 30th, it crossed the Caumont-Thorigny road then took Thorigny on July 31st.

In August, it advanced southwards as far as Angers then north-east to Chartres and Etampes. Attached to Third Army's XX Corps, it crossed the Seine in the Melun sector. It pursued its eastward advance and fought on the Moselle before taking part in the final assault on Metz (November 1944). During the Ardennes counterstroke, it counter-attacked with Third Army. In January 1945, it fought in the Prieux sector, then for the next two months in Luxembourg in the Wolfendange and Eischen sectors. It continued advancing into Germany, finishing the war in the Winterberg region of Czechoslovakia. The division was

1. Des hommes de la *4th Infantry Division* font leur entrée dans Villedieu-les-Poêles le 2 août 1944. (US-Army/Coll. Heimdal.)

2. Un soldat du *2nd Infantry Regiment* de la *5th Infantry Division* en poste à Vidouville. Photo prise le 26 juillet 1944. (IWM.)

1. Men of the 4th Infantry Division entering Villedieu-les-Poêles on August 2nd 1944. (US-Army/Coll. Heimdal.)

2. A soldier of the 2nd Infantry Regiment, 5th Infantry Division at his post at Vidouville. Photo taken on July 26th 1944. (IWM.)

Insigne en tissu de la *5th Infantry Division*.

5th Infantry Division cloth patch.

nière mais ils échouent et subissent de lourdes pertes (600 hommes le 7 juillet).

A partir du 25 juillet, la division, flanquée à sa droite par la *9th Infantry Division* et à sa gauche par la *30th Infantry Division*, participe à l'opération « Cobra » toujours avec le *VII Corps*. Le premier jour de l'attaque, elle établit un front au nord-est de la Chapelle-en-Juger. Le 26 juillet à l'aube, elle s'empare de La Chapelle-en-Juger. Le 31 juillet, elle reprend sa progression avec le *Combat Command* « B » de la *3rd Armored Division*. Le 1er août, elle capture Villedieu-les-Poêles puis est retirée du front. Cependant, le 7 août, le *12th Infantry Regiment* est envoyé en renfort dans les lignes de la *30th Infantry Division* pour faire face à contre-offensive allemande dans le secteur de Mortain (opération « Lüttich »). Jusqu'au 12 août, il mène de très durs combats dans cette région.

Après une période de repos, la division est attachée au *V Corps* le 23 août. Elle contribue à la libération de Paris, puis poursuit son avance jusqu'en Belgique. Le 11 septembre 1944, elle commence à franchir le *Westwall*. En octobre 1944, elle commence sa progression en Allemagne puis combat dans la forêt de Hurtgen (décembre 1944). Lors de la contre-offensive des Ardennes, la division combat dans le secteur de Dickweiler et Ostweiler en Luxembourg et contribue à stopper l'avance allemande. Le 18 janvier 1945, elle reprend son avance et franchit la rivière Sauer. Elle s'empare ensuite de Fuhren et Vianden avant de traverser la Prum (9 février 1945). Avec la *11th Armoured Division*, elle traverse la Kyll au début du mois de mars 1945. Une *Task force* s'empare ensuite des villes de Adenau et de Reifferscheid. La division se dirige alors vers le cœur du Reich où elle se trouve lorsque l'armistice est signé. Elle est rapatriée peu après aux Etats-Unis. Constamment engagée depuis le 6 juin 1944, la division a perdu 21 550 hommes en presque un an de combats…

Un membre de la *4th Infantry Division* a été décoré (à titre posthume) de la médaille d'Honneur du Congrès pendant la bataille de Normandie : le *Brigadier-General* Theodor Roosevelt, commandant en second de la division, mort le 12 juillet 1944. Le *8th Infantry Regiment*, première unité américaine à être engagée en Normandie, a par ailleurs reçu une citation pour son rôle le 6 juin. Des citations ont aussi été attribuées au *22nd Infantry Regiment* pour son action du 26 juillet au 1er août 1944 et au *3rd Battalion* du même régiment pour son action du 6 au 9 juin 1944.

5th Infantry Division

- Surnom : « Red Diamond Division » (« la division au diamant rouge », les Allemands lui donneront aussi le surnom de « Red Devil », les diables rouges).

- Devise : « It shall be done » (la devise du *2nd Infantry Regiment* : Nole me tangere, du *10th* : Courage et fidélité et du 11th : Semper Fidelis).

- Emblème : Un diamant (ou losange) rouge.

- Composition : *2nd, 10th et 11th Infantry Regiments, 19th, 46th, 50th (L) et 21st (M) Field Artillery Battalions*.

- Commandeurs : *Brig.Gen.* Campbell B.Hodges (X-1939/IX-1940), *Maj.Gen.* Joseph M.Cummins (X-1940/VII-1941), *Maj.Gen.* Charles H.Bonestell (VII-1941/VIII-1941), *Maj.Gen.* Curtland Parker (VIII-1941/VI-1943), *Maj.Gen.* Stafford L.Irwin (VI-1943-IV 1945), *Maj.Gen.* Albert E.Brown (IV-1945/I-1946).

- Historique :

La *5th Infantry Division* a été formée au Camp Logan dans le Texas le 1er décembre 1917. Elle débarque en France en mai 1918. Elle est engagée aux côtés des troupes françaises dans les Vosges le 14 juin 1918. Le 12 septembre, elle participe à l'offensive de Saint Mihiel puis à celle de la Meuse. Elle reste en ligne tout au long des mois d'octobre et novembre 1918. Au cours de ses différents engagements, elle capture 2 356 prisonniers mais subit de lourdes pertes (9 883 hommes). De retour aux Etats-Unis en juillet 1919, elle est démobilisée.

La *5th Infantry Division* est réactivée en octobre 1939 et stationne au Fort Custer (Michigan). En septembre 1941, l'un de ses régiments (le *10th Regiment*) est envoyé en Islande tandis que le reste de la division gagne la Louisiane où il participe aux manœuvres de la *2nd Army*. En août 1943, la division quitte l'Islande et les Etats-Unis pour l'Europe. Elle stationne en Irlande du Nord où elle poursuit son entraînement.

La *5th Infantry Division* débarque en Normandie début juillet 1944. Elle est engagée pour la première fois dans le secteur de Viderville. A partir du 29 juillet, elle participe l'opération "Cobra" avec le *V Corps*. Elle progresse vers Thorigny mais rencontre une opposition farouche de la part de la *3. Fallschirmjäger-Division*. Le 30 juillet, elle dépasse la route Caumont-Thorigny puis s'empare de Thorigny le 31 juillet.

En août, elle avance vers le sud jusqu'à Angers puis vers le nord-est jusqu'à Chartres et Etampes. Rattachée au *XX Corps* de la *3rd Army*, elle franchit la Seine dans le secteur de Melun. Elle poursuit sa progression vers l'est et combat sur la Moselle avant de participer à l'assaut final sur Metz (novembre 1944). Lors de la contre-offensive des Ardennes, elle contre-attaque avec la *3rd Army*. En janvier 1945, elle combat dans le secteur de Prieux puis, pendant les deux mois suivants, en Luxembourg dans les secteurs de Wolfendange et de Eischen. Elle poursuit son avance en Allemagne et termine la guerre en Tchécoslovaquie dans la région de Winterberg. La division est rapatriée aux Etats-Unis dès le mois de juin 1945.

Le *Corporal* Vincent J.Hughes de Philadelphie et le *Staff Sergeant* Wardie Barnett ont reçu la *Distinguished Service Cross* pour leur action d'éclat survenue le 8 août 1944. Le *3rd Battalion* du *2nd Infantry Regiment* a par ailleurs reçu une citation pour son action du 6 au 9 juillet 1944.

8th Infantry Division

- Surnom : « Golden Arrow division » (« la division à la flèche d'or »).

- Devise : « These are my Credentials » (« voici mes références »).

- Emblème : Un 8 d'argent percé d'une flèche d'or sur fond bleu.

- Composition : *13th, 28th, 121st Infantry Regiments, 43rd, 45th, 56th (L) et 28th (M) Field Artillery Battalions*.

- Commandeurs : *Maj.Gen.* Philip B.Peyton (VI-XII-1940), *Maj.Gen.* James P.Marley (XII-1940/II-1941), *Maj.Gen.* William E.Shed (II-1941), *Maj.Gen.* Henry Terrell Jr (III-1941), *Maj.Gen.* James P.Marley (IV-1941/VII-1942), *Maj.Gen.* Paul E. Peabody (VIII-1942/I-1943), *Maj.Gen.* William C.Mc Mahon (II-1943/VII-1944), *Maj.Gen.* Donald A. Stroh (VII/XI-1944), *Maj.Gen.* William G.Weaver (XII-1944/II-1945), *Mag.Gen.* Bryant E.Moore (II-1945/VIII-1945).

- Historique :

Une première *8th Infantry Division* est mise sur pieds en janvier 1918 au camp Fremont en Californie avec trois régiments d'infanterie déjà existants : les *13th, 28th* et *121st Infantry Regiments*. Formé en juillet 1798, le *13th Infantry Regiment*, vétéran de la guer-

Insigne en tissu de la *8th Infantry Division*.
8th Infantry Division cloth patch.

sent home to the United States immediately in June 1945.

Corporal Vincent J. Hughes from Philadelphia and Staff Sergeant Wardie Barnett were awarded the Distinguished Service Cross for their feat of arms on August 8th 1944. The 3rd Battalion of the 2nd Infantry Regiment also received a citation for its action from July 6-9th 1944.

8th Infantry Division

- Nickname : "Golden Arrow division"
- Motto : "These are my Credentials"
- Emblem : A silver 8 pierced with a golden arrow on a blue ground.
- Composition : 13th, 28th, 121st Infantry Regiments, 43rd, 45th, 56th (L) and 28th (M) Field Artillery Battalions.
- Commanders : Maj.Gen. Philip B.Peyton (VI/XII-1940), Maj.Gen. James P.Marley (XII-1940/II-1941), Maj.Gen. William E.Shed (II-1941), Maj.Gen. Henry Terrell Jr (III-1941), Maj.Gen. James P.Marley (IV-1941/VII-1942), Maj.Gen. Paul E. Peabody (VIII-1942/I-1943), Maj.Gen. William C.McMahon (II-1943/VII-1944), Maj.Gen. Donald A. Stroh (VII/XI-1944), Maj.Gen. William G.Weaver (XII-1944/II-1945), Mag.Gen. Bryant E.Moore (II-1945/VIII-1945).

- History :

A first 8th Infantry Division was raised in January 1918 at Camp Fremont in California with three already existing infantry regiments: the 13th, 28th and 121st Infantry Regiments. Formed in July 1798, the 13th Infantry Regiment, a veteran of the 1812 war and of the American Civil War, was committed in Cuba, the Philippines and Alaska and later Panama. The 28th Infantry Regiment, formed in 1901, fought with distinction in the Philippines. The 121st Infantry Regiment, formed from the Georgian militia, was nicknamed the "Old Gray Bonnet Regiment".

The 8th Infantry Division was dispatched to France in September 1918 but arrived too late to take part in the fighting. After a period of occupation of Germany, it was disbanded in August 1919. Brought back into active service in July 1940, it was trained at Fort Jackson in South Carolina. In September 1941, it took part in the Carolina exercises with First Army. After the attack on Pearl Harbor, it was assigned to patrol duty along the coast from North Carolina to Florida. In March 1942, the division returned to Fort Jackson to complete its training. In September 1942, it took part in exercises in Tennessee under Second Army supervision. After a short stay at Camp Forrest (Tennessee), it was stationed at Fort Leonard Wood where its numbers were made up. In March 1943, it left for the California-Arizona exercise area where it trained for six months in the desert. Upon completing desert training, it returned to Camp Forrest. In December 1943, it left the United States for Northern Ireland where it continued training.

Starting out from Belfast, the 8th Infantry Division landed in Normandy on July 4th 1944. Assigned to VIII Corps, it relieved the 79th Infantry Division at La Haye-du-Puits as of July 9th. It advanced towards the Ay River. On July 9th, the division's second-in-command, Brigadier-General Nelson M. Walker, was badly wounded in the La Haye-du-Puits area. He died the next day. Until July 13th, the two forward regiments (28th and 121st Infantry Regiments) fought a tough battle towards the Ay River and sustained heavy losses. They gained a foothold on the north bank of the river on July 14th and managed to hold out against stiff resistance and German counter-attacks.

The division took part in Operation Cobra, still with VIII Corps making up First Army's right flank. Its role was to establish a bridgehead between the south bank of the Ay and the Lessay-Periers railroad. An initial attack launched by the 28th Infantry Regiment on July 26th failed. A second was launched at 15.00 and broke through the German disposition. The 28th Regiment reached the Lessay-Périers road. At 15.00 on July 27th, the 28th and 121st Regiments went back on the attack. German resistance weakened as 7. Armee began to withdraw. In the days that followed, the division advanced towards Coutances, mopping up the remaining pockets of resistance as it went. On August 3rd, it mustered in the Saint James area (except for certain elements attached to the 4th Armored division).

In August 1944, the 8th Infantry Division was committed in Brittany. It advanced on Rennes with VIII Corps. Its 121st Infantry Regiment, attached to the 83rd Infantry Division, fought at Dinard from August 6th. From August 17th, the division was turned towards Brest and fought in the Cap Frehel and Crozon peninsula sectors. It was then dispatched to Luxembourg. In February 1945, it crossed the Ruhr, and then advanced to Cologne and Hochenberg before helping to establish a bridgehead on the Elbe. During the final days of the war, it got as far as the Baltic coast where it linked up with Soviet troops in the Schwerin sector. During the ten months it was engaged, the division took 316,000 prisoners, the equivalent of 21 American divisions. The 8th Infantry Division was disbanded on November 20th 1945.

Insigne en tissu de la *9th Infantry Division*.

9th Infantry Division cloth patch.

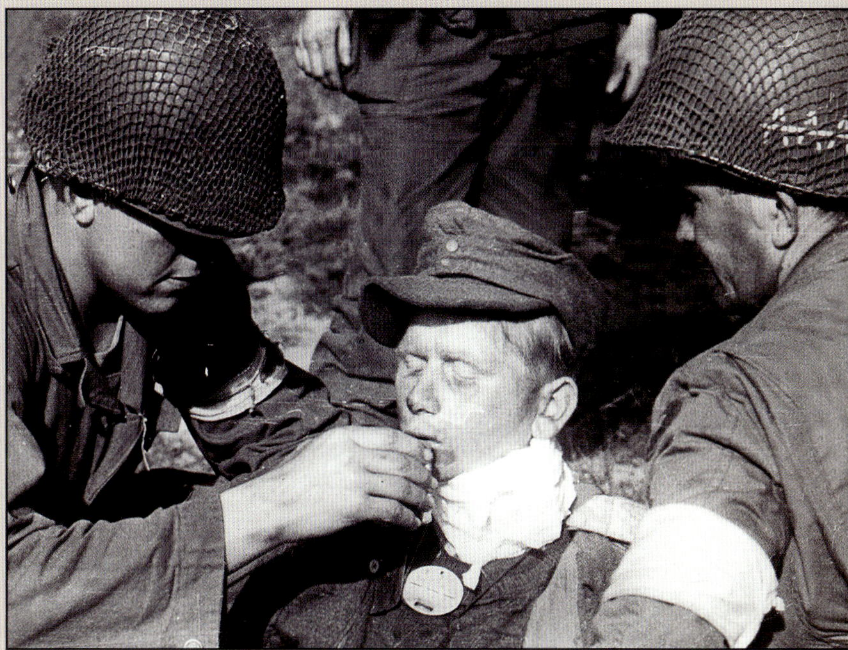

Deux soldats de la *9th Infantry Division* viennent en aide à un soldat allemand blessé, secteur de Bricquebec, 21 juin 1944. (US-Army/Coll. Heimdal.)

Two soldiers of the 9th Infantry Division come to help a wounded German soldier in the Bricquebec sector on June 21st 1944. (US-Army/Coll. Heimdal.)

39th Infantry Regiment

re de 1812 et de la guerre de Sécession fut engagé à Cuba, aux Philippines, en Alaska puis au Panama. Le *28th Infantry Regiment*, créé en 1901, se distingua aux Philippines. Le *121st Infantry Regiment*, créé à partir de la milice Géorgienne, portait le surnom de « Old Gray Bonnet Regiment ».

La *8th Infantry Division* est envoyée en France en septembre 1918 mais arrive trop tard pour participer aux combats. Après une période d'occupation en Allemagne, elle est dissoute en août 1919. Réactivée en juillet 1940, elle est entraînée au Fort Jackson en Caroline du Sud. En septembre 1941, elle participe aux manœuvres de Caroline avec la *1st Army*. Après l'attaque de Pearl Harbor, elle est chargée de patrouiller le long des côtes de la Caroline du Nord à la Floride. En mars 1942, la division retourne au Fort Jackson pour compléter son entraînement. En septembre 1942, elle participe à des manœuvres dans le Tennessee sous le contrôle de la *2nd Army*. Après un bref passage au Camp Forrest (Tennessee), elle stationne au Fort Leonard Wood où ses effectifs sont complétés. En mars 1943, elle part pour la zone de manœuvre de Californie-Arizona où elle s'entraîne pendant six mois dans le désert. Après avoir achevé son entraînement dans le désert, elle retourne au Camp Forrest. En décembre 1943, elle quitte les Etats-Unis pour l'Irlande du Nord où elle poursuit son entraînement.

Partie de Belfast, la *8th Infantry Division* débarque en Normandie le 4 juillet 1944. Affectée au *VIII Corps*. Elle relève la *79th Infantry Division* à la Haye-du-Puits à partir du 9 juillet. Elle progresse en direction de la rivière Ay Le 9 juillet, le *Brigadier-General* Nelson M.Walker, commandant en second de la division est grièvement blessé dans les environs de La Haye-du-Puits. Il meurt le lendemain. Jusqu'au 13 juillet, les deux régiments engagés en premier échelon (*28th et 121st Infantry Regiment*) mènent des combats très difficiles en direction de l'Ay et subissent de lourdes pertes. Ils parviennent à prendre pied sur la rive nord de cette rivière le 14 juillet et à tenir leurs positions en dépit de la résistance et des contre-attaques allemandes.

La division participe à l'opération « Cobra », toujours avec le *VIII Corps* qui constitue l'aile droite de la *1st Army*. Sa mission est d'établir une tête de pont entre la rive sud de l'Ay et la ligne de chemin de fer Lessay-Periers. Une première attaque, menée le 26 juillet, par le *28th Infantry Regiment* échoue. Une seconde est lancée à 15 h 00 et permet de percer le dispositif allemand. Le *28th Regiment* atteint la route Lessay-Périers. Le 27 juillet à 15 h 00, les *28th et 121st Regiments* repartent à l'attaque. La résistance allemande faiblit car la *7. Armee* commence sa retraite. Dans les jours suivants, la division progresse vers Coutances tout en réduisant les dernières poches de résistance. Le 3 août, elle se rassemble dans la région de Saint James (sauf certains éléments rattachés à la *4th Armored division*).

Au mois d'août 1944, la *8th Infantry Division* est engagée en Bretagne. Elle progresse avec le *VIII Corps* vers Rennes. Son *121st Infantry Regiment*, rattaché à la *83rd Infantry Division*, combat à Dinard à partir du 6 août. A partir du 17 août, la division est dirigée vers Brest et combat dans le secteur du cap Frehel et de la presqu'île de Crozon. Elle est ensuite envoyée au Luxembourg. En février 1945, elle traverse la Ruhr puis progresse jusqu'à Cologne et Hochenberg avant de participer à l'établissement d'une tête de pont sur l'Elbe. Dans les derniers jours de la guerre, elle parvient jusque sur les côtes de la mer Baltique où elle fait sa liaison avec les troupes soviétiques dans le secteur de Schwerin. Pendant ses dix mois d'engagement, la division capture 316 000 prisonniers, soit l'équivalent de 21 divisions américaines. La *8th Infantry Division* est dissoute le 20 novembre 1945.

9th Infantry Division

- Surnom : pas de surnom officiel. Pendant la campagne d'Europe la division a parfois été surnommée « Hitler's Nemesis ».

- Devise : pas de devise

- Emblème : une fleur à huit pétales, dont la partie supérieure est rouge, la partie inférieure bleue, le cœur blanc, le tout sur fond kaki.

- Composition : *39th, 47th et 60th Infantry Regiments, 34th (M), 26th, 60th et 84th (L) Field Artillery Battalions.*

- Commandeurs : *Col.* Charles B.Elliot (VIII-1940), *Brig.Gen.* Francis W.Honeycutt (IX-1940), *Maj.Gen.* Jacob L. Devers (X-1940/VII-1941), *Maj.Gen.* René E. de R. Hoyle (VIII-1941/VII-1941), *Maj.Gen.* Manton S.Eddy (VII-1942/VIII-1944), *Maj.Gen.* Louis A.Craig (VIII-1944/V-1945).

- Historique :

La *9th Infantry Division* est mise sur pied en juillet 1918 au camp de Sheridan (Alabama) avec des unités de l'armée régulière afin d'être engagée en France. Lorsque l'armistice de novembre 1918 est signé, la division est toujours aux Etats-Unis. Elle est démobilisée peu après (décembre 1918).

Réactivée le 1er août 1940, la division comprend notamment les *39th, 47th et 60th Infantry Regiments* qui avaient été engagés individuellement pendant la Première Guerre mondiale. La nouvelle *9th Infantry Division* est entraînée au Fort Bragg (Caroline du Nord). En septembre 1941, elle participe avec la *1st Army* aux grandes manœuvres en Caroline. Début 1942, elle est attachée au corps amphibie de la flotte Atlantique pour parfaire son entraînement. Revenue sous le contrôle de l'armée de terre en mars 1942, elle part pour Norfolk (Virginie) où elle poursuit son entraînement amphibie dans la baie de Chesapeake (août 1942). Ses premiers éléments quittent les Etats-Unis en septembre, octobre puis décembre 1942 pour être engagés en Afrique du Nord. Le 8 novembre 1942, son *39th Regimental Combat Team* est débarqué à Alger tandis que les *47th et 60th Regimental Combat Teams* débarquent à Safi au Maroc avec la *Western Task Force* commandée par le général Patton. Après le cessez-le-feu du 11 novembre, ces unités sont chargées de surveiller la frontière avec le Maroc espagnol. En mars 1943, la division est engagée en Tunisie dans le secteur de El Guettar et sur l'axe Gafsa-Gabes. Poursuivant son avance, elle atteint la ville de Bizerte dans laquelle elle entre le 7 mai 1943. En mai et juin 1943, elle complète son entraînement en Tunisie.

En août 1943, la *9th Infantry Division* est engagée en Sicile. Elle combat dans les secteurs de Troina, Floresta et Randazzo sur la route de Messine. Elle reste en Sicile jusqu'en novembre 1943 date à laquelle elle est transférée en Grande-Bretagne où elle complète son entraînement.

Rattachée au *VII Corps*, la *9th Infantry Division* débarque à Utah Beach le 10 juin 1944. Le *39th Infantry Regiment* est engagé le premier et capture Quinéville. A partir du 15 juin, la *9th Infantry Division* participe avec la *90th Infantry Division* à l'offensive du *VII Corps* dont l'objectif est de couper la presqu'île du Cotentin. Après avoir franchi la Douve, son *60th Infantry Regiment* progresse rapidement et atteint la côte ouest près de Saint-Lô d'Ourville et Barneville le 18 juin au matin, coupant la retraite des unités allemandes massées dans le nord du Cotentin. Avec le reste du *VII Corps*, dont elle constitue désormais l'aile gauche, la division est ensuite orientée vers le nord en direction de Cherbourg. Le 19 juin, elle attaque

9th Infantry Division

- *Nickname : no official nickname. During the campaign in Europe the division was sometimes nicknamed "Hitler's Nemesis".*

- *Motto : no motto*

- *Emblem : a flower with eight petals, red at the top, blue at the bottom, white in the center, all on a khaki ground.*

- *Composition : 39th, 47th and 60th Infantry Regiments, 34th (M), 26th, 60th and 84th (L) Field Artillery Battalions.*

- *Commanders : Col. Charles B.Elliot (VIII-1940), Brig.Gen. Francis W.Honeycutt (IX-1940), Maj.Gen. Jacob L. Devers (X-1940/VII-1941), Maj.Gen. René E. de R. Hoyle (VIII-1941/VII-1941), Maj.Gen. Manton S.Eddy (VII-1942/VIII-1944), Maj.Gen. Louis A.Craig (VIII-1944/V-1945).*

- History :

The 9th Infantry Division was raised at Camp Sheridan (Alabama) in July 1918 with units of the regular army to be sent to France. By the time the armistice was signed in November 1918, the division was still in the United States. It was demobbed soon afterwards (December 1918).

Brought back into active service on August 1st 1940, the division notably comprised the 39th, 47th and 60th Infantry Regiments which had been committed individually during the First World War. The new 9th Infantry Division was trained at Fort Bragg (North Carolina). In September 1941, it took part with First Army in major exercises in Carolina. Early in 1942, it was attached to the amphibious corps of the Atlantic fleet to complete its training. Back under army control in March 1942, it left for Norfolk (Virginia) where it continued amphibious training in Chesapeake Bay (August 1942). Its leading elements left the United States in September, October and December 1942 for action in North Africa. On November 8th 1942, its 39th Regimental Combat Team was landed at Algiers while the 47th and 60th Regimental Combat Teams landed at Safi in Morocco with the Western Task Force commanded by General Patton. After the ceasefire on November 11th, these units were assigned to surveillance along the Spanish Moroccan border. In March 1943, the division was committed in Tunisia in the El Guettar sector and on the Gafsa-Gabes road. Pursuing its advance, it reached Bizerte, entering the town on May 7th 1943. In May and June 1943, it completed its training in Tunisia.

In August 1943, the 9th Infantry Division was committed in Sicily. It fought on the Messina road in the Troina, Floresta and Randazzo sectors. It remained in Sicily until November 1943 when it was transferred to Britain to complete its training.

Attached to the VII Corps, the 9th Infantry Division landed to Utah Beach on June 10th 1944. The 39th Infantry Regiment was first to be committed and captured Quinéville. Starting on June 15th, the 9th Infantry Division took part with the 90th Infantry Division in the offensive by VII Corps with the objective of cutting off the Cherbourg peninsula. After crossing the Douve, the 60th Infantry Regiment advanced quickly to the west coast near Saint-Lô, Ourville and Barneville on the morning of June 18th, cutting off the retreat of the German units massed in the north of the peninsula. With the rest of VII Corps, of which it now formed the left flank, the division then turned north towards Cherbourg. On June 19th, it attacked in the Helleville, Saint-Christophe du Foc and Couville sector. It pursued its advance the following day, reaching the Gourbesville-Aqueville-Sideville line. On

Dans le secteur du Désert, le 16 juillet 1944 le *Staff-Sergeant* Lyle Yoho, de Taylorville (Illinois) de la Batterie « A » du *34th Field Artillery Regiment* de la *9th Infantry division* (à gauche) pose pour le photographe devant son canon de 155 mm. Sur le bouclier de ce dernier sont inscrits le nom des batailles auxquelles cette batterie a participé (Tunisie, Sicile et Normandie). (US-Army/Coll. Heimdal.)

In the Le Désert sector, on July 16th 1944 Staff-Sergeant Lyle Yoho, from Taylorville (Illinois) of Battery "A" of the 34th Field Artillery Regiment, 9th Infantry division (left) poses for the photographer in front of his 155 mm gun. Marked on the gun shield are the names of the battles in which the battery has taken part (Tunisia, Sicily and Normandy) (US-Army/Coll. Heimdal).

June 21st, it was reorganized. On June 22nd, after the ultimatum issued by the VII Corps commander to General von Schlieben, commander of "Festung Cherbourg" had expired, the division went back on the attack but was halted south of Flottemanville. On June 23rd, it took that locality and Hill 171, and carried on advancing towards Boguenville. It took 400 prisoners that day. On June 24th, it reached Equeurdreville and Octeville, bringing it closer to General von Schlieben's CP inside the arsenal. On June 26th, it reached the arsenal. There, General von Schlieben and 800 men sheltering in the CP surrendered to the 29th Infantry Regiment. The next day, the division finished mopping up strongpoint "Westeck" protecting the western suburbs. At Querqueville, the 47th Infantry Regiment captured 400 men. In the days that followed, the 9th Infantry Division cleared the Cap de la Hague, defended by Kampfgruppe Keil (6,500 men). The attack began on June 29th, ending on July 1st with Oberst Keil's surrender. By 15.00, there was no further resistance and 6,000 men fell into the division's hands. From June 6th to the 30th, the division lost 2,438 men killed, wounded or missing.

On July 9th, the division, still attached to the VII Corps, went back up to the front line in the Saint-Jean-de-Daye sector, to the north of the positions held by the 30th Infantry Division. It took part in the offensive on Saint-Lô. It advanced towards Tribehou and Le Désert but was soon counter-attacked in this sector, on July 11th, by elements of the Panzer-Lehr-Division. After some initial panic, the division pulled itself together and regained control of the situation around midday. It then resumed its advance southward. On July 14th, it was still fighting in the Champ sector on the north side of the Périers-Saint-Lô road.

The division then took part in Operation Cobra, still with VII Corps. On July 25th, it advanced to Montreuil-sur-Lozon, the furthest the advance was taken on the first day of the offensive, and then made way for the armor to exploit the situation (3rd Armored Division). In August, it repulsed various attacks in the Mortain-Chérencé-le-Roussel sector then intervened in the southern sector of the Falaise pocket. On August 20th 1944, Major-General Eddy, who had been in command of the division ever since it arrived in Normandy, was replaced by Major-General Craig.

The 9th Infantry Division then advanced towards the Seine, which it crossed at Melun. It then pressed on north-eastwards to the Marne, which it crossed on August 28th. By the end of the month, it was at Châ-

Le *Sergeant* Ellis Byers, de Hartford (Connecticut), de la *9th Infantry Division*, nettoie le tube de son mortier tandis que le Corporal Anthony Pinto, de Jersey City (New Jersey), tient le tube, photo prise le 16 août 1944. On remarquera l'emblème de la division sur la manche droite du *Sergeant* Byers. (US-Army/Coll. Heimdal.)

Sergeant Ellis Byers, from Hartford (Connecticut), of the 9th Infantry Division, cleans his mortar tube while Corporal Anthony Pinto, from Jersey City (New Jersey), holds the tube, photo taken on August 16th 1944. Notice the division's insignia on Sergeant Byers' right sleeve. (US-Army/Coll. Heimdal.)

dans le secteur d'Helleville, de Saint-Christophe du Foc et de Couville. Elle poursuit son avance le lendemain, atteignant une ligne Gourbesville-Aqueville-Sideville. Le 21 juin, elle se réorganise. Le 22 juin, après l'expiration de l'ultimatum adressé par le chef du *VII Corps* au général von Schlieben, chef de la « Festung Cherbourg », la division repart à l'attaque mais elle est stoppée au sud de Flottemanville. Le 23 juin, elle s'empare de cette localité et de la cote 171, poursuivant sa progression vers Boguenville. Elle capture 400 prisonniers au cours de cette journée. Le 24 juin, elle atteint Equeurdreville et Octeville et se rapproche du PC du général von Schlieben installé dans l'arsenal. Le 26 juin, elle atteint l'arsenal. Là, le *29th Infantry Regiment* reçoit la reddition du général von Schlieben et des 800 hommes qui s'étaient réfugiés dans son PC. Le lendemain, la division achève le nettoyage de la position fortifiée « Westeck » qui protégeait les abords ouest de la ville. A Querqueville, le *47th Infantry Regiment* capture 400 hommes. Dans les jours qui suivent, la *9th Infantry Division* procède au nettoyage du cap de la Hague, défendu par le *Kampfgruppe Keil* (6 500 hommes). L'attaque débute le 29 juin et s'achève le 1er juillet par la reddition de l'*Oberst* Keil. A 15 h 00, toute résistance cesse et 6 000 hommes tombent dans les mains de la division. Du 6 au 30 juin, la division a perdu 2 438 hommes tués, blessés ou disparus.

Le 9 juillet, la division, toujours attachée au *VII Corps*, remonte en ligne dans le secteur de Saint-Jean-de-Daye, au nord des positions tenues par la *30th Infantry Division*. Elle participe à l'offensive vers Saint-Lô. Elle progresse vers Tribehou et le Désert mais elle est contre-attaquée dans ce secteur dès le 11 juillet par des éléments de la *Panzer-Lehr-Division*. Après un début de panique, la division se ressaisit et parvient à reprendre en main la situation en milieu de journée. Elle reprend alors sa progression vers le sud. Le 14 juillet, elle est toujours engagée au nord de la route Périers-Saint-Lô, dans le secteur de Champ.

La division participe ensuite à l'opération « Cobra », toujours avec le *VII Corps*. Le 25 juillet, elle progresse jusqu'à Montreuil-sur-Lozon, pointe extrême de l'avance pour le premier jour de l'offensive, puis laisse la place aux unités blindées chargées de l'exploitation (*3rd Armored Division*). Au mois d'août, elle repousse différentes attaques dans le secteur de Mortain-Chérencé-le-Roussel puis intervient dans le secteur sud de la poche de Falaise. Le 20 août 1944, le *Major-General* Eddy qui commandait la division

depuis son arrivée en Normandie, est remplacé par le *Major-General* Craig.

La *9th Infantry Division* progresse ensuite vers la Seine qu'elle franchit à Melun. Elle pousse ensuite vers le nord-est en direction de la Marne qu'elle traverse le 28 août. A la fin du mois, elle est à Château-Thierry. En septembre, elle est la première unité alliée à entrer en Belgique. Elle progresse dans ce pays en direction de la Meuse. En décembre 1944, elle combat à Aix-la-Chapelle puis est engagée dans les Ardennes où elle relève la *99th Infantry Division*. En février, elle poursuit son avance en Allemagne. Le mois suivant, elle participe à la prise de Bonn puis prend part à l'établissement de la tête de pont de Remagen. Elle termine la guerre dans la Ruhr. Elle reste ensuite en occupation en Allemagne dans la région d'Ingolstadt.

28th Infantry Division

- Surnom : « Keystone Division » (« la division à la clé de voûte » aussi surnommée par les Allemands « Bloody Bucket Division »).

- Devise : « Roll on ».

- Emblème : une clé de voûte rouge (symbole de l'état de Pennsylvanie d'où est originaire la division)

- Composition : *109th*, *110th*, *112th Infantry Regiments*, *107th*, *109th*, *229th (L)*, *108th (M) Field Artillery Battalions.*

- Commandeurs : *Maj.Gen.* Edward Martin (II/XII-1941), *Maj.Gen.* J. Garesche Ord (I/V-1942), *Maj.Gen.* Omar N.Bradley (VI-1942/I-1943), *Maj.Gen.* Lloyd Brown (I-1943/VII-1944), Brig.Gen. James E.Wharton (VIII-1944), *Maj.Gen.* Norman D. Cota (VIII-1944/1945).

- *Historique* :

La *28th Infantry Division* est mise sur pied en septembre 1917 au camp de Hamcock (Georgie) à partir de la garde nationale de Pensylvanie. Elle est transférée en France en mai et juin 1918. Elle est engagée dans la bataille défensive de Champagne-Marne puis dans l'offensive de l'Aisne-Marne. Son engagement principal a lieu lors de l'offensive de Meuse-Argonne. Durant cette opération, elle s'empare de 921 prisonniers et subit de très lourdes pertes (13 980 hommes).

La division est rapatriée aux Etats-Unis au printemps 1919. Elle est réactivée le 13 décembre 1940 au camp de Chelby (Missouri). Elle s'entraîne à Indiantown Gap (Pennsylvanie) jusqu'en août 1941, date à laquelle elle est transférée en Virginie pour participer à des manœuvres. En mars, elle est rattachée au *IV Corps* de la *3rd Army*. De septembre à novembre 1942, la *28th Infantry division* participe aux manœuvres de la *3rd Army* en Louisiane. De janvier à mars 1943, elle reçoit un entraînement spécial de guerre amphibie à Carrabelle (Floride) où elle est rattachée au *VII Corps* de la *2nd Army*. En août-septembre, elle s'entraîne dans les montagnes de l'ouest de la Virginie.

Le 8 octobre 1943, la *28th Infantry Division* quitte les Etats-Unis pour la Grande-Bretagne où elle poursuit son entraînement dans le Pays de Galles. Elle débarque en Normandie le 22 juillet 1944. Elle se rassemble dans le secteur de Colombières puis au nord-ouest de Saint-Lô. Elle est engagée avec le *XIX Corps* dans le cadre de l'opération « Cobra » à partir du 28 juillet. Elle combat dans le secteur de Saint-Lô, dans la forêt de Saint Sever. Le 7 août, elle reprend son offensive et progresse le long de la route Vire-Gathemo. Elle se dirige ensuite vers le sud, passant à l'ouest de Sourdeval puis vers l'est en direction de Ger. Le 14 août, elle atteint des positions situées à

teau-Thierry. In September, it was the first Allied unit to enter Belgium. In that country it advanced towards the Meuse. In December 1944, it fought at Aix-la-Chapelle then was committed in the Ardennes where it took over from the 99th Infantry Division. In February, it pursued its advance into Germany. The following month, it took part in the capture of Bonn and then helped to establish the Remagen bridgehead. It finished the war in the Ruhr. It then stayed on to occupy Germany in the Ingolstadt area.

28th Infantry Division

- Nickname : "Keystone Division" (also nicknamed "Bloody Bucket Division" by the Germans).

- Motto : "Roll on".

- Emblem : a red keystone (emblem of Pennsylvania, the division's home state)

- Composition : 109th, 110th, 112th Infantry Regiments, 107th, 109th, 229th (L), 108th (M) Field Artillery Battalions.

- Commanders : Maj.Gen. Edward Martin (II/XII-1941), Maj.Gen. J. Garesche Ord (I/V-1942), Maj.Gen. Omar N.Bradley (VI-1942/I-1943), Maj.Gen. Lloyd Brown (I-1943/VII-1944), Brig.Gen. James E.Wharton (VIII-1944), Maj.Gen. Norman D. Cota (VIII-1944/1945).

- **History :**

The 28th Infantry Division was raised in September 1917 at Camp Hamcock (Georgia) from the Pennsylvania National Guard. It was transferred to France in May and June 1918. It was committed in the defensive battle of Champagne-Marne and later in the Aisne-Marne offensive. Its main engagement was during the Meuse-Argonne offensive. In that operation, it took 921 prisoners and sustained very heavy losses (13,980 men).

The division was sent home to the United States in the spring of 1919. It was brought back into active service on December 13th 1940 at Camp Chelby (Missouri). It trained at Indiantown Gap (Pennsylvania) until August 1941, when it was transferred to exercise in Virginia. In March, it was attached to Third Army's IV Corps. From September to November 1942, the 28th Infantry Division took part in Third Army exercises in Louisiana. From January to March 1943, it received special amphibious warfare training at Carrabelle (Florida) where it was attached to Second Army's VII Corps. In August-September, it exercised in the mountains of western Virginia.

On October 8th 1943, the 28th Infantry Division left the United States for the UK where it continued training in Wales. It landed in Normandy on July 22nd 1944. It mustered in the Colombières sector then north-west of Saint-Lô. It was committed with XIX Corps from July 28th as part of Operation Cobra. It fought in the Saint-Lô sector, in Saint Sever Forest. On August 7th, it went back on the offensive and advanced along the Vire-Gathemo road. It then headed south, passing west of Sourdeval then east towards Ger. On August 14th, it reached positions east of the Egrenne. On August 20th, the division resumed its advance towards Verneuil, Breteuil and Damville. It went on to liberate Nogent-le-Sec, Bonneville, Conches and Cleville. On August 24th, it captured Neubourg then headed towards the Seine in the Elbeuf sector, capturing that town after a fierce battle.

On August 25th, the division crossed the Seine then headed towards Paris, entering the capital on August 29th 1944. On September 6th, it crossed the Meuse and the Belgian border before reaching Luxembourg at the end of a truly lightning advance. On Septem-

ber 11th, the division entered Germany after forcing the Westwall. It was then assigned to securing the Hurtgen Forest sector, which it did by the end of November. The division now returned to the front, pursuing its advance into Germany. During the Ardennes counterstroke it received the brunt of the German divisions' assault. It fought heroically but owing to high casualties had to be evacuated. In January and February 1945, it fought in Alsace, notably contributing to the capture of Colmar. It then crossed the Rhine-Rhône canal, and on February 23rd 1945, it took up positions along the River Olef near Schleiden in Germany. In March, it reached the River Ahr. It then continued its advance and finished the war at Kaiserlautern. After a short period of occupation in Germany, the division was brought home to the United States (August-September 1945). It was disbanded on December 13th 1945 at Camp Shelby (Missouri).

Eight members of the division received the Distinguished Service Order (DSO) during the Battle of Normandy: Sergeant Peter A. Cacossa, from Carbondale (Pennsylvania), Private First Class Edward J. Sharkey, from Chicago (Illinois), Private First Class Alfred B. Weiner from New York, First-Lieutenant John R. Greene from Seattle (Washington), Sergeant Wibur Caton, of Grimesland (North Carolina), Private First Class Frank Kielbasa, from Chicago, Private First Class Earl W. Harrington, from Rockford (Illinois) and Captain G. Gooley from Erie (Pennsylvania).

29th Infantry Division

- Nickname : "Blue and Gray Division"

- Motto : "29th Let's go!".

- Emblem : the Korean Yin-Yang, the Korean symbol of eternal life, in blue and gray (these two colors recall how the division's original units belonged to the southern and northern armies, while also highlighting national unity in fighting the common enemy).

- Composition : 115th, 116th, 175th Infantry Regiments, 110th, 111th, 224th and 227th (M) Field Artillery Battalions.

- Commanders : Maj.Gen. Milton A. Reckord (II-1941/I-1942), Maj.Gen. Leonard T. Gerow (II-1942/VII-1943), Maj.Gen. Charles H. Gerhardt (VIII-1943-1945).

- **History :**

A first 29th Infantry Division was raised at Camp McClellan (Alabama) in July 1917 with National Guard units of the states of New Jersey, Maryland, Virginia and the district of Columbia. Two of its regiments, the 115th and 175th Infantry Regiments, came from Maryland and were taken from units that fought on either side during the American Civil War.

Insigne en tissu de la *28th Infantry Division*.
28th Infantry Division cloth patch.

Des fantassins de la *28th Infantry Division* sont en position sur la place de l'église de Percy dans l'attente d'une contre-attaque allemande éventuelle (2 août 1944). (US-Army/Coll. Heimdal.)

Soldiers of the 28th Infantry Division are in position in the church square at Percy awaiting a possible German counter-attack (August 2nd 1944). (US-Army/Coll. Heimdal.)

Le monument américain de Saint-Clair-sur-Elle.

The American monument at Saint-Clair-sur-Elle.

Insigne en tissu de la *29th Infantry Division*.

29th Infantry Division cloth patch.

l'est de l'Egrenne. Le 20 août, la division reprend sa progression vers Verneuil, Breteuil et Damville. Elle libère ensuite Nogent-le-Sec, Bonneville, Conches et Cleville. Le 24 août, elle s'empare du Neubourg puis se dirige vers la Seine dans le secteur d'Elbeuf dont elle s'empare après de violents combats.

Le 25 août, la division traverse la Seine puis se dirige vers Paris où elle entre le 29 août 1944. Le 6 septembre, elle franchit la Meuse et traverse la frontière belge avant d'atteindre le Luxembourg au terme d'une avance particulièrement rapide. Le 11 septembre, la division entre en Allemagne après avoir forcé le *Westwall*. Elle reçoit ensuite la mission de sécuriser le secteur de la forêt de Hurtgen, mission qu'elle achève à la fin du mois de novembre. La division retourne alors sur le front, poursuivant son avance en Allemagne. Elle reçoit le choc de l'assaut des divisions allemandes lors de la contre-offensive des Ardennes. Elle se bat héroïquement mais doit être évacuée en raison des pertes subies. En janvier et février 1945, elle combat en Alsace, contribuant notamment à la prise de Colmar. Elle traverse ensuite le canal Rhin-Rhône et, le 23 février 1945, occupe des positions le long de la rivière Olef près de Schleiden en Allemagne. En mars, elle atteint la rivière Ahr. Elle poursuit ensuite son avance et termine la guerre à Kaiserlautern. Après une courte période d'occupation en Allemagne, la division est rapatriée aux Etats-Unis (août-septembre 1945). Elle est dissoute le 13 décembre 1945 au Camp Shelby (Missouri).

Huit membres de la division ont été décorés du *Distinguished Service Order* (DSO) pendant la bataille de Normandie : le *Sergeant* Peter A. Cacossa, de Carbondale (Pennsylvanie), le *Private first class* Edward J. Sharkey, de Chicago (Illinois), le *Private first class* Alfred B. Weiner de New York, le *First-Lieutenant* John R. Greene de Seattle (Washington), le *Sergeant* Wilbur Caton, de Grimesland (Caroline du Nord), le *Private first class* Frank Kielbasa, de Chicago, le *Private first Class* Earl W. Harrington, de Rockford (Illinois) et le *Captain* G. Gooley de Erie (Pennsylvanie).

29th Infantry Division

- Surnom : « Blue and grey Division » (« La division bleue et grise »).

- Devise : « 29th Let's go ! ».

- Emblème : Le Yin-Yang coréen, symbole coréen de la vie éternelle, bleu et gris (ces deux couleurs rappellent que les unités qui composaient à l'origine la division appartenaient à l'armée sudiste et à l'armée nordiste, elles signifient aussi l'union de la nation pour combattre ses ennemis communs).

- Composition : *115th, 116th, 175th Infantry Regiments, 110th, 111th, 224th et 227th (M) Field Artillery Battalions*.

- Commandeurs : *Maj.Gen.* Milton A. Reckord (II-1941/I-1942), *Maj.Gen.* Leonard T. Gerow (II-1942/VII-1943), *Maj.Gen.* Charles H. Gerhardt (VIII-1943-1945).

- Historique :

Une première *29th Infantry Division* est mise sur pied au Camp Mc Clellan (Alabama) en juillet 1917 avec des unités de la garde nationale des états du New Jersey, du Maryland, de Virginie et du district de Colombie. Deux de ses régiments, les *115th* et *175th Infantry Regiments*, sont originaires du Maryland et sont issus d'unités ayant participé à la guerre de Sécession dans les rangs nordistes et sudistes.

La *29th Infantry Division* arrive en France en juillet 1918 et stationne dans la région de Belfort, secteur calme du front. Peu après, elle participe à l'offensive de Meuse-Argonne. Pendant son engagement en France, elle capture 2 187 prisonniers mais subit de lourdes pertes (6 159 hommes). Elle est démobilisée peu après son retour aux Etats-Unis (mai 1919) et ses unités sont versées dans la Garde Nationale.

La *29th Infantry Division* est réactivée en février 1941 au Fort Meade (Maryland). Elle est réorganisée en division triangulaire en janvier 1942. Après plus d'un an d'entraînement au Fort Meade, elle est transférée en Virginie (mai 1942) et passe sous le contrôle de la *2nd Army*. En août 1942, elle est transférée au camp de Blanding en Floride puis participe aux grandes manœuvres de Caroline. Elle quitte les Etats-Unis dès septembre 1942 et poursuit son entraînement en Grande-Bretagne.

Le 6 juin 1944, la division débarque en Normandie sur Omaha Beach. La première vague, composée du *116th Regimental Combat Team* (RCT), aborde devant Vierville et Les Moulins à 6 h 30 mais elle est clouée au sol, subissant de très lourdes pertes. A 7 h 00, la seconde vague arrive. Comme la précédente, elle progresse lentement et subit de grosses pertes. Le 7 juin, la division nettoie les environs de la plage et le secteur de Vierville. Le 8 juin, elle atteint la route Isigny-Bayeux. Dans la soirée, elle opère sa jonction avec les troupes britanniques. Elle prend Isigny le matin du 9 juin. Elle progresse ensuite au sud d'Isigny. Le 11 juin au soir, elle fait sa jonction avec la *101st Airborne Division* à Auville-sur-le-Vey. Du 6 au 13 juin, la division perd 2 440 hommes, tués, blessés ou disparus.

A partir du 12 juin, la *29th Infantry Division* participe avec le *V Corps*, dont elle constitue l'aile droite, à l'offensive sur Saint-Lô. Mais elle se heurte à une très forte résistance qui l'empêche de progresser. Le 12 juin, elle perd 224 hommes dont 66 morts. Elle parvient finalement à percer le 13 juin et à franchir l'Elle. Elle reçoit l'ordre de rester sur ses positions puis est rattachée au *XIX Corps* (14 juin). Jusqu'au 30 juin, elle piétine sans parvenir à percer vers Saint-Lô. Le 12 juillet, elle repart à l'offensive dans le secteur de La Luzerne. Elle repousse une contre-attaque du *Fallschirmjäger-Regiment 9* et parvient à progresser le long de la route Saint-Lô-Isigny. Le 18 juillet, elle reçoit l'ordre de s'emparer de Saint-Lô. C'est une *Task Force C*, commandée par le commandant en second de la division, le *Brigadier-General* Norman Cota, qui accomplit cette mission. Poursuivant sa progression le long de la route Saint-Lô-Isigny, cette *Task Force* rentre dans Saint-Lô en ruines le 18 juillet vers 15 h 00.

La division participe ensuite à l'opération « Cobra ». Toujours attachée au *XIX Corps*, elle entre en action le 29 juillet. Elle relève le *Combat Command* « A » de la *2nd Armored Division* et marche sur Percy où elle fait sa liaison avec des éléments du *VIII Corps*. Le 30 juillet, elle repousse une contre-attaque du *363. Infanterie-Division* près de Percy. Le 31 juillet, elle attaque Tessy mais rencontre une forte résistance. Elle combat ensuite dans le secteur de Vire avant d'être retirée du front le 15 août, 63 jours après son premier engagement.

A la fin du mois d'août 1944, la *29th Infantry Division* participe au siège de Brest avec les *2nd et 8th Infantry Divisions*. Après la reddition de Brest, elle est dirigée dans le secteur de la Roer. Elle passe à l'attaque au nord d'Aix-la-Chapelle le 16 novembre 1944. Progressant assez rapidement en dépit de la résistance allemande, elle s'empare de plusieurs localités situées à l'ouest de la Roer. Au début du mois de décembre, elle franchit la Roer. En janvier 1945, elle attaque sur le Rhin et progresse dans la plaine de Cologne. Le 1er mars, elle s'empare de la ville de Mün-

Les soldats du *109th Infantry Regiment* de la *28th Infantry Division* patrouillent dans la rue principale de Percy à la recherche de soldats allemands isolés (2 août 1944). (US-Army/Coll. Heimdal.)

Soldiers of the 109th Infantry Regiment, 28th Infantry Division patrol the main street in Percy for isolated Germans (August 2nd 1944). (US-Army/Coll. Heimdal.)

The 29th Infantry Division arrived in France in July 1918 and was stationed in the Belfort area, a quiet sector of the front. Soon afterwards, it took part in the Meuse-Argonne offensive. During its action in France, it took 2,187 prisoners but sustained heavy losses (6,159 men). It was demobilized shortly after returning to the United States (May 1919) and its units were placed in the National Guard.

The 29th Infantry Division was brought back into active service in February 1941 at Fort Meade (Maryland). It was reorganized as a triangular structure in January 1942. After over a year training at Fort Meade, it was transferred to Virginia (May 1942) and came under Second Army. In August 1942, it was transferred to Camp Blanding in Florida, later taking part in the great Carolina exercises. It left the United States in September 1942 and continued training in Britain.

On June 6th 1944, the division landed in Normandy on Omaha Beach. The first wave, comprising the 116th Regimental Combat Team (RCT), came ashore off Vierville and Les Moulins at 06.30 but was pinned down, suffering very heavy losses. At 07.00, the second wave arrived. Again, it advanced slowly and sustained severe casualties. On June 7th, the division mopped up the beach area and the Vierville sector. On June 8th, it reached the Isigny-Bayeux road. That evening, it linked up with the British troops. It captured Isigny on the morning of June 9th. It then advanced south of Isigny. On the evening of June 11th, it linked up with the 101st Airborne Division at Auville-sur-le-Vey. From June 6th to the 13th, the division lost 2,440 men, killed, wounded or missing.

After 12th June, forming the right flank of V Corps, the 29th Infantry Division took part in the offensive on Saint-Lô. But it came up against stiff resistance making progress impossible. On June 12th, it lost 224 men including 66 killed. It finally managed to break out on June 13th and cross the Elle. It received orders to remain in position until it was attached to XIX Corps (June 14th). Until June 30th, it failed to make any headway or break out towards Saint-Lô. On July 12th, it went back onto the offensive in the La Luzerne sector. It repulsed a counter-attack by Fallschirmjäger-Regiment 9 and made some progress along the Saint-Lô-Isigny road. On July 18th, it was ordered to take Saint-Lô. This assignment was carried out by Task Force C, led by the division's second-in-command, Brigadier-General Norman Cota. Continuing its advance along the Saint-Lô-Isigny road, that Task Force entered Saint-Lô in ruins at around 15.00 on July 18th.

The division then took part in Operation Cobra. Still attached to XIX Corps, it was brought into action on July 29th. It relieved 2nd Armored Division's Combat Command "A" and marched on Percy where it linked up with elements of VIII Corps. On July 30th, it repulsed a counter-attack by 363. Infanterie Division near Percy. On July 31st, it attacked Tessy but met stiff opposition. It went on to fight in the Vire sector before being withdrawn from the front on August 15th, 63 days after first being committed.

Late in August 1944, the 29th Infantry Division took part in the siege of Brest with the 2nd and 8th Infantry Divisions. After the surrender of Brest, it was dispatched to the Roer sector. It went onto the attack north of Aix-la-Chapelle on November 16th 1944. Advancing fairly quickly despite German resistance, it took several localities to the west of the Roer. Early in December, it crossed the Roer. In February 1945, it attacked on the Rhine and advanced into the plain of Cologne. On March 1st, it took the city of München Gladbach. After that victory, its 116th Infantry Regiment took part in the fighting in the Ruhr pocket while the 175th Infantry was ordered to mop up Klotze Forest. When the war came to an end, the division was in central Germany. After occupying the Bremen area for a time, it was sent home to the United States, arriving in January 1946. It was disbanded shortly afterwards.

During the Battle of Normandy, Major-General Cota, the division's second-in-command, was awarded the Distinguished Service Cross (DSC) and the British Distinguished Service Order (DSO) for his action on

Casque avec l'emblème de la *29th Infantry Division* peint au pochoir. (Heimdal.)

Helmet with the insignia of the 29th Infantry Division stencilled on it. (Heimdal.)

A Saint-Clair-sur-Elle le 3 juillet 1944, le *General* Eisenhower félicite des officiers de la *29th Infantry Division*. On reconnaît à gauche le *Major-General* Gerhardt, chef de la division. L'emblème de la division est bien visible sur la manche d'un des officiers au premier rang. (US-Army/Coll. Heimdal.)

At Saint-Clair-sur-Elle on July 3rd 1944, General Eisenhower congratulates officers of the 29th Infantry Division. The division's commander, Major-General Gerhardt, is on the left. The divisional insignia can be made out on the sleeve of one of the officers in the front row. (US-Army/Coll. Heimdal.)

Le *Major-General* Charles H. Gerhardt (à droite), chef de la *29th Infantry Division*, discute avec le *Major* William W. Bratton, membre de l'état-major de la division, environs de Saint-Lô le 18 juillet 1944. (US-Army/Coll. Heimdal).

Major-General Charles H. Gerhardt (right), commander of the 29th Infantry Division, discusses with Major William W. Bratton, a member of the divisional staff, somewhere near Saint-Lô on July 18th 1944 (US-Army/Coll. Heimdal).

Deux chars M-10 de la *Task Force « C »* (*29th Infantry Division*) en position au carrefour de la bascule à Saint-Lô (18 juillet 1944). On aperçoit à gauche le drapeau de la division.

Two M-10 tanks of Task Force "C" (29th Infantry Division) in position at the Carrefour de la Bascule at Saint-Lô (July 18th 1944). The divisional flag can be seen on the left.

chen Gladbach. Après cette victoire, son *116th Infantry Regiment* participe aux combats de la poche de la Ruhr tandis que le *175th Infantry* est chargé du nettoyage de la forêt de Klotze. Lorsque la guerre s'achève, la division est au centre de l'Allemagne. Après une période d'occupation dans la région de Brême, elle est rapatriée aux Etats-Unis où elle arrive en janvier 1946. Elle est dissoute peu après.

Au cours des combats de Normandie, le commandant en second de la division, le *Major-General* Cota a reçu la *Distinguished Service Cross* (DSC) ainsi que le *Distinguished Service Order* (DSO) britannique pour son action le jour J. Un membre de cette division, le *Sergeant* Shorwood N. Hallmann, de Spring City (Pennsylvanie) a été décoré à titre posthume de la médaille d'Honneur du Congrès pour son action le 8 juin 1944 à Grandcamp, au cours de laquelle il tua 8 Allemands et en captura 35 autres qui entravaient l'avance de son unité. Les *115th et 116th Infantry Regiments* et le *121st Engineer Regiment* ont par ailleurs été cités pour leur action le 6 juin 1944, le *175th Infantry Regiment* pour son action lors de la bataille de Saint-Lô les 17 et 18 juin et le *1st Battalion du 116th Infantry Regiment* pour son action à Vire les 7 et 8 août 1944.

30th Infantry Division

- Surnom : «Old Hickory Division» (en souvenir D'Andrew Jackson, né à la limite de la Caroline du Nord et de la Caroline du Sud et qui accomplit une carrière militaire dans le Tennessee).

- Devise : pas de devise

- Emblème : Le monogramme OH ovale bleu (qui évoque le surnom de la division) sur fond rouge avec au centre le chiffre romain XXX rappelant l'appartenance de cette division au *XXX Corps* pendant la Première Guerre mondiale. Cet emblème date de la Première Guerre mondiale.

- Composition : *117th, 119et 120th Infantry Regiments, 113th (M), 197th, 118th et 230th (L) Field Artillery Battalions.*

- Commandeurs : *Maj.Gen.* Henry D. Russel (XII-1940/IV-1942), *Lt.Gen.* William H.Simpson (V-VIII-1942, *Maj.Gen.* Leland S.Hobbs (IX-1942/1945).

- *Historique :*

La *30th Infantry Division* est mise sur pied au camp de Sevier (Caroline du Sud) en octobre 1917 à partir des gardes nationales des Etats de Caroline du Sud, de Caroline du Nord, de Georgie et du Tennessee. Après une courte période d'entraînement, la division est envoyée en Europe où elle poursuit ses exercices avec des unités britanniques. En août certains de ses éléments prennent position au sud-ouest d'Ypres en Belgique. En septembre-octobre 1918, la division participe à l'offensive de la Somme. Elle contribue à percer la ligne Hindenburg près de Bellicourt et participe à la bataille de la rivière de La Salle. Son *30th Field Artillery Regiment* combat séparément lors des offensives de Saint-Mihiel et de Meuse-Argonne. Pendant ses différents engagements, la division capture 3 848 prisonniers et perd 8 954 hommes.

La *30th Infantry Division* est réactivée le 16 septembre 1940. Elle commence son entraînement au fort Jackson (Caroline du Sud) et en juin 1941, participe aux grandes manœuvres dans le Tennessee. En octobre et novembre 1941, elle manœuvre en Caroline. Le 9 mars 1942, elle stationne au Camp Blanding en Floride où elle est rattachée à la *2nd Army*. En mai 1943, elle est transférée au camp Forrest (Tennessee). En septembre, elle participe aux manœuvres de la *2nd Army*. Transférée en novembre 1943 au Camp Atterbury (Indiana), elle quitte les Etats-Unis en février 1944. Elle poursuit son entraînement (amphibie) en Grande-Bretagne.

Le *230th Field Artillery Battalion* est la première unité de la *30th Infantry Division* à débarquer sur le sol français. Rattachée jusqu'au 14 juin à la *29th Infantry Division*, cette unité arrive à Omaha Beach le 10 juin. Le reste de la division débarque le 14 juin. Rattachée au *XIX Corps*, la *30th Infantry Division* reçoit comme première mission de sécuriser les hauteurs situées au nord de la Vire et du canal de la Taute. Cette mission est achevée le 17 juin.

D-Day. A member of that division, Sergeant Shorwood N. Hallmann, of Spring City (Pennsylvania) was posthumously awarded the Congressional Medal of Honor for his action at Grandcamp on June 8th 1944, when he killed 8 and took 35 prisoners among the Germans opposing his unit's advance. The 115th and 116th Infantry Regiments and the 121st Engineer Regiment were also cited for their action on June 6th 1944, the 175th Infantry Regiment for its action during the Battle of Saint-Lô on June 17th and 18th, and the 1st Battalion of the 116th Infantry Regiment for its action at Vire on August 7th and 8th 1944.

30th Infantry Division

- Nickname : "Old Hickory Division" (in memory of Andrew Jackson, born on the border between North and South Carolina and who followed a military career in Tennessee).
- Motto : no motto
- Emblem : a blue oval OH monogram (OH for Old Hickory) on a red ground with in the middle the Roman numeral XXX recalling the division's attachment to XXX Corps during the First World War. This insignia dates back to the First World War.
- Composition : 117th, 119th and 120th Infantry Regiments, 113th (M), 197th, 118th and 230th (L) Field Artillery Battalions.
- Commanders : Maj.Gen. Henry D. Russel (XII-1940/IV-1942), Lt.Gen. William H.Simpson (V-VIII-1942, Maj.Gen.Leland S.Hobbs (IX-1942/1945).

- History :

The 30th Infantry Division was raised at Camp Sevier (South Carolina) in October 1917 from the National Guards of the States of South Carolina, North Carolina, Georgia and Tennessee. After a short training period, the division was dispatched to Europe where it continued exercising alongside British units. In August, certain elements took up position south-west of Ypres in Belgium. In September-October 1918, the division took part in the Somme offensive. It helped to break through the Hindenburg Line near Bellicourt and took part in the battle of the La Salle River. Its 30th Field Artillery Regiment fought alone in the Saint-Mihiel and Meuse-Argonne offensives. During its various actions, the division took 3,848 prisoners and lost 8,954 men.

The 30th Infantry Division was brought back into active service on September 16th 1940. It began training at Fort Jackson (South Carolina) and in June 1941 took part in the big exercises in Tennessee. In October and November 1941, it exercised in Carolina. On March 9th 1942, it was stationed at Camp Blanding in Florida where it was attached to Second Army. In May 1943, it was transferred to Camp Forrest (Tennessee). In September, it took part in Second Army's exercises. Transferred to Camp Atterbury (Indiana) in November 1943, it left the United States in February 1944. It pursued its training (amphibious) in Britain.

The 230th Field Artillery Battalion was the first unit of the 30th Infantry Division to land on French soil. Attached to the 29th Infantry Division until June 14th, the unit landed on Omaha Beach on June 10th. The rest of the division landed on June 14th. Attached to XIX Corps, the 30th Infantry Division's first assignment was to secure the high ground north of the Vire River and the Taute canal. This assignment was completed on June 17th.

Starting on July 7th, the division resumed its advance to the west of the Vire towards Saint-Lô with XIX Corps. It crossed the Vire on July 7th and establi-

shed a bridgehead at Saint-Jean-de-Daye on July 8th. The following day it came under violent counter-attack from elements of 2. SS-Panzer-Division. On July 10th, it went back onto the offensive against Saint-Lô, advancing along the Saint-Lô-Périers road. On July 11th, in the sector west of La Meauffe, it again came under counter-attack, this time from the Panzer-Lehr Division, but managed to halt the German advance at around midday. The 119th Infantry Regiment could now resume its advance as far as Pont-Hébert. There, it encountered resistance from Fallschirmjäger-Regiment 13 but finally managed to capture the locality on July 14th, after a fierce battle. On July 15th, the division came under VII Corps. As of July 16th, it had its HQ at Pont-Hébert. From July 7th to July 13th, the division lost 3,200 men, killed, wounded or missing.

The 30th Infantry Division took part with VII Corps in Operation Cobra. It sustained heavy losses by mistake (436 men including 61 killed) during the massive preliminary bombardment. It was brought into action on July 25th. It advanced slowly through all the bomb craters but managed to capture Hébécrevon. On July 26th, with Combat Command "A" of the 2nd Armored Division in support, it overcame the last pockets of resistance and entered Saint-Gilles. Starting on July 29th, it raced south with the whole of XIX Corps. It encountered stiff opposition from elements of 2. Panzer-Division on the west bank of the Vire. It took Troisgot on July 31st.

On August 7th, it took charge of a sector near Mortain. It came under violent attack from the forces of 2. SS Panzer-Division (Operation Lüttich). German tanks crushed the positions held by the 120th Infantry Regiment to the north and south of Mortain. On the hill on the eastern side of that town, the 2nd Battalion of the 120th Infantry Regiment was cut off and its entire staff was captured, including the commanding officer. The rest of the battalion was encircled. But it carried on fighting and with its artillery contrived to paralyze 2. SS-Panzer-Division's communications. The battalion was finally pulled free on August 12th by elements of the 35th Infantry Division. Out of 600 men, it lost 300 killed, wounded or missing.

In mid-August, the division was attached to XIX Corps and advanced east towards the Seine via Mortagne, Longny, Sennonches and Dreux, reaching Evreux. From there, it came to the Seine, which it crossed at Mantes. After crossing the Seine, the 30th Infantry Division pursued its northward advance to the Belgian border. In September, it launched an attack on Tournai. It crossed the Albert Canal and the Meuse. On October 2nd 1944, it attacked the Westwall in the Horbach sector. It linked up with the 1st Infantry Division on October 16th and completed the encirclement of Aix-la-Chapelle. It then continued to advance through Holland, Belgium and Germany. At the start of the Ardennes counterstroke, it fought in the Malmédy-Stavelot sector and helped to halt the German advance. After the Battle of the Bulge, the division pursued its offensive into the heart of the Reich, crossing the Roer (February 1945) and the Rhine (March 1945). It took part in the fighting to seal the Ruhr pocket. When the war ended, the division was stationed in the Saalfeld sector. It was sent home to the United States in the summer of 1945, and was disbanded at Fort Jackson in August 1945.

35th Infantry Division

- Nickname : "Santa Fe" (nickname dating from the First World War at a time when the division had in its ranks mostly soldiers from Kansas, Missouri and

Insigne en tissu de la 30th Infantry Division.
30th Infantry Division cloth patch.

A partir du 7 juillet, la division reprend sa progression à l'ouest de la Vire en direction de Saint-Lô avec le *XIX Corps*. Elle traverse la Vire le 7 juillet et établit une tête de pont à Saint-Jean-de-Daye le 8 juillet. Elle est violemment contre-attaquée le lendemain par des éléments de la *2. SS-Panzer-Division*. Le 10 juillet, elle repart à l'offensive en direction de Saint-Lô, progressant de long de la route Saint-Lô-Périers. Le 11 juillet, dans le secteur situé à l'ouest de La Meauffe, elle fait l'objet d'une nouvelle contre-attaque de la part de la *Panzer-Lehr Division* mais elle parvient à stopper l'avance allemande en milieu de journée. Le *119th Infantry Regiment* peut alors reprendre sa progression jusqu'à Pont-Hébert. Là, il se heurte à la résistance du *Fallschirmjäger-Regiment 13* mais parvient finalement à s'emparer de la localité le 14 juillet, après avoir livré de très durs combats. Le 15 juillet, la division passe sous le contrôle du *VII Corps*. A partir du 16 juillet, son QG est établi à Pont-Hébert. Du 7 au 13 juillet, la division perd 3 200 hommes, tués, blessés ou disparus.

La *30th Infantry Division* participe à l'opération « Cobra » avec le *VII Corps*. Elle subit de grosses pertes par erreur (436 hommes dont 61 tués) lors du bombardement massif qui précède l'opération. Elle entre en action le 25 juillet. Elle progresse difficilement en raison des nombreux cratères causés par les bombardements mais parvient à s'emparer d'Hébécrevon. Le 26 juillet, appuyée par le *Combat Command « A »* de la *2nd Armored Division*, elle repousse les derniers îlots de résistance et pénètre dans Saint-Gilles. A partir du 29 juillet, elle fonce vers le sud avec tout le *XIX Corps*. Elle rencontre une forte opposition de la part d'éléments de la *2. Panzer-Division* sur la rive ouest de la Vire. Elle s'empare de Troisgot le 31 juillet.

Le 7 août, elle prend en charge un secteur situé près de Mortain. Elle est violemment attaquée par les forces de la *2. SS Panzer-Division* (opération « Lüttich »). Les chars allemands écrasent les positions tenues par le *120th Infantry Regiment* au nord et au sud de Mortain. Sur la colline située à l'est de cette ville, le *2nd Battalion* du *120th Infantry Regiment* est isolé et son état-major, chef compris, est capturé au complet. Le reste du bataillon se retrouve encerclé. Mais il poursuit le combat et parvient avec son artillerie à paralyser les voies de communication de la *2. SS-Panzer-Division*. Le bataillon est finalement dégagé par des éléments de la *35th Infantry Division* le 12 août. Sur 600 hommes, il compte 300 tués, blessés ou disparus.

A la mi-août, la division est rattachée au *XIX Corps* et progresse vers l'est en direction de la Seine par Mortagne, Longy, Sennonches et Dreux, atteignant Evreux. De cette ville, elle gagne la Seine qu'elle traverse à Mantes. Après avoir traversé la Seine, la *30th Infantry Division* poursuit sa progression vers le nord en direction de la frontière belge. En septembre, elle attaque en direction de Tournai. Elle franchit le canal Albert et la Meuse. Le 2 octobre 1944, elle attaque le *Westwall* dans le secteur d'Horbach. Elle effectue sa liaison avec la *1st Infantry Division* le 16 octobre et complète l'encerclement d'Aix-la-Chapelle. Elle continue ensuite son avance en Hollande, Belgique et Allemagne. Au début de la contre-offensive des Ardennes, elle intervient dans le secteur de Malmédy-Stavelot et contribue à stopper l'avance allemande. Après la bataille des Ardennes, la division poursuit son offensive vers le cœur du Reich, traversant la Roer (février 1945) puis le Rhin (mars 1945). Elle participe aux combats de réduction de la poche de la Ruhr. Lorsque la guerre s'achève, la division stationne dans le secteur de Saalfeld. Rapatriée aux Etats-Unis au cours de l'été 1945, elle est dissoute au Fort Jackson en août 1945.

Insigne en tissu de la *35th Infantry Division*.

35th Infantry Division cloth patch.

35th Infantry Division

- Surnom : « Santa Fe » (surnom datant de la Première Guerre mondiale époque où la division comptait dans ses rangs une majorité de soldats originaires du Kansas, du Missouri et du Nebraska, descendants des pionniers qui avaient ouvert la route de Santa Fe).

- Devise : pas de devise

- Emblème : Sur un fond bleu, la croix de Santa Fe (croix blanche entourée d'un cercle, utilisée autrefois comme repère le long de la voie de chemin de fer de Santa Fe).

- Composition : *134th*, *137th* et *320th Infantry Regiments*, *127th (M)*, *216th*, *219th* et *161st (L) Field Artillery Battalions*.

- Commandeurs : *Maj.Gen.* R.E.Truman (XII-1940/X-1941), *Maj.Gen.* William H.Simpson (X-1941/IV-1942), *Maj.Gen.* Maxwell Murray (V-1942/I-1943), *Maj.Gen.* Paul W. Baade (I.1943/1945).

- Historique :

La *35th Infantry Division* est créée en août 1917 avec des unités remontant au XIXᵉ siècle et à la guerre contre les Indiens. Elle est organisée à Fort Sill en Oklahoma à partir des unités de la Garde Nationale du Kansas, du Missouri et du Nebraska. Ses premiers éléments débarquent en France le 11 mai 1918, parmi eux figurent le *Captain* Harry S.Truman qui succédera à Roosevelt comme président des Etats-Unis en 1945. Après une courte période d'entraînement, la division participe à l'offensive Meuse-Argonne (26 septembre-1ᵉʳ octobre 1918). Au cours de ces opérations, elle s'empare des villages du Vauquois, de Varennes, de Cheppy, de Charpenty et de Baulny. En octobre, elle est relevée par la *1st Infantry Division* et rassemblée dans le secteur de Vavincourt. Elle est rapatriée aux Etats-Unis le 20 avril 1919.

Réactivée le 23 décembre 1940, la division est tout d'abord entraînée au Camp Robinson en Arkansas puis participe aux manœuvres de la *2nd Army* en Louisiane. Elle est ensuite chargée de garder les frontières du sud de la Californie. Réorganisée en division triangulaire le 1ᵉʳ mars 1942, elle est rattachée à la *2nd Army* puis est attribuée au *II Armored Corps* (janvier 1943). D'avril à novembre 1943, elle passe successivement du *VII* au *III Corps* puis participe aux manœuvres du Tennessee avant de stationner au Camp Butner (Caroline du Nord) avec le *XIII Corps*. Elle quitte les Etats-Unis pour l'Europe en mai 1944.

Après avoir complété son entraînement en Grande-Bretagne, la division débarque à Omaha Beach les 5-7 juillet. Elle est engagée pour la première fois le 12 juillet dans le cadre du *XIX Corps*, entre la Vire et le Mesnil-Rouxelin (bataille de Saint-Lô). Elle progresse peu atteignant le village de Saint-Gilles. Le 15 juillet, elle reprend son avance et menace le village de Saint-Georges-de-Montcoq à deux kilomètres au nord de Saint-Lô. Le 17 juillet, les *137th* et *134th Infantry Regiments* sont à Rampan et à Saint-Georges-de-Montcoq. Ils sont sur le point de pénétrer dans Saint-Lô lorsqu'ils reçoivent l'ordre de rester sur leurs positions, la prise de Saint-Lô étant confiée à la *29th Infantry Division,* présente sur ce front depuis plus d'un mois. La *35th Infantry Division* attend le 19 juillet pour entrer à son tour dans Saint-Lô.

La division participe ensuite à l'opération « Cobra », toujours avec le *XIX Corps* de la *1st Army*. Elle entre en action avec la *29th Infantry Division* le 29 juillet. Elle repousse une contre-attaque dans le secteur de Percy le 30 juillet. Le 31 juillet, elle attaque sur Tessy mais rencontre une forte résistance.

Nebraska, descendants of the pioneers who opened up the road to Santa Fe).

- Motto : no motto

- Emblem : On a blue ground, the cross of Santa Fe (a white cross in a circle, formerly used as a marker along the Santa Fe railroad).

- Composition : 134th, 137th and 320th Infantry Regiments, 127th (M), 216th, 219th and 161st (L) Field Artillery Battalions.

- Commanders : Maj.Gen. R.E.Truman (XII-1940/X-1941), Maj.Gen. William H.Simpson (X-1941/IV-1942), Maj.Gen. Maxwell Murray (V-1942/I-1943), Maj.Gen. Paul W. Baade (I.1943/1945).

- History :

The 35th Infantry Division was created in August 1917 out of units dating back to the 19th century and the war against the Indians. It was organized at Fort Sill in Oklahoma from National Guard units of Kansas, Missouri and Nebraska. Its leading elements landed in France on May 11th 1918, including Captain Harry S. Truman who was to succeed Roosevelt as US president in 1945. After a brief training spell, the division took part in the Meuse-Argonne offensive (September 26th – October 1st 1918). During these operations, it took the villages of Le Vaucquois, Varennes, Cheppy, Charpenty and Baulny. In October, it was relieved by the 1st Infantry Division and assembled in the Vavincourt sector. It was sent home to the United States on April 20th 1919.

Brought back into active service on December 23rd 1940, the division was trained first at Camp Robinson in Arkansas, then took part in Second Army's exercises in Louisiana. It was then assigned to border control duties in southern California. Reorganized into a triangular division on March 1st 1942, it was attached to Second Army and later assigned to II Armored Corps (January 1943). From April to November 1943, it passed from VII to III Corps and then took part in the Tennessee exercises before being stationed at Camp Butner (North Carolina) with XIII Corps. It left the United States for Europe in May 1944.

After completing its training in Britain, the division landed on Omaha Beach on July 5-7th. It was committed for the first time on July 12th as part of XIX Corps, between the Vire River and Le Mesnil-Rouxelin (Battle of Saint-Lô). It made little headway, reaching the village of Saint-Gilles. On July 15th, it resumed its advance and threatened the village of Saint-Georges-de-Montcoq two kilometers north of Saint-Lô. On July 17th, its 137th and 134th Infantry Regiments were at Rampan and Saint-Georges-de-Montcoq. They were about to enter Saint-Lô when they received orders to hold back, the capture of Saint-Lô being entrusted to the 29th Infantry Division which had been present on the front for over a month. The 35th Infantry Division waited its turn to enter Saint-Lô, on July 19th.

The division then took part in Operation Cobra, still with First Army's XIX Corps. It saw action with the 29th Infantry Division on July 29th. It pushed back a counter-attack in the Percy sector on July 30th. On July 31st, it attacked Tessy but encountered stiff opposition.

Early in August, the division was attached to Third Army's XX Corps. On August 12th, it saw action in the Mortain sector. It released the men of the 120th Infantry Regiment who had been encircled for a week to the east of the town. After this battle, the division pursued its southward advance. On August 14th, it was attached to XII Corps (Third Army) and advanced east of Le Mans. Along with the 4th Armored Divi-

sion, it headed towards Orleans which it took on August 15th. It pursued its advance with Third Army, crossing the Seine, Marne and Meuse rivers. In mid-September, it took Nancy. On December 5th, it saw its first action on German soil. In the days that followed, it took Sarreguemines and crossed the Saar. Its advance came to a halt with the launch of the Ardennes counterstroke. On December 27th, it took part in the fighting at Bastogne. It fought in Luxembourg until January 11th 1945, when it was sent to Alsace. From there, it moved up north to Maastricht to relieve the British 155th Brigade (February 6th), and took up position along the Roer. On February 23rd, it crossed the Roer to Hilfarth and covered some fifty kilometers along the Westwall, capturing 23 localities in under a week. Until March 11th, it helped to mop up pockets of resistance in the Wesel sector. After crossing the Rhine, it took part with Ninth Army in the race into central Germany. It took Recklinghausen on April 3rd and Herne a week later. The division was withdrawn from the front to be sent to the Pacific, but was in France when the armistice was signed. It was sent home to the United States in September 1945 and disbanded on December 7th.

During the Battle of Normandy, the 1st Battalion of the 320th Infantry Regiment received a citation for its action during the Battle of Mortain on August 10-13th 1944.

79th Infantry Division

- Nickname : "The Lorraine Cross division".

- Motto : no motto.

- Emblem : A blue shield edged in white with a white Lorraine Cross.

- Composition : 313th, 314th, 315th Infantry Regiments, 310th, 311th, 904th (L) and 312th (M) Field Artillery Battalions.

- Commanders : Maj.Gen. Ira T.Wyche (VI-1942/V-1945).

- History :

The 79th Infantry Division was raised in August 1917. It was sent to France, arriving in July 1918. In September, it took part in the Meuse-Argonne offensive. Back in the United States in May-June 1919, it was demobilized shortly afterwards.

The division was brought back into active service on June 15th 1942. Assigned to VI Corps at Camp Pickett (Virginia), it remained in that sector until August 1942, when it was transferred to Camp Blanding (Florida). It was attached to Second Army, with which it took part in the big exercises in Tennessee (May-June 1943). In August 1943, the division left for California and Arizona where it received intensive desert training. In December 1943, it was stationed at Camp Philipps in Kansas.

In April 1944, the 79th Infantry Division left the United States for the UK where it continued training.

The 79th Infantry Division landed on Utah Beach from June 12-14th 1944. Starting on June 18th, it took part with VII Corps in the attack on Cherbourg. Starting out from a Golleville-Urville line, it was stopped southwest of Valognes on June 19th. On June 20th, it resumed its advance, reaching Brix and Saint-Martin-le-Greard, and mopped up the area west of Valognes. On the 21st, it was reorganized prior to the attack on Cherbourg. On the 22nd, its three regiments moved onto the attack in the Martinvast and Tollevast sectors. Pinned down on June 23rd, the division managed to reach the Fort du Roule on June 24th, and captured it on the evening of June 25th. On June 26th,

Insigne en tissu de la 79th Infantry Division.

79th Infantry Division cloth patch.

Début août, la division est attachée au *XX Corps* de la *3rd Army*. Le 12 août, elle intervient dans le secteur de Mortain. Elle dégage les hommes du *120th Infantry Regiment* encerclés depuis une semaine à l'est de cette ville. Après ces combats, la division poursuit son avance vers le sud. Le 14 août, elle est rattachée au *XII Corps* (*3rd Army*) et progresse à l'est du Mans. Avec la *4th Armored Division*, elle se dirige vers Orléans dont elle s'empare le 15 août. Elle poursuit son avance avec la *3rd Army*, traversant la Seine, la Marne puis la Meuse. A la mi-septembre, elle s'empare de Nancy. Le 5 décembre, elle mène ses premiers combats sur le sol allemand. Dans les jours suivants, elle prend Sarreguemines et traverse la Sarre. Son avance s'arrête lorsque se déclenche la contre-offensive des Ardennes. Le 27 décembre, elle participe aux combats de Bastogne. Jusqu'au 11 janvier 1945, elle combat en Luxembourg avant d'être envoyée en Alsace. De là, elle remonte vers le nord pour relever à Maastricht la *155th Brigade* (britannique) (6 février) et prendre position le long de la Roer. Le 23 février, elle franchit la Roer à Hilfarth et parcourt une cinquantaine de kilomètres le long du *Westwall*, s'emparant de 23 localités en moins d'une semaine. Jusqu'au 11 mars, elle contribue à réduire les résistances dans le secteur de la Wesel. Après avoir franchi le Rhin, elle participe à la ruée vers le centre de l'Allemagne avec la *9th Army*. Elle s'empare de Recklinghausen le 3 avril et, une semaine plus tard, de Herne. Retirée du front pour être envoyée dans le Pacifique, la division est en France lorsque l'armistice est signé. Elle est rapatriée aux Etats-Unis en septembre 1945 et désactivée le 7 décembre…

Au cours de la bataille de Normandie, le *1st Battalion* du *320th Infantry Regiment* a reçu une citation pour son action lors de la bataille de Mortain du 10 au 13 août 1944.

79th Infantry Division

- Surnom : « La division à la croix de Lorraine ».

- Devise : pas de devise.

- Emblème : Un écu bleu bordé de blanc avec une croix de Lorraine blanche.

- Composition : *313th, 314th, 315th Infantry Regiments, 310th, 311th, 904th (L) et 312th (M) Field Artillery Battalions*.

- Commandeurs : *Maj.Gen.* Ira T.Wyche (VI-1942/V-1945).

- *Historique* :

La *79th Infantry Division* est mise sur pied en août 1917. Elle est envoyée en France où elle arrive en juillet 1918. En septembre, elle participe à l'offensive de Meuse-Argonne. De retour aux Etats-Unis en mai-juin 1919, elle est démobilisée peu après.

La division est réactivée le 15 juin 1942. Attribuée au *VI Corps* au Camp Pickett (Virginie), elle reste dans ce secteur jusqu'en août 1942, date à laquelle elle est transférée au Camp Blanding (Floride). Rattachée à la *2nd Army*, elle prend part avec cette dernière aux grandes manœuvres en Tennessee (mai-juin 1943). En août 1943, la division part pour la Californie et en Arizona où elle subit un entraînement intensif dans le désert. En décembre 1943, elle stationne au Camp Philipps dans le Kansas.

En avril 1944, la *79th Infantry Division* quitte les Etats-Unis pour la Grande Bretagne où elle poursuit son entraînement.

La *79th Infantry Division* débarque à Utah Beach du 12 au 14 juin 1944. A partir du 18 juin, elle participe à l'attaque vers Cherbourg avec le *VII Corps*. Partie d'une ligne Golleville-Urville, elle est stoppée au sud-ouest de Valognes le 19 juin. Le 20 juin, elle reprend sa progression, atteint Brix, Saint-Martin-le-Greard et nettoie la région située à l'ouest de Valognes. Le 21, elle se réorganise avant l'attaque sur Cherbourg. Le 22, ses trois régiments passent à l'attaque dans les secteurs de Martinvast et Tollevast. Bloquée sur ses positions le 23 juin, la division parvient à atteindre le fort du Roule le 24 juin. Elle s'en empare le 25 juin dans la soirée. Le 26 juin, elle fait sa jonction avec des éléments de la *4th Infantry Division* venus de l'est. Elle quitte le secteur de Cherbourg le 28 juin. Du 6 au 30 juin, la division perd 2 376 hommes tués, blessés ou disparus.

Attribuée au *VIII Corps*, la *79th Infantry Division* participe à partir du 3 juillet à l'offensive en direction de La Haye-du-Puits. Partie de Port-Bail, elle doit progresser autour de la route Barneville-La Haye-du-Puits avec pour objectif final Lessay et la vallée de l'Ay. Elle s'empare du Mont de Doville dans la nuit du 3 au 4 juillet puis se retrouve bloquée devant La Haye-du-Puits. Le 7 juillet, elle est contre-attaquée par des éléments de la 2. *SS-Panzer-Division* et subit de très lourdes pertes (1 000 hommes). Le 8 juillet, elle parvient enfin à entrer dans la Haye-du-Puits dont elle achève le nettoyage le 9 juillet. Elle est relevée par la *8th Infantry Division*. Elle reprend sa progression le 11 juillet, date à laquelle elle prend Angoville-sur-Ay. Le 14 juillet, elle atteint la rive nord de l'Ay.

La division participe à l'opération « Cobra » toujours avec le *VIII Corps*. Elle s'empare de Lessay le 26 juillet. Le 10 août 1944, elle est rattachée au *XV Corps* (*3rd Army*). Elle suit la *5th Armored Division* sur l'axe Mamers-Sées. Le 15 août, elle est dirigée vers l'est. Avec la *5th Armored Division*, elle progresse vers la Seine et atteint Dreux. Elle pousse ensuite sur Mantes et contribue à la libération de Paris. Le 28 août, elle reçoit l'ordre de se diriger vers la Belgique. En 72 heures, elle parcourt plus de 250 kilomètres, franchissant la Somme et différents autres cours d'eau. Après être entrée en Belgique, elle combat le long de la Moselle. Elle s'empare de Charmes, de Neufchâteau puis est engagée dans le secteur de la Meuse, dans la forêt de Parroy et à Lunéville. En décembre, elle combat en Alsace dans le secteur de Saverne et près de Strasbourg. En janvier 1945, elle contribue à stopper l'avance allemande dans les Vosges, menant des combats particulièrement meurtriers. En février 1945, la division est placée en défensive le long de la Moder, de Haguenau à Bischwiller. En mars, elle reprend sa progression à l'aile gauche de la *9th Army*. Elle franchit le Rhin à la fin du mois de mars et combat dans le secteur de Duisburg puis dans la Ruhr où elle s'empare de différentes villes. A la mi-avril, la division se dirige vers Dortmund où elle se trouve lorsque l'armistice est signé. Après le 8 mai, certains éléments de la division sont envoyés en occupation dans le secteur de Franzensbad, en Tchécoslovaquie au nord-est de Pilsen. De retour aux Etats-Unis en décembre 1945, la division est dissoute peu après.

La *79th Infantry Division* figure parmi les unités américaines les plus engagées de la Seconde Guerre mondiale. Au cours de son avance à travers la France et l'Allemagne, elle perd 20 000 hommes dont 2 000 tués. Les Allemands qualifieront cette division de l'une des plus « combatives de l'armée américaine».

Pendant la bataille de Normandie, un membre de la *79th Infantry Division* a reçu la médaille d'Honneur du Congrès : le *First-Lieutenant* Carlos C.Ogden, de San Luis Obispo (Californie), décoré le 25 juin 1945 pour son action au fort du Roule à Cherbourg. Lors

Les fantassins de la *79th Infantry Division* progressent dans l'Avenue de Paris à Cherbourg (26 juin).

Soldiers of the 79th Infantry Division advance along Cherbourg's Avenue de Paris (June 26th).

Le même endroit aujourd'hui.
The same spot today.

it linked up with elements of the 4th Infantry Division arriving from the east. It left the Cherbourg sector on June 28th. Between June 6th and June 30th, the division lost 2,376 men killed, wounded or missing.

Allocated to VIII Corps, from July 3rd the 79th Infantry Division took part in the offensive on La Haye-du-Puits. Starting out from Port-Bail, it was to advance on either side of the Barneville-La Haye-du-Puits road with Lessay and the Ay valley as its final objective. It took Mont de Doville during the night of July 3rd-4th but then was pinned down before La Haye-du-Puits. On July 7th, it came under counter-attack by elements of 2. SS-Panzer-Division, sustaining very heavy losses (1,000 men). On July 8th, it finally managed to enter La Haye-du-Puits where it completed mopping-up operations on July 9th. It was relieved by the 8th Infantry Division. It resumed its advance on July 11th, when it took Angoville-sur-Ay. On July 14th, it reached the north bank of the Ay.

Still with VIII Corps, the division took part in Operation Cobra. It took Lessay on July 26th. On August 10th 1944, it was attached to XV Corps (Third Army). It followed the 5th Armored Division on the Mamers-Sées line. On August 15th, it was directed east. With the 5th Armored Division, it advanced towards the Seine, reaching Dreux. It then pressed on to Mantes and had a hand in the liberation of Paris. On August 28th, it was ordered to head for Belgium. It covered over 250 kilometers in 72 hours, crossing the Somme and various other rivers. Upon entering Belgium, it fought along the Moselle. It took Charmes and Neufchâteau, and was then committed in the Meuse sector, in Parroy Forest and at Lunéville. In December, it fought in Alsace in the Saverne sector and near Strasbourg. In January 1945, it helped to halt the German advance in the Vosges, where it was involved in a particularly bloody battle. In February 1945, the division was placed in a defensive position along the Moder, from Haguenau to Bischwiller. In March, it resumed its advance on Ninth Army's left flank. It crossed the Rhine in late March and fought in the Duisburg sector then in the Ruhr where it captured various towns. In mid-April, the division headed towards Dortmund, where it stood when the armistice was signed. After May 8th, certain elements of the division were sent to occupy the Franzensbad sector in Czechoslovakia north-east of Pilsen. The division was disbanded shortly after its return to the United States in December 1945.

The 79th Infantry Division was among the American units committed most often during the Second World War. In the course of its advance through France and Germany, it lost 20,000 men, including 2,000 killed.

A Cherbourg, après la fin des combats le 26 juin 1944, des fantassins de la *79th Infantry Division* posent autour d'une jeune française, dont la famille, précise la légende, a été tuée par les Allemands. (US-Army/Coll. Heimdal).

In Cherbourg, after the battle on June 26th 1944, soldiers of the 79th Infantry Division pose around a young French girl whose family, according to the caption, has been killed by the Germans. (US-Army/Coll. Heimdal).

Le *General* Eisenhower en conversation avec le Major-General Wyche, chef de la *79th Infantry Division* (4 juillet 1944). (US-Army/Coll.Heimdal.)

General Eisenhower in conversation with Major-General Wyche, commander of the 79th Infantry Division (July 4th 1944). (US-Army/Coll. Heimdal.)

de ces combats, le *2nd Battalion* du *314th Infantry Regiment* a par ailleurs reçu une citation.

80th Infantry Division

- Surnom : « Blue ridge division » .
- Devise : « The 80th only moves forward » (« la 80ᵉ avance seulement»).

- Emblème : un écu kaki bordé de blanc sur lequel figurent trois cimes de montagne bleues (ces trois montagnes symbolisent les trois états « Blue ridge » d'où étaient originaires la plupart des soldats de la division).
- Composition : *317th, 318th, 319th Infantry Regiments, 313th, 314th, 905th (L) et 315th (M) Field Artillery Battalions.*

Des hommes de la *79th Infantry Division* font leur entrée dans La Haye-du-Puits le 9 juillet 1944. (US-Army/Coll. Heimdal.)

Men of the 79th Infantry Division enter La Haye-du-Puits on July 9th 1944. (US-Army/Coll. Heimdal.)

The Germans described this division as one of the most "combative in the American army".

During the Battle of Normandy, one member of the 79th Infantry Division received the Congressional Medal of Honor: First-Lieutenant Carlos C. Ogden, of San Luis Obispo (California), decorated on June 25th 1945 for his action at the Fort du Roule in Cherbourg. During that battle, the 2nd Battalion of the 314th Infantry Regiment also received a citation.

80th Infantry Division

- Nickname : "Blue ridge division".
- Motto : "The 80th only moves forward".
- Emblem : a khaki shield edged with white on which are three blue mountain peaks (these three mountains symbolize the three "Blue ridge" states from which the division drew most of its men).
- Composition : 317th, 318th, 319th Infantry Regiments, 313th, 314th, 905th (L) and 315th (M) Field Artillery Battalions.
- Commanders : Maj.Gen. Joseph D.Patch (VII-1942/III-1943), Maj.Gen. Horace L. Mc Bride (III-1-43/1945).

- History :

The 80th Infantry Division was raised at Camp Lee in Virginia in September 1917. After training for nine months, it was sent to France, arriving in May and June 1918. The division was committed with the British Army on the Somme and then took part in reducing the Saint-Mihiel salient. It played a major role in the Meuse-Argonne offensive. In May 1919, it was sent home to the United States and demobilized shortly afterwards.

The division was brought back into active service on July 15th 1942 at Camp Forrest in Tennessee and attached to Second Army. In July and August 1943, it took part in Second Army's exercises in Tennessee and was then stationed at Camp Phillips in Kansas. In November 1943, it was stationed at the training grounds of California and Arizona where it trained with the 104th Infantry Division. It left the United States for Europe in June 1944.

Committed in Normandy from August 8th 1944, the 80th Infantry Division fought in the Mortain sector. It then advanced to east of Evron and Sainte Suzanne. In mid-August, it was attached to XV Corps along with the French 2nd Armored Division and the 90th Infantry Division. It received orders to advance northwards and break the southern flank of the Falaise pocket. On August 19th, it cut off the Trun-Argentan road.

After the fighting in the Falaise pocket, the division continued advancing eastward with XV Corps and crossed the Seine, then the Marne, Aube and Meuse rivers. It liberated many places, including Saint-Mihiel, Commercy and Nancy. On September 5th 1944, it established Third Army's first bridgehead on the Moselle in the Toul sector. Throughout September, it repulsed a number of German counter-attacks and reinforced its bridgehead on the Moselle. In October, it went on the defensive to the west of the Seille River. Early in November, it resumed its advance, captured Abaucourt and Letricourt and mopped up the west bank of the Seille. On November 12th, it crossed the Nied and established several bridgeheads. This advance enabled other Third Army units to capture Metz. On November 25th, the 80th Infantry Division reached the Maginot Line and gained control of a number of strongpoints. On November 26th, it crossed the line and two days after began to penetrate the Saar industrial basin. On December 16th, the division was transferred further south to the Binning sector where it prepared to cross over the Westwall in the Zweibücken area.

Insigne en tissu de la *80th Infantry Division.*

80th Infantry Division cloth patch.

- Commandeurs : *Maj.Gen.* Joseph D.Patch (VII-1942/III-1943), *Maj.Gen.* Horace L. Mc Bride (III-1-43/1945).

- Historique :

La *80th Infantry Division* est mise sur pied au Camp Lee en Virginie en septembre 1917. Après un entraînement de neuf mois, elle est envoyée en France où elle arrive en mai et juin 1918. La division est engagée sur la Somme avec l'armée britannique puis participe à la réduction du saillant de Saint-Mihiel. Elle joue un rôle important lors de l'offensive de Meuse-Argonne. En mai 1919, elle est de retour aux Etats-Unis et démobilisée peu après.

La division est réactivée au Camp Forrest dans le Tennessee le 15 juillet 1942 et rattachée à la *2nd Army*. En juillet et août 1943, elle participe aux manœuvres de la *2nd Army* dans le Tennessee puis stationne au Camp Phillips dans le Kansas. En novembre 1943, elle stationne sur les terrains de manœuvres de Californie et d'Arizona où elle s'entraîne avec la *104th Infantry Division*. Elle quitte les Etats-Unis pour l'Europe en juin 1944.

Engagée en Normandie à partir du 8 août 1944, la *80th Infantry Division* intervient dans le secteur de Mortain. Elle progresse ensuite à l'est d'Evron et de Sainte Suzanne. A la mi-août, elle est rattachée au *XV Corps* avec la 2ᵉ division blindée française et la *90th Infantry Division*. Elle reçoit l'ordre de progresser vers le nord afin de briser le flanc sud de la poche de Falaise. Le 19 août, elle coupe la route Trun-Argentan.

Après les combats de la poche de Falaise, la division poursuit sa progression vers l'est avec le *XV Corps* et franchit la Seine puis la Marne, l'Aube et la Meuse. Elle libère de nombreuses localités dont Saint-Mihiel, Commercy et Nancy. Le 5 septembre 1944, elle établit la première tête de pont de la *3rd Army* sur la Moselle dans le secteur de Toul. Tout au long du mois de septembre, elle repousse différentes contre-attaques allemandes et renforce sa tête de pont sur la Moselle. En octobre, elle se met sur la défensive à l'ouest de la rivière Seille. Au début novembre, elle reprend sa progression et s'empare d'Abaucourt et de Letricourt, nettoyant la rive ouest de la Seille. Le 12 novembre, elle franchit la Nied et établit plusieurs têtes de pont. Cette avance permet aux autres unités de la *3rd Army* de s'emparer de Metz. Le 25 novembre, la *80th Infantry Division* atteint la ligne Maginot et prend le contrôle de plusieurs forts. Le 26 novembre, elle dépasse la ligne et deux jours plus tard commence à pénétrer dans le bassin industriel de la Sarre. Le 16 décembre, la division est transférée vers le sud dans le secteur de Binning où elle se prépare à franchir le *Westwall* dans la région de Zweibücken.

Lors de la contre-offensive des Ardennes, la division est dirigée avec tout le reste de la *3rd Army* vers le Nord. Elle est chargée de la défense de Luxembourg. Le 22 décembre, elle attaque le flanc droit du dispositif allemand et contribue à arrêter l'avance allemande. Elle est ensuite dirigée sur Bastogne avec la *4th Armored Division*. A l'issue de combats d'une grande intensité, elle parvient à dégager les unités de la *101st Airborne Division* enfermée dans la ville et à reprendre ce nœud de communication vital.

En janvier 1945, la *80th Infantry division* traverse la Sure et s'empare de Dahl et de Goosdorf. Poursuivant son avance sur le territoire allemand, elle franchit le *Westwall* et atteint le Rhin à la fin du mois de mars. Elle traverse le Rhin dans la région de Ludwigshafen et de Worms puis le Main. Le 1ᵉʳ avril, elle s'empare de Kassel, d'Erfurt et de Weimar. Le 21 avril, la *80th Infantry Division* est à Nuremberg. A la fin du mois, elle franchit le Danube à Regensburg. Le 1ᵉʳ mai, elle reçoit la reddition des restes de la *6. Armee*. Après l'armistice, la division reste en occupation en Allemagne. Elle est rapatriée aux Etats-Unis en décembre 1945 et dissoute peu après.

83rd Infantry Division

- Surnom : « Thunderbolt Division » (« la division éclair ») (Ce surnom est apparu en 1945, il fait suite à un autre surnom, « la division de l'Ohio », qui faisait référence à l'Etat dont étaient originaires les soldats de la division).

- Devise : pas de devise.

- Emblème : Un triangle isocèle noir, la pointe dirigée vers le bas. Au centre un cercle d'or avec les lettres « O », « H », « I », « O » formant un monogramme.

- Composition : *329th, 330th, 331st Infantry Regiments, 322nd, 323rd, 908th (L) et 324th (M) Field Artillery Battalions.*

- Commandeurs : *Maj.Gen.* Frank W.Milburn (VIII-1942/XII-1943), *Maj.Gen.* Robert C.Macon (I-1944-1945).

- Historique :

La *83rd Infantry Division* est mise sur pied au Camp Sherman (Ohio) en septembre 1917 avec des hommes originaires de l'Ohio mais aussi du Kentucky et de Pennsylvanie. Elle débarque en France en juin 1918 mais est placée en réserve dans la région du Mans. Cependant, son *332nd Infantry Regiment* est envoyé auprès de l'armée italienne pour représenter l'armée américaine. Cette unité est engagée dans le secteur de Vittorio-Veneto. Les autres régiments de la division servent de réserve pour les unités engagées sur le front. Ils jouent aussi le rôle d'unités d'instruction. Les unités d'artillerie, de trans- missions et du génie de la division sont engagées séparément au cours de l'offensive de l'Aisne-Marne, Oise-Aisne et Meuse-Argonne. Les différentes composantes de la division sont rapatriées aux Etats-Unis entre janvier et octobre 1919 puis démobilisées.

La *83rd Infantry Division* est réactivée le 15 août 1942. Elle commence son entraînement au Camp Atterbury dans l'Indiana. En juillet et août 1943, elle participe aux grandes manœuvres de la *2nd Army* dans le Tennessee. Au cours de ces exercices et malgré sa création récente, la division fait preuve d'agressivité et de professionnalisme. En septembre 1943, elle est déplacée au Camp Breckinridge et s'entraîne jusqu'en février 1944. En avril 1944, elle quitte les Etats-Unis pour la Grande-Bretagne. Là, elle poursuit sa formation dans le nord du pays de Galles.

La *83rd Infantry Division* débarque à Omaha Beach le 18 juin 1944. Huit jours plus tard, elle progresse vers Carentan afin de relever les éléments de la *101st Airborne division*. Le 4 juillet, elle est engagée dans l'offensive du *VIII Corps* vers Périers avec pour premier objectif Sainteny. Peu expérimentée, elle mène des combats très durs contre des éléments blindés de la *17. SS-Panzergrenadier-Division* et les parachutistes du *Fallschirmjäger-Regiment 6*. Le premier jour de l'offensive, elle perd 1 400 hommes soit 10 % de ses effectifs. Le 5 juillet, elle piétine et perd 750 hommes. Le 6 juillet, elle est en partie relevée par la *4th Infantry Division* mais elle subit de nouvelles contre-attaques qui lui font perdre 700 hommes de plus. Après cinq jours d'affrontements, elle parvient à progresser et à s'emparer de Sainteny le 9 juillet. Elle prend Périers puis poursuit son avance tout au long du mois de juillet, traver-

During the Ardennes counterstroke, the division was turned to face north along with all the rest of Third Army. It was assigned the defense of Luxembourg. On December 22nd, it attacked the right flank of the German disposition and helped to stop the German advance. It was then directed towards Bastogne with the 4th Armored Division. After a fierce battle, it managed to free units of the 101st Airborne Division that had been cut off in the town and reclaim this vital junction.

In January 1945, the 80th Infantry Division crossed the Sure and took Dahl and Goosdorf. Pursuing its advance on German territory, it passed the Westwall and reached the Rhine in March. It crossed the Rhine in the Ludwigshafen and Worms area and then the Main. On April 1st, it took Kassel, Erfurt and Weimar. On April 21st, the 80th Infantry Division was at Nuremberg. At the end of the month, it crossed the Danube at Regensburg. On May 1st, it received the surrender of the remnants of 6. Armee. After the armistice, the division stayed on to occupy Germany. It was sent home to the United States in December 1945 and disbanded shortly afterwards.

83rd Infantry Division

- Nickname : "Thunderbolt Division" (this nickname appeared in 1945, replacing another nickname, "the Ohio division", referring to the home state of the soldiers of the division).

- Motto : no motto.

- Emblem : A black isosceles triangle, pointing downwards. In the center a gold circle with the letters "O", "H", "I ", "O" forming a monogram.

- Composition : 329th, 330th, 331st Infantry Regiments, 322nd, 323rd, 908th (L) and 324th (M) Field Artillery Battalions.

- Commanders : Maj.Gen. Frank W.Milburn (VIII-1942/XII-1943), Maj.Gen. Robert C.Macon (I-1944-1945).

- History :

The 83rd Infantry Division was raised at Camp Sherman (Ohio) in September 1917 with men from Ohio and also from Kentucky and Pennsylvania. It landed in France in June 1918 but was placed in the reserve in the Le Mans area. However, its 332nd Infantry Regiment was dispatched to join the Italian Army representing the US Army. That unit was committed in the Vittorio-Veneto sector. The division's other regiments were kept in reserve for the units committed on the front. They also acted as training units. The division's artillery, signals and engineer units were committed separately in the Aisne-Marne, Oise-Aisne and Meuse-Argonne offensives. The division's various elements were sent home to the United States from January to October 1919 then demobilized.

The 83rd Infantry Division was brought back into active service on August 15th 1942. It began training to the Camp Atterbury in Indiana. In July and August 1943, it took part in Second Army's big exercises in Tennessee. During these exercises, the division showed aggressiveness and professionalism that belied its recent creation. In September 1943, it was moved to Camp Breckinridge and trained until February 1944. In April 1944, it left the United States for Britain. There, it continued training in North Wales.

The 83rd Infantry Division landed on Omaha Beach on June 18th 1944. A week later, it advanced towards Carentan to relieve elements of the 101st Airborne division. On July 4th, it was committed in VIII Corps' offensive towards Périers with Sainteny as its primary objective. Although lacking in experience, it was

Le *Major-General* Robert C. Macon, chef de la *83rd Infantry Division* et le *Brigadier-General* Claude B. Ferenbaugh observent les résultats d'un bombardement sur l'île de Cézambre (Saint-Malo, 31 août 1944). L'emblème de la division est ici bien visible. (US Army/Coll. Heimdal.)

Major-General Robert C. Macon, commander of the 83rd Infantry Division, and Brigadier-General Claude B. Ferenbaugh survey the result of a bombardment of the island of Cézambre (Saint-Malo, August 31st 1944). The division's insignia is clearly visible here. (US Army/Coll. Heimdal.)

Insigne en tissu de la
83rd Infantry Division.
83rd Infantry Division cloth patch.

sant la route Périers-Saint-Lô avant de se stabiliser le long de la route Coutances-Saint-Lô. Après
une brève période de repos, la division participe à
l'opération « Cobra » avec le *VIII Corps*. Elle entre
en action le 1er août avec pour mission de protéger
le passage créé vers la Bretagne par les divisions
blindées du *VIII Corps*, entre la Sée et la Sélune.
Elle entre ensuite en Bretagne.

En août 1944, elle obtient la reddition de la forte-
resse de Saint-Malo et poursuit son avance,
s'emparant de Dinard, Saint-Lunaire et Saint-Brieuc,
capturant plus de 13 000 Allemands. Elle est ensuite dirigée vers la vallée de la Loire où elle reçoit la
mission de protéger le flanc droit de la *3rd Army*.
La division mène des patrouilles le long du fleuve
et obtient, à Beaugency, la reddition d'une importante colonne allemande en retraite composée de
20 000 hommes commandés par le *Generalleutnant*
Elster (colonne Elster). A la fin du mois de septembre, elle traverse la France et entre en Luxembourg. Elle réduit différentes poches de résistances
puis se positionne le long de la Sauer et de la Moselle. Au début du mois de décembre, elle fait mouvement vers le nord afin de relever la *4th Infantry
division* au nord-est de la forêt de Hurtgen. Du 16
au 26 décembre, la division effectue des opérations
de nettoyage dans la forêt de Hurt-
gen. Puis elle doit faire face à la contre-offensive
allemande. Elle s'oppose à la percée allemande
dans le secteur de Rochefort. Elle contre-attaque
ensuite dans le secteur de Lierneux, ouvrant le chemin à la *3rd Armored division*.

En février 1945, la division n'est pas engagée. Cependant, un de ses régiments, le *330th Infantry Regiment,* est rattaché à partir du 25 février à la *29th
Infantry Division*. Il contribue à établir, avec cette division, une tête de pont à l'est de la Roer. Après ces
combats, ce régiment est rattaché à la *2nd Armored
Division* avec laquelle il progresse vers la ville de
Neuss et vers le Rhin.

La *83rd Infantry Division* franchit le Rhin à la fin du
mois de mars 1945 et se dirige vers l'Elbe. En avril,
elle établit une tête de pont au-delà de ce fleuve, au
sud de Magdebourg, à environ 80 kilomètres de Berlin. La *83rd Infantry Division* est la première unité
américaine à opérer sa liaison avec les troupes soviétiques. Elle reste en occupation en Allemagne après
le 8 mai 1945.

90th Infantry Division

- Surnom : « Tough' ombres » (« les hommes
tenaces », la division était autrefois appelée « la division Texas-Oklahoma »).
- Devise : « Here comes the ninetieth again » (« ici
arrive de nouveau la 90e »).
- Emblème : sur un fond carré kaki, la lettre T rouge
sang dont la partie inférieure se divise en deux parties égales formant deux O (ces deux lettres, T et O,
font référence aux initiales des deux états, Texas et
Oklahoma, dont sont originaires les soldats de la divi-
sion).
- Composition : *357th, 358th, 359th Infantry Regi-
ments*, *343rd, 344th, 915th (L) et 345th (M) Field
Artillery Battalions*.
- Commandeurs : *Maj.Gen.* Henry Terrell Jr (III-1942/I-
1944), *Brig.Gen.* Jay W.Mac Kelvie (I/VII-1944),
Maj.Gen. Eugene M. Landrum (VII/VIII-1944),
Maj.Gen. Raymond S. Maclain (VIII/X-1944), *Maj.Gen.*
James A.Van Fleet (X-1944/II-1945), *Maj.Gen.* Iowell
W.Rooks (II/III-1945), *Maj.Gen.* Herbert L. Earnest
(III/XII-1945). .

- Historique :

La *90th Infantry Division* est mise sur pied au Camp
Travis dans le Texas en août 1917 avec des hommes
originaires du Texas et l'Oklahoma. Elle débarque en
France en juin et juillet 1918. En août, elle relève la
1st Infantry Division dans le secteur de Villers-en-
Haye au nord de Toul. Le mois suivant, elle est engagée dans l'offensive de Saint-Mihiel. Elle reste en
ligne jusqu'au mois d'octobre et participe à l'offensive de Meuse-Argonne. Après avoir été placée en
réserve pendant une courte période, elle retourne au
front. Elle perce la ligne Hindenburg et traverse la
Meuse, capturant 14 villages. Au cours de ces différentes opérations, la division fait 1 876 prisonniers
mais subit de lourdes pertes (7 277 hommes). Après
l'armistice, la *90th Infantry Division* reste en occupation en Allemagne. Elle est rapatriée aux Etats-
Unis en juin 1919 et dissoute peu après.

Réactivée le 25 mars 1942 au camp de Barkeley dans
le Texas, la *90th Infantry Division* participe aux
grandes manœuvres de la *3rd Army* en Louisiane
(février-mars 1943). En septembre 1943, elle s'entraîne pour deux mois dans le désert. Elle est ensuite
transférée au Fort Dix dans le New Jersey où elle est
rattachée au *XII Corps de la 3rd Army*.

La division quitte les Etats-Unis en mars 1944. Elle
stationne en Grande-Bretagne où elle s'entraîne aux
opérations amphibies.

Les premiers éléments de la *90th Infantry Division*
(deux bataillons du *359th Infantry Regiment*) débarquent sur Utah le 6 juin 1944 avec la *4th Infantry Division* (*VII Corps*). Le reste de la division suit les 7 et 8
juin et l'unité est au complet le 9 juin. Sa première
mission est d'approfondir la tête de pont établie par
la *82nd Airborne Division*. Elle commence à se diriger vers Pont-L'abbé à partir du 10 juin. Mais la résistance de la *91. Infanterie-Division* est farouche. Le
357th Infantry Regiment perd 150 hommes le premier jour de l'attaque, des unités se débandent. Composée d'hommes peu expérimentés et n'ayant jamais
connu l'expérience du feu, la division avance pas à
pas sur un terrain peu favorable, coupé de haies. Elle
finit par prendre Pont-L'Abbé le 13 juin. Mais son
chef, le *Brigadier-General* Mc Kelvie est limogé et
remplacé par le *Major-General* Landrum. A partir du
14 juin, la division est chargée de protéger le flanc
droit du *VII Corps*. Elle progresse vers Golleville et
Le Ham. Le 18 juin, le *357th Infantry Regiment* se
dirige vers l'ouest afin d'occuper les anciennes positions de la *9th Infantry Division* entre Portbail et Saint-
Sauveur-de-Pierrepont. Ces premiers combats sont
très coûteux pour la division. Du 6 au 30 juin, elle
perd 2 399 hommes, tués, blessés ou disparus, la
plupart entre le 10 et le 17 juin. Parmi eux, deux com-
mandants de régiment sont tués et un blessé.

Le 3 juillet, la *90th Infantry Division* participe avec le
VIII Corps à l'offensive en direction de la Haye-du-
Puits. Elle attaque parallèlement à la *82nd Airborne
Division*, à partir de Prétot et de Baupte avec pour
premier objectif le Mont Castre. Elle est bloquée le
premier jour de l'offensive et perd 600 hommes. Elle
piétine les jours suivants, subissant de nouveau
d'importantes pertes. Le 6 juillet, elle prend position
au sommet du Mont Castre mais doit faire face à une
contre-attaque dans le secteur de Beaucoudray Elle
est contre-attaquée le 8 juillet. Le 10 juillet, elle parvient à nettoyer les zones forestières situées au pied
du Mont Castre, défendues par des éléments de la
2. SS-Panzer-Division. Le 11 juillet, elle contrôle com-
plètement le Mont Castre. Très diminuée, elle atteint
le cours de la Sève le 14 juillet, établissant le contact
avec l'aile droite du *VII Corps*.

Rattachée au *XV Corps de la 3rd Army*, la division
participe ensuite à la seconde phase de l'opération

engaged in a fierce battle against armored elements of 17. SS-Panzergrenadier-Division and the paratroops of Fallschirmjäger-Regiment 6. On the first day of the offensive, it lost 1,400 men, i.e. 10 % of its effectives. On July 5th, it lost 750 men without gaining any ground. On July 6th, it was partly relieved by the 4th Infantry Division but came under further counter-attacks causing another 700 casualties. After five days of combat, it managed to advance and take Sainteny on July 9th. It took Périers and then continued advancing throughout July, crossing the Périers-Saint-Lô road before consolidating its position along the Coutances-Saint-Lô road. After a brief rest, the division took part with VIII Corps in Operation Cobra. It was brought into action on August 1st with the task of covering the breakout towards Brittany by the armored divisions of VIII Corps, between the Sée and Sélune rivers. It then entered Brittany.

In August 1944, it obtained the surrender of the fortress of Saint-Malo and pursued its advance, capturing Dinard, Saint-Lunaire and Saint-Brieuc, and taking over 13,000 German prisoners. It was then directed towards the Loire valley where it was ordered to cover Third Army's right flank. The division conducted patrols along the river and, at Beaugency, obtained the surrender of a huge column of retreating Germans - 20,000 men under Generalleutnant Elster (the Elster column). In late September, it crossed France and entered Luxembourg. It mopped up a number of pockets of resistance and then took up a position along the Sauer and Moselle. Early in December, it moved north to relieve the 4th Infantry division north-east of Hurtgen Forest. From December 16-26th, the division carried out mopping-up operations in the Hurtgen Forest sector. Then it had to face the German counter-offensive. It stood up to the German breakthrough in the Rochefort sector. It then counter-attacked in the Lierneux sector, opening the way for the 3rd Armored division.

In February 1945, the division was not committed. However, one of its regiments, the 330th Infantry Regiment, was attached to the 29th Infantry Division from February 25th. With that division it helped to establish a bridgehead to the east of the Roer. After the battle, the regiment was attached to the 2nd Armored Division with which it advanced on Neuss and towards the Rhine.

The 83rd Infantry Division crossed the Rhine at the end of March 1945 and headed towards the Elbe. In April, it established a bridgehead on the far side of the river, south of Magdeburg, some 80 kilometers outside Berlin. The 83rd Infantry Division was the first American unit to link up with Soviet troops. It stayed on after May 8th 1945 to occupy Germany.

90th Infantry Division

- Nickname : "Tough' ombres", the division was previously called "the Texas-Oklahoma division".

- Motto : "Here comes the ninetieth again"

- Emblem : on a square khaki ground, a blood red letter T with the bottom part divided into two equal parts forming two Os (the two letters, T and O, are the initials of the two states, Texas and Oklahoma, from which the soldiers of the division came).

- Composition ; 357th, 358th, 359th Infantry Regiments, 343rd, 344th, 915th (L) and 345th (M) Field Artillery Battalions.

- Commanders : Maj.Gen. Henry Terrell Jr (III-1942/I-1944), Brig.Gen. Jay W.Mac Kelvie (I/VII-1944), Maj.Gen. Eugene M. Landrum (VII/VIII-1944), Maj.Gen. Raymond S. Maclain (VIII/X-1944), Maj.Gen. James A.Van Fleet (X-1944/II-1945), Maj.Gen. lowell

Casque et sous-casque de la *90th Infantry Division*.
90th Infantry Division helmet and liner.

A Périers monument et plaque commémorative de la *90th Division*.
90th Division monument and commemorative plaque at Périers.

« Cobra ». Elle entre en action le 1er août avec la *83rd Infantry Division* avec pour mission de protéger le passage créé vers la Bretagne par les divisions blindées entre la Sélune et la Sée. Elle s'empare de ponts sur la Sélune puis progresse vers le sud et s'empare de la ville de Saint-Hilaire-du-Harcouët. Elle poursuit sa route vers le Mans avant de participer aux combats de la poche de Falaise. En effet, le 10 août, elle est rattachée au *XV Corps* et reçoit l'ordre de suivre la 2e Division blindée française sur l'axe Alençon-Carrouges. Le 15 août, elle stationne dans la région d'Argentan avec la 2e Division blindée. Le 16 août, elle tient des positions sur les hauteurs près de Bourg-Saint-Léonard lorsqu'elle est violemment contre-attaquée par des éléments de la *116. Panzer-Division* et de la *2. SS-Panzer-Division*. Dans la nuit du 16 au 17 août, elle parvient à repousser ces attaques. Le 19 août, elle est rattachée avec la 2e Division blindée et la *80th Infantry Division*, au *V Corps* et reçoit l'ordre de progresser vers le nord afin de briser le flanc sud de la poche de Falaise. Elle atteint Chambois et, dans la soirée du 19 août, la *« G » Company* du *359th Infantry Regiment* fait sa jonction avec les éléments de tête de la 1re division blindée polonaise (*10th Polish Dragoons*), refermant ainsi la poche. La division poursuit le combat dans ce secteur jusqu'au 22 août capturant 12 000 prisonniers.

En septembre, la *90th Infantry Division* est transférée dans l'Est de la France afin de participer à l'assaut sur Metz. En novembre, après la chute de cette ville, elle franchit la Moselle et commence à pénétrer dans la Sarre début 1945. En mars 1945, elle a atteint la rive est du Rhin. Elle progresse vers Mainz et s'empare de la ville de Boppard. En avril, elle combat au sud d'Eisenach et entre dans Barchfeld. En avril, elle contribue à la prise de Plauen et atteint le nœud ferroviaire de Hofflate. Le 19 avril 1945, elle pénètre en Tchécoslovaquie. Après l'armistice, elle stationne dans le secteur de Weiden puis est rapatriée aux Etats-Unis en décembre 1945. Elle est dissoute peu après.

Au cours de la bataille de Normandie, un membre de cette division a été décoré de la médaille d'Honneur du Congrès : le *Sergeant* D. « Bud » Hawk, de Bremerton dans l'état de Washington pour action d'éclat dans la région de Chambois le 20 août 1944. Par ailleurs, le *3rd Battalion* du *358th Infantry Regiment* a été cité pour son action du 10 au 12 juillet 1944.

Vue aérienne de Périers vers le 28 juillet 1944. (NA.)
Aerial view of Périers on July 28, 1944.

W.Rooks (II/III-1945), Maj.Gen. Herbert L. Earnest (III/XII-1945).

- History :

The 90th Infantry Division was raised at Camp Travis in Texas in August 1917 with men from Texas and Oklahoma. It landed in France in June and July 1918. In August, it relieved the 1st Infantry Division in the Villers-en-Haye sector north of Toul. The following month, it was committed in the Saint-Mihiel offensive. It stayed in the line until October and took part in the Meuse-Argonne offensive. After a short time in the reserve, it returned to the front line. It broke through the Hindenburg Line and crossed the Meuse, capturing 14 villages. During these various operations, the division took 1,876 prisoners but sustained heavy losses (7,277 men). After the armistice, the 90th Infantry Division stayed on to occupy Germany. It was sent home to the United States in June 1919 and disbanded shortly afterwards.

Brought back into active service on March 25th 1942 at Camp Barkeley in Texas, the 90th Infantry Division took part in Third Army's big exercises in Louisiana (February-March 1943). In September 1943, it did two months desert training. It was then transferred to Fort Dix in New Jersey where it was attached to Third Army's XII Corps.

The division left the United States in March 1944. It was stationed in Britain where it trained for amphibious operations.

The leading elements of the 90th Infantry Division (two battalions of the 359th Infantry Regiment) landed on Utah Beach on June 6th 1944 with the 4th Infantry Division (VII Corps). The rest of the division followed on June 7th and 8th and the unit was at full strength by 9th June. Its first assignment was to deepen the beachhead established by the 82nd Airborne Division. It set out towards Pont-L'Abbé on June 10th. But 91. Infanterie-Division put up some fierce resistance. The 357th Infantry Regiment lost 150 men on the first day of the attack, and some units disbanded. With raw troops with no previous experience of battle, the division inched its way forward across unfavorable terrain dotted with hedgerows. It finally captured Pont-L'Abbé on June 13th. But its commanding officer, Brigadier-General McKelvie, was dismissed and replaced by Major-General Landrum. As of June 14th, the division was ordered to cover VII Corps' right flank. It advanced towards Golleville and took Ham. On June 18th, the 357th Infantry Regiment headed west to occupy positions previously held by the 9th Infantry Division between Portbail and Saint-Sauveur-de-Pierrepont. These early battles proved extremely costly for the division. From June 6th to June 30th, it lost 2,399 men, killed, wounded or missing, mostly between June 10th and June 17th. Among them, two regimental commanders were killed and another wounded.

On July 3rd, the 90th Infantry Division took part with VIII Corps in the offensive on La Haye-du-Puits. It attacked along a line parallel to the 82nd Airborne Division, starting from Prétot and Baupte with Mont Castre as its primary objective. It was held up on the first day of the offensive and lost 600 men. It made little headway on the following days, again sustaining heavy casualties. On July 6th, it took up position at the top of Mont Castre but had to face a counter-attack in the Beaucoudray sector. It was counter-attacked on July 8th. On July 10th, it managed to mop up the forested areas defended by elements of 2. SS-Panzer-Division at the foot of Mont Castre. By July 11th, Mont Castre was under its complete control. Severely weakened, it reached the Sève on July 14th, linking up with the right flank of VII Corps.

Attached to Third Army's XV Corps, the division then took part in phase two of Operation Cobra. It was brought into action with the 83rd Infantry Division on August 1st to cover the breakout towards Brittany by the armored divisions between the Sélune and Sée rivers. It took some bridges over the Sélune, then advanced south and took the town of Saint-Hilaire-du-Harcouët. It pressed on towards Le Mans before seeing action in the Falaise pocket, where it was attached to XV Corps on August 10th, with orders to follow the French 2nd Armored Division on the Alençon-Carrouges line. On August 15th, it was stationed with the 2nd Armored Division in the Argentan sector. On August 16th, it was holding positions on the high ground near Bourg-Saint-Léonard when it came under violent counter-attack from elements of 116. Panzer-Division and 2. SS-Panzer-Division. During the night of August 16-17th, it managed to fight off these attacks. On August 19th, it was attached to V Corps with the 2nd Armored Division and 80th Infantry Division, with orders to advance northwards to smash the southern flank of the Falaise pocket. It reached Chambois and, during the evening of August 19th, "G" Company of the 359th Infantry Regiment linked up with the leading elements of the Polish 1st Armored Division (10th Polish Dragoons), thus sealing the pocket. The division continued to fight in this sector until August 22nd, taking over 12,000 prisoners.

In September, the 90th Infantry Division was transferred to eastern France to take part in the assault on Metz. In November, after the city had fallen, it crossed the Moselle and began to enter Saarland early in 1945. In March 1945, it reached the east bank of the Rhine. It advanced towards Mainz and took the town of Boppard. In April, it fought south of Eisenach and entered Barchfeld. In April, it helped to take Plauen and reached the railroad junction of Hofflate. On April 19th 1945, it entered Czechoslovakia. After the armistice, it was stationed in the Weiden sector and was sent home to the United States in December 1945. It was disbanded shortly afterwards.

During the Battle of Normandy, one member of the division was awarded the Congressional Medal of Honor: Sergeant D. "Bud" Hawk, from Bremerton, Washington State, for his brilliant feat of arms in the Chambois sector on August 20th 1944. Also, the 3rd Battalion of the 358th Infantry Regiment received a citation for its action on July 10-12th 1944.

Coutances détruite. (Coll. Heimdal.)
Destroyed Coutances.

1st Infantry Division

Mise sur pied en juin 1917, la *1st Infantry Division* participe à la Première Guerre mondiale. Elle est maintenue en service actif entre les deux guerres et réorganisée en division triangulaire (trois régiments d'infanterie) en 1939. Elle débarque au Maroc en novembre 1942 puis est engagée en Sicile. Elle débarque à Omaha Beach le 6 juin. Elle participe à l'offensive vers Saint-Lô et à l'opération « Cobra ».

1st Infantry Division

Raised in June 1917, the 1st Infantry Division fought in World War I. It was kept in active service during the interwar period and reorganized into a triangular division (with three infantry regiments) in 1939. It landed in Morocco in November 1942 and was later engaged in Sicily. It landed on Omaha Beach on D-Day. It took part in the offensive towards Saint-Lô and in Operation Cobra.

1, 2 et 3. Avant de débarquer en Normandie, la *1st Infantry Division* s'entraîne aux opérations amphibies en Grande-Bretagne. Ces trois photos en couleur ont été prises au cours d'une de ces manoeuvres. (US Navy.)

1, 2 and 3. Before landing in Normandy, the 1st Infantry Division trained for amphibious operations in the UK. These three color photos were taken during one such exercise. (US Navy.)

3

4. Un LCVP avec à son bord des hommes de la *1st Infantry Division* s'approche de la côte normande. L'officier qui commande cette unité (un lieutenant) est visible à gauche.

5. Le LCVP est maintenant arrivé à proximité de la plage d'Omaha et débarque ses fantassins. Sur la plage, des hommes des *16th* et *116th RCT* (*1st* et *29th Infantry Divisions*) sont bloqués sous le feu allemand. Ces deux photos sont extraites d'un reportage réalisé le 6 juin par un *Coast Guard.*

(NA/Coll. Heimdal.)

4

4. An LCVP carrying men of the 1st Infantry Division approaches the coast of Normandy. The officer commanding this unit (a lieutenant) can be seen on the left.

5. The LCVP has now come in close to Omaha Beach and is landing its infantrymen. On the beach, men of the 16th and 116th RCT (1st and 29th Infantry Divisions) are pinned down by German gunfire. These two photos are taken from a reportage made by a Coast Guard on June 6th.

(NA/Coll. Heimdal.)

2nd Infantry Division

Comme la *1st Infantry Division*, la *2nd Infantry Division* est créée en 1917 et participe à la Première Guerre mondiale. Elle poursuit son existence entre les deux guerres avant d'être réorganisée en division triangulaire en octobre 1940. Après une période d'entraînement aux Etats-Unis, elle est transférée en Grande-Bretagne. Elle débarque à Omaha Beach le 7 juin. Après avoir nettoyé les dernières poches de résistance situées aux alentours de la plage, elle participe à l'offensive vers Saint-Lô puis à l'opération « Cobra ».

1. Le 28 juillet, au cours de l'opération « Cobra », le *28th Infantry Regiment* de la *2nd Infantry Division*, s'empare de Saint-Jean des Baisants. Sur cette photo, prise peu après la chute du village, le *Private* Sam Fever, de Brooklyn, membre de l'unité du génie de la division, plante une pancarte indiquant que la route et ses bas-côtés ont été déminés. (DAVA/Coll. Heimdal.)

2 et 3. Plus loin, deux hommes de la même unité posent des charges de démolition sur une maison dangereuse gênant la circulation. On aperçoit sur la manche du second soldat à droite, l'insigne de la division. (DAVA/Coll. Heimdal.)

2nd Infantry Division

Like the 1st Infantry Division, the 2nd Infantry Division was raised in 1917 and fought in World War I. It continued in existence during the interwar period until it too was reorganized into a triangular division in October 1940. After a spell of training in the USA it was transferred to the UK. It landed on Omaha Beach on June 7th. After mopping up the last pockets of resistance in the beach sector, it took part in the offensive towards Saint-Lô and in Operation Cobra.

1. On July 28th, during Operation Cobra, the 28th Infantry Regiment of the 2nd Infantry Division took Saint-Jean des Baisants. On this photo, taken shortly after the village fell, Private Sam Fever of Brooklyn, a member of the division's engineers unit, sets up a sign indicating that the road and roadside verges had been cleared of mines. (DAVA/Coll. Heimdal.)

2 and 3. Further on, two men from the same unit place demolition charges on a dangerous house that is holding up the traffic. Notice the divisional insignia on the sleeve of the second soldier on the right. (DAVA/Coll. Heimdal.)

L'église reconstruite de Saint-Jean-des-Baisants.
The rebuilt church at Saint-Jean-des-Baisants.

4. Quelques jours plus tard, le 1er août, Le *Sergeant* Jack Hutton, de Columbus (Ohio) et le *Private* Royce Vick, de Pitt (Texas), du *38th Field Artilleriy Regiment*, fraternisent avec une famille normande autour d'un numéro d'*Esquire*. Le *Private* Vick porte sur sa manche l'emblème du *V Corps* auquel est rattachée la division. (US Army/Coll.Heimdal.)

4. *A few days later, on August 1st, Sergeant Jack Hutton from Columbus (Ohio) and Private Royce Vick, from Pitt (Texas), of the 38th Field Artillery Regiment, fraternize with a Norman family over a copy of Esquire. Private Vick is wearing on his sleeve the emblem of V Corps to which the division belongs. (US Army/Coll. Heimdal.)*

5. Le 17 août, un MP de la division (l'insigne est ici bien visible) fraternise à Tinchebray avec ses homologues britanniques. (IWM.)

5. *On August 17th, an MP of the division (his insignia is clearly visible here) fraternizes in Tinchebray with his British opposite numbers. (IWM.)*

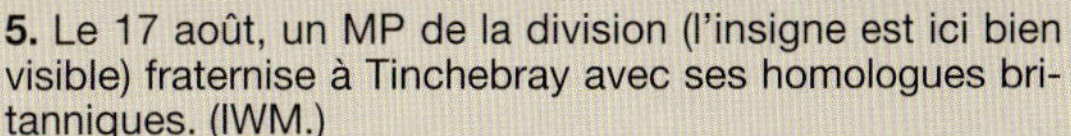

Casque de la 2e Infantry Division.
2nd ID helmet.

L'entrée du bourg de Saint-Jean-des-Baisants.
The entrance to Saint-Jean-des-Baisants.

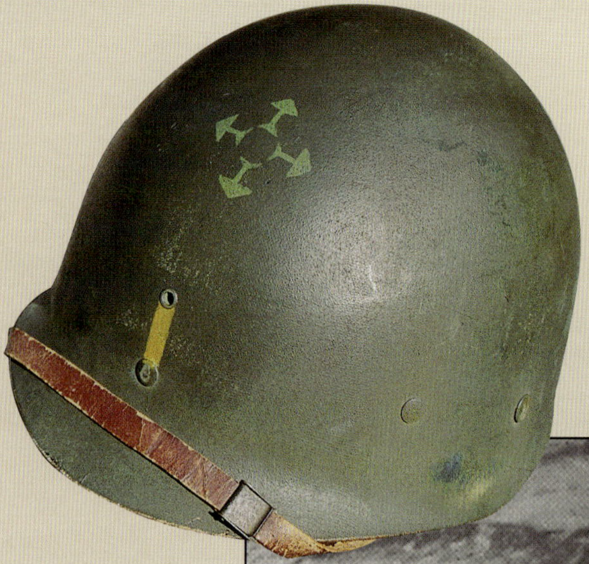

4th Infantry Division

Créée en 1917, la *4th Infantry Division* participe à la Première Guerre mondiale. Elle est démobilisée en 1919 puis réactivée en juin 1940. En janvier 1944, elle est transférée en Grande-Bretagne. Elle débarque sur Utah Beach le 6 juin, renforcée par différentes unités (un bataillon de mortiers lourds, un groupe de combat du génie, une batterie d'artillerie et un bataillon de tanks destroyers). Ce premier reportage a été réalisé par le correspondant de guerre Sheltno le matin du 6 juin.

1 et 2. Les troupes débarquent des LCVP et avancent vers la plage.

1 and 2. *The troops disembark from their LCVPs and advance towards the beach.*

(NA/Coll. Heimdal.)

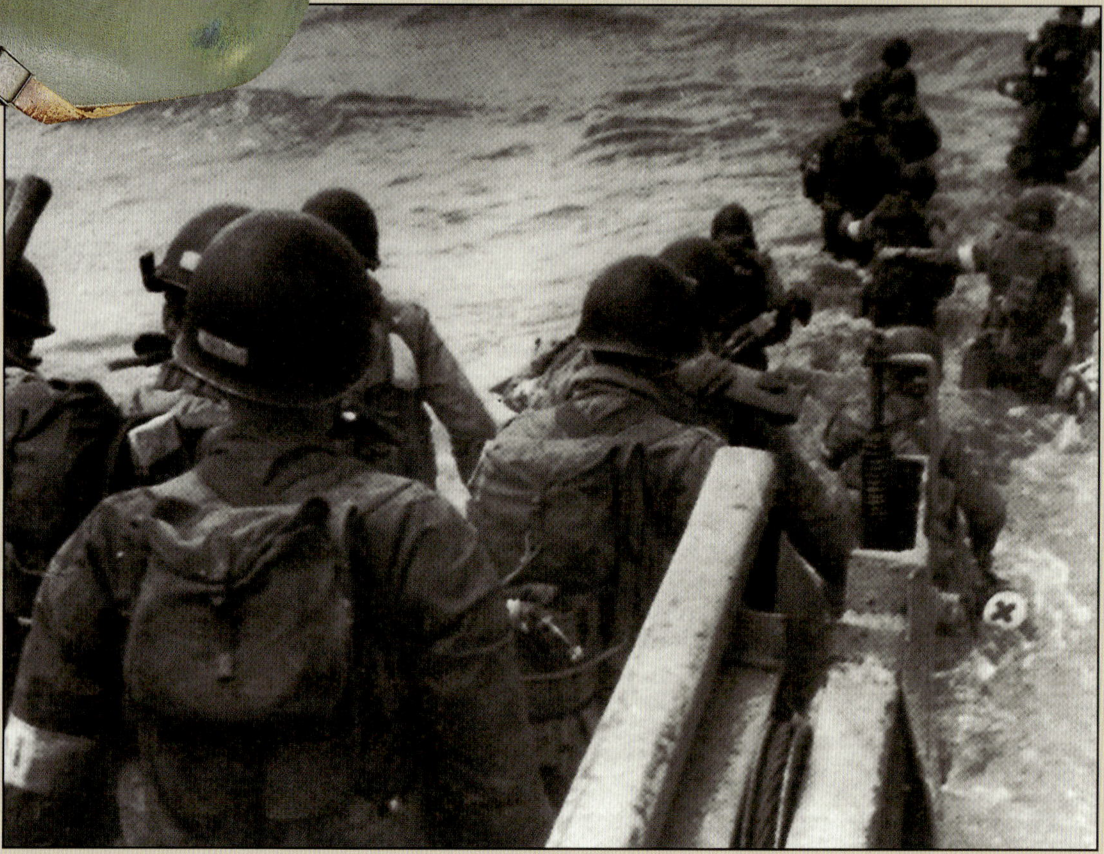

1

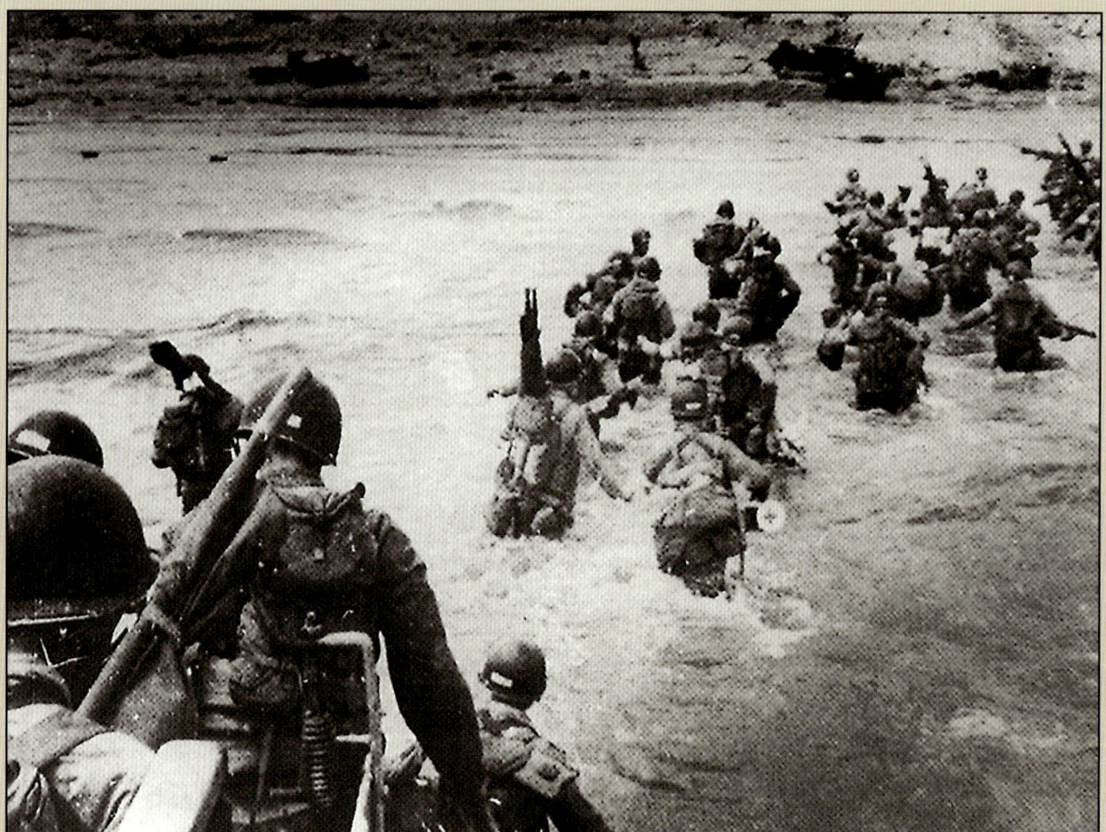

4th Infantry Division

Raised in 1917, the 4th Infantry Division fought in World War I. It was demobbed in 1919 then re-formed in June 1940. In January 1944, it was transferred to Britain. It landed at Utah Beach on D-Day, reinforced by various units (a heavy mortar battalion, an engineer combat group, an artillery battery and a tank destroyer battalion). This first reportage was made by the war correspondent Sheltno on the morning of June 6th.

3, 4 et 5. Les infirmiers soignent les premiers blessés du *8th Infantry Regiment*. Les pertes subies par la division le 6 juin seront assez faibles par rapport à celles de la *1st Infantry Division* sur Omaha Beach : 118 hommes dont seulement 12 tués pour les *8th* et *12th Infantry Regiments*.

(NA/Coll. Heimdal.)

3, 4 and 5. *Medics treating the first wounded of 8th Infantry Regiment. The division's losses on D-Day were slight compared with casualties among the 1st Infantry Division on Omaha Beach : 118 men with just 12 killed for the 8th and 12th Infantry Regiments.*

(NA/Coll. Heimdal.)

IVth Infantry

4th Infantry Division

After landing at Utah Beach, the 4th Infantry Division moved inland towards Sainte-Mère-Eglise and linked up with the 82nd Airborne Division. From June 18th to 30th, it took part with VII Corps in the offensive on Cherbourg then the advance towards La Haye-du-Puits-Périers. From July 25th, it was committed as part of Operation Cobra. The following photographs were taken by Lieutenant Collier on July 23rd, just before that offensive.

1. *Trucks come to the rear to fetch troops to reinforce the lines before the offensive.*

2. *'One way': the trucks head off for the front line towards La Chapelle-en-Juger where the division is to go onto the attack.*

3

3. Des fantassins de la division montent vers les lignes à pied sous le regard d'une fermière normande. Ici encore, les soldats suivent les routes balisées par les pancartes « one way ».

4. Une équipe de déminage du *3rd Battalion* du *8th Infantry Regiment* monte en ligne près d'Amigny, au nord de la route Saint-Lô-Lessay. Sur les bas-côtés, stationnent les chars de la *2nd Armored Division*.

(US Army/Coll. Heimdal.)

3. Infantrymen of the division move up to the lines on foot as a Norman farmer's wife looks on. Here again, the men follow the one way signs.

4. A mine-clearing squad of the 3rd Battalion, 8th Infantry Regiment, moves up to the lines near Amigny, north of the Saint-Lô-Lessay road. Parked on the roadside are the tanks of the 2nd Armored Division.

(US Army/NA/Coll. Heimdal.)

4

2. Le village a été anéanti par un tapis de bombes. Cette photo a été prise depuis le cimetière de l'église. On aperçoit, au fond, une ambulance arrivant du nord.

3. Toujours au milieu des décombres de La Chapelle-en-Juger, un char Stuart et des fantassins patrouillent.

4. Des soldats arrivent de la base arrière, à l'ouest du Désert, pour renforcer les troupes qui sont en ligne et progressent rapidement.

(US Army/NA/Coll. Heimdal.)

4th Infantry Division

On the evening of the first day of the Cobra offensive, the 4th Infantry Division established a front north-east of La Chapelle-en-Juger. The next day, July 26th, it took La Chapelle-en-Juger where we see it here.

1. An M8 armored car and a half-track arriving from the north, from Le Hommet d'Arthenay, pass by the ruined chancel of the church at La Chapelle-en-Juger.

2. The village has been razed under a carpet of bombs. This photo was taken from the churchyard. In the background, an ambulance can be seen arriving from the north.

3. Still amid the rubble at La Chapelle-en-Juger, a Stuart tank with a foot patrol.

4. Men arriving from the base to the rear, west of Le Désert, to reinforce the quickly advancing front line troops.

(US Army/NA/Coll. Heimdal.)

4th Infantry Division

Le soir du premier jour de l'offensive « Cobra », la *4th Infantry Division* établit un front au nord-est de la Chapelle-en-Juger. Le lendemain 26 juillet, elle s'empare de La Chapelle-en-Juger où nous la retrouvons maintenant.

1. Une auto-mitrailleuse M8 et un half-track arrivant du nord, du Hommet d'Arthenay, passent devant le choeur ruiné de l'église de La Chapelle-en-Juger.

2

3

4

IVth Infantry

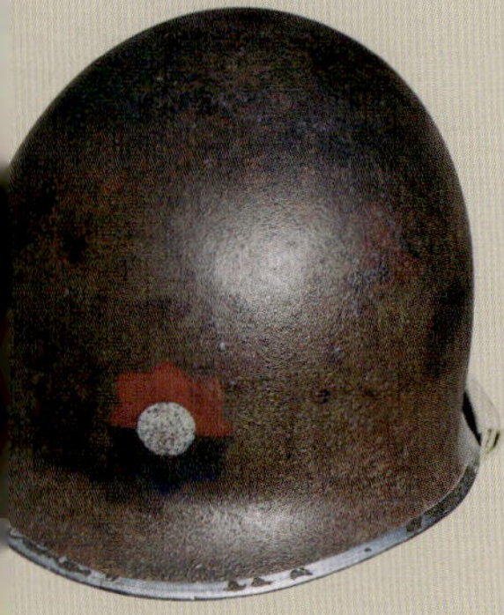

1

9th Infantry Division

La *9th Infantry Division* est mise sur pied en juillet 1918 mais n'a pas le temps de participer aux combats contre l'Allemagne. Dissoute peu après, elle est réactivée en août 1940. Après une période d'entraînement aux Etats-Unis, elle débarque au Maroc et en Algérie puis combat en Tunisie et en Sicile. Rattachée au *VIII Corps*, elle débarque à Utah Beach le 10 juin 1944. Elle progresse à travers le Cotentin et participe à l'offensive vers Cherbourg. Le 9 juillet, elle remonte en ligne dans le secteur de Saint-Jean-de-Daye et commence à progresser vers Saint-Lô. Les photos qui suivent ont été prises dans le secteur du Désert le 13 juillet et mettent en scène une batterie d'obusiers de 105 mm HM2 du *84th Field Artillery Battalion,* en position à Saint-Jean-de-Daye à 1 800 mètres de la ligne de front.

1. Les artilleurs d'une batterie sortent des emballages les douilles et les obus afin de former des « coups complets » prêts au tir.

2. Avant d'assembler le coup, l'artificier, un *Private First Class*, visse une fusée d'ogive sur l'obus.

3. Le chef de batterie crie au téléphone « Pièce prête ! » (« Ready on the firing line »).

4. Les obusiers, bien camouflés sous des filets et à l'abri d'une haie, ouvrent le feu.

5. Le photographe s'est rapproché d'un de ces obusiers. La douille vient juste de s'éjecter.

(US Army/Coll. Heimdal.)

2

9th Infantry Division

The 9th Infantry Division was raised in July 1918 but did not have time to take part in the fighting against Germany. Disbanded shortly afterwards, it was re-formed in 1940. After a training period in the U.S., it landed in Morocco and Algeria then fought in Tunisia and Sicily. As part of VIII Corps, it landed at Utah Beach on June 10th 1944. It advanced up the Cotentin penisula and took part in the offensive on Cherbourg. On July 9th, it moved up to the front line in the Saint-Jean-de-Daye sector and began to advance towards Saint-Lô. The following photographs were taken in the Le Désert sector on July 13th show an HM2 105 mm howitzer battery of the 84th Field Artillery Battalion, in position at Saint-Jean-de-Daye 1,800 meters behind the front line.

1. Artillerymen of one battery unpacking cartridges and shells to mount full rounds ready to fire.

2. Before assembling the round, the armorer, a Private First Class, screws a warhead fuse onto the shell.

3. The battery commander cries 'Ready on the firing line!' down the telephone.

4. Well camouflaged under netting behind a hedge, the howitzers open fire.

5. The photographer has closed in on one of these howitzers. The cartridge has just been ejected.

(US Army/Coll. Heimdal.)

9th Infantry Division

Le 14 juillet, la *9th Infantry Division* se retrouve bloquée au nord de la route Périers-Saint-Lô. Elle repart à l'attaque lors de l'opération « Cobra » (25 juillet). Elle progresse rapidement jusqu'à Montreuil-sur-Lozon avant de laisser la place aux colonnes de la *3rd Armored Division*.

1. Avant de monter en ligne, les soldats William M. Texter et Henry Zimmermann, du *2nd Battalion* du *47th Infantry Regiment*, lisent des tracts de propagande allemande. Photo prise à Marigny le 25 juillet.

2. Pendant le bombardement aérien, le *Corporal* Anthony Pinto du *2nd Battalion* du *47th Infantry Regiment* prend un repas léger avant l'attaque (25 juillet).

3. Le 26 juillet à Marigny, le *Major-General* Manton S.Eddy (à droite dans la jeep, la main posée sur le pare-brise), chef de la division, vient suivre la progression de ses hommes sur le terrain.

4. Un officier de la division interroge des prisonniers allemands (parachutistes de la *5.Fallschirmjäger Division* et fantassins de la *353.Infanterie Division*) capturés pendant les combats de Marigny.

(US Army/Coll.Heimdal).

9th Infantry Division

On July 14th, the 9th Infantry Division was blocked north of the Périers-Saint-Lô road. It went back onto the attack during Operation Cobra (July 25th). It made rapid progress as far as Montreuil-sur-Lozon, then made way for the columns of the 3rd Armored Division.

1. Before going up to the front line, pfcs William M. Texter and Henry Zimmermann, of the 2nd Battalion, 47th Infantry Regiment, read some German propaganda leaflets. Photo taken at Marigny on July 25th.

2. During the aerial bombardment, Corporal Anthony Pinto of the 2nd Battalion, 47th Infantry Regiment has a bite to eat before the attack (July 25th).

3. On July 26th at Marigny, the divisional commander, Major-General Manton S. Eddy (on the right in the jeep, with his hand on the windshield), comes to see how his men are faring in the field.

4. An officer of the division interrogates German prisoners (paratroopers of 5.Fallschirmjäger Division and infantrymen of 353.Infanterie Division) captured during the fighting at Marigny.

(US Army/Coll. Heimdal.)

29th Infantry Division

La *29th Infantry Division* est mise sur pied en 1917 et participe aux dernières batailles de la Première Guerre mondiale. Dissoute après l'armistice, elle est réactivée en février 1941. Elle s'entraîne à Fort Meade puis est transférée en Virginie et en Floride. En septembre 1942, elle quitte les Etats-Unis pour la Grande-Bretagne où elle complète son entraînement afin d'être prête à débarquer en France. Ce reportage a été réalisé pendant cette période sur les terrains de Tidworth et de Woolacombe.

29th Infantry Division

The 29th Infantry Division was raised in 1917 and took part in the later battles of World War I. Disbanded after the armistice, it was re-formed in February 1941. It trained at Fort Meade before being moved to Virginia and Florida. In September 1942, it left the U.S. for Britain where it completed its training so as to be ready for the landing in France. This reportage was made during that period on training grounds at Tidworth and Woolacombe.

1. Le 12 mars 1943, au cours d'un exercice, des hommes de la *29th Signal Company* photographiés dans une jeep.

1. March 12th 1943, men of the 29th Signal Company photographed on exercise in a jeep.

1

2. Les tranchées creusées par la *Company A* du *121st Engineer Battalion*, l'unité du génie de la division. Le *Sergeant* au premier plan porte sur sa poitrine un émetteur récepteur BC 745 et tient l'antenne avec sa main. Cette unité subira de lourdes pertes lors de son débarquement à Omaha Beach le 6 juin.

2. Trenches dug by Company A of the 121st Engineer Battalion, the division's engineer unit. The Sergeant in the foreground is carrying a BC 745 transceiver on his chest and holding the antenna in his hand. This unit sustained heavy losses during the D-Day landing on Omaha Beach.

2

3. Toujours au cours d'un exercice mené par l'unité du génie de la division, une torpille Bangalore contenant 20 livres de TNT explose et pratique une brèche dans un réseau de barbelés abritant un Bunker : une répétition de ce qui se passera sur la plage d'Omaha.

3. On another exercise conducted by the division's engineers unit, a Bangalore torpedo containing 20 pounds of TNT explodes and opens a breach in a barbed wire entanglement protecting a bunker: a dress rehearsal for action on Omaha Beach.

4. Au cours d'un autre exercice, sur le centre d'assaut de Woolacombe, l'équipe d'un mortier de 81 mm en action. Au premier plan, un soldat, téléphone de campagne en main, assure la liaison avec le QG du *116th Infantry Regiment*.

4. On another exercise, on the Woolacombe assault course, an 81 mm mortar crew in action. In the foreground, a soldier holding a field telephone is in contact with 116th Infantry Regiment HQ.

5. Le *Staff Sergeant* William M. Wheeler de la *Company A* du *175th Infantry Regiment*, aiguise son couteau de combat. Il débarquera à Omaha le 7 juin...
(DAVA/Coll. Heimdal.)

5. Staff Sergeant William M. Wheeler of Company A, 175th Infantry Regiment, sharpens his combat knife. He landed at Omaha on June 7th...
(DAVA/Coll. Heimdal.)

29th Infantry Division

La *29th Infantry Division* débarque à Omaha Beach les 6 et 7 juin puis progresse vers Isigny. A partir du 12 juin, elle participe avec le *V Corps* à l'offensive vers Saint-Lô mais piétine. Le 12 juillet, elle reprend l'offensive. Elle entre dans Saint-Lô le 19 juillet.

1. Le *Private* Vincent Lucas, de Braddock, Pennsylvanie, blessé par mine, est évacué vers l'arrière (11 juillet).

2. Dans le secteur de Saint-Lô, le 13 juillet, les soldats Allen R. Mitchell, de Watertown (Dakota du Sud) et Bryant W. Gillepsie, d'Indianapolis (Indiana), membres d'une unité de renseignements attachée à la *29th Infantry Division*, ont établi leurs quartiers dans un cellier à Villiers-Fossard.

3. Les hommes du *175th Infantry Regiment* creusent des abris derrière une haie peu avant de reprendre leur progression vers Saint-Lô (15 juillet).

4. Le 19 juillet 1944, les fantassins de la *Task Force C,* commandée par le *Major-General* Cota, arrivent dans Saint-Lô et tombent sur le carrefour de la Bascule où convergent les routes de Bayeux, Isigny, Thorigni et les rues du centre ville.

5. Le *Major* Johns (*1st Battalion* du *115th Infantry Regiment*, un des éléments de la *Task Force*) a installé son PC dans le restaurant qui fait l'angle et placé sur la façade le drapeau bleu-gris de la division. Mais la maison a été prise à partie par des canons de 88 allemands qui ont ouvert des trous dans le mur et ont détruit le tank destroyer du *Captain* Sidney A.Vincent.

(US Army/Coll. Heimdal.)

6. Le même endroit de nos jours...

29th *Infantry Division*

The 29th Infantry Division landed on Omaha Beach on June 6th and 7th then advanced towards Isigny. From June 12th, it joined V Corps in the offensive on Saint-Lô but failed to make progress. It went back on the offensive on July 12th. It entered Saint-Lô on July 19th.

1. *Wounded by a mine, Private Vincent Lucas from Braddock (Pennsylvania) is evacuated to the rear (July 11th).*

2. *In the Saint-Lô sector on July 13th, pfcs Allen R. Mitchell, from Watertown (South Dakota) and Bryant W. Gillepsie, from Indianapolis (Indiana), members of an intelligence unit attached to the 29th Infantry Division, set up their quarters in a basement at Villiers-Fossard.*

3. *Men of the 175th Infantry Regiment dig shelters behind a hedge shortly before resuming their advance on Saint-Lô (July 15th).*

3

4. On July 19th 1944, infantrymen of Task Force C, commanded by Major-General Cota, arrive in Saint-Lô and come to the Bascule crossroads where the roads to Bayeux, Isigny, Thorigni and town center streets all meet.

5. Major Johns (1st Battalion, 115th Infantry Regiment, an element of the Task Force) set up his CP in the restaurant on the corner and hung the division's gray and blue flag on the front. But the house came under fire from some German 88 guns which opened up holes in the wall and destroyed Captain Sidney A. Vincent's tank destroyer.

(US Army/Coll. Heimdal.)

6. The same location as it is today...

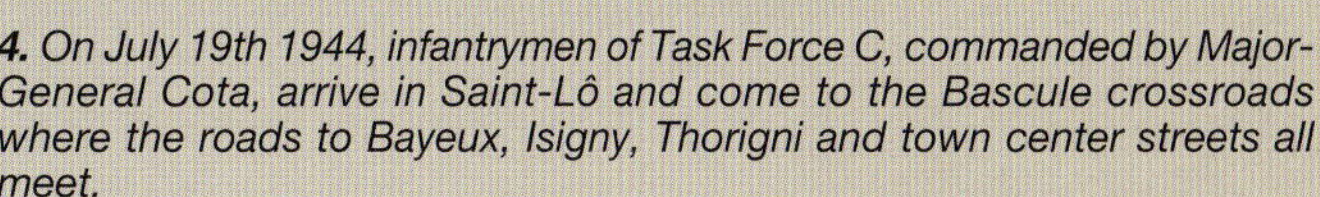

4

6

5

30th Infantry Division

La *30th Infantry Division* est créée en 1917. Elle participe à la Première Guerre mondiale puis est dissoute. Elle est réactivée en septembre 1940. En février 1944, elle est en Grande-Bretagne. La division débarque à Omaha Beach à partir du 14 juin. A partir du 7 juillet, elle est engagée à l'ouest de la Vire en direction de Saint-Lô.

1, 2 et 3. Le 8 juillet, venant d'Airel, les fantassins de la *30th Infantry Division* franchissent le pont qui traverse la Vire et mène à Saint-Fromond. Ces trois photos ont été prises dans cette localité. Les fantassins, rejoints par des chars de la *3rd Amrored Division*, traversent le village incendié. Le pont d'Airel/Saint-Fromond que l'on voit ici a été renforcé par le *105th Engineer Combat Battalion*, l'unité du génie de la division.

4. Un char léger de la division, venant de Saint-Fromond, se dirige vers le carrefour qui mène au Désert. Au premier plan, un canon antichars de 90 mm en position défensive.

5. Une pièce de trois pouces tirée par un half-track se dirige vers une position d'infanterie dont elle assurera le soutien.

(US Army/Coll. Heimdal.)

30th Infantry Division

The 30th Infantry Division was formed in 1917. It took part in World War I and then was disbanded. It was re-formed in September 1940. In February 1944, it was in Great Britain. The division landed at Omaha Beach starting on June 14th. As of July 7th, it was committed west of the Vire River towards Saint-Lô.

1, 2 and 3. *On July 8th, coming from Airel, infantry of the 30th Infantry Division cross the bridge over the Vire to Saint-Fromond where these three photos were taken. The infantry, joined by the tanks of the 3rd Armored Division, crossed the burning village. The Airel/Saint-Fromond bridge seen here has been reinforced by the division's engineer unit, the 105th Engineer Combat Battalion.*

4. One of the division's light tanks, coming from Saint-Fromond, heads for the crossroads leading to Le Désert. In the foreground, a 90 mm antitank gun in a defensive position.

5. A three-inch gun towed by a half-track on its way to lend support to an infantry position.

(US Army/Coll. Heimdal.)

5. Cette dernière photo a été prise quelques mètres plus au nord. On revoit, sous un autre angle, la petite maison en terre de la photo 2 et au fond une grande maison construite le long de la route nationale Saint-Lô-Périers.

6. Cette maison existe toujours de nos jours mais la petite maison en terre a été remplacée par une construction neuve...

(US Army/Coll. Heimdal.)

Le calvaire et les tombes mutilées du cimetière d'Hébécrevon.
The damaged cross and graves at Hébécrevon cemetery.

5. *This last photo was taken a few yards further north. We again see, from a different angle, the small earthen house in photo 2 and in the background a big house built along the Saint-Lô-Périers highway.*

6. *This house is still standing today but the small earthen house has been replaced with a new building...*

(US Army/Coll. Heimdal.)

1. Mortier de la *35th Infantry Division* en action dans le secteur de Saint-Lô (14 juillet 1944).

1. Mortar of the 35th Infantry Division in action in the Saint-Lô sector (July 14th 1944).

35th Infantry Division

Comme les précédentes, la *35th Infantry Division* est mise sur pied en 1917 et participe à la Première Guerre mondiale. Dissoute après la guerre, elle est réactivée en décembre 1940. Elle s'entraîne aux Etats-Unis jusqu'en mai 1944, date à laquelle elle est transférée en Grande-Bretagne. Elle débarque à Omaha Beach du 5 au 7 juillet. Elle participe à l'offensive vers Saint-Lô puis à l'opération « Cobra ». Début août, elle intervient dans le secteur de Mortain.

35th Infantry Division

Like the above formations, the 35th Infantry Division was raised in 1917 and fought in World War I. Disbanded after the war, it was re-formed in December 1940. It trained in the U.S. until May 1944, when it was transferred to the UK. It landed on Omaha Beach from July 5-7th. It took part in the offensive on Saint-Lô and then in Operation Cobra. Early in August, it was committed in the Mortain sector.

2. Toujours dans le secteur de Saint-Lô, des fantassins de la *Company A* du *173th Infantry Regiment* se protègent des tirs ennemis (14 juillet).

2. Still in the Saint-Lô sector, infantrymen of Company A, 173th Infantry Regiment take cover from enemy fire (July 14th).

3. Le *Private* Nathan Melton, du *127th Field Artillery Battalion*, saisit une charge de poudre destinée à un obus de 155 mm (16 juillet 1944).

4. Toujours pendant la bataille de Saint-Lô, un artilleur du *127th Field Artillery Battalion* met en place une amorce dans le mécanisme de mise à feu d'un obus de 155 mm (16 juillet).

3. *Private Nathan Melton, of the 127th Field Artillery Battalion, seizes a powder charge intended for a 155 mm shell (July 16th 1944).*

4. *Again during the battle for Saint-Lô, an artilleryman of the 127th Field Artillery Battalion sets up a primer in the detonator mechanism of a 155 mm shell (July 16th).*

5. Le *Major* Botchin et le *Corporal* Rajpka, du *60th Engineer Combat Battalion*, l'unité du génie de la *35th Infantry division*, au PC de l'unité à Saint-Hilaire du Harcouët. L'insigne de la division est ici bien visible sur la manche gauche du *Corporal* Rajpka...

(US Army/Coll. Heimdal.)

5. *Major Botchin and Corporal Rajpka, of the 60th Engineer Combat Battalion, the 35th Infantry Division's engineers unit, at the unit's CP at Saint-Hilaire du Harcouët. The division's insignia is clearly visible here on Corporal Rajpka's left sleeve...*

(US Army/Coll. Heimdal.)

79th Infantry Division

Créée en août 1917, la *79th Infantry Division* participe à l'offensive de Meuse-Argonne en 1918. Elle est démobilisée en 1919 et réactivée en juin 1942. Après une période d'entraînement aux Etats-Unis et en Grande-Bretagne, elle débarque à Utah Beach du 12 au 14 juin 1944. Elle participe à l'attaque sur Cherbourg puis à l'offensive en direction de la Haye-du-Puits et à l'opération « Cobra ». Les photos qui suivent ont été prises le 18 juillet dans le secteur de Lessay.

79th Infantry Division

Created in August 1917, the 79th Infantry Division took part in the Meuse-Argonne offensive in 1918. It was demobilized in 1919 and re-formed in June 1942. Following a training period in the U.S. and Britain, it landed at Utah Beach from June 12-14th 1944. It took part in the attack on Cherbourg then the offensive towards La Haye-du-Puits and in Operation Cobra. The next photos were taken on July 18th in the Lessay sector.

3. Les fantassins s'élancent à l'assaut.

3. The infantry launch the assault.

4. Des soldats se passent le visage au noir de fumée avant de partir pour une patrouille de nuit, de droite à gauche : le *First Lieutenant* Wendell Shreve (chef de patrouille), le *Private first class* Georges Peterson (interprète) et un Normand servant de guide, Aubert Ton. On remarquera le filet de camouflage à grandes mailles porté sur les casques...
(US Army/Coll. Heimdal.)

4. Soldiers put lamp black on their faces before setting off on a night patrol, right to left: First Lieutenant Wendell Shreve (patrol leader), Private first class Georges Peterson (interpreter) and a Norman acting as their guide, Aubert Ton. Note the large-mesh camouflage net worn on their helmets...
(US Army/Coll. Heimdal.)

90th Infantry Division

La *90th Infantry Division* est mise sur pied en 1917 et participe à la fin de la Première Guerre mondiale. Elle est dissoute en 1919 et réactivée en mars 1942. Elle est en Grande-Bretagne à partir de mars 1944. Ses premiers éléments débarquent sur Utah Beach le 6 juin, le reste suit les 7 et 8 juin. La division subit de lourdes pertes lors de ses premiers engagements dans le secteur de Pont-L'Abbé. Début juillet, elle participe à l'offensive en direction de La Haye-du-Puits puis à l'opération « Cobra » et aux combats de la poche de Falaise.

1. Des fantassins de la *90th Infantry Division* traversent le village de Gorges (6 juillet 1944).

2. A trois kilomètres au sud de Saint-Jores, des artilleurs préparent des obus de mortiers lourds (7 juillet).

3. Toujours dans le secteur de Saint-Jores, les GI's de la division progressent le long d'une haie, couverts par un Sherman (7 juillet).

4, 5 et 6. Des soldats se dirigent vers l'îlot de Saint-Germain-sur-Sève, transformé en camp retranché par les hommes du IIIᵉ bataillon du régiment « Der Führer » de la division « Das Reich » et pris le 27 juillet à l'issue de violents combats (secteur de Périers, 30 juillet 1944).

(US Army/Coll. Heimdal.)

90th Infantry Division

The 90th Infantry Division was raised in 1917 and took part in the end of World War I. It was disbanded in 1919 and reformed in March 1942. It was in Great Britain from March 1944. Its leading elements landed on Utah Beach on D-Day, the rest following on June 7th and 8th. The division sustained heavy losses during its early engagements in the Pont-L'Abbé sector. Early in July, it took part in the offensive on La Haye-du-Puits then Operation Cobra and the battle of the Falaise Pocket.

1. *Infantry of the 90th Infantry Division cross the village of Gorges (July 6th 1944).*

2. *Three kilometers south of Saint-Jores, artillerymen prepare heavy mortar shells (July 7th).*

3. Still in the Saint-Jores sector, the GIs of the division advance along a hedge, covered by a Sherman (July 7th).

4, 5 and 6. Soldiers head for the islet of Saint-Germain-sur-Sève, converted into an entrenched camp by the men of the 3rd Battalion, Der Führer Regiment, Das Reich Division and taken after a fierce battle on July 27th (Périers sector, July 30th 1944).

(US Army/Coll. Heimdal.)

1.

2

1. Le *Technical Sergeant* Charles J. Jozefik et le *Private 1st class* Frank J. Zielinski de la *142nd Armored Signal Company* (*2nd Armored Division*) font une reconnaissance en jeep sur une petite route de terre transformée en bourbier par les dernières pluies. Photo prise le 23 juillet 1944 juste avant l'opération « Cobra ») (US Army/Coll.Heimdal.)

2. Insigne en tissu de la *2nd Armored Division*.

1. Technical Sergeant Charles J. Jozefik and Private 1st class Frank J. Zielinski of the 142nd Armored Signal Company (2nd Armored Division) reconnoitre by jeep on a dirt track that recent rainfall has turned into a mudbath. Photo taken on July 23rd 1944 just before Operation Cobra) (US Army/Coll.Heimdal).

2. 2nd Armored Division cloth patch.

2nd Armored Division

- Surnom **:** « Hell on Wheels » (« L'enfer sur roues »).

- Devise : pas de devise

- Insigne : un triangle divisé en trois parties égales bleue (infanterie), jaune (cavalerie) et rouge (artillerie) avec, brochant sur le tout, en noir, des chenilles et un canon traversés par un éclair rouge et surmonté du numéro de la division (2). Sous le triangle, le surnom « Hell on wheels ».

- Composition : *12th, 41st, 42nd Armored Infantry Battalions, 14th, 78th, 92nd Armored Field Artillery Battalions, 6th, 66th, 67th Tank Battalions.*

- Commandeurs : *Maj.Gen.* George S.Patton (XI-40/I-42), *Maj.Gen.* Willis D.Crittenberger (I-42/VII-42), *Maj.Gen.* Ernest N.Harmon (VII-42/IV-43), *Brig.Gen.* Allen F.Kingman (IV-43/V-43), *Maj.Gen.* Hugh J.Gaffey (V-43/III-44), *Maj.Gen.* Edward H.Brooks (III-44/IX-44), *Maj.Gen.* Ernest N.Harmon (IX-44/I-45), *Maj.Gen.* Isaac D.White (I-45/VI-45).

- Historique :

Première division blindée de l'armée américaine, la *2nd Armored Division* est mise sur pied avec des hommes triés sur le volet le 15 juillet 1940. La division commence par s'entraîner au Fort Benning (Géorgie). En 1941, elle participe à des manœuvres dans le Tennessee, en Louisiane et en Caroline. En août 1942, elle reçoit un entraînement amphibie sur la côte de Caroline avec la Force amphibie de l'Atlan-tique. Début janvier 1943, elle stationne au Camp Hood au Texas où elle poursuit sa formation. Le 27 octobre, le *Combat Command « B »* quitte les Etats-Unis pour l'Afrique du Nord. Le reste de la division le suit le 12 décembre 1942.

Les premiers éléments de la *2nd Armored Division* sont engagés avec la *Western Task Force* du général Patton au Maroc. La division est ensuite placée en réserve et poursuit son entraînement. Cependant, certains de ses éléments, rattachés à la *1st Armored Division*, participent à la campagne de Tunisie. En juillet 1943, toute la division participe aux opérations de Sicile. Elle débarque à Gela, mène des combats très durs dans le secteur de Butera et Campobello puis joue un rôle important dans la phase finale de la campagne notamment à Saselvetrano et Palerme. A la fin de l'année 1943, elle est transférée en Grande-Bretagne où elle se prépare au débarquement.

La division, affectée au *V Corps*, se rassemble à Southampton et Weymouth le 7 juin et commence à embarquer pour la Normandie le 8 juin. Cependant, des éléments débarquent dès le 7 juin sur Omaha Beach, le gros de la division arrivant le 9 juin. Le 11 juin, le *3rd Battalion* du *41st Armored Infantry Regiment* est envoyé en renfort à la *29th Infantry Division* afin de sécuriser sa tête de pont dans le secteur d'Auville-sur-le-Vey. Le *Combat Command « A »* intervient à partir du 13 juin dans le secteur Carentan-Isigny. Le 15 juin, des éléments de la division sont engagés le long de la route Carentan-Périers.

2nd Armored Division

- Nickname : Hell on Wheels.

- Motto : no motto

- Insignia : a triangle divided into three equal parts - blue (infantry), yellow (cavalry) and scarlet (artillery) with, overlying all three, in black, tracks and a gun topped by a red lightning shafted with the division's number (2) above. Under the triangle, the nickname Hell on wheels.

- Composition : 12th, 41st, 42nd Armored Infantry Battalions, 14th, 78th, 92nd Armored Field Artillery Battalions, 6th, 66th, 67th Tank Battalions.

- Commanders : Maj.Gen. George S.Patton (XI-40/I-42), Maj.Gen. Willis D.Crittenberger (I-42/VII-42), Maj.Gen. Ernest N.Harmon (VII-42/IV-43), Brig.Gen. Allen F.Kingman (IV-43/V-43), Maj.Gen. Hugh J.Gaffey (V-43/III-44), Maj.Gen. Edward H.Brooks (III-44/IX-44), Maj.Gen. Ernest N.Harmon (IX-44/I-45), Maj.Gen. Isaac D.White (I-45/VI-45).

- History :

The US Army's first tank division, the 2nd Armored Division, was raised from hand-picked men on July 15th 1940. The division began its training at Fort Benning (Georgia). In 1941, it took part in exercises in Tennessee, Louisiana and Carolina. In August 1942, it was given amphibious training on the coast of Carolina with the Atlantic Amphibious Force. Early in January 1943, it was stationed for further training at Camp Hood (Texas). On October 27th, Combat Command B left the United States for North Africa. The rest of the division followed on December 12th 1942.

The leading elements of 2nd Armored Division were engaged with the Western Task Force under General Patton in Morocco. The division was then placed in the reserve and continued training. However, some elements took part in the Tunisia campaign attached to the 1st Armored Division. In July 1943, the whole division took part in the operations in Sicily. It landed at Gela, fought a fierce battle in the Butera and Campobello sector, then played a major role in the final phase of the campaign, notably at Saselvetrano and Palermo. At the end of 1943, it was transferred to the UK to prepare for D-Day.

The division was allocated to V Corps and assembled in Southampton and Weymouth on June 7th to begin embarking for Normandy on June 8th. Some elements however landed at Omaha Beach on June 7th, with the main bulk of the division arriving on June 9th. On June 11th, the 3rd Battalion, 41st Armored Infantry Regiment, was sent to reinforce the 29th Infantry Division to help secure the beachhead in the Auville-sur-le-Vey sector. Combat Command A began operating on June 13th in the Carentan-Isigny sector. On June 15th, elements of the division were engaged along the Carentan-Périers road. From the 15th on, the division was placed in reserve in the Balleroy area where it did however carry out a number of security assignments.

On July 24th, 2nd Armored Division had its CP at Le Dézert. On July 25th, it mustered in order to build on the breakout achieved by the infantry divisions as part of Operation Cobra. It was then attached to 1st Army's VII Corps. On July 26th, its Combat Command A advanced in 30th Infantry Division's sector. It emerged from Saint-Gilles, arrived at Canisy, then carried on to Saint-Samson-de-Bonfossé. On July 27th, it

Une auto-mitrailleuse de l'escadron de reconnaissance de la *2nd Armored Division* entre dans Canisy (26-27 juillet 1944). (US Army/Coll. Heimdal.)

An armored car belonging to the 2nd Armored Division's reconnaissance squadron enters Canisy (26-27 July 1944). (US Army/Coll.Heimdal.)

Le 26 juillet 1944, pendant l'opération « Cobra », les MP de la *2nd Armored Division* font aligner les prisonniers allemands. (DAVA.)

On July 26th 1944, during Operation Cobra, MPs of the 2nd Armored Division line up German prisoners. (DAVA.)

1. Des soldats de la *2nd Armored Division* examinent un pistolet-mitrailleur allemand (MP 40), secteur de Coutances, 29-31 juillet 1944 (US-Army/Coll. Heimdal)

1. *Soldiers of the 2nd Armored Division examine a German submachine gun (MP 40), Coutances sector, July 29th-31st 1944 (US-Army/Coll. Heimdal.)*

Après la bataille de Normandie, la division traverse le nord-est de la France puis entre la première en Belgique. Le 18 septembre, elle atteint la frontière du Reich. Au début du mois d'octobre et après une bataille de six jours, la division perce le *Westwall* dans le secteur de Marienberg, en Hollande. Elle franchit ensuite la Wurm et commence à progresser en territoire allemand. En novembre, elle a déjà capturé 14 villages et villes ainsi que 2 600 prisonniers. Elle exploite ensuite vers l'est de la Roer et du Rhin. Le 16 novembre, elle atteint la Roer, s'empare de Barmen puis, à la fin du mois, établit une tête de pont de l'autre côté de la Roer. Mais cette avance est remise en cause par la contre-offensive des Ardennes. Du 23 au 28 décembre, la division contre-attaque dans l'est de la Belgique contribuant à stopper l'avance de la *5. Panzer-Armee*. Jusqu'au mois de janvier, elle mène des combats féroces dans les forêts ardennaises. Elle reprend le contrôle de la route Vielsalm-La Roche, important axe de communication et d'approvisionnement pour les Allemands. Elle nettoie de la présence ennemie le secteur compris entre Houffalize et la rivière Ourthe.

A partir du 15, la division est placée en réserve dans la région de Balleroy où elle effectue cependant quelques missions de sécurité.

Le 24 juillet, la *2nd Armored Division* a son PC au Dézert. Le 25 juillet, elle se rassemble afin d'exploiter la percée réalisée par les divisions d'infanterie dans le cadre de l'opération « Cobra ». Elle est alors rattachée au *VII Corps* de la *1st Army*. Le 26 juillet, son *Combat Command « A »* progresse dans le secteur de la *30th Infantry Division*. Il débouche de Saint-Gilles, arrive à Canisy puis poursuit sa route jusqu'à Saint-Samson-de-Bonfossé. Le 27 juillet, il dépasse le Mesnil-Hermand. Pendant ce temps, son *Combat Command « B »* s'empare de Quibou, Dangy et Pont-Brocard. Le 28 juillet, le *Combat Command « A »* atteint Villebaudon, le *Combat-Command « B »* se dirige vers Cambry et Lengronne, au sud de Coutances, capturant de nombreux prisonniers. Le 29 juillet, la division liquide les forces allemandes enfermées au sud-est de Coutances dans la poche de Roncey. Elle met hors de combat 1 500 soldats et en capture 4 000 autres. Le 7 août, elle reçoit l'ordre de renforcer le secteur de Barenton.

En mars 1945, la *2nd Armored Division* reprend sa progression en Allemagne. Après avoir franchi le Rhin, elle prend contrôle des régions industrielles comprises entre ce fleuve et l'Elbe qu'elle atteint, la première, en avril. Elle s'apprête alors à foncer sur Berlin mais reçoit l'ordre de s'arrêter.

A partir de juillet 1945, la *2nd Armored Division* stationne à Berlin dans la zone d'occupation américaine. Elle quitte la capitale allemande début 1946. De retour aux Etats-Unis, elle stationne au Camp Hood au Texas.

Un membre de cette division a été décoré de la médaille d'Honneur du Congrès pendant la bataille de Normandie : le *Staff-Sergeant* Hulon B. Wittington, de Bastrop (Louisiane), le 29 juillet 1944, pour avoir, à la tête de sa section, fait face à une importante attaque allemande, détruit un char et bloqué l'avance d'une colonne blindée comprenant plus de 100 véhicules.

3rd Armored Division

- Surnom : Spearhead Division (« la division fer de lance »)

- Devise : pas de devise

- Emblème : un triangle divisé en trois parties égales bleue (infanterie), jaune (cavalerie) et rouge (artillerie) avec, brochant sur le tout, en noir, des chenilles et un canon traversés par un éclair rouge et surmonté

passed Le Mesnil-Hermand. Meanwhile, Combat Command B took Quibou, Dangy and Pont-Brocard. On July 28th, Combat Command A reached Ville-baudon, while Combat-Command B headed for Cambry and Lengronne, south of Coutances, taking a great many prisoners. On July 29th, the division routed the German forces encircled south-east of Coutances in the Roncey pocket. It put 1,500 men out of action and took another 4,000 prisoner. On August 7th, it received orders to reinforce the Barenton sector.

After the Battle of Normandy, the division crossed north-eastern France and was first into Belgium. On September 18th, it reached the border with the Reich. Early in October, after a six-day battle, the division broke through the Westwall in the Marienberg sector, in Holland. It then crossed the Wurm and began to advance through German territory. In November, it had already taken 14 towns and villages along with 2,600 prisoners. It then built on these successes east of the Roer and the Rhine. On November 16th, it reached the Roer, took Barmen then, at the end of the month, established a bridgehead on the other side of the Roer. But this advance was jeopardized by the Ardennes counter-offensive. From December 23-28th, the division counterattacked in eastern Belgium, helping to halt the advance of 5. Panzer-Armee. Up until January, it battled fiercely in the forests of the Ardennes. It regained control of the Vielsalm-La Roche highway, a major German communications and supply route. It ousted the enemy from the sector between Houffalize and the Ourthe River.

In March 1945, the 2nd Armored Division resumed its advance through Germany. After crossing the Rhine, it took control of the industrial area between the Rhine and the Elbe, which it was first to reach, in April. It was about to race towards Berlin when it was ordered to halt.

From July 1945, the 2nd Armored Division was stationed at Berlin in the US occupied zone. It left the German capital early in 1946. Back in the United States, it was stationed at Camp Hood in Texas.

One member of this division was awarded the Congressional Medal of Honor during the Battle of Normandy: Staff-Sergeant Hulon B. Wittington, from Bastrop (Louisiana), on July 29th 1944, for having, at the head of his platoon, confronted a large-scale German attack, destroyed a tank and blocked the advance of an armored column of over 100 vehicles.

3rd Armored Division

- Nickname : Spearhead Division

- Motto : no motto

- Emblem : a triangle divided into three equal parts - blue (infantry), yellow (cavalry) and scarlet (artillery) with, overlying all three, in black, tracks and a gun topped by a red lightning shaft with the division's number (3) above. Under the triangle, the nickname Spearhead.

- Composition : 32nd and 33rd Armored Regiments, 54th, 67th and 391st Armored Field Artillery Battalions, 36th Armored Infantry Battalions.

- Commanders : Maj.Gen. Alvin C.Gillem (IV-41/I-42), Maj.Gen. Walton H.Watson (I-42/VIII-42), Maj.Gen. Leroy H.Watson (VIII-42/VIII 44), Maj.Gen. Maurice Rose (VIII-44/III-45), Brig.Gen. Doyle O.Hickey (III-45/VI 45).

- History :

The 3rd Armored Division came into being at Camp Beauregard (Louisiana) on April 15th 1941. In June 1941, it was transferred to Camp Plok (also in Loui-

4

siana). On 9th March 1942, it came under II Armored Corps. In July 1942 it left for Camp Young in California and, from August to October, took part in exer-

2. Près de Roncey, le 1ᵉʳ août 1944, deux hommes de la *2nd Armored Division* posent devant un canon d'assaut allemand *Sturmgeschütz III*. Ce dernier a été détruit alors qu'il tentait de sortir de la poche de Roncey. L'un des membres de l'équipage a été tué en tentant de sortir de l'engin. On remarquera sur la manche du soldat de droite, l'emblème de la division. (US-Army/Coll. Heimdal.)

3. Des soldats de la *30th Infantry Division* et de la *2nd Armored Division* occupent Tessy-sur-Vire et restent en alerte (3 août 1944). (US-Army/Coll. Heimdal.)

4. Un char du *67th Armored Regiment* de la *2nd Armored Division* entre dans le village de Saint-Sever (Calvados). Photo prise le 3 août 1944. (US-Army/Coll. Heimdal.)

2. *Near Roncey, on August 1st 1944, two men of the 2nd Armored Division pose in front of a German Sturmgeschütz III assault gun destroyed while trying to escape from the Roncey pocket. One of the crew was killed trying to get out. Notice the division's insignia on the sleeve of the soldier on the right. (US-Army/Coll. Heimdal.)*

3. *Soldiers of the 30th Infantry Division and 2nd Armored Division occupy Tessy-sur-Vire and remain on the alert (August 3rd 1944). (US-Army/Coll. Heimdal.)*

4. *A tank of the 67th Armored Regiment, 2nd Armored Division enters the village of Saint-Sever (Calvados). Photo taken on August 3rd 1944. (US-Army/Coll. Heimdal.)*

Insigne en tissu de la *3rd Armored Division*.
3rd Armored Division cloth patch.

Rattachée au *VII Corps* de la *1st Army*, la division établit son PC au Mesnil-Véneron le 17 juillet. A partir du 25 juillet, elle participe à l'opération « Cobra ». Elle se rassemble afin d'exploiter la percée réalisée par l'infanterie. Le 26 juillet, le *Combat Command « B »* passe à travers les lignes de la *9th Infantry Division* et atteint Marigny. Le 27 juillet, il poursuit son avance vers Carantilly en direction de Coutances, appuyé par la *1st Infantry Division*. Le 28 juillet, il forme un barrage à l'est de Coutances sur une ligne Savigny-Cerisy-la-Salle. Le 30 juillet, le *Combat Command « B »*, parti de Hambye, perce vers le sud et approche de Villedieu-les-Poêles dans la soirée. Le *Combat Command « A »* atteint Gavray. Le 31 juillet, la division est à Brécey et établit une tête de pont au-delà de la Sée. Elle poursuit ensuite son offensive vers la Mayenne.

Le 7 août, le *Combat Command « B »* est envoyé dans le secteur de la *30th Infantry Division*, menacé par la contre-offensive allemande de Mortain (opération « Lüttich »).

La division progresse ensuite vers le sud en direction de la Mayenne qu'elle atteint le 6 août. A partir du 13 août, elle intervient dans le secteur sud de la poche de Falaise. Elle mène des combats intensifs dans les secteurs de Carrouges (14 août), Ranes et Fromentel (17 août). Le 18 août, elle est dans le sec-

Inspection à la *3rd Armored Division* à Wartminster dans le Wiltshire (25 février 1944). On reconnaît de droite à gauche : Montgomery, Eisenhower et juste après un officier tankiste, le *Major-General* Watson, chef de la division. (DAVA/Coll. Heimdal.)

Inspection at the 3rd Armored Division at Wartminster in Wiltshire (February 25th 1944). From left to right: Montgomery, Eisenhower and just behind a tank officer, divisional commander Major-General Watson (DAVA/Coll.Heimdal.)

du numéro de la division (3). Sous le triangle, le surnom « Spearhead ».

- Composition : *32nd* et *33rd Armored Regiments*, *54th*, *67th* et *391st Armored Field Artillery Battalions*, *36th Armored Infantry Battalions*.

- Commandeurs : *Maj.Gen.* Alvin C.Gillem (IV-41/I-42), *Maj.Gen.* Walton H.Watson (I-42/VIII-42), *Maj.Gen.* Leroy H.Watson (VIII-42/VIII 44), *Maj.Gen.* Maurice Rose (VIII-44/III-45), *Brig.Gen.* Doyle O.Hickey (III-45/VI 45).

- Historique :

La *3rd Armored Division* est créée au camp de Beauregard (Louisiane) le 15 avril 1941. En juin 1941, elle est transférée au camp Plok (toujours en Louisiane). Le 9 mars 1942, elle passe sous le contrôle du *IInd Armored Corps*. En juillet 1942, elle part en Californie au Camp Young et, d'août à octobre, participe à des manœuvres au centre d'entraînement du désert. Elle quitte le Camp Young en janvier 1943 pour la Pennsylvanie.

En août 1943, la division quitte les Etats-Unis pour la Grande-Bretagne. Là, elle poursuit son entraînement notamment dans la plaine de Salisbury et effectue de nombreuses démonstrations devant les généraux alliés.

La division débarque en Normandie à partir du 28 juin 1944. Son *Combat Command « A »* est engagé le 29 juin avec le *XIX Corps* dans le secteur de Villiers-Fossard mais il est rapidement relevé par des éléments de la *29th Infantry Division* car le terrain est impraticable à ses chars. Le *Combat Command « B »* est engagé le 8 juillet dans le secteur de la *30th Infantry Division* (*XIX Corps*) avec ordre de passer par la tête de pont établie par cette division à Saint Jean-de-Daye et de foncer vers Saint-Gilles. Le 9 juillet, le *Combat Command « B »*, fort de 6 000 hommes et plus de 800 véhicules placés sous les ordres du *Brigadier-General* Bohn, avance à travers les lignes de la *30th Infantry Division* dans la plus grande confusion. Il progresse de quelques kilomètres puis est contre-attaqué par des éléments de la *2. SS-Panzer-Division*. Il perd plusieurs chars. Son chef est limogé. Le 11 juillet, il reprend sa progression vers Saint-Lô et atteint les Hauts-Vents.

Le *Brigadier-General* Truman E. Boudinot, chef du *Combat Command « B »* de la *3rd Armored Division*. (US-Army/Coll. Heimdal.)

Brigadier-General Truman E. Boudinot, commander of the 3rd Armored Division's Combat Command "B". (US-Army/ Coll. Heimdal.)

Le *Brigadier-General* Doyle O. Hickey, chef du Combat Command « A » de la *3rd Armored Division*. (US Army/ Coll. Heimdal.)

Brigadier-General Doyle O. Hickey, commander of the 3rd Armored Division's Combat Command "A". (US Army/Coll. Heimdal.)

cises and the desert training center. It left Camp Young for Pennsylvania in January 1943.

In August 1943, the division left the United States for Britain, where it continued training, notably on Salisbury Plain, making numerous demonstrations before the Allied generals.

The division landed in Normandy starting on June 28th 1944. Combat Command A was engaged on June 29th with XIX Corps in the Villiers-Fossard sector but was soon relieved by elements of the 29th Infantry Division, its tanks being unable to operate on such terrain. Combat Command B was engaged on July 8th in the sector of the 30th Infantry Division (XIX Corps) with orders to pass via the bridgehead established by that division at Saint Jean-de-Daye and to race towards Saint-Gilles. On July 9th, Combat Command B, with a strength of 6,000 men and over 800 vehicles placed under the command of Brigadier-General Bohn, advanced through the lines of the 30th Infantry Division amid utter confusion. It had advanced a few miles when it was counter-attacked by elements of 2. SS-Panzer-Division, losing several tanks. Its commander was dismissed. On July 11th, it resumed its advance on Saint-Lô, reaching Les Hauts-Vents.

The division, now attached to 1st Army's VII Corps, set up its CP at Le Mesnil-Véneron on July 17th. From July 25th, it took part in Operation Cobra. It assembled in order to exploit the breakthrough achieved by the infantry. On July 26th, Combat Command B passed through the 9th Infantry Division's lines, reaching Marigny. On July 27th, it carried on to Carantilly in the direction of Coutances, with support from the 1st Infantry Division. On July 28th, it formed a barrage east of Coutances on a line with Savigny and Cerisy-la-Salle. On July 30th, Combat Command B, starting out from Hambye, broke out to the south and

Le soldat Ray Tucker, du *23rd Engineer Battalion*, l'unité du génie de la *3rd Armored Division*, garde des caisses de munitions allemandes découvertes dans la forêt près de Fromentel (17 août 1944). (US Army/Coll. Heimdal.)

Private Ray Tucker, of the 23rd Engineer Battalion, the 3rd Armored Division's engineer unit, guards crates of German ammunition discovered in the forest near Fromentel (August 17th 1944). (US Army/Coll. Heimdal.)

teur de Putanges. Elle poursuit sa progression vers la Seine, via Chartres. La nuit du 25 au 26 août, elle commence à franchir la Seine dans le secteur de Corbeil. La division se dirige ensuite vers la Belgique, traversant le nord-est de la France par Meaux, Soissons, Laon, Marle. Elle pénètre en Belgique et s'empare de Mons où elle capture 8 000 prisonniers puis de Charleroi, Namur et Liège. Le 12 septembre 1944, elle commence à pénétrer sur le sol allemand. Sa progression en Allemagne est stoppée par la contre-offensive des Ardennes. La division combat dans les secteurs d'Houffalize et de Saint Vith. A partir de janvier 1945, elle peut reprendre sa progression vers le centre Allemagne. Elle progresse rapidement et s'empare d'une dizaine de villes et de plusieurs milliers de prisonniers. En février, elle perce la ligne de défense établie sur la Roer et entre dans Cologne (mars 1945). Elle se dirige vers Paderborn. C'est dans ce secteur qu'elle perd son chef, le *Major-General* Rose. La division poursuit sa progression en avril. Elle traverse la Saale au nord de Halle puis se dirige vers l'Elbe et finit la guerre près de Dessau. Elle reste en occupation en Allemagne dans le secteur de Langen après la 8 mai.

4th Armored Division

- Emblème : un triangle divisé en trois parties égales bleue (infanterie), jaune (cavalerie) et rouge (artillerie) avec, brochant sur le tout, en noir, des chenilles et un canon traversés par un éclair rouge et surmonté du numéro de la division (4).

- Devise : pas de devise

- Composition : *10th*, *51st* et *53rd Armored Infantry Battalions*, *22nd*, *66th* et *94th Armored Field Artillery Battalions*, *8th*, *35th* et *37th Tank Battalions*.

- Commandeurs : *Maj.Gen.* Harry W.Baird (IV-41/V-42), *Maj.Gen.* John S.Wood (V-42/XII-44), *Maj.Gen.* Hugh J. Gaffey (XII-44/III-45), *Maj.Gen.* William H. Hoge (III-45/VI-45).

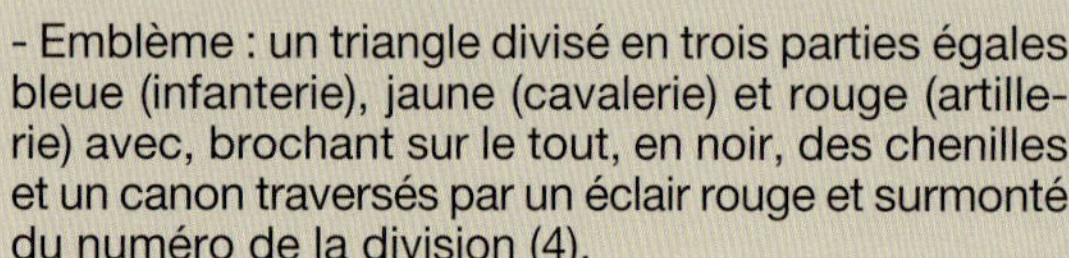

La *4th Armored Division* est mise sur pied au Camp Kilmer (New Jersey) le 15 avril 1941. Elle stationne d'abord au Camp Pine (New Jersey). Du 14 septembre au 26 octobre 1942, elle participe aux manœuvres de la *2nd Army* dans le Tennessee. En novembre 1942, elle est transférée au Camp Young en Californie et, du 1er décembre 1942 au 22 février 1943, s'entraîne dans le désert. Du 19 avril au 10 juillet 1943, elle participe aux manœuvres qui se déroulent dans le centre d'entraînement du désert puis rejoint le Camp Bowie au Texas où elle est rattachée au *VIII Corps* de la *3rd Army*. En décembre 1943, elle quitte les Etats-Unis pour la Grande-Bretagne où elle poursuit son entraînement.

La division débarque sur Utah Beach à partir du 11 juillet. Le 16 juillet, elle se rassemble dans le secteur de Barneville sur la côte ouest du Cotentin. Le 17 juillet, elle est engagée pour la première fois dans le secteur de la *4th Infantry Division*, au nord de Raids (sud de Carentan). Elle combat dans ce secteur jusqu'au 19 juillet. Rattachée au *VIII Corps* (stationné au nord de Coutances), la division participe à l'opération « Cobra ». Elle entre en action le 28 juillet à partir de Périers et se dirige vers le sud. Elle traverse Saint-Sauveur-Lendelin puis atteint les faubourgs nord de Coutances dans l'après-midi du 28 juillet. Le 29 juillet, elle traverse Coutances et fonce sur Cérences et Lengronne. Le lendemain, 30 juillet, elle entre dans Avranches et s'empare d'un pont intact sur la Sée. Le 31 juillet, elle poursuit son avance et s'empare d'un pont sur la Sélune près de Pontaubault. Elle rentre dans cette ville et dans Ducey.

Le 1er août, la division est rattachée avec tout le *VIII Corps* à la *3rd Army* de Patton. Elle fonce en Bretagne et atteint Rennes dans la soirée. Elle entre dans cette ville le 4 août. Elle poursuit ensuite vers Redon, Vannes et Lorient puis Nantes avant de se diriger vers l'est en direction d'Orléans. Elle passe à Sens et Montargis et traverse la Seine à Troyes. A la mi-

Les chars de la *4th Armored Division* en direction de Coutances.

Tanks of the 4th Armored Division heading for Coutances.

approached Villedieu-les-Poêles that evening. Combat Command A reached Gavray. On July 31st, the division was at Brécey and established a bridgehead on the other side of the Sée River. It then pursued its offensive towards the Mayenne region.

On August 7th, Combat Command B was dispatched to the sector of the 30th Infantry Division, which was under threat from the German counter-offensive at Mortain (Operation Lüttich).

The division then advanced southwards towards the Mayenne region, which it reached on August 6th. After August 13th, it operated in the southern sector of the Falaise pocket. It battled fiercely in the Carrouges (August 14th), Ranes and Fromentel (August 17th) sectors. On August 18th, it was in the Putanges sector. It pursued its advance to the Seine, via Chartres. During the night of August 25-26th, it began to cross the Seine in the Corbeil sector. The division then headed off towards Belgium, crossing northeastern France through Meaux, Soissons, Laon and Marle. It entered Belgium and captured Mons where it took 8,000 prisoners, and then Charleroi, Namur and Liège. On September 12th 1944, it began to enter German territory. Its advance into Germany was halted by the Ardennes counterstroke. The division fought in the Houffalize and Saint Vith sectors. As of January 1945, it was able to resume its advance towards the heart of Germany. It made rapid progress and took a dozen towns and several thousand prisoners. In February, it broke through the defensive line established on the Roer and entered Cologne (March 1945). It then headed for Paderborn. It was in this sector that it lost its commander, Major-General Rose. The division pursued its advance in April. It crossed the Saale north of Halle then aimed for the Elbe and ended the war near Dessau. It stayed on in Germany after 8th May to occupy the Langen sector.

4th Armored Division

- Emblem : a triangle divided into three equal parts - blue (infantry), yellow (cavalry) and scarlet (artillery) with, overlying all three, in black, tracks and a gun topped by a red lightning shaft with the division's number (4) above.

- Motto : no motto

- Composition : 10th, 51st and 53rd Armored Infantry Battalions, 22nd, 66th and 94th Armored Field Artillery Battalions, 8th, 35th and 37th Tank Battalions.

- Commanders : Maj.Gen. Harry W.Baird (IV-41/V-42), Maj.Gen. John S.Wood (V-42/XII-44), Maj.Gen. Hugh J. Gaffey (XII-44/III-45), Maj.Gen. William H. Hoge (III-45/VI-45).

septembre, elle combat en Lorraine et s'empare de Nancy. En octobre, elle franchit la Moselle. Elle est contre-attaquée et combat durement contre des éléments blindés. En décembre, elle reçoit l'ordre de se porter vers le nord pour faire face à la contre-offensive des Ardennes. Elle passe par Morhange, traverse la Moselle à Pont-à-Mousson, se dirige vers le nord en direction de Briey et Longwy puis entre en Belgique à Arlon avant de se rassembler dans le secteur de Vaux-les-Rosières. Du 22 au 26 décembre, elle attaque le flanc du dispositif d'attaque allemand et dégage Bastogne. Elle reprend ensuite son offensive vers l'Allemagne, franchit le *Westwall* puis atteint le Rhin en un temps record. Elle franchit le fleuve les 24-25 mars 1945 puis se dirige vers le Main sur lequel elle s'empare de plusieurs ponts intacts. De là, elle progresse vers Chemnitz puis entre en Tchécoslovaquie. Après le 8 mai, elle reste en occupation en Allemagne. Rapatriée aux Etats-Unis, elle est dissoute le 29 avril 1946 au Camp Kilmer.

Au cours de son engagement en Normandie, un membre de la division, le *Private* William Whiston, d'Indianapolis, est décoré de la *Distinguished Service Cross* pour son action dans le secteur d'Avranches fin juillet 1945.

5th Armored Division

- Emblème : un triangle divisé en trois parties égales bleue (infanterie), jaune (cavalerie) et rouge (artillerie) avec, brochant sur le tout, en noir, des chenilles et un canon traversés par un éclair rouge et surmonté du numéro de la division (5).
- Composition : *15th, 46th, 47th Armored Infantry Battalions*, *47th, 71st, 95th Armored Field Artillery Battalions*, *10th, 34th, 81st Tank Battalions*.

- Commandeurs : *Maj.Gen.* Jack W.Heard (X-41/II-43), *Maj.Gen.* Lunsford E.Oliver (III-43/VI-45).

- *Historique* :

La *5th Armored Division* est mise sur pied le 1er octobre 1941. Elle s'entraîne d'abord au Fort Knox (Kentucky). En mars 1942, elle est transférée au Fort Cooke en Californie. Du 24 août au 18 octobre 1942, elle participe aux manœuvres dans le centre d'entraînement du désert. En mars 1943 et du 26 avril au 20 juin 1943, elle manœuvre dans le Tennessee avec la *2nd Army*. En Juillet, elle stationne dans le Camp Pine (New York). En février 1944, elle quitte les Etats-Unis pour la Grande-Bretagne. Elle poursuit son entraînement dans les camps de Chiseldon, Ogbourne-Saint-George et Tidworth-Perham Downes dans le Wiltshire.

La division est engagée lors de la seconde phase de l'opération « Cobra ». Elle entre en action le 1er août 1944. Avec les *83rd* et *90th Infantry Divisions*, elle reçoit la mission de protéger le passage établi par

The 4th Armored Division was raised at Camp Kilmer (New Jersey) on April 15th 1941. It was initially stationed at Camp Pine (New Jersey). From September 14th to October 26th 1942, it took part in 2nd Army's exercises in Tennessee. In November 1942, it was transferred to Camp Young in California and trained in the desert from December 1st 1942 to February 22nd 1943. From April 19th to July 10th 1943, it took part in exercises at the desert training center before moving to Camp Bowie in Texas where it was attached to 3rd Army's VIII Corps. In December 1943, it left the US for Britain, where it continued training.

The division landed on Utah Beach starting on July 11th. On July 16th, it assembled in the Barneville sector on the west coast of the Cotentin peninsula. On July 17th, it was engaged for the first time in the 4th Infantry Division's sector, north of Raids (south of Carentan). It fought in this sector until July 19th. Attached to VIII Corps (stationed north of Coutances), the division took part in Operation Cobra. It was brought into action on July 28th starting from Périers and moving south. It passed through Saint-Sauveur-Lendelin then reached the northern outskirts of Coutances on the afternoon of July 28th. On July 29th, it passed through Coutances and raced to Cérences and Lengronne. The following day, July 30th, it entered Avranches and captured a bridge over the Sée intact. On July 31st, it continued to advance and took a bridge over the Sélune near Pontaubault. It then entered Pontaubault and Ducey.

On August 1st, the division was attached to Patton's 3rd Army along with the rest of VIII Corps. It raced into Brittany, reaching Rennes by nightfall. It entered that city on August 4th. It then carried on to Redon, Vannes and Lorient and then Nantes before turning east towards Orléans. It passed through Sens and Montargis and crossed the Seine at Troyes. In mid-September, it was fighting in Lorraine where it took Nancy. In October, it crossed the Moselle. It faced a fierce battle against a counter-attack by armored elements. In December, it received orders to move up north to face the Ardennes counterstroke. It passed through Morhange, crossed the Moselle at Pont-à-Mousson, headed north towards Briey and Longwy then entered Belgium at Arlon before assembling in the Vaux-les-Rosières sector. From December 22-26th, it attacked the German disposition on its flank,

clearing Bastogne. It then went back on the offensive on Germany, crossed the Westwall and reached the Rhine in record time. It crossed that river on March 24-25th 1945 then headed for the Main, where it captured several bridges intact. From there, it advanced to Chemnitz, and then entered Czechoslovakia. It stayed on after May 8th to occupy Germany. On returning to the United States, it was disbanded at Camp Kilmer on April 29th 1946.

In the course of its engagement in Normandy, one member of the division, Private William Whiston, from Indianapolis, received the Distinguished Service Cross for his action in the Avranches sector late in July 1944.

5th Armored Division

- Emblem : a triangle divided into three equal parts - blue (infantry), yellow (cavalry) and scarlet (artillery) with, overlying all three, in black, tracks and a gun topped by a red lightning shaft with the division's number (5) above.

- Composition : 15th, 46th, 47th Armored Infantry Battalions, 47th, 71st, 95th Armored Field Artillery Battalions, 10th, 34th, 81st Tank Battalions.

- Commanders : Maj.Gen. Jack W.Heard (X-41/II-43), Maj.Gen. Lunsford E.Oliver (III-43/VI-45).

- History :

The 5th Armored Division was raised on October 1st 1941. It trained initially at Fort Knox (Kentucky). In March 1942, it was transferred to Fort Cooke in California. From August 24th to October 18th 1942, it took part in exercises at the desert training center. In March 1943 and from April 26th to June 20th 1943, it exercised with the 2nd Army in Tennessee. In July, it was stationed at Camp Pine (New York). In February 1944, it left the US for Britain, where it continued training at camps at Chiseldon, Ogbourne-Saint-George and Tidworth-Perham Downes in Wiltshire.

The division was committed for the second phase of Operation Cobra. It went into action on August 1st 1944. With the 83rd and 90th Infantry Divisions, it was given the assignment of protecting the passage opened up by VIII Corps tank divisions between the Sée and Sélune rivers. On August 10th, it came under the command of XV Corps, forming its right flank. It received orders to advance along a line Mamers-Sées in order to contribute to the encirclement of 7. Armee around Falaise. Followed by the 79th Infantry-Division, it took Mamers and Sées on August 12th. By August 13th, it was north of Argentan but was ordered to stop. It resumed its advance towards Le Mans before being directed east towards the Seine. It reached Dreux on August 16th 1944 and crossed the Seine in the Mantes sector.

In September, the division, still attached to XV Corps, moved up through north-eastern France to Belgium. It passed through Compiègne, crossing the Oise and the Aisne and then the Somme. It followed the Belgian border on its way to the Meuse. It entered Germany on September 11th. It crossed the Moselle with the 90th Infantry Division in November. It went on to fight in Hurtgen Forest and in the Roer sector. It put up some stout opposition to the German forces during the Ardennes counterstroke then resumed its advance into Germany. It entered Coblenz then headed for the Weser. In May 1945, it reached the Elbe which it crossed. On 8th May 1945, it was the Allied unit closest to Berlin. After a short period of occupation, the division was sent home to the United States in October 1945 and disbanded at Camp Kilmer on October 11th.

les divisions blindées du *VIII Corps* entre la Sée et la Sélune. Le 10 août, elle passe sous le commandement du *XV Corps* dont elle constitue l'aile droite. Elle reçoit l'ordre de progresser sur l'axe Mamers-Sées afin de contribuer à l'encerclement de la *7. Armee* autour de Falaise. Suivie par la *79th Infantry-Division*, elle s'empare de Mamers et de Sées le 12 août. Le 13 août, elle est parvenue au nord d'Argentan mais reçoit l'ordre de s'arrêter. Elle reprend sa progression jusqu'au Mans avant d'être dirigée vers l'est en direction de la Seine. Elle atteint Dreux le 16 août 1944 et traverse la Seine dans le secteur de Mantes.

En septembre, la division, toujours attachée au *XV Corps*, traverse le nord-est de la France jusqu'à la Belgique. Elle passe par Compiègne, traverse l'Oise et l'Aisne puis la Somme. Elle longe la frontière belge et se dirige vers la Meuse. Elle pénètre en Allemagne le 11 septembre. Elle franchit la Moselle avec la *90th Infantry Division* en novembre. Elle combat ensuite dans la forêt de Hurtgen et dans le secteur de la Roer.

Le *Brigadier-General* George W.Read Jr, commandant en second de la *6th Armored Division*. (US-Army/Coll.Heimdal.)
Brigadier-General George W. Read Jr, second-in-command of the 6th Armored Division. (US-Army/Coll. Heimdal).

Elle s'oppose durement aux forces allemandes pendant la contre-offensive des Ardennes puis poursuit son avance en Allemagne. Elle entre dans Coblence puis se dirige vers la Weser. En mai 1945, elle atteint l'Elbe qu'elle franchit. Le 8 mai 1945, elle est l'unité alliée la plus proche de Berlin. Après une courte période d'occupation, la division est rapatriée aux Etats-Unis en octobre 1945 et dissoute le 11 octobre au Camp Kilmer.

6th Armored Division

- Emblème : un triangle divisé en trois parties égales bleue (infanterie), jaune (cavalerie) et rouge (artillerie) avec, brochant sur le tout, en noir, des chenilles et un canon traversés par un éclair rouge et surmonté du numéro de la division (6).

- Composition : *9th, 44th, 50th Armored Infantry Battalions, 128th, 212th, 231st Armored Field Artillery Battalions, 15th, 68th, 69th Tank Battalions*.

- Commandeurs : *Maj.Gen.* William H.Morris (II-42/V-43), *Maj.Gen.* Robert W.Grow (V-42/IV-43), *Maj.Gen.* Robert W.Grow (V-43/IV-45), *Brig.Gen.* George W.Read (IV-45/V-45).

- Historique :

La *6th Armored Division* est mise sur pied le 15 février 1942 à Fort Knox (Kentucky). Elle commence son entraînement au Fort Chaffee (Arkansas). En août-septembre 1942, elle participe aux manœuvres de la *3rd Army* en Louisiane. En octobre 1942, elle est transférée au Camp Young en Californie et poursuit son entraînement dans le désert. Elle part ensuite pour le Camp Cook (Californie) où elle est rattachée au *II Armored Corps*. En novembre 1943, elle fait partie de la *4th Army*. En février 1944, elle quitte les Etats-Unis pour la Grande-Bretagne où elle poursuit son entraînement.

La division débarque en Normandie à Utah Beach à la mi-juillet. A la fin du mois, elle est rattachée au *VIII Corps* (nord de Coutances). Elle entre en action le 28 juillet dans le cadre de la seconde phase de l'opération « Cobra ». Partie de Lessay, elle parvient à 4 kilomètres à l'ouest de Coutances dans la soirée. Le 29 juillet, elle reçoit l'ordre d'exploiter vers le sud avec les autres divisions du *VIII Corps*. Le *Combat Command « A »* franchit la Sienne au Pont-de-la-Roche sur le flanc ouest du corps. Le 30 juillet, le *Combat Command « B »*, longeant la côte, avance vers Bréhal. Le 31 juillet, ce dernier entre dans Granville puis se dirige vers Avranches où il parvient dans la soirée, relevant la *4th Armored division*. A partir du 1er août, la division est en Bretagne. Elle occupe le secteur Pontorson-Antrain puis fonce vers l'ouest et arrive devant Brest le 7 août.

La *6th Armored Division* combat ensuite en Lorraine (septembre-octobre) puis dans le secteur de la Sarre avec les *35th* et *80th Infantry Divisions* (novembre-décembre 1944). Au moment de la contre-offensive des Ardennes, elle est dirigée vers le nord. Elle combat durement en Luxembourg dans le secteur de Bastogne (fin décembre 1944-janvier 1945). Elle franchit ensuite le *Westwall* puis la Prum (février 1945). En mars, elle avance rapidement vers le Rhin. Elle franchit le Main à Frankfurt puis se dirige vers Kassel et arrête sa progression à Mittweida. Après le 8 mai 1945, elle stationne dans la région de Weimar puis est rapatriée aux Etats-Unis en septembre. Elle est dissoute le 18 septembre au Camp Shanks.

Pendant la bataille de Normandie, un membre de cette division, le *Sergeant* John L. Morton, a été décoré de la *Distinguished Service Cross* pour son action à Pontaubault le 31 juillet 1944.

6th Armored Division

- Emblem : a triangle divided into three equal parts - blue (infantry), yellow (cavalry) and scarlet (artillery) with, overlying all three, in black, tracks and a gun topped by a red lightning shaft with the division's number (6) above.

- Composition : 9th, 44th, 50th Armored Infantry Battalions, 128th, 212th, 231st Armored Field Artillery Battalions, 15th, 68th, 69th Tank Battalions.

- Commanders : Maj.Gen. William H.Morris (II-42/V-43), Maj.Gen. Robert W.Grow (V-42/IV-43), Maj.Gen. Robert W.Grow (V-43/IV-45), Brig.Gen. George W.Read (IV-45/V-45).

- History :

The 6th Armored Division was raised on February 15th 1942 at Fort Knox (Kentucky). It began training at Fort Chaffee (Arkansas). In August-September 1942, it took part in 3rd Army's exercises in Louisiana. In October 1942, it was transferred to Camp Young in California and continued training in the desert. It then left for Camp Cook (California) where it was attached to II Armored Corps. In November 1943, it was made part of 4th Army. In February 1944, it left the US for Britain, where it continued training.

The division landed in Normandy on Utah Beach in mid-July. At the end of that month it was attached to VIII Corps (north of Coutances). It went into action on July 28th as part of the second phase of Operation Cobra. Starting from Lessay, it came that evening within 4 km of the west of Coutances. On July 29th, it received orders to exploit southwards with the other divisions of VIII Corps. Combat Command A crossed the Sienne at Pont-de-la-Roche on the corps' west flank. On July 30th, Combat Command B, advanced along the coast towards Bréhal. On July 31st, it entered Granville then headed for Avranches, reaching it that evening, where it relieved 4th Armored Division. As of August 1st, the division was in Brittany. It occupied the Pontorson-Antrain sector then raced west, arriving before Brest on August 7th.

The 6th Armored Division went on to fight in Lorraine (September-October) then in the Saar sector alongside 35th and 80th Infantry Divisions (November-December 1944). At the time of the Ardennes counterstroke, it was headed northwards. It fought hard in Luxembourg in the Bastogne sector (late December 1944-January 1945). It then crossed the Westwall and the Prum (February 1945). In March, it advanced rapidly towards the Rhine. It crossed the Main at Frankfurt then headed for Kassel, and stopped its advance at Mittweida. After May 8th 1945, it was stationed in the Weimar area until it was sent home to the United States in September. It was disbanded at Camp Shanks on September 18th.

During the Battle of Normandy, one member of the division, Sergeant John L. Morton, received the Distinguished Service Cross for his action at Pontaubault on July 31st 1944.

Un char du 69th Tank Battalion de la 6th Armored Division progresse sur une route normande (1er juillet 1944).

A tank of the 69th Tank Battalion, 6th Armored Division advances down a road in Normandy (July 1st 1944).

2nd Armored Division

The U.S. Army's first armored division, 2nd Armored was created in July 1940. Some elements landed in Morocco and took part in the Tunisian campaign. The whole division was engaged in Sicily. It landed in Normandy on June 8th and 9th, operating in the Auville-sur-le-Vey sector and on the Carentan-Isigny road. The division, attached to VII Corps, took part in Operation Cobra and broke through the German front in the 30th Infantry Division's sector. The following photos were taken in the Canisy and Pont-Brocard sectors from July 26-30th.

1. At Canisy, the engineers of 2nd Armored Division clear rubble from a back street (July 27th). Notice, as in all the photos in this two-page spread, the two-piece herringbone twill camouflage jungle suits worn by these men. These uniforms, apparently issued in large numbers to the 2nd Armored Division, were soon abandoned owing to the risk of mistaking them for the uniform of the Waffen-SS units.

2. GIs of the division's Combat Command B, piled aboard a half track, are on the alert near Pont-Brocard (July 28th).

3. Infantrymen of the 41st Armored Infantry Battalion (a unit belonging to Combat Command B) examine a German map of Europe found at Pont-Brocard (July 28th).

4. A 57 mm gun is left in position in Pont-Brocard just in case. This was an important crossing point over the River Soule (July 29-30th).

5. Private Joseph De Freitos, from Yonkers (New York), heats up his canned rations on his personal heater. The American infantry had more than they needed, whereas the German soldiers were short of everything...

(US Army/Coll. Heimdal.)

2nd Armored Division

Première division blindée de l'armée américaine, la *2nd Armored Division* est créée en juillet 1940. Certains de ses éléments débarquent au Maroc et participent à la campagne de Tunisie. Toute la division est engagée en Sicile. Elle débarque en Normandie les 8 et 9 juin et intervient dans le secteur d'Auville-sur-le-Vey et sur la route Carentan-Isigny. La division, rattachée au *VII Corps*, participe à l'opération « Cobra » et perce le front allemand dans le secteur de la *30th Infantry Division*. Les photos qui suivent ont été prises dans les secteurs de Canisy et de Pont-Brocard du 26 au 30 juillet.

1. A Canisy, des hommes du génie de la *2nd Armored Division* dégagent une ruelle bloquée par les décombres (27 juillet). On remarquera, comme sur toutes les photos de cette double-page, les tenues camouflées portées par ces soldats (« two-piece herringbone twill camouflage jungle suit »). Ces tenues, dont la *2nd Armored Division* semble avoir été largement dotée, ont été vite abandonnées en raison des confusions possibles avec les tenues des unités de la Waffen-SS.

2. Des GI's du *Combat Command B* de la division, chargés sur un half track, sont en alerte près de Pont-Brocard (28 juillet).

3. Des fantassins du *41st Armored Infantry Battalion* (unité entrant dans la composition du *Combat Command* B) examinent une carte allemande de l'Europe trouvée dans Pont-Brocard (28 juillet).

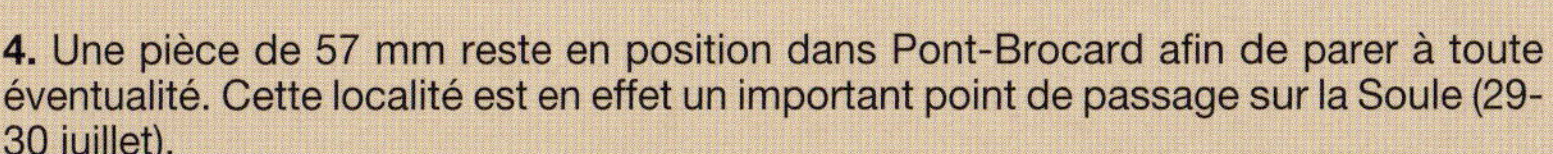

4. Une pièce de 57 mm reste en position dans Pont-Brocard afin de parer à toute éventualité. Cette localité est en effet un important point de passage sur la Soule (29-30 juillet).

5. Le *Private* Joseph De Freitos, de Yonkers (New York), fait chauffer les boîtes de conserve de ses rations sur son réchaud individuel. Alors que les soldats allemands manquent de tout, le fantassin américain est sur-équipé...

(US Army/Coll. Heimdal.)

Une colonne de chars Sherman de la *Company D* du *32nd Armored Regiment (Combat Command A)* monte vers le front, passant devant des carcasses de *Panzer IV*. Ces derniers appartiennent à la 6ᵉ compagnie du régiment de chars de la division « Das Reich ». Photo prise le 9 juillet 1944 à Saint-Fromond par le correspondante de guerre Lovell.

A column of Sherman tanks of Company D, 32nd Armored Regiment (Combat Command A) moves up to the front, passing by some knocked out Panzer IVs. These belonged to the 6th Company of the Das Reich Division's tank regiment. Photo taken on July 9th 1944 at Saint-Fromond by war correspondent Lovell.

3rd Armored Division

La *3rd Armored Division* est créée en Louisiane en avril 1941. Après une période d'entraînement aux Etats-unis, elle rejoint la Grande-Bretagne en août 1943. Elle débarque en Normandie à partir du 28 juin. Elle est engagée vers Saint-Lô début juillet mais se heurte à une forte résistance.

3rd Armored Division

The 3rd Armored Division was set up in Louisiana in April 1941. After a training spell in the U.S. it moved to the UK in August 1943. It landed in Normandy starting on June 28th. It was engaged in the Saint-Lô sector early in July but came up against some stiff resistance.

Chars et véhicules du *33rd Armored Regiment* (*Combat Command* B) s'entassent sur une route boueuse des environs de Saint-Fromond. A quelques centaines de mètres devant, leurs camarades résistent à une contre-attaque de la *Panzer-Lehr-Division*. Le char léger Stuart au premier plan appartient à la *Company C* du *33rd Armored Regiment* et se nomme « Carol ». Photo prise le 11 juillet.

Tanks and vehicles of the 33rd Armored Regiment (Combat Command B) pile up on a muddy road in the Saint-Fromond area. A few hundred yards ahead, their comrades fight off a counter-attack by the Panzer Lehr Division. The Stuart light tank called Carol in the foreground belongs to Company C of the 33rd Armored Regiment. Photo taken on July 11th.

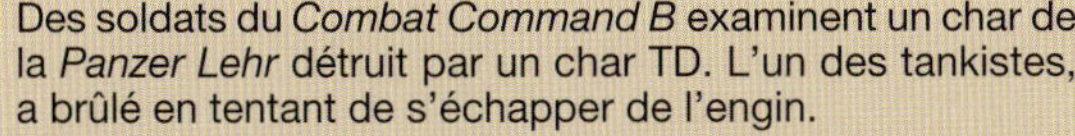

Ces deux chars Panther de la *Panzer-Lehr-Division* ont été détruits lors de la contre-attaque menée sur la tête de pont américaine de Saint-Fromond le 11 juillet.
These two Panther tanks of the Panzer Lehr Division were destroyed during the counter-attack on the American beachhead at Saint-Fromond on July 11th.

Des soldats du *Combat Command B* examinent un char de la *Panzer Lehr* détruit par un char TD. L'un des tankistes, a brûlé en tentant de s'échapper de l'engin.
Men of Combat Command B examine a Panzer Lehr tank destroyed by a TD tank. One of the crew was burned as he tried to get out of the tank.

Un char Sherman du *Combat Command* B, touché et incendié lors de la contre-attaque du 11 juillet, est remorqué par deux tracteurs vers l'aire de dépannage.
(US Army/Coll. Heimdal.)
A Sherman tank belonging to Combat Command B is towed off by two tractors to the repair station after being hit and catching fire during the counter-attack on July 11th.
(US Army/Coll. Heimdal.)

3rd Armored Division

Après les combats dans le secteur de Sainr-Lô, la *3rd Armored Division* est engagée dans l'opération « Cobra ». A partir du 27 juillet, elle exploite la percée réalisée dans le secteur de la *9th Infantry Division*.

1. Cinq tankistes abrités sous leur char TD attendent l'ordre du départ (secteur de Marigny, 26 juillet).

2. Les chars du *Combat Command B* de la *3rd Armored Division* se ruent enfin sur Marigny (après-midi du 26 juillet). Ces deux engins appartiennent à la *Company B* du *33rd Armored Regiment*. Ce sont des Stuart avec leur dispositif pour « couper les haies ».

3rd Armored Division

After the fighting in the Saint-Lô sector, the 3rd Armored Division was committed in Operation Cobra. As of July 27th it built on the breakthrough achieved in the 9th Infantry Division's sector.

1. Five tank crew members shelter under their TD tank awaiting starting orders (Marigny sector, July 26th).

2. The tanks of Combat Command B, 3rd Armored Division at last race towards Marigny (afternoon of July 26th). These two belong to Company B of the 33rd Armored Regiment.

3. Un obusier de 75 mm monté sur un chassis blindé (MK 8 Howitzer), du *33rd Armored Regiment*, traverse Montreuil-sur- Lozon (26 juillet). A droite, un bulldozer est au travail pour dégager les décombres causées par les bombardements. Derrière, suivent d'autres véhicules du *Combat Command B* : un camion Dodge, un half-track M3A1 et une automitrailleuse M 8.

4. Plus tard, le 31 juillet, des renforts de la *3rd Armored Division* se dirigent vers Coutances. Il s'agit des chars du *32nd Armored Regiment* (*Combat Command* A du *Brigadier-General* Hickey).

3. *A 75 mm MK 8 howitzer of 33rd Armored Regiment mounted on a tank chassis passes through Montreuil-sur-Lozon (July 26th). On the right, a bulldozer is at work to clear the rubble caused by the bombardments. Following behind are other Combat Command B vehicles: a Dodge truck, an M3A1 half-track and an M 8 armored car.*

4. *Later, on July 31st, 3rd Armored Division reinforcements head for Coutances. These are the tanks of the 32nd Armored Regiment (Combat Command A under Brigadier-General Hickey).*

4th Armored Division

La *4th Armored Division* est mise sur pied en avril 1941. Elle s'entraîne aux Etats-Unis puis en Grande-Bretagne à partir de décembre 1943. Elle débarque à Utah Beach le 11 juillet. Elle est engagée dans le secteur de la *4th Infantry Division* à partir du 17 juillet puis participe à l'opération « Cobra ». Elle perce vers Coutances et parvient jusqu'à Avranches (30 juillet).

1. Les véhicules de la division traversent la ville de Périers (29 juillet).

2. Le même endroit aujourd'hui.

3. L'église de Périers restaurée.

4. Le monument de la *90th Infantry Division* à Périers où cette division combattit aux côtés de la *4th Armored Division*. (E. Groult/Heimdal.)

4th Armored Division

The 4th Armored Division was raised in April 1941. It trained in the U.S. then in Britain from December 1943. It landed at Utah Beach on July 11th. It was committed in the 4th Infantry Division's sector as of July 17th, then took part in Operation Cobra. It broke out near Coutances to reach Avranches (July 30th).

1. Vehicles of the division pass through the town of Périers (July 29th).

2. The same location as it is today…

3. Périers church restored.

4. The 90th Infantry Division monument at Périers where that fought alongside the 4th Armored Division.

5 et 5bis. Toujours à Périers, un char sherman prend la direction de Coutances (29 juillet).

6. Des soldats allemands, formant l'arrière-garde des unités en retraite, sont capturés à l'aube du 29 juillet.

5 and 5bis. Again at Périers, a Sherman tank heads off towards Coutances (July 29th).

6. German soldiers, forming the rearguard of the retreating units, are taken prisoner at dawn on July 29th.

5

7. Boulevard d'Alsace-Lorraine à Coutances, les chars de la *4th Armored Division* se ruent vers le sud à la poursuite des Allemands en retraite (31 juillet).

8. Ils sont suivis par un obusier automoteur de 105 mm monté sur affut « Priest ». Cet engin appartient à la *Company B* du *22nd Armored field Artillery Battalion*.

(US Army/Coll. Heimdal.)

7. On the Boulevard d'Alsace-Lorraine at Coutances, the tanks of the 4th Armored Division race southwards in pursuit of the retreating Germans (July 31st).

8. They are followed by a 105 mm self-propelled 'Priest' howitzer mounted on a tank chassis belonging to Company B of the 22nd Armored Field Artillery Battalion.

(US Army/Coll. Heimdal.)

5bis

6

7

8

Insigne en tissu de la *82nd Airborne Division*.
82nd Airborne Division cloth patch.

82nd Airborne Division

- Surnom : « All American »

- Devise : pas de devise

- Emblème : Un carré rouge sur lequel est surimposé un cercle bleu avec les lettres AA (pour « All American »).

- Composition : *505th, 507th, 508th Parachute Infantry Regiments, 325th Glider Infantry Regiment, 456 Parachute field Artillery Battalion, 319th et 320th Glider Field Artillery Battalion, 80th Antiaircraft Artillery Battalion.*

- Commandeurs : *Maj.Gen.* Omar Bradley (III/VI-1942), *Maj.Gen.* Matthew B.Ridgway (VI/VIII-1944), *Maj.Gen.* James M. Gavin (VIII-1944/VIII-1945).

- Historique :

Pendant la Première Guerre mondiale, une *82nd Infantry Division* est formée avec des soldats originaires de Géorgie, d'Alabama et du Tennessee. Elle s'entraîne au Camp Gordon en Géorgie. Certains de ses éléments sont envoyés en France entre avril et juillet 1918. Ils combattent dans l'Argonne, dans les secteurs de Toul et de Marbach puis lors de l'offensive de Saint-Mihiel.

La division est réactivée le 25 mars 1942 et devient *Airborne Division* le 15 août suivant. Elle s'entraîne d'abord au Camp Clairborn en Louisiane sous les ordres du *Major-General* Omar Bradley puis au Fort Bragg en Caroline du Nord. Transférée en Grande-Bretagne en avril 1943, elle poursuit sa formation dans ce pays.

82nd Airborne Division

- *Nickname : « All American »*

- *Motto : no motto*

- *Emblem : A red square with a blue circle on top with the letters AA (for « All American »).*

- *Composition : 505th, 507th, 508th Parachute Infantry Regiments, 325th Glider Infantry Regiment, 456th Parachute field Artillery Battalion, 319th and 320th Glider Field Artillery Battalion, 80th Antiaircraft Artillery Battalion.*

- *Commanders : Maj.Gen. Omar Bradley (III/VI-1942), Maj.Gen. Matthew B.Ridgway (VI/VIII-1944), Maj.Gen. James M. Gavin (VIII-1944/VIII-1945).*

- History :

During World War I, an 82nd Infantry Division was raised with soldiers from Georgia, Alabama and Tennessee. It trained at Camp Gordon in Georgia. Some of its elements were sent to France between April and July 1918. They fought in the Argonne, in the Toul and Marbach sectors, then during the Saint-Mihiel offensive.

The division was brought back into active service on March 25th 1942, becoming an Airborne Division the following August 15th. It trained first at Camp Clairborn in Louisiana under Major-General Omar Bradley, then at Fort Bragg in North Carolina. It was transferred to the UK in April 1943, where it continued training.

La *82nd Airborne Division* débarque à Casablanca le 10 mai 1943. Pendant un mois, elle s'entraîne au Maroc. Elle est engagée pour la première fois en Sicile le 9 juin 1943. Parachutée dans le secteur de Gela, elle combat pendant sept jours consécutifs capturant 22 000 prisonniers. En août 1943, elle occupe Trapani. Le 22 août, elle est acheminée en Tunisie par air pour rééquipement. De retour en Sicile, on la retrouve dans les secteurs de Comiso, Licata, Castelvetrano et sur l'aéroport de Trapani. La division intervient ensuite en Italie (septembre 1943). En octobre 1943, elle est parachutée dans le secteur de Salerne puis se dirige vers Naples où elle reste en occupation pendant six semaines. Elle est engagée sur le Volturno et dans le secteur d'Anzio. En novembre 1943, elle quitte l'Italie pour Belfast où elle arrive début décembre. En février 1944, elle est transférée dans la région de Leicester (120 kilomètres au nord-ouest de Londres) où elle poursuit son entraînement. En avril 1944, le *504th Parachute Infantry Regiment*, resté en Italie, rejoint la division en Angleterre. Il ne participera pas aux combats de Normandie. La division recevra en échange deux autres régiments, les *507th* et *508th Parachute Infantry Regiments*.

Le 26 mai 1944 la mission de la *82nd Airbornbe Division* en Normandie est fixée : prendre le contrôle des environs de Saint-Sauveur le Vicomte (Neuville-au-Plain, Saint-Mère-Eglise, Chef-du-Pont, Etienville et Amfreville) afin d'empêcher les forces allemandes de bloquer les unités débarquées à Utah Beach et dégager la sortie des plages. Pour s'emparer de ces objectifs, la division sera parachutée et acheminée par planeur de part et d'autre du Merderet dans la nuit du 5 au 6 juin. Elle est organisée en trois échelons : la Force A (6 396 hommes acheminés par parachutage), la Force B (3 871 hommes acheminés par planeurs) et la Force C (1 712 hommes devant quitter l'Angleterre le 6 juin à 6 h 45). A la veille des opérations, les effectifs de la division sont de 11 979 hommes, unités organiques et de service comprises.

Vingt heures avant le Jour « J », les parachutistes de la Force A sont rassemblés sur les terrains de Grantham, Cottersmore, Langar, tandis que les planeurs sont concentrés sur les terrains de Aldermaston, Ramsberry, Merryfield. Les premiers avions C-47, devant acheminer les parachutistes de la Force A, décollent le 5 juin à 23 h 15. Les largages ont lieu le 6 juin entre 1 h 51 et 2 h 08. Contrairement à ceux de la *101st Airborne Division*, ils sont relativement précis (surtout pour les éléments du *505th Regiment*). Les pertes au largage sont de 272 hommes (4,24 %). Les objectifs assignés pour le premier jour de l'offensive sont atteints : Sainte-Mère-Eglise est libérée et la division tient une ligne le long du Merderet. Le 7 juin au matin, le *325th Glider Infantry Regiment* arrive en renfort. Tout au long de la journée, la division défend la zone conquise la veille contre les attaques allemandes. Elle fait sa jonction avec les premiers éléments de la *4th Infantry Division* débarqués à Utah Beach et établit le contact avec les unités de la *101st Airborne Division*. Le 8 juin, elle tient une solide tête de pont au-delà du Merderet. Elle est renforcée dans la journée par les éléments de la Force C. Le 9 juin, ses positions sont traversées par la *90th Infantry Division* qui progresse vers l'ouest. Relevée sur ses positions du Merderet, la *82nd Airborne Division* se dirige ensuite vers le nord et se heurte à la *243. Infanterie-Division* et l'empêche de contre-attaquer sur Utah Beach. A partir du 14 juin, elle attaque, avec la *9th Infantry Division,* en direction de Saint-Sauveur-le-Vicomte avec pour objectif la côte ouest du Cotentin. Protégeant le flanc sud du *VII Corps*, elle progresse vite et établit une tête de pont autour de Saint-Sauveur-le-Vicomte, permettant à la *9th Infan-*

82nd Airborne Division landed at Casablanca on May 10th 1943. It trained in Morocco for a month. It was engaged for the first time in Sicily on June 9th 1943. It was dropped in the Gela sector, where it fought for seven days running, taking 22,000 prisoners. In August 1943, it occupied Trapani. On August 22, it was air-lifted to Tunisia for refitting. Back in Sicily, we find it again in the Comiso, Licata and Castelvetrano sectors and at Trapani airport. The division went on to fight in Italy (September 1943). In October 1943, it was dropped into the Salerno sector, then headed towards Naples which it occupied for six weeks. It was engaged on the Volturno and in the Anzio sector. In November 1943, it left Italy for Belfast, arriving early in December. In February 1944, it was transferred to the Leicester area (120 km north-west of London) where it continued training. In April 1944, the *504th Parachute Infantry Regiment*, which had stayed behind in Italy, rejoined the division in England. It took no part in the Normandy campaign. The division received two more regiments in exchange, the *507th* and *508th Parachute Infantry Regiments*.

On May 26th 1944, 82nd Airborne Division's Normandy assignment was set out: to gain control of the area around Saint-Sauveur le Vicomte (Neuville-au-Plain, Saint-Mère-Eglise, Chef-du-Pont, Etienville and Amfreville) in order to prevent German forces from pining down the units landing on Utah Beach and clear the beach exits. To achieve these objectives, the division was to be dropped by parachute and carried in gliders to either bank of the Merderet during the night of June 5th to 6th. It was organized in three echelons: Force A (6,396 men dropped by parachute), Force B (3,871 men in gliders) and Force C (1,712 men due to leave England at 06.45 on June 6th). On the eve of the operations, the division's effectives, including command and service units, totalled 11,979 men.

Twenty hours before D-Day, the paratroops of Force A assembled at Grantham, Cottersmore and Langar airfields, while the gliders were concentrated at Aldermaston, Ramsberry and Merryfield airfields. The leading C-47 aircraft flying over the paratroops of Force A, took off at 23.15 on June 5th. The drops took place from 01.51 to 02.08 on June 6th. Unlike 101st Airborne Division, the men were dropped with relative accuracy (in particular elements of the 505th Regiment). The drop itself cost 272 men (4.24%). The objectives set for day one of the offensive were achieved: Sainte-Mère-Eglise was liberated and the division held a line along the Merderet. On the morning of June 7th, the 325th Glider Infantry Regiment arrived in reinforcement. Throughout the day, the division defended the area taken the day before against German attacks. It linked up with the leading elements of the 4th Infantry Division which came ashore at Utah Beach and made contact with the units of the 101st Airborne Division. On June 8th, it held a firm beachhead beyond the Merderet. During the day it received reinforcements from elements of Force C. On June 9th, its positions were crossed by the 90th Infantry Division advancing westwards. Relieved at its positions along the Merderet, the 82nd Airborne Division then headed northwards, encountering the 243. Infanterie-Division, which it prevented from counter-attacking Utah Beach. From June 14th, it attacked with the 9th Infantry Division towards Saint-Sauveur-le-Vicomte with the west coast of the Cotentin as its objective. Covering VII Corps' south flank, it made rapid progress and established a bridgehead around Saint-Sauveur-le-Vicomte, enabling the 9th Infantry Division to drive quickly west (June 17-19th). On July 3rd, the division took part in VII Corps' offensive on La-Haye-du-Puits. It took Hill 131 north-east of La Haye-du-Puits. On July 8th, it left the front. It was

Insigne en tissu de la *101st Airborne Division*.
101st Airborne Division cloth patch.

try Division de pousser raidement vers l'ouest (17-19 juin). Le 3 juillet, la division participe à l'offensive du *VII Corps* vers La-Haye-du-Puits. Elle s'empare de la cote 131 au nord-est de la Haye-du-Puits. Le 8 juillet, elle quitte le front. Versée dans la réserve de la *1st Army* le 11 juillet, elle est rapatriée en Angleterre à partir d'Utah Beach. Au cours de ses différents engagements, la division perd 5 436 hommes (46,18 % de ses effectifs) dont 1 142 morts.

La *82nd Airborne Division* est engagée en Hollande dans le secteur de Nimègue où elle est parachutée le 17 septembre 1944. Elle s'empare des ponts sur la Waal et la Meuse et sur le canal Waal-Meuse, permettant ainsi à la *2nd Army* de pénétrer en Hollande et de dégager les éléments de la *6th Airborne Division* bloqués dans le secteur d'Arnhem. Rapatriée en France, elle intervient dans les Ardennes à partir du 17 décembre 1944 et contribue à stopper l'avance allemande dans le secteur nord du saillant. Elle franchit ensuite la ligne Siegfried. En avril, elle atteint Cologne et tient un secteur à l'ouest de la poche de la Ruhr. Elle se dirige ensuite vers le nord-est, traverse l'Elbe près de Bleckede et pénètre dans la plaine du Mecklenburg. Elle reçoit la reddition de la *21. Armee* (150 000 hommes) à Ludwigslust,

Après l'armistice, la *82nd Airborne Division* reste en occupation à Berlin. Elle retourne aux Etats-Unis en janvier 1946.

Un membre de la division a reçu la médaille d'Honneur du Congrès pendant la campagne de Normandie : le *Private First Class* Charles N. de Glopper, de la *Company C* du *325th Glider Infantry Regiment*, pour son action le 9 juin 1944 à La Fière.

101st Airborne Division

- Emblème : une tête d'aigle blanche sur fond noir (Cet emblème reprend celui de l'*Iron Brigade*, unité de la guerre de Sécession).

- Composition : *501st, 502nd, 506th Parachute Infantry Regiments, 327th Glider Infantry Regiment, 321st, 907th Glider Field Artillery Battalion, 377th Parachute Field Artillery Battalion, 81st Airborne Antiaircraft Battalion.*

- Commandeurs : *Gen.Maj.* William C. Lee (VIII-1941/III-1944), *Gen.Maj.* Maxwell D.Taylor (III-1944/1945)

- Historique :

La *101st Airborne Division* est mise sur pied le 16 août 1941 sous le commandement du *Brigadier-General* William C.Lee, surnommé plus tard « père de l'arme aéroportée américaine ». En mars 1944, ce dernier, mort d'une crise cardiaque, est remplacé par le *Major-General* Maxwell D. Taylor, ancien chef d'état-major de la *82nd Airborne Division* et chef de l'artillerie de cette division en Afrique du Nord et en Sicile.

La *82nd Airborne Division* reçoit la même mission que la *101st Airborne* (protection des abords de Utah Beach). Elle doit être larguée dans la nuit du 5 au 6 juin 1944 à l'ouest du Merderet dans le secteur de Ravenoville, Turqueville, Hiesville, Vierville au nord de Carentan. Le parachutage des trois *Parachute Infantry Regiments* commence peu après 1 h 00 du matin le 6 juin. Des erreurs de largage entraînent une forte dispersion. Dans la soirée du 6 juin, sur les 6 600 hommes largués seulement 2 500 sont rassemblés. Malgré ce handicap, la division parvient à remplir ses objectifs et à sécuriser la zone située à l'ouest d'Utah Beach entre Poupeville et Saint-Martin-de-Varreville. Dans la nuit du 7 juin, elle libère Sainte-Marie-du-Mont. Le 7 juin, tandis que le *327th Glider Infantry*

placed in the 1st Army reserve on July 11th, and taken off Utah Beach on its way back to England. In the course of its various engagements, the division lost 5,436 men (46.18 % of its effectives) including 1,142 killed.

The 82nd Airborne Division was engaged in Holland in the Nimègue sector where it was dropped on September 17th 1944. It captured bridges over the Waal and the Meuse and the Waal-Meuse Canal, thus enabling 2nd Army to enter Holland and clear the way for elements of the 6th Airborne Division pinned down in the Arnhem sector. It was then sent back to France, where it fought in the Ardennes from December 17th 1944 and helped to stop the German advance in the northern sector of the salient. It then crossed the Siegfried Line. In April, it reached Cologne and held a sector to the west of the Ruhr pocket. It then moved north-east, crossing the Elbe near Bleckede and entering the Mecklenburg plain. It received the surrender of the 21. Armee (150,000 men) at Ludwigslust,

After the armistice, the 82nd Airborne Division stayed on to occupy Berlin. It was recalled to the United States in January 1946.

One member of the division received the Congressional Medal of Honor during the Normandy campaign: Private First Class Charles N. de Glopper, of Company C of the 325th Glider Infantry Regiment, for bravery at La Fière on June 9th 1944.

101st Airborne Division

- Emblem : a white eagle's head on a black ground (taking over an American Civil War unit's emblem, the Iron Brigade's).

- Composition : 501st, 502nd, 506th Parachute Infantry Regiments, 327th Glider Infantry Regiment, 321st, 907th Glider Field Artillery Battalion, 377th Parachute Field Artillery Battalion, 81st Airborne Antiaircraft Battalion.

- Commanders : Gen.Maj. William C. Lee (VIII-1941/III-1944), Gen.Maj. Maxwell D.Taylor (III-1944/ 1945)

- History :

The 101st Airborne Division was raised on August 16th 1941 under the command of Brigadier-General William C. Lee, later nicknamed the "father of the American airborne arm". In March 1944, he died of a heart attack and was replaced by Major-General Maxwell D. Taylor, formerly the 82nd Airborne Division's chief-of-staff and that division's artillery commander in North Africa and Sicily.

The 101st Airborne Division's assignment was the same as 82nd Airborne's (to protect the approaches to Utah Beach). It was to be dropped during the night of June 5-6th 1944 west of the Merderet in the Ravenoville, Turqueville, Hiesville and Vierville sectors north of Carentan. The three Parachute Infantry Regiments began their drop shortly after 01.00 on D-Day morning. Owing to errors, they were scattered over a wide area. By D-Day evening, only 2,500 men had been mustered out of the 6,600 dropped. However the division overcame this handicap to achieve its objectives and secure the area between Poupeville and Saint-Martin-de-Varreville west of Utah Beach. During the night of June 7th, it liberated Sainte-Marie-du-Mont. On June 7th, while the 327th Glider Infantry Regiment was coming ashore on Utah Beach, the 506th Parachute Infantry Regiment advanced southwest and captured Vierville following a fierce battle. That afternoon, the paratroops entered Angoville-au-Plain but encountered defending forces at Saint-Côme-du-Mont making a last stand before Caren-

Regiment est débarqué à Utah Beach, le *506th Parachute Infantry Regiment* progresse vers le sud-ouest et s'empare de Vierville après de durs combats. Dans l'après midi, les parachutistes rentrent dans Angoville-au-Plain mais se heurtent aux défenseurs de Saint-Côme-du-Mont, dernier verrou avant Carentan. Le 9 juin, Saint-Côme tombe. Dans la nuit, le *327th Glider Infantry Regiment*, commandé par le colonel Joseph Harper, franchit la Douve et s'empare du village de Brévands, contrôlant ainsi l'accès est de Carentan. Dans la journée, les accès nord de Carentan sont contrôlés par le *506th Parachute Infantry Regiment* parti de Saint-Côme du Mont. Le 10 juin, le *3rd Battalion* du *501st Parachute Infantry Regiments*, commandé par le *colonel* Cole, se dirige vers Carentan mais se retrouve bloqué. Il parvient à percer vers minuit à l'issue de combats féroces. La ville de Carentan est entièrement contrôlée le 11 juin. Le 13 juin dans la matinée, les *506th* et *502nd Parachute Infantry Regiments* sont contre-attaqués dans le secteur de Carentan par la *17. SS-Panzergrenadier-Division*. L'assaut est repoussé, avec l'aide du *66th Armored Regiment,* en milieu de journée.

Début juillet, la division est retirée du front et rapatriée en Grande-Bretagne. Ses pertes s'élèvent à 4 670 hommes tués, blessés ou disparus.

La *101st Airborne Division* est engagée en Belgique puis en Hollande où elle libère la ville d'Eindhoven (septembre 1944). Pendant la bataille des Ardennes, elle combat à Bastogne (décembre 1944).

Un membre de la division a reçu la médaille d'Honneur du Congrès pour fait d'arme pendant la campagne de Normandie : le *Lieutenant-Colonel* Robert Cole, chef du *3rd Battalion* du *501st Parachute Infantry Regiment*, pour son action au nord de Carentan le 11 juin. Mais cette décoration lui a été remise à titre posthume peu après sa mort au combat, en Hollande, le 18 septembre 1944.

tan. Saint-Côme fell on June 9th. During the night, the 327th Glider Infantry Regiment, under Colonel Joseph Harper, crossed the Douve and took the village of Brévands, thus controlling access to Carentan from the east. During the day, the northern access routes to Carentan were in the hands of the 506th Parachute Infantry Regiment arriving from Saint-Côme du Mont. On June 10th, the 3rd Battalion, 501st Parachute Infantry Regiment, commanded by Colonel Cole, headed towards Carentan but was pinned down. It managed to break through around midnight after a hard-fought battle. The town of Carentan was under complete control by June 11th. On the morning of June 13th, the 506th and 502nd Parachute Infantry Regiments came under counter-attack by the 17. SS-Panzergrenadier-Division in the Carentan sector. The assault was repulsed towards midday with the help of the 66th Armored Regiment.

Early in July, the division was withdrawn from the front and sent back to England. It had suffered 4,670 casualties, killed, wounded or missing.

The 101st Airborne Division was engaged in Belgium and later Holland, where it liberated Eindhoven (September 1944). During the battle of the Ardennes, it fought at Bastogne (December 1944).

One member of the division received the Congressional Medal of Honor for bravery during the Normandy campaign: Lieutenant-Colonel Robert Cole, commander of the 3rd Battalion, 501st Parachute Infantry Regiment, for his action north of Carentan on June 11th. But this decoration was awarded posthumously shortly after he was killed in action in Holland, on September 18th 1944.

Un officier médecin de la *82nd Airborne Division* soulage un blessé. Photo prise début juin 1944.

A medical officer of the 82nd Airborne Division tends a wounded man. Photo taken in June 1944.

101st Airborne Division

Première division aéroportée américaine, la *101st Airborne Division* est mise sur pied en août 1941. Elle est larguée à l'ouest du Merderet, sur les arrières d'Utah Beach, dans la nuit du 5 au 6 juin. En dépit des nombreuses erreurs de largage, elle parvient à sécuriser la zone située à l'ouest d'Utah Beach entre Poupeville et Saint-Martin-de-Varreville. Elle se dirige ensuite vers Carentan dont elle s'empare le 11 juin.

1. Le 7 juin le *501st Parachute Infantry Regiment* traverse Sainte-Marie-du-Mont, libérée dans la nuit.

2. Les parachutistes fraternisent avec la population. L'emblème de la division, la tête d'aigle blanche sur fond noir, est bien visible ici.

3 et 4. Une jeep et des soldats du *327th Glider Infantry Regiment* patrouillent dans les rues de Carentan le 12 juin.

5. Toujours à Carentan, les parachutistes ont récupéré un *Kettenkrad* abandonné par les Allemands.

(DAVA/Coll. Heimdal.)

101st Airborne Division

The first American airborne division, the 101st Airborne Division was raised in August 1941. It was dropped to the west of the Merderet River, behind Utah Beach, during the night of June 5-6th. Although many mistakes were made during the drop, it managed to secure the area located to the west of Utah Beach between Poupeville and Saint-Martin-de-Varreville. It then moved on to Carentan which it took on June 11th.

1. On June 7th the 501st Parachute Infantry Regiment passed through Sainte-Marie-du-Mont, liberated overnight.

2. The paratroops fraternize with the local population. The divisional emblem, a white eagle's head on a black ground, is clearly visible here.

3 and 4. A jeep and men of the 327th Glider Infantry Regiment patrol the streets of Carentan on June 12th.

5. Still at Carentan, the paratroops have recovered a Kettenkrad left behind by the Germans.

(DAVA/Coll. Heimdal.)

5

Généraux
Generals

- Paul W. Baade

Paul W. Baade est né le 16 avril 1889 au Fort Wayne (Indiana). Il sort de West Point en 1911 et choisit l'infanterie. Il sert sur la frontière du Texas avant d'être affecté aux Philippines de 1914 à 1917. En juillet 1918, il est en France avec le détachement avancé de la *81st Infantry Division*. En septembre, il est affecté au *322nd Infantry Regiment* à Chassy puis à Verdun et Sommedieu et participe à l'offensive de Meuse-Argonne. De retour aux Etats-Unis, il suit les cours de l'Ecole d'état-major (1924) puis, pendant quatre ans, sert à l'état-major de la direction de l'infanterie. En 1929, il obtient le diplôme de l'*Army War College* et devient instructeur à West Point. De 1933 à 1935, il est affecté au *29th Infantry Regiment* au Fort Benning. En 1935, il sert à l'Etat-major général avant de prendre le commandement du *16th Infantry Regiment* (avril 1939). Après un an passé à Porto Rico, il devient adjoint du commandant de la **35th Infantry Division** (juillet 1942) puis lui succède en janvier 1943. Il garde ce commandement jusqu'à la fin des hostilités.

- Raymond O.Barton

Né le 22 août 1889 à Grenada dans le Colorado de Conway O.Barton et de Carrie Mosher, Raymond O.Barton sort de West Point en 1912 et se voit affecté au *30th Infantry Regiment* en Alaska. En 1917-1918, il est instructeur. En août 1919, il est *Captain* et sert en France au sein du *8th Infantry Regiment*. Il est admis à l'Ecole d'Etat-major général en 1924 puis à l'*Army War College* de Washington. Il occupe les fonctions de chef d'état-major adjoint du *VII Corps* de 1924 à 1928. Lieutenant-colonel en 1935, il commande le *8th Infantry Regiment* de la fin 1938 à juillet 1940 date à laquelle il devient chef d'état-major de la *4th Infantry Division*. *Brigadier-General* puis *Major-General* en 1942, Barton commande la **4th Infantry Division** à partir de juin 1942. Il garde ce commandement jusqu'à la fin décembre 1944. De retour aux Etats-Unis, il commande le centre d'entraînement de l'infanterie au Fort Mc Clellan (mars 1945). Il quitte l'armée en 1946 et meurt le 27 février 1963 au Fort Gordon en Géorgie.

Le *Major-General* Raymond O. Barton (à gauche), chef de la *4th Infantry Division*, pendant la bataille de Normandie (secteur de Saint-Lô). (NA/Heimdal.)

Major-General Raymond O. Barton (left), commander of the 4th Infantry Division, during the Battle of Normandy (Saint-Lô sector). (NA/ Heimdal.)

- Omar N. Bradley

Omar Nelson Bradley naît le 12 février 1893 à Clark dans le Missouri de John S.Bradley, fermier et accessoirement professeur, et de Marie Elisabeth Hubbard. Il sort de West Point en 1915 et devient Second-lieutenant dans l'infanterie. Sa carrière se déroule lentement dans les années vingt et trente et ne présente rien de très particulier. Bradley sert notamment dans la Garde Nationale à Hawaï ainsi que comme instructeur à West Point. En 1924, il suit les cours de l'Ecole d'Infanterie de Fort Benning puis y revient comme instructeur (1929). Il y est remarqué par le lieutenant-colonel Marshall, futur chef d'état-major de l'armée américaine. En 1934, il est admis à l'*Army War College*. Sa carrière lente jusqu'au début de la guerre s'accélère. *Brigadier-General* à titre temporaire le 24 février 1941, il devient chef de l'école d'Infanterie. Il est promu *Major-General* le 15 février 1942 et prend le commandement de la *28th Infantry Division*. En février 1943, il est *Lieutenant-General* et devient, sur la proposition de Marshall, adjoint d'Eisenhower, responsable des opérations en Afrique du Nord. Après la bataille de Kasserine, Eisenhower le nomme adjoint de Patton,

- Paul W. Baade

Paul W. Baade was born at Fort Wayne (Indiana) on April 16th 1889. He graduated from West Point in 1911 and chose the infantry. He served on the Texas border before being assigned to the Philippines from 1914 to 1917. In July 1918, he was in France with the forward detachment of the 81st Infantry Division. In September, he was assigned to the 322nd Infantry Regiment at Chassy then at Verdun and Sommedieu and took part in the Meuse-Argonne offensive. Back in the United States, he studied at Staff College (1924) then served for four years on the staff of the infantry directorate. In 1929, he graduated from the Army War College and became an instructor at West Point. From 1933 to 1935, he was assigned to the 29th Infantry Regiment at Fort Benning. In 1935, he served on the General Staff before taking command of the 16th Infantry Regiment (April 1939). After spending a year in Porto Rico, he was made deputy to the 35th Infantry Division commander (July 1942), taking over from him in January 1943. He kept this command until the end of the war.

- Raymond O. Barton

Born in Grenada, Colorado on August 22nd 1889 to Conway O. Barton and Carrie Mosher, Raymond O. Barton graduated from West Point in 1912 and was assigned to the 30th Infantry Regiment in Alaska. In 1917-1918, he was an instructor. In August 1919, he was a captain and served in France with the 8th Infantry Regiment. He was admitted to the General Staff College in 1924 then to the Army War College in Washington. From 1924 to 1928 he was deputy chief-of-staff of VII Corps. Promoted to lieutenant-colonel in 1935, he commanded the 8th Infantry Regiment from late 1938 until July 1940, when he became chief-of-staff of the 4th Infantry Division. As a brigadier-general then major-general in 1942, Barton commanded the 4th Infantry Division from June 1942. He kept this command until the end of December 1944. Back in the United States, he commanded the infantry training center at Fort McClellan (March 1945). He left the army in 1946 and died at Fort Gordon in Georgia on February 27th 1963.

- Omar N. Bradley

Omar Nelson Bradley was born in Clark, Missouri on February 12th 1893 to John S. Bradley, a farmer and part-time teacher, and Mary Elizabeth Hubbard. He graduated from West Point in 1915 and became a second-lieutenant in the infantry. His career got off to a slow and somewhat unpromising start in the twenties and thirties. Bradley served notably with the National Guard in Hawaii and as an instructor at West Point. In 1924, he followed training at the Infantry School at Fort Benning and later as an instructor (1929). He came to the attention of Lieutenant-Colonel Marshall, a future US Army chief-of-staff. In 1934, he was admitted to the Army War College. His slow career suddenly took off when war came. Promoted to acting brigadier-general on February 24th 1941, he became commanding officer of the infantry school. He was promoted to major-general on February 15th 1942 and took over command of the 28th Infantry Division. In February 1943, he was made a lieutenant-general and, at Marshall's suggestion, became Eisenhower's deputy, in charge of operations in North Africa. After the battle

chef du *II Corps*. Le 15 avril 1943, il succède à Patton à la tête du *II Corps* et combat à la tête de ce dernier en Tunisie puis en Sicile. Il acquiert au cours de la campagne de Sicile, une bonne maîtrise des opérations amphibies. C'est en partie pour cette raison qu'il est choisi en octobre 1943 pour prendre le commandement de la *1st Army* destinée à débarquer en Normandie. Le 1er août 1944, il passe ce commandement au général Hodges et prend la tête du *12th US Army Group*. Il conserve ce commandement jusqu'à la fin de la guerre.

Après la guerre, Bradley succède à Eisenhower comme chef d'état-major de l'armée américaine (1948) puis devient président du Comité des chefs d'état-major pendant la guerre de Corée. Promu *General of the Army* par le président Truman en septembre 1950, il quitte l'armée trois ans plus tard. Pendant la guerre du Viet Nam, il est conseiller du président Johnson. Il meurt le 8 avril 1981.

- Horace L. Mc Bride

Né à Madison dans le Nebraska le 28 juin 1894, Horace L.Mc Bride sort de West Point en 1916 et choisit l'artillerie. En 1917, il combat en France avec une unité d'artillerie de campagne, participant à l'offensive de Meuse-Argonne. Après la guerre, il sert comme attaché militaire en Hollande puis en Pologne. De retour aux Etats-Unis en 1921, il suit les cours de l'Ecole d'artillerie (1923) puis, pendant quatre ans, occupe le poste de professeur de tactique et de sciences militaires à l'Université de Yale. En 1928, il est diplômé de l'Ecole d'état-major puis devient instructeur à l'Ecole d'artillerie. De 1932 à 1935, il sert aux Philippines. En 1936, il suit les cours de l'*Army War College* avant d'être instructeur à l'école d'état-major. En 1940, Mc Bride prend le commandement du *22nd Field Artillery Regiment* stationné dans la zone du canal de Panama. L'année suivante, il est affecté à l'état-major de la zone du canal de Panama avant de prendre le commandement de la *80th Infantry Division* (mars 1943). Il conserve ce commandement jusqu'à la fin de la guerre.

- Edward H. Brooks

Né le 25 avril 1893 à Concord dans le New Hampshire, Edward H. Brooks commence sa carrière comme ingénieur civil, servant également dans une unité de cavalerie de la Garde Nationale du Vermont. En 1917, il est activé dans l'armée régulière comme second-lieutenant. Il combat en France à la tête d'un détachement de la *3rd Field Artillery Brigade* et participe aux offensives de Champagne-Marne, Aisne-Marne, Saint-Mihiel et Meuse-Argonne. Pendant l'entre deux guerres, il obtient le diplôme de l'Ecole d'artillerie et de l'Ecole d'état-major général. Il enseigne les sciences militaires à Harvard avant de suivre les cours de l'*Army War College* en 1937. En 1939, Brooks est lieutenant-colonel et sert à l'état-major général comme chef du département des statistiques. En 1941, il est promu *Brigadier-General* à titre temporaire et devient chef de l'artillerie des forces blindées à Fort Knox. A ce titre, il joue un rôle important dans le développement de l'artillerie motorisée. En juillet 1942, il commande la *11th Armored Division* puis est promu *Major-General* à titre temporaire (août 1942). En avril 1944, il prend le commandement de la *2nd Armored Division*. Il mène cette division en Normandie et reçoit le *Silver Star* en août 1944 pour acte de courage. En octobre 1944, il prend le commandement du *VI Corps* avec lequel il combat jusqu'à la fin de la guerre.

Après la guerre, Brooks occupe les postes de commandant en second des *7th* et *3rd Army*. Il est ensuite chef des forces américaines aux Caraïbes puis chef de la *2nd Army*. Il quitte l'armée en avril 1953 et meurt le 10 octobre 1976.

- Lloyd Brown

Lloyd Davidson Brown est né à Sharon (Georgie) le 28 juillet 1892 du Dr Lawrence Ruffin Brown et de Marie A.

of Kasserine Pass, Eisenhower appointed him as deputy commander to II Corps commander Patton. On April 15th 1943, he took over from Patton and fought as II Corps commander in Tunisia then in Sicily. During the Sicily campaign he gained useful experience of amphibious operations. This is partly why he was chosen in October 1943 to command *First Army* for the Normandy landing. On August 1st 1944, he handed over this command to General Hodges and took charge of the *12th US Army Group,* a command he held until the end of the war.

After the war, Bradley took over from Eisenhower as *US Army* chief-of-staff (1948), then became chairman of the Joint Chiefs of Staff during the Korea War. Promoted to General of the Army by President Truman in September 1950, he left the army three years later. During the Vietnam war, he was adviser to President Johnson. He died on April 8th 1981.

- Horace L. McBride

Born on June 28th 1894 in Madison, Nebraska, Horace L. McBride graduated West Point in 1916 and chose the artillery. In 1917, he fought in France with a field artillery unit, taking part in the Meuse-Argonne offensive. After the war, he served as a military attaché in Holland then Poland. On his return to the United States in 1921, he trained at the Artillery School (1923) then, for four years, held a teaching post in tactics and military science at Yale University. In 1928, he graduated from Staff College and became an instructor at the Artillery School. From 1932 to 1935, he served in the Philippines. In 1936, he trained at the Army War College before becoming an instructor at the Staff School. In 1940, McBride took over command of the 22nd Field Artillery Regiment stationed in the Panama Canal zone. The following year, he was assigned to the staff of the Panama Canal zone before taking over command of the *80th Infantry Division* (March 1943). He held onto this command until the end of the war.

- Edward H. Brooks

Born at Concord, New Hampshire on April 25th 1893, Edward H. Brooks began his career as a civil engineer, also serving in a cavalry unit of the Vermont National Guard. In 1917, he was called to active service as a second-lieutenant in the regular army. He fought in France in command of a detachment of the 3rd Field Artillery Brigade and took part in the Champagne-Marne, Aisne-Marne, Saint-Mihiel and Meuse-Argonne offensives. During the interwar years, he graduated from Artillery School and Staff College. He taught military science at Harvard before training at the Army War College in 1937. In 1939, Brooks became a lieutenant-colonel and served on the General Staff as head of the statistics department. In 1941, he was promoted to acting brigadier-general and became commander of the armored forces artillery at Fort Knox. In this capacity, he played a major role in developing the motorized artillery. In July 1942, he commanded the 11th Armored Division and was later promoted to acting major-general (August 1942). In April 1944, he took over command of the *2nd Armored Division.* He led that division in Normandy and received the Silver Star for bravery in August 1944. In October 1944, he took over command of VI Corps, with which he fought until the end of the war.

After the war, Brooks held posts as second-in-command of Seventh and Third Armies. He was later made commander of the US Caribbean forces then commander of Second Army. He left the army in April 1953 and died on October 10th 1976.

- Lloyd Brown

Lloyd Davidson Brown was born in Sharon (Georgia) on July 28th 1892 to Dr Lawrence Ruffin Brown and Marie A. Davidson. In 1912, he studied at the University of

Le *Lieutenant-General* Omar Bradley, chef de la *1st Army* en compagnie du *General* Henry H. Arnold, chef de l'*US Air Force* (12 juin 1944). Bradley doit son ascension fulgurante au cours de la seconde guerre mondiale à ses qualités d'organisateur et à son caractère flexible. C'est pour ces raisons qu'il a été préféré à Patton, pourtant bien plus expérimenté que lui. (NA/Coll. Heimdal.)

Lieutenant-General Omar Bradley, First Army commander with US Air Force commander General Henry H. Arnold (June 12th 1944). Bradley owed his meteoric rise during World War II to his gift for organizing and his flexibility. For these reasons he was preferred to the more experienced Patton. (NA/Coll. Heimdal.)

Le Major-General Joseph L. Collins, chef du VII Corps. Vétéran de la bataille de Guadalcanal, il est considéré comme un des plus brillants généraux américains de la Seconde Guerre mondiale.

Major-General Joseph L. Collins, VII Corps commander. A veteran of the Battle of Guadalcanal, he was considered to be one of the most brilliant US generals of World War II.

Davidson. En 1912, il suit les cours de l'Université de Géorgie. *Second-Lieutenant* en 1917, il accède au grade de *Major-General* le 2 avril 1943. Il commande la **28th Infantry Division** de janvier 1943 à juillet 1944. Il est remplacé à la tête de cette division par le *Brigadier-General* Wharton puis par le *Major-General* Cota.

- Joseph L. Collins

Fils de Jeremiah B.Collins, immigrant d'origine irlandaise et ancien soldat dans l'armée unioniste et de Katherine Lawton, Joseph Lawton Collins naît à Algiers (Louisiane) le 1ᵉʳ mai 1896. Après des études à l'Université de Louisiane, il entre à West Point en 1913. Il sort de l'école en 1917 et se voit affecté au *22nd Infantry Regiment* stationné à New York, unité envoyée en Europe mais qui ne participera pas aux combats. De mai 1919 à l'été 1921, il sert dans l'armée d'occupation en Allemagne. De retour aux Etats-Unis, il devient instructeur à West Point (1921-1925) puis suit les cours de l'Ecole d'infanterie (1927-1931). *Major* en 1933, il sert aux Philippines comme officier d'état-major pendant trois ans. En 1936, il suit les cours de l'*Army Industrial College* puis ceux de l'*Army War College* (1938-1940). En juin 1940, il est lieutenant-colonel et sert à l'état-major général avec le général Marshall. Promu colonel en 1941, Collins devient chef d'état-major du *VII Corps*. En 1941-1942, il est chef d'état-major du département d'Hawaï. *Brigadier-General* en février 1942, il prend le commandement de la *25th Infantry Division* le 6 mai 1942. Il obtient le grade de *Major-General* peu après. Avec la *25th Infantry Division*, il combat dans le Pacifique notamment à Guadalcanal où il reçoit le surnom de « Lightning Joe ». Il reçoit pour son action la *Distinguished Service Medal*. Il commande ensuite le **VII Corps** de mars 1944 à août 1945, se distinguant particulièrement pendant la bataille de Normandie. Le général Collins est alors considéré comme le plus capable et le plus offensif des officiers généraux américains.

Après la guerre, Collins occupe différents postes à l'état-major général et reçoit le grade de *General* en 1948. En 1949, il devient chef d'état-major de l'armée américaine et occupe cette fonction jusqu'en 1953. Eisenhower le nomme ensuite représentant des Etats-Unis auprès de l'organisation du Traité Atlantique Nord. Pendant un an et demi, il est envoyé comme représentant des Etats-Unis au Viet Nam. Il quitte l'armée en 1969 et meurt le 12 septembre 1987.

- Charles H. Corlett

Né le 31 juillet 1889 à Burchard dans le Nebraska, de Charles Milton Corlett et de Mary Elisa Stafford, Charles H. Corlett entre à West Point en 1909. Il en sort en 1913 et devient *Second-Lieutenant* dans le *30th Infantry Regiment* à Fort St Michael en Alaska. Il part en France comme officier d'état-major dans une unité de transmission mais ne combat pas. A la suite d'une pneumonie contractée en France, il quitte l'armée en 1919. Après une année passée à gérer un élevage dans le Nouveau-Mexique, il réintègre l'armée en 1920 avec le grade de *Major*. Entre les deux guerres, il suit les cours de l'Ecole d'état-major général et de l'*Army War College*. Fin 1941, il est *Brigadier-General* et commande le fort Greeley en Alaska. Il est promu *Major-General* en septembre 1942. En août 1943, il commande les forces débarquées dans l'île (aléoutienne) de Kisaka. En février 1944, il est à la tête de la *7th Infantry Division* avec laquelle il débarque dans l'attoll de Kwalajen dans le Pacifique. En raison de son expérience des opérations amphibies, il est nommé par le général Marshall chef du **XIX Corps**, qui doit débarquer à Omaha Beach juste après le *V Corps*. Corlett commande son corps d'armée jusqu'en octobre 1944, date à laquelle il retourne aux Etats-Unis pour raisons de santé. Peu après, il est désigné pour commander un corps d'armée dans le Pacifique mais n'assume ce commandement la guerre s'étant terminée entre-temps. Il quitte l'armée en 1946 et se retire dans son ranch du Nouveau Mexique. Il meurt le 14 octobre 1971.

Corlett est l'un des rares généraux américains du débarquement et de la bataille de Normandie à avoir eu une expérience des opérations de débarquement dans le Pacifique. (IWM.)

XIX Corps commander Major-General Charles H. Corlett. (IWM.)

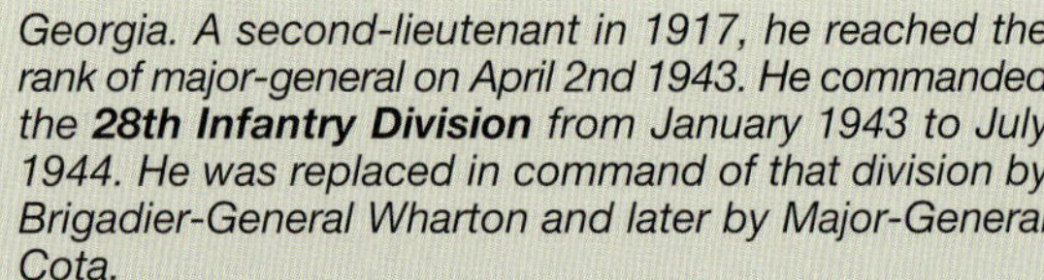

Georgia. A second-lieutenant in 1917, he reached the rank of major-general on April 2nd 1943. He commanded the **28th Infantry Division** from January 1943 to July 1944. He was replaced in command of that division by Brigadier-General Wharton and later by Major-General Cota.

- Joseph L. Collins

*The son of Jeremiah B. Collins, an Irish immigrant and a former soldier in the unionist army, and Katherine Lawton, Joseph Lawton Collins was born on May 1st 1896 in Algiers (Louisiana). After studying at the University of Louisiana, he started at West Point in 1913. He graduated from the school in 1917 and was assigned to the 22nd Infantry Regiment stationed in New York, a unit sent to Europe but which took no part in the fighting. From May 1919 to the summer of 1921, he served in the army occupying Germany. Back in the United States, he became an instructor at West Point (1921-1925) then trained at the Infantry School (1927-1931). A major in 1933, he served for three years as a staff officer in the Philippines. In 1936, he studied at the Army Industrial College then at the Army War College (1938-1940). In June 1940, he was a lieutenant-colonel and served on the General Staff with General Marshall. Promoted to colonel in 1941, Collins became chief-of-staff of VII Corps. In 1941-1942, he was chief-of-staff of the Hawai department. A brigadier-general in February 1942, he took over command of the 25th Infantry Division on May 6th 1942. He was promoted to major-general shortly afterwards. With the 25th Infantry Division, he fought in the Pacific, notably at Guadalcanal, where he was nicknamed "Lightning Joe". For his action he was awarded the Distinguished Service Medal. He went on to command **VII Corps** from March 1944 to August 1945, with particular distinction during the Battle of Normandy. At that time, General Collins was held to be the most capable and the most offensive-minded of the American generals.*

After the war, Collins held various posts on the General Staff and rose to the rank of general in 1948. In 1949, he became US Army chief-of-staff, a position he held until 1953. Eisenhower then appointed him United States representative to the North Atlantic Treaty Organization. For a year and a half, he was dispatched as United States representative to Vietnam. He left the army in 1969 and died on September 12th 1987.

- Charles H. Corlett

*Born on July 31st 1889 at Burchard in Nebraska, to Charles Milton Corlett and Mary Elisa Stafford, Charles H. Corlett was admitted to West Point in 1909. He left in 1913 and became a second-lieutenant with the 30th Infantry Regiment at Fort St Michael in Alaska. He left for France as a staff officer in a signals unit but did no fighting. After contracting pneumonia in France, he left the army in 1919. After spending a year running a farm in New Mexico, he re-enlisted in 1920 with the rank of major. Between the two wars, he studied at the General Staff College and the Army War College. By the end of 1941, he was a brigadier-general in command of Fort Greeley in Alaska. He was promoted to major-general in September 1942. In August 1943, he commanded the forces landed on the Aleutian island of Kisaka. In February 1944, he was in command of the 7th Infantry Division with which he landed on Kwajalein atoll in the Pacific. Owing to his experience of amphibious operations, he was appointed by General Marshall to **command XIX Corps,** which was to land on Omaha Beach just behind V Corps. Corlett commanded that corps until October 1944, when he returned home to the United States for health reasons. Shortly afterwards, he was appointed to command a corps in the Pacific, but the war ended before he could take up this post. He left the army and retired to his New Mexico ranch in 1946. He died on October 14th 1971.*

- Norman D. Cota

Fils de George William Cota et de Jessie Hariet Mason, Norman D. Cota naît le 30 mai 1883 à Chelsea (Massachusetts). Sorti de West Point en 1917, il obtient le grade de Lieutenant d'infanterie le 20 avril 1917. Affecté au *22nd Infantry Regiment* au Fort Jay (New York) en 1918, il devient ensuite instructeur à West Point. En 1920, il est employé au service des finances à l'état-major de Washington puis comme chef des finances à West Point. Diplômé de l'Ecole d'infanterie en 1924, il est nommé peu après à Hawaï. De retour aux Etats-Unis en 1928, il suit les cours de l'Ecole d'état-major général dont il sort en 1930. En juillet 1931, il est instructeur dans l'Ecole d'infanterie puis passe avec succès l'examen de l'*Army War College* (1936). Instructeur à l'école d'état-major, il est affecté à la *1st Infantry Division* à Fort Devens (Massachusetts) en mars 1941. En octobre 1943, il est commandant en second de la *29th Infantry Division*. A ce titre, il joue un rôle important lors du débarquement et au cours des combats qui suivent. En août 1944, Cota prend la tête de la **28th Infantry Division** et conserve ce commandement jusqu'à la fin du conflit.

- Manton S. Eddy

Né à Chicago (Illinois) le 16 mai 1892 de Georges Manton Eddy et de Martha Bishop Sprague, Manton S.Eddy entre dans l'armée en 1913. *Second-Lieutenant* en 1916, il combat en France comme *Premier-lieutenant* dans le *39th Infantry Regiment* de la *4th Infantry Division*. Blessé au combat, il finit la guerre à la tête d'un bataillon. En 1919, il commande le *1st Battalion* du régiment d'escorte du général Pershing. Entre les deux guerres, il suit les cours de l'Ecole d'infanterie à Fort Benning puis de l'Ecole d'état-major (1932-1934). Il professe les sciences militaires et la tactique à l'académie militaire de Gainesville en Géorgie et à l'école d'état-major. Il sert également comme officier d'état-major à Hawaï et comme officier de renseignement du *III Corps* à Baltimore. En mars 1942, il est *Brigadier-General* et commandant en second de la **9th Infantry Division** stationnée au Fort Bragg en Caroline du Nord. Trois mois plus tard, il commande cette division et combat à sa tête en Afrique du Nord, en Sicile puis en Normandie. En août 1944, Eddy prend le commandement du **XII Corps** et reste à sa tête jusqu'à la fin du conflit. Après la guerre, il est promu *Lieutenant-General* (1948) et chef du *General Staff College*. De 1950 à 1955, date de son départ à la retraite, il commande la *7th Army* en Europe. Il est mort le 10 avril 1962 à Fort Benning.

- James M.Gavin

Né à Brooklyn (New York) le 22 mars 1907, James M.Gavin s'engage dans l'armée à 17 ans. Il rentre à West Point et obtient en 1929 le grade de *Second-Lieutenant* dans l'infanterie. Il suit les cours de l'Ecole des pilotes en 1929 puis ceux de l'Ecole d'infanterie en 1932. Jusqu'en 1940, il sert dans différentes unités d'infanterie avant d'être affecté à l'école de West Point comme instructeur. En septembre 1941, il rejoint le *503rd Parachute Infantry Battalion*. En février 1942, il entre à l'école d'état-major. En août de la même année, il prend le commandement du *505th Parachute Infantry Regiment*. James M.Gavin devient commandant en second de la **82nd Airborne Division** en février 1944 puis succède au général Ridgway à la tête de cette unité d'élite en août 1944. Il est alors le plus jeune *Major-General* de l'armée américaine (38 ans). Promu par la suite *Lieutenant-General*, il quitte l'armée en 1958.

- Charles H. Gerhardt

Fils de Charles Gerhardt, officier de carrière, et de Kate Watkins, Charles H.Gerhardt naît à Lebanon (Tennessee) le 6 juin 1895. Il sort de West Point en 1917 avec la 50ᵉ place sur 139 et obtient le grade de *Second-Lieutenant* de cavalerie. Affecté au *3rd Cavalry Regiment* à San Antonio au Texas, il quitte les Etats-Unis pour la France en octobre 1917. Après une période d'instruction dans le sud du pays, il rejoint le front à partir de juillet 1918 et combat dans les Vosges. En septembre 1918, il est affecté au *89th Infantry Regiment* avec lequel il participe aux offensives de Saint-Mihiel et de Meuse-

- *Norman D. Cota*

The son of George William Cota and Jessie Hariet Mason, Norman D. Cota was born in Chelsea (Massachusetts) on May 30th 1883. He graduated from West Point in 1917, obtaining the rank of first-lieutenant in the infantry on April 20th 1917. Assigned to the 22nd Infantry Regiment at Fort Jay (New York) in 1918, he went on to become an instructor at West Point. In 1920, he was employed in the finance department at Headquarters in Washington, and was later in charge of finance at West Point. He graduated from the Infantry School in 1924, and shortly afterwards was sent to Hawaii. On returning to the United States in 1928, he attended the General Staff College, qualifying in 1930. In July 1931, he was an instructor at the Infantry School, and passed the Army War College examination (1936). An instructor at the Staff College, he was assigned to the 1st Infantry Division at Fort Devens (Massachusetts) in March 1941. In October 1943, he became second-in-command of the 29th Infantry Division. In that capacity, he played a major role during the D-Day landing and the battle that followed. In August 1944, Cota took over command of the **28th Infantry Division,** *a position he held until the end of the war.*

- *Manton S. Eddy*

Born in Chicago (Illinois) on May 16th 1892 to Georges Manton Eddy and Martha Bishop Sprague, Manton S. Eddy joined the army in 1913. Promoted to second-lieutenant in 1916, he fought in France as a first-lieutenant with the 39th Infantry Regiment, 4th Infantry Division. He was wounded in action, and finished the war as a battalion commander. In 1919, he commanded the 1st Battalion of General Pershing's escort regiment. Between the two wars, he attended the Infantry School at Fort Benning then at the Staff College (1932-1934). He taught military science and tactics at Gainesville Military Academy in Georgia Staff College. He also served as a staff officer in Hawaii and as III Corps intelligence officer in Baltimore. In March 1942, he was a brigadier-general and second-in-command of the **9th Infantry Division** *stationed at Fort Bragg in North Carolina. Three months later, he commanded that division and fought at its head in North Africa, Sicily and later Normandy. In August 1944, Eddy took over command of* **XII Corps, a post he held** *until the end of the war. After the war, he was promoted to lieutenant-general (1948) and became commander of the General Staff College. From 1950 until he retired in 1955, he commanded Seventh Army in Europe. He died at Fort Benning on April 10th 1962.*

- *James M.Gavin*

Born in Brooklyn (New York) on March 22nd 1907, James M. Gavin enlisted at the age of 17. He went to West Point and in 1929 obtained the rank of second-lieutenant in the infantry. He followed courses at the Pilot School in 1929 then at the Infantry School in 1932. Until 1940, he served in various infantry units before being appointed as an instructor at West Point Academy. In September 1941, he joined the 503rd Parachute Infantry Battalion. In February 1942, he was admitted to Staff College. In August of that same year, he took over command of the 505th Parachute Infantry Regiment. James M. Gavin became second-in-command of the **82nd Airborne Division** *in February 1944, and then took over from General Ridgway in command of that crack unit in August 1944. He was at that time at 38 the youngest major-general in the US Army. Later promoted to lieutenant-general, he left the army in 1958.*

- *Charles H. Gerhardt*

The son of Charles Gerhardt, a professional officer, and Kate Watkins, Charles H. Gerhardt was born at Lebanon (Tennessee) on June 6th 1895. He graduated from West Point in 1917 ranked 50th of 139 and obtained the rank of second-lieutenant in the cavalry. Assigned to the 3rd Cavalry Regiment in San Antonio, Texas, he left the United States for France in October 1917. After a training period in the south of the country, he joined the front in July 1918 and fought in the Vosges. In September 1918, he was assigned to the 89th Infantry Regiment with which

Le *Major-General* Norman D.Cota. Commandant en second de la *29th Infantry Division*, il succède au *Major-General* James E. Wharton, à la tête de la *28th Infantry Division*, en août 1944.

Major-General Norman D. Cota. Second-in-command of the 29th Infantry Division, he took over from 28th Infantry Division commander Major-General James E. Wharton in August 1944.

Le *Major-General* Manton S.Eddy, chef de la *9th Infantry Division*. Il prendra le commandement du *XII Corps* en août 1944.

Major-General Manton S. Eddy, 9th Infantry Division commander. He took over command of XII Corps in August 1944.

Major-General James M. Gavin.

Le *Major-General* Charles H. Gehrardt, chef de la *29th Infantry Division*. (US Army/Coll. Heimdal.)

Major-General Charles H. Gerhardt, 29th Infantry Division commander. (US Army/Coll. Heimdal.)

Argonne. Après l'armistice, il reste en occupation en Allemagne. De retour aux Etats-Unis en 1919, il est affecté au *14th Cavalry Regiment*. Diplômé de l'école de cavalerie en 1923, il y reste un an comme instructeur. A la fin de l'année 1924, il fait partie de l'équipe de polo de l'armée américaine et joue aux Etats-Unis et en Angleterre. En 1926, il est instructeur à West Point puis suit les cours de l'Ecole d'état-major général (1933). D'octobre 1934 à novembre 1936, il sert aux Philippines comme officier d'état-major. A son retour aux Etats-Unis, il prend le commandement d'un escadron de cavalerie. En 1937, il est officier dans l'état-major de la *4th Army*, chargé de l'entraînement. En juillet 1940, il est *executive officer* dans le *11th cavalry Regiment*. L'année suivante, il suit les cours de l'*Army War College* de Washington. A sa sortie de l'école, il sert dans la *1st Cavalry Division* au Fort Bliss dans le Texas avant de prendre le commandement de la *91st Infantry Division* (mai 1942). En juillet 1943, il est nommé chef de la **29th Infantry Division**. Il conserve ce commandement jusqu'à la fin des hostilités. Après la guerre, il devient attaché militaire au Brésil. Il est mort en 1976.

- Leonard T. Gerow

Né à Petersburg en Virginie le 13 juillet 1888 de Leonard R.Gerow et de Eloïse Saunders, Léonard T.Gerow obtient le diplôme de l'Académie militaire de Virginie et entre dans l'armée régulière en 1911 comme *Second-Lieutenant* d'infanterie. Il sert dans différentes unités dans le Dakota du Sud, au Texas, à Vera Cruz et au Nouveau Mexique. Capitaine en 1918, il est envoyé en France comme officier de transmissions. De retour aux Etats-Unis en octobre 1919 avec le grade de Lieutenant-colonel à titre temporaire, il commande l'Ecole des transmissions de Houston. Il sert ensuite comme officier d'état-major à l'inspection de l'Infanterie, au secrétariat à la Guerre et à la section « plans et organisation » de l'état-major général. Il suit aussi les cours de l'école de guerre de Fort Leavenworth et l'*Army War College* de Washington. En 1934, il commande le *31st Infantry Regiment* basé à Chang-Haï. Colonel en septembre 1940, il est *Brigadier-General* en octobre et prend la tête de la division « plans » de l'état-major général. Il obtient le grade de *Major-General* en février 1942 et assume le commandement de la *29th Infantry-Division* et des forces américaines stationnées en Grande-Bretagne. En juin 1943, il devient chef du *V Corps* et l'entraîne en vue du débarquement. Il commande ce corps d'armée jusqu'en janvier 1945 date à laquelle il est promu *Lieutenant-General* et chef de la *15th Army*.

Après la guerre, il commande les troupes d'occupation américaines en Allemagne. De retour aux Etats-Unis, il dirige l'Ecole de guerre de Fort Leavenworth. Il prend sa retraite en 1948. Il reprend du service en 1951 à l'état-major général des forces terrestres. Il quitte définitivement l'armée en 1954 et meurt le 19 mai 1982.

- Robert N. Grow

Fils de John T.Grow et de Nelly Walker, Robert N.Grow naît le 14 février 1895 à Sibley (Iowa). Après des études à l'Université de Minnesota, il devient *Second-Lieutenant* d'artillerie dans la Garde nationale du Minnesota (1915). En 1916, il passe dans l'armée fédérale. Il sert dans différentes unités de cavalerie avant de suivre les cours de l'Ecole de l'Artillerie dont il obtient le diplôme en 1918. Après un bref séjour en Allemagne (occupation), il revient aux Etats-Unis en 1919 où il est nommé professeur de tactique et de sciences militaires à l'Université d'Illinois. En 1925, il suit les cours de l'Ecole de cavalerie dont il devient ensuite instructeur. Diplômé de l'Ecole d'état-major général en 1929, il sert à l'état-major des forces mécanisées comme officier chargé des plans et de l'entraînement. Il retourne à l'Ecole d'état-major général comme instructeur puis suit les cours de l'*Army War College* (1936). En 1940, il est affecté à l'état-major de la *2nd Armored Division*. L'année suivante, il prend le commandement du *34th Armored Regiment* au Fort Knox. En juin 1941, il devient chef du *Combat Command « A »* de la *10th Armored Division* puis prend la tête de la **6th Armored Division** (mai 1943). Il garde ce commandement jusqu'à la fin de la guerre.

Le *Major-General* Leonard T. Gerow, chef du *V Corps*.

Major-General Leonard T. Gerow, V Corps commander.

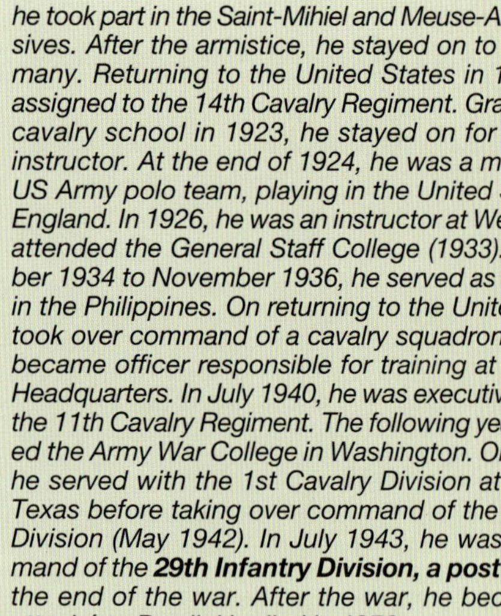

he took part in the Saint-Mihiel and Meuse-Argonne offensives. After the armistice, he stayed on to occupy Germany. Returning to the United States in 1919, he was assigned to the 14th Cavalry Regiment. Graduating from cavalry school in 1923, he stayed on for a year as an instructor. At the end of 1924, he was a member of the US Army polo team, playing in the United States and in England. In 1926, he was an instructor at West Point then attended the General Staff College (1933). From October 1934 to November 1936, he served as a staff officer in the Philippines. On returning to the United States, he took over command of a cavalry squadron. In 1937, he became officer responsible for training at Fourth Army Headquarters. In July 1940, he was executive officer with the 11th Cavalry Regiment. The following year, he attended the Army War College in Washington. On graduating, he served with the 1st Cavalry Division at Fort Bliss in Texas before taking over command of the 91st Infantry Division (May 1942). In July 1943, he was put in command of the 29th Infantry Division, a post he held until the end of the war. After the war, he became military attaché to Brazil. He died in 1976.

- *Leonard T. Gerow*

Born at Petersburg in Virginia on July 13th 1888 to Leonard R. Gerow and Eloise Saunders, Leonard T. Gerow graduated from Virginia Military Academy and joined the regular army in 1911 as a second-lieutenant in the infantry. He served in various units in South Dakota, Texas, Vera Cruz and New Mexico. A captain in 1918, he was sent to France as a signals officer. Back in the United States in October 1919 with the rank of acting lieutenant-colonel, he commanded the Signals School at Houston. He later served as a staff officer at the infantry inspectorate, at the War Secretariat and in the "plans and organization" department at General Headquarters. He also attended Fort Leavenworth War College and the Army War College in Washington. In 1934, he commanded the 31st Infantry Regiment based in Shanghai. A colonel in September 1940, he rose to brigadier-general in October and took over command of the planning division at General Headquarters. He gained the rank of major-general in February 1942 and took over command of the 29th Infantry Division and of the US forces stationed in the UK. In June 1943, he became commander of V Corps and trained it for the D-Day landing. He commanded that corps until January 1945 when he was promoted to lieutenant-general and commander of Fifteenth Army.

After the war, he commanded the US occupying troops in Germany. Back in the United States, he was placed in charge of Fort Leavenworth War College. He retired in 1948. He returned to service in 1951 at ground forces general headquarters. He left the army for good in 1954 and died on May 19th 1982.

- *Robert N. Grow*

The son of John T. Grow and Nelly Walker, Robert N. Grow was born on February 14th 1895 at Sibley (Iowa). After studying at the University of Minnesota, he became second-lieutenant in the artillery in the Minnesota National Guard (1915). In 1916, he moved to the federal army. He served in various cavalry units before following the course at the Artillery School, graduating in 1918. After a short time in Germany (occupation), he returned to the United States in 1919 where he was appointed to teach tactics and military science at the University of Illinois. In 1925, he attended the Cavalry School where he later became an instructor. Graduating from the General Staff College in 1929, he served at the Mechanized Forces Headquarters as officer in charge of plans and training. He returned to General Staff College as an instructor then attended the Army War College (1936). In 1940, he was assigned to 2nd Armored Division Headquarters. The following year, he took over command of the 34th Armored Regiment at Fort Knox. In June 1941, he became commander of Combat Command "A", 10th Armored Division then took over command of the 6th Armored Division (May 1943). He kept this command until the end of the war.

- Wade H. Haislip

Né à Woodstock en Virginie le 9 juillet 1889 de Rueben D.Haislip et de Betta Heller, Wade Hampton Haislip sort de West Point en 1912. Il sert au Mexique en 1914. En 1917, il part en France où il participe aux opérations dans les Vosges puis aux offensives de Saint-Mihiel et de Meuse-Argonne au sein de l'état-major du *V Corps* et avec la *3rd Infantry Division*. Après une période d'occupation en Allemagne avec le *8th Infantry Regiment* puis au Quartier Général des forces américaines, il revient aux Etats-Unis et devient instructeur à West Point (1921-1923). En 1923-1924, il suit les cours de l'Ecole d'infanterie puis, l'année suivante, ceux de l'Ecole d'état-major général. En 1925-1927, il effectue un séjour en France pour assister aux cours de l'Ecole supérieure de guerre dont il obtient le diplôme. De retour aux Etats-Unis, il suit les cours de l'*Army War College* (1931-1932). Dans les années trente, il sert à l'Etat-major général puis dans la *29th Infantry Division* (1936-1938).En 1936-1938, il est au *War departement* et devient assistant du chef du personnel de l'armée en 1941. *Major-General* en 1942, il commande la *85th Infantry Division* à partir d'avril 1942. En février 1943, il prend la tête du **XV Corps** avec lequel il combat en Normandie, en Lorraine puis en Allemagne.

Après la guerre, Haislip succède au général Patch à la tête de la *7th Army* et obtient le grade de *Lieutenant-General* (juillet 1945). De retour aux Etats-Unis, il est nommé chef du bureau du personnel au Secrétariat à la Guerre à Washington. En 1947, il est chef d'état-major général de l'armée de terre. *General* en 1949, il prend sa retraite en 1951 mais demeure jusqu'en 1966 gouverneur du *Soldiers Home*.

- Leland S. Hobbs

Né le 24 février 1892 à Gloucester (Massachusetts) de William K.Hobbs et de A.S. Perkins, Leland S.Hobbs sort de West Point en 1915 avec le grade de *Second-Lieutenant* d'infanterie. Sa première affectation le conduit au *12th Infantry Regiment* à Nogales en Arizona où il participe aux opérations punitives contre les bandits mexicains. En 1918, il est en France avec le détachement avancé de la *11th Infantry Division* et combat pendant les derniers jours de la guerre. Après avoir suivi les cours de l'Ecole d'officiers de Langres, il revient aux Etats-Unis en décembre 1918. Il commande un bataillon d'infanterie pendant un an puis, à partir de février 1920, exerce les fonctions d'instructeur dans les différentes écoles militaires des Etats-Unis. De 1924 à 1927, il sert à Hawaï avec le *27th Infantry Regiment*. Diplômé de l'Ecole d'infanterie puis de l'Ecole d'état-major général, il occupe un poste à la direction de l'Infanterie à l'état-major de Washington. Egalement diplômé de l'*Army War College*, il est nommé officier chargé des approvisionnements du *IV Corps* à Atlanta avant de devenir chef d'état-major de la *3rd Army* en octobre 1938. Il suit les cours de l'Ecole de guerre navale en 1940 puis sert au Fort Snelling dans le Minnesota avec le *2rd Infantry Regiment* jusqu'en octobre 1940. En février 1941 il est *executive officer* au Camp J.T.Robinson. En mai 1942, il est affecté à la *80th Infantry Division* puis prend le commandement de la **30th Infantry Division** en septembre 1942. il est promu peu après (11 septembre 1942) au grade de *Major-General*. Il conserve son commandement jusqu'à la fin des hostilités.

Après la guerre, Hobbs commande le *IX Corps*, il sert aux Philippines avant d'être nommé à la tête de la *1st Army* (1951). Il quitte l'armée en 1953 et meurt à Washington le 6 mars 1966.

- Courtney H. Hodges

Courtney H. Hodges naît le 5 janvier 1887 à Perry en Georgie. Il rentre à West Point en 1904 il devient *Second-Lieutenant* dans l'infanterie en 1909. Il sert dans la *17th Infantry Division* au Fort MacPherson en 1906-1909 puis au Fort Leavenworth, à San Antonio et aux Philippines. En 1916-1917, il participe à l'expédition punitive menée au Mexique par le général Pershing. En 1918, il est *Major* et combat en France. Il participe aux offensives de Saint Mihiel et de Meuse-Argonne et obtient la *Silver Star* pour

- *Wade H. Haislip*

Born at Woodstock, Virginia on July 9th 1889 to Rueben D.Haislip and Betta Heller, Wade Hampton Haislip graduated from West Point in 1912. He served in Mexico in 1914. In 1917, he left for France where he took part in the operations in the Vosges then in the Saint-Mihiel and Meuse-Argonne offensives with V Corps Headquarters and with the 3rd Infantry Division. After a period of occupation in Germany with the 8th Infantry Regiment, then at the US Forces Headquarters, he returned to the United States and became an instructor at West Point (1921-1923). In 1923-1924, he attended the Infantry School, then the following year, at General Staff College. In 1925-1927, he was in France to follow the course at the Higher War College, from which he graduated. Back in the United States, he attended the Army War College (1931-1932). During the thirties, he served on the General Staff then with the 29th Infantry Division (1936-1938). In 1936-1938, he was at the War department and became assistant to the chief of army personnel in 1941. A major-general in 1942, he commanded the 85th Infantry Division as of April 1942. In February 1943, he took over command of XV Corps with which he fought in Normandy, in Lorraine then in Germany.

After the war, Haislip took over from General Patch in command of Seventh Army and was promoted to lieutenant-general (July 1945). Back in the United States, he was appointed chief of the personnel bureau at the War Secretariat in Washington. In 1947, he became army chief-of-staff. Promoted to general in 1949, he retired in 1951 but remained governor of the Soldiers Home until 1966.

- *Leland S. Hobbs*

Born at Gloucester (Massachusetts) on February 24th 1892 to William K. Hobbs and A.S. Perkins, Leland S. Hobbs graduated from West Point in 1915 with the rank of second-lieutenant in the infantry. His first posting took him to the 12th Infantry Regiment at Nogales in Arizona where he took part in punitive operations against Mexican bandits. In 1918, he was in France with the advanced detachment of the 11th Infantry Division and fought during the final days of the war. After following the course at the Officers College at Langres, he returned to the United States in December 1918. He commanded an infantry battalion for a year then, from February 1920, was an instructor at various military schools in the United States. From 1924 to 1927, he served in Hawaii with the 27th Infantry Regiment. He graduated from the Infantry School then the General Staff College; he held a post at the infantry directorate at headquarters in Washington. He also graduated from the Army War College, and was appointed officer in charge of supplies with IV Corps in Atlanta before becoming Third Army chief-of-staff in October 1938. He attended the Naval War College in 1940, and then served at Fort Snelling in Minnesota with the 2nd Infantry Regiment until October 1940. In February 1941 he was executive officer at Camp J.T. Robinson. In May 1942, he was assigned to the 80th Infantry Division then took over command of the 30th Infantry Division in September 1942. Shortly afterwards (September 11th 1942), he was promoted to the rank of major-general. He held onto his command until the end of the war.

After the war, Hobbs commanded IX Corps, he served in the Philippines until appointed to command First Army (1951). He left the army in 1953 and died in Washington on March 6th 1966.

- *Courtney H. Hodges*

Courtney H. Hodges was born on January 5th 1887 at Perry in Georgia. He went to West Point in 1904 and became a second-lieutenant in the infantry in 1909. He served with the 17th Infantry Division at Fort MacPershon in 1906-1909 then at Fort Leavenworth, at San Antonio and in the Philippines. In 1916-1917, he took part in General Pershing's punitive expedition in Mexico. In 1918, he was a major and fought in France. He took part in the Saint Mihiel and Meuse-Argonne offensives and won a Silver Star for bravery. After a period of

Le *Major-General* Robert N. Grow, chef de la *6th Armored Division*. Photo prise au cours d'une prise d'arme dans le Gloucestershire en Grande-Bretagne le 26 juin 1944.

Major-General Robert N. Grow, 6th Armored Division commander. Photo taken during a parade under arms in Gloucestershire, England on June 26th 1944.

Le *Lieutenant-General* Wade H. Haislip, chef du *XV Corps* en Normandie. (dessin de Siss.)

Lieutenant-General Wade H. Haislip, XV Corps commander in Normandy (drawing by Siss).

Le *Lieutenant-General* Courtney H. Hodges, chef de la *1st Army* à partir d'août 1944.

Lieutenant-General Courtney H. Hodges, First Army commander from August 1944.

acte de courage. Après une période d'occupation en Allemagne, il revient aux Etats-Unis et poursuit sa carrière dans l'infanterie. Diplômé de l'*Army War College* en 1934, il sert à l'état-major des forces améri- caines aux Philippines en 1936-1938. *Brigadier-General* en avril 1940, il obtient le grade de *Major-General* en mai 1941. De mai 1941 à mars 1942, il commande le *X Corps*. *Lieutenant-General* en février 1943, il est nommé à la tête de la *3rd Army* à la même époque. Envoyé en Angleterre avant même l'arrivée de son armée, il devient adjoint de Bradley qui le charge de toutes les questions d'entraînement tandis que Patton prend le commandement de la *3rd Army*. En août 1944, il succède à Bradley à la tête de la *1st Army*. Il garde ce commandement jusqu'en janvier 1949 date à laquelle il quitte l'armée. Il meurt en 1966.

- Clarence R.Huebner

Né le 24 novembre 1888 à Bushtown (Texas) de Samuel G.Huebner, céréalier au Texas et de Martha Rishel, il s'engage dans la *18th Infantry Division* au sein de laquelle il sert de 1910 à 1916. *Second-Lieutenant* le 26 novembre 1916, il participe à la Première Guerre mondiale. Blessé deux fois, il se distingue particulièrement, obtenant notamment deux *Distinguished Service Crosses*, la *Distinguished Service Medal*, la croix de guerre française et le grade de lieutenant-colonel à titre temporaire. Pendant l'entre deux guerres, il poursuit une carrière classique. Il suit les cours des différentes écoles militaires et occupe des postes d'instructeur. De 1940 à 1942, il sert à l'Etat-major général dans le département des services et du ravitaillement. Promu *Major-General*, il prend le commandement de la *1st Infantry Division* en juillet 1943. Avec cette division, il combat en Sicile puis achève son entraînement en Grande-Bretagne. En janvier 1945, il devient chef du *V Corps* et conserve ce commandement jusqu'à l'armistice.

Huebner quitte l'armée en 1950 et meurt le 23 septembre 1972 à Washington.

- Stafford L.Irwin

Né à Fort Monroe (Virginie) le 23 mars 1893, Stafford L.Irwin est le fils du *Major-General* George Leroy Irwin et de Marie-Elisabeth Barker. Il rentre à West Point en 1915. Il suit les cours de l'école d'artillerie en 1926 puis ceux de l'école d'état-major en 1927. Admis à l'*Army War College* en 1937, il obtient le grade de *Brigadier-General* en 1942 puis celui de *Major-General* en 1943. Il commande la *5th Infantry division* de juin 1943 à avril 1945.

- Jay W.Mc Kelvie

Né le 23 septembre 1890 à Esmond dans le Sud-Dakota, Jay Ward Mc Kelvie est le fils de Francis Mc Kelvie et de Jeannette Gibb. Il s'engage dans l'armée comme soldat en 1913 et sert dans le *7th Cavalry Regiment*. *Second-Lieutenant* en 1917, il combat en France lors de l'offensive de Saint-Mihiel (1918). Entre les deux guerres, il suit les cours de l'*Army Service School* et de l'*Army War College* et sert à l'Etat-major général. *Brigadier-General* en mars 1942, il est nommé chef de l'artillerie de la *85th Infantry division*. En janvier 1944, il succède au général Terrell à la tête de la *90th Infantry Division*. Très contesté, il est remplacé peu après le débarquement de sa division en Normandie (12 juin 1944). En septembre 1944, il retrouve un commandement comme chef de l'artillerie de la *80th Infantry Division*. En juin 1945, il retourne aux Etats-Unis pour commander le *V Artillery Corps* (Fort Jackson) Il est mort le 5 décembre 1985.

- Eugène M. Landrum

Né à Penascola en Floride le 6 février 1891, il s'engage en 1910 et devient *Second-Lieutenant* en 1916. Il sert au sein du corps expéditionnaire américain en Russie en 1919. Entre les deux guerres, il suit les cours des différentes écoles militaires. Au début de la Seconde Guerre mondiale, il est en Alaska. *Brigadier-General* en mars 1942, il est promu *Major-General* en mars 1943 et remplace le général Mc Kelvie à la tête de la *90th Infantry Division* le 12 juin 1944. Il est relevé de son commandement le 28 juillet 1944 et devient chef du centre

Le *Major-General* Clarence R. Huebner, chef de la *1st Infantry Division* donne des explications au *General* Eisenhower et au *Lieutenant-General* Bradley. Photo prise au QG de Bradley.

Major-General Clarence R.Huebner, 1st Infantry Division commander, explains something to General Eisenhower and Lieutenant-General Bradley. Photo taken at Bradley's HQ.

occupation of Germany, he returned to the United States and pursued his career in the infantry. After graduating from the Army War College in 1934, he served at the headquarters of the US forces in the Philippines in 1936-1938. A brigadier-general in April 1940, he gained the rank of major-general in May 1941. From May 1941 to March 1942, he commanded X Corps. A lieutenant-general in February 1943, he was placed in command of Third Army at the same time. Sent to England even before his army arrived, he became Bradley's deputy and was put in charge of all training matters while Patton took over command of Third Army. In August 1944, he took over from Bradley as commander of **First Army.** He kept this command until January 1949 when he left the army. He died in 1966.

- Clarence R. Huebner

Born on November 24th 1888 at Bushtown (Texas) to Samuel G. Huebner, a Texas crop farmer and Martha Rishel, he enlisted with the 18th Infantry Division with which he served from 1910 to 1916. Promoted to second-lieutenant on November 26th 1916, he fought in World War I. He was twice wounded, fighting with particular distinction and winning among other things the Distinguished Service Cross (twice), a Distinguished Service Medal, the French Croix de Guerre and the rank of acting lieutenant-colonel. During the interwar years, he followed a conventional career. He attended various military schools and held down posts as an instructor. From 1940 to 1942, he served in the General Staff service and supply department. Promoted to major-general, he took over command of the 1st Infantry Division in July 1943. With this division, he fought in Sicily then completed his training in the UK. In January 1945, he became commander of V Corps, a command he held until the armistice.

Huebner left the army in 1950 and died on September 23rd 1972 in Washington.

- Stafford L. Irwin

Born at Fort Monroe (Virginia) on March 23rd 1893, Stafford L. Irwin was the son of Major-General George Leroy Irwin and Marie-Elisabeth Barker. He went to West Point in 1915. He attended the Artillery School in 1926 then at Staff College in 1927. Admitted to the Army War College in 1937, he rose to the rank of brigadier-general in 1942 then major-general in 1943. He commanded the 5th Infantry Division from June 1943 to April 1945.

- Jay W. McKelvie

Born at Esmond in South Dakota on September 23rd 1890, Jay Ward McKelvie was the son of Francis McKelvie and Jeannette Gibb. He joined up as a private in 1913 and served in the 7th Cavalry Regiment. A second-lieutenant in 1917, he fought in France during the Saint-Mihiel offensive (1918). Between the two wars, he attended the Army Service School and Army War College and served on the General Staff. A brigadier-general in March 1942, he was placed in command of the artillery of the 85th Infantry Division. In January 1944, he took over from General Terrell as commander of the 90th Infantry Division. This highly controversial figure was replaced shortly after his division landed in Normandy (June 12th 1944). In September 1944, he regained command as commander of the artillery of the 80th Infantry Division. In June 1945, he went home to the United States to command V Artillery Corps (Fort Jackson). He died on December 5th 1985.

- Eugène M. Landrum

Born at Penascola in Florida on February 6th 1891, he enlisted in 1910 and became a second-lieutenant in 1916. He served with the US expeditionary corps in Russia in 1919. Between the two wars, he followed courses at various military schools. At the start of World War II, he was in Alaska. A brigadier-general in March 1942, he was promoted to major-general in March 1943 and replaced General McKelvie in command of the 90th Infantry Division on June 12th 1944. He was relieved of his command on July 28th 1944 and became commander of the replacement infantry training center at

d'entraînement de l'infanterie de remplacement au Camp Maxey au Texas (octobre 1944). Il meurt le 24 juillet 1967.

- Robert C. Macon

Fils de Edward N.Macon et de Edith Bailey, Robert C.Macon naît à Washington le 12 juillet 1890. Sorti de l'Institut polytechnique de Virginie, il est *Second-Lieutenant* dans l'infanterie en 1916. Affecté au *19th Infantry Regiment*, il passe ensuite au *15th Infantry Regiment* avec lequel il part en Chine en 1920. De retour aux Etats-Unis en 1922, il suit les cours de l'Ecole d'infanterie puis devient professeur de tactique et de science militaire à l'Institut polytechnique de Virginie. En 1929, il passe le diplôme de « guerre chimique» ainsi que celui de l'Ecole d'état-major général (1931). Il sert ensuite dans la zone du canal de Panama. En 1934, il suit les cours de l'*Army War College* de Washington et devient instructeur dans l'Ecole d'infanterie pendant cinq ans. En 1940, il est affecté à l'état-major du *VII Corps* et, en avril 1941, devient adjoint du chef d'état-major et officier chargé des plans et de l'entraînement de la *4th Armored Division*. L'année suivante, il prend le commandement du *7th Infantry Regiment*. En décembre 1942, il est commandant en second de la **83rd Infantry Division** dont il prend la tête en janvier 1944. Il garde ce commandement jusqu'à la fin de la guerre.

- Troy H. Middleton

Fils de John H.Middleton et de Katheryne Thompson, Troy H.Middleton naît le 12 octobre 1889 dans le Missouri. Après avoir suivi les cours de l'Institut agricole et mécanique du Mississippi, il s'engage dans l'armée régulière et sort de West Point en 1912. Il se distingue pendant la Première Guerre mondiale qu'il finit avec de nombreuses décorations et le grade de colonel à titre temporaire (c'est le plus jeune officier de ce grade du corps expéditionnaire). Pendant l'entre deux guerres, il suit les cours de l'Ecole d'Infanterie (1922), de l'Ecole d'état-major général et de l'*Army War College*. En 1930, il est professeur de sciences militaires et de tactique à l'Université de Louisiane à Baton Rouge. Colonel en octobre 1937, il quitte l'armée peu après. Il reprend du service en janvier 1942 comme *Major-General* et devient chef de la *45th Infantry Division*. Il commande cette division en Sicile et en Italie et acquiert une solide réputation. Il quitte son commandement pour raisons de santé en janvier 1944. En mars 1944, il retrouve un commandement sur l'insistance d'Eisenhower. Placé à la tête du **VIII Corps,** il le dirige admirablement jusqu'à la fin de la guerre. Il quitte l'armée en août 1945 pour l'Université de Louisiane dont il devient président. Il meurt en 1976.

- Lunsford E. Oliver

Fils de Thomas Jefferson Oliver et de Mary Lorinda Evans, Lunsford E. Oliver naît à Nemeha (Nebraska) le 17 mars 1889. Après l'Ecole de West Point, il devient *Second-Lieutenant* dans le génie (12 juin 1913). Sa première affectation le conduit le long de la frontière du Texas. En 1916, il suit les cours de l'école du génie à Washington. En 1918, il est affecté au *36th Engineers Rgt.* au camp Grant. En juin 1919, il est envoyé en France et stationne une brève période en Allemagne avec le *2nd Engineers*. A son retour aux Etats-Unis (novembre 1919), il devient chef du génie à Washington et se voit chargé de la construction d'un pont sur le Potomac (mai 1920-juin 1922). De 1922 à 1924, il est chef du district du génie s'étendant de l'embouchure du Missouri à celle de l'Ohio (quartier-général à Saint-Louis). Après une mission de trois ans en Alaska, Lunsford E.Oliver, suit les cours de l'Ecole d'état-major général puis commande le *29th Engineers* à Fort Humphreys (Virginie) pendant un an. En 1932, il siège dans la commission du Mississippi à Vicksburg puis devient ingénieur du district de Vicksburg (1934-1937). En août 1937, il suit les cours de l'*Army War College* puis est nommé instructeur à l'Ecole d'Etat-major général. Le 28 novembre 1940, il est affecté au *I Armored Corps* puis, le 19 mai 1941, à l'Etat-major des forces blindées à Fort Knox. Le 21 février 1942, il prend le commandement de la *1st Armored Division* à Camp Forrest (Tennessee) puis, en février 1943,

---

Camp Maxey in Texas (October 1944). He died on July 24th 1967.

- Robert C. Macon

The son of Edward N. Macon and Edith Bailey, Robert C. Macon was born in Washington on July 12th 1890. He graduated from the Virginia Polytechnic Institute, and was a second-lieutenant in the infantry in 1916. Assigned to the 19th Infantry Regiment, he moved on to the 15th Infantry Regiment with which he left for China in 1920. Back in the United States in 1922, he attended the Infantry School then taught military science and tactics at the Virginia Polytechnic Institute. In 1929, he obtained the "chemical warfare" diploma and graduated from the General Staff College (1931). He then served in the Panama Canal zone. In 1934, he attended the Army War College in Washington and was an instructor at the Infantry School for five years. In 1940, he was assigned to VII Corps headquarters, and in April 1941, he became deputy chief-of-staff and officer in charge of plans and training with the 4th Armored Division. The following year, he took over command of the 7th Infantry Regiment. In December 1942, he was second-in-command of the 83rd Infantry Division, taking over command in January 1944. He kept this command until the end of the war.

- Troy H. Middleton

The son of John H. Middleton and Katheryne Thompson, Troy H. Middleton was born in Missouri on October 12th 1889. After studying at the Mississippi Institute of Farming and Mechanics, he joined the regular army and graduated from West Point in 1912. He fought with distinction in World War I, finishing up with numerous decorations and the rank of acting colonel (the youngest officer of that rank in the expeditionary corps). During the interwar years, he attended the Infantry School (1922), General Staff College and Army War College. In 1930, he taught military science and tactics at the University of Louisiana at Baton Rouge. A colonel in October 1937, he left the army shortly afterwards. He returned to service in January 1942 as a major-general and became commander of the 45th Infantry Division. He commanded that division in Sicily and in Italy and gained a considerable reputation. He left his command on health grounds in January 1944. In March 1944, Eisenhower insisted that he return to command. As commander of VIII Corps, he led it admirably until the end of the war. He left the army in August 1945 for the University of Louisiana of which he became president. He died in 1976.

- Lunsford E. Oliver

The son of Thomas Jefferson Oliver and Mary Lorinda Evans, Lunsford E. Oliver was born at Nemeha (Nebraska) on March 17th 1889. After West Point Military Academy, he became a second-lieutenant in the engineers (June 12th 1913). His first posting took him along the Texas border. In 1916, he attended the engineers school in Washington. In 1918, he was assigned to the 36th Engineers Rgt. at Camp Grant. In June 1919, he was sent to France and was stationed for a short time with the 2nd Engineers in Germany. On returning to the United States (November 1919), he became commander of the engineers in Washington and was put in charge of constructing a bridge over the Potomac (May 1920-June 1922). From 1922 to 1924, he was commander of the engineers district extending from the mouth of the Missouri to the mouth of the Ohio (headquarters at Saint-Louis). After a three-year assignment in Alaska, Lunsford E. Oliver attended the General Staff College then commanded the 29th Engineers at Fort Humphreys (Virginia) for a year. In 1932, he sat on the commission of the Mississippi at Vicksburg then became engineer in Vicksburg district (1934-1937). In August 1937, he attended the Army War College and then became an instructor at the General Staff College. On November 28th 1940, he was assigned to I Armored Corps then, on May 19th 1941, to the Armored Forces Headquarters at Fort Knox. On February 21st 1942, he took over command of the 1st Armored Division at Camp Forrest (Tennessee) then, in

Le *Major-General* Robert C. Macon, chef de la *83rd Infantry Division*.

Major-General Robert C. Macon, 83rd Infantry Division commander.

Le *Major-General* Troy H. Middleton, chef du *VIII Corps*. Héros de la guerre de 14-18, Middleton s'était distingué à la tête de *45th Infantry Division* en Sicile et en Italie.

Major-General Troy H. Middleton, VIII Corps commander. A hero of the 1914-18 war, Middleton was a distinguished commander of the 45th Infantry Division in Sicily and Italy.

George S. Patton commande la *3rd Army*.

George S. Patton, 3rd Army commander.

Le *Major-General* Mathew B. Ridgway, chef de la *82nd Airborne Division*.

Major-General Mathew B. Ridgway, 82nd Airborne Division commander.

celui de la **5th Armored-Division** à Camp Cooke (Californie). Il commande cette division jusqu'en juin 1945.

- George S. Patton

George Smith Patton naît le 11 novembre 1885 à San Gabriel en Californie d'une famille ayant donné plusieurs officiers généraux. Il sort de West Point en 1909 et choisit la cavalerie. Il participe à l'opération punitive du Mexique avec le général Pershing (1916) puis débarque en France en 1917. Il créé à Langres le centre de formation de chars puis la *304th Armored Brigade*. Il commande cette unité avec le grade de lieutenant-colonel (obtenu à titre temporaire) lors de l'offensive de Saint-Mihiel. Grièvement blessé en Argonne en septembre 1918, il est promu colonel à titre temporaire. Après la guerre, Patton retrouve le grade de *Major*. Sa carrière se déroule lentement entre les deux guerres, dans des unités de cavalerie et dans les différentes écoles dont il suit les cours (Ecole d'état-major général, *Army War College*). Colonel en 1939, il commande le *3rd Cavalry Regiment*. Promu *Brigadier-General* en juillet 1940, il commande une brigade de la *2nd Armored Division* puis cette grande unité à partir d'avril 1941, après avoir reçu le grade de *Lieutenant-General* à titre temporaire. Considéré comme le grand spécialiste de l'arme blindée, il devient ensuite chef du *I Armored Corps* qu'il forme et entraîne au Camp d'Indian (Californie). En novembre 1942, il commande la *Western Task Force* qui débarque au Maroc puis le *II Corps* en Tunisie. *Lieutenant-General* en mars 1943, il commande la *7th Army* en Sicile mais il est limogé à la fin de la campagne. Eisenhower obtient cependant sa nomination à la tête de la **3rd Army** début 1944. Patton débarque en Normandie le 28 juillet 1944 et dirige les opérations du *VIII Corps*. Il mène ensuite sa *3rd Army* dans la bataille à partir du 1er août. Il conserve son commandement jusqu'à la fin des hostilités. Promu *General* en avril 1945, il devient chef des forces d'occupation en Bavière puis commande la fantomatique *15th Army*. Il meurt des suites d'un accident de voiture le 21 décembre 1945.

- Mathew B. Ridgway

Né le 3 mars 1895 à Fort Monroe (Virginie) de Thomas Ridgway et de Ruth Starbuck Bunker, Mathew Bunker Ridgway sort de l'école de West Point en 1917. Pendant l'entre deux guerres, il occupe différents postes en Chine, aux Philippines, au Nicaragua, à West Point et au Fort Benning. Il suit les cours de l'Ecole d'infanterie puis ceux de l'Ecole d'état-major (1935) et l'*Army War College*. Il occupe différents emplois en état-major, notamment à la section plans de l'Etat-major général. En juin 1942, il se voit confier le commandement de la *82nd Infantry Division* devenue par la suite **82nd Airborne Division**. Il combat avec cette division en Afrique du Nord, en Sicile, en Italie puis en Normandie. En août 1944, Ridgway commande le *XVIII Airborne Corps* à la tête duquel il termine la guerre.

Il poursuit sa carrière après la guerre comme commandant en chef allié en Méditerranée puis comme représentant des Etats-Unis au comité d'état-major militaire des Nations-Unies. On le retrouve ensuite comme commandant en chef au Panama puis à la tête de la *8th Army* en Corée (1950). L'année suivante, il succède au général Mac Arthur comme commandant suprême interallié en Corée. En 1952, il est promu *General* et devient commandant suprême interallié en Europe (1952). En 1953, Ridgway est chef d'état-major de l'armée américaine. Il prend sa retraite en 1955. Il est mort le 26 juillet 1993 à Fox Chapel en Pennsylvanie.

- Walter M.Robertson

Né à Nelson County en Virginie le 15 juin 1888 de William W. Robertson et de Marie Fanny Petit, Walter Melville Robertson est étudiant à l'Université d'Oklaoma en 1907 puis rentre à West point en 1912. *Second-Lieutenant* en 1916, il sert à Hawaï puis entraîne aux Etats-Unis les troupes destinées à être engagées en France mais il arrive trop tard dans ce pays pour combattre. Officier à l'Etat-major général de 1926 à 1929, il suit les cours de l'*Army War College* avant d'effectuer un temps de commandement aux Philippines. Il occupe ensuite différents postes en état-major. En 1935, il est lieutenant-colonel

*February 1943, that of the **5th Armored Division** at Camp Cooke (California). He commanded that division until June 1945.*

- George S. Patton

*George Smith Patton was born on November 11th 1885 at San Gabriel, California into a family that had already produced a number of general officers. He graduated from West Point in 1909 and chose the cavalry. He took part in punitive operation in Mexico with General Pershing (1916) then landed in France in 1917. At Langres he set up the Tank School and later the 304th Armored Brigade. He commanded that unit with the rank of (acting) lieutenant-colonel during the Saint-Mihiel offensive. Badly wounded in Argonne in September 1918, he was promoted to acting colonel. After the war, Patton reverted to the rank of major. His career failed to take off between the two wars, in cavalry units and at the various colleges he attended (General Staff College, Army War College). A colonel in 1939, he commanded the 3rd Cavalry Regiment. Promoted to brigadier-general in July 1940, he commanded a brigade of 2nd Armored Division then the great unit itself from April 1941, after promotion to acting lieutenant-general. Viewed as the great tank army specialist, he went on to command I Armored Corps which he formed and trained at Camp d'Indian (California). In November 1942, he commanded the Western Task Force which landed in Morocco then II Corps in Tunisia. A lieutenant-general in March 1943, he commanded Seventh Army in Sicily but he was dismissed at the end of the campaign. Eisenhower did however obtain his appointment in command of Third **Army** early in 1944. Patton landed in Normandy on July 28th 1944 and directed the operations of VIII Corps. He then led his Third Army into battle starting on August 1st. He held on to his command until the end of the war. Promoted to general in April 1945, he became commander of the occupying forces in Bavaria then commanded Fifteenth Army, a paper formation. He died following a car accident on December 21st 1945.*

- Mathew B. Ridgway

*Born on March 3rd 1895 at Fort Monroe (Virginia) to Thomas Ridgway and Ruth Starbuck Bunker, Mathew Bunker Ridgway graduated from West Point in 1917. During the interwar years, he held various posts in China, the Philippines, Nicaragua, at West Point and at Fort Benning. He attended the Infantry School then Staff College (1935) and Army War College. He held various posts on the staff, notably in the General Staff War Plans department. In June 1942, he was given command of the 82nd Infantry Division, which later became the **82nd Airborne Division.** He fought with that division in North Africa, Sicily, Italy and later Normandy. In August 1944, Ridgway commanded the XVIII Airborne Corps, a post he held until the end of the war.*

He pursued his postwar career as Allied commander-in-chief in the Mediterranean then as United States representative at the UN military staff committee. Later on he was commander-in-chief in Panama then commander of Eighth Army in Korea (1950). The following year, he took over from General MacArthur as Interallied Commander in Chief in Korea. In 1952, he was promoted to general and became Interallied Supreme Commander, Europe (1952). In 1953, Ridgway became chief of US Army Staff. He retired in 1955. He died on July 26th 1993 at Fox Chapel in Pennsylvania.

- Walter M. Robertson

Born in Nelson County, Virginia on June 15th 1888 to William W. Robertson and Marie Fanny Petit, Walter Melville Robertson studied at the University of Oklahoma in 1907 then went to West Point in 1912. A second-lieutenant in 1916, he served in Hawaii then in the United States he trained the troops to be committed in France, reaching France too late however to see action. An officer on the General Staff from 1926 to 1929, he attended the Army War College before commanding for a time in the Philippines. He then held various staff posts. In 1935, he was a lieutenant-colonel and was assigned to the General Staff where he remained for four years. From

et se voit affecté à l'Etat-major général où il reste quatre ans. De novembre 1940 à décembre 1941, il commande successivement les *9th* et *23rd Infantry Regiment* de la *2nd Infantry Division*. *Major-General* le 5 août 1942, il devient adjoint au chef de la **2nd Infantry division** (décembre 1941). En mai 1942 il succède au général John Lee à la tête de cette division. Il garde ce commandement jusqu'en juin 1945.

En juillet 1945, il est placé à la tête du *XV Corps*. En 1946 et 1947, il fait partie de la commission de contrôle alliée en Bulgarie. Il commande ensuite la *6th Army*. Robertson quitte l'armée en 1950 et devient directeur de la défense civile de l'Etat de Californie. Il meurt à San Francisco le 22 novembre 1954.

- Maurice Rose

Né le 26 novembre 1899 à Middletown (Connecticut) de Samuel Rose et de Catherine Brown, Maurice Rose est *Second-Lieutenant* en août 1917. En 1918, il combat en France. *Captain* en 1920, *Major* en 1930, il suit les cours de l'Ecole de cavalerie l'année suivante. En 1937, il est admis dans l'Ecole d'état-major général. Promu *Major-General* en janvier 1942, Il devient chef d'état-major de la **3rd Armored Division** à la même époque. Il commande cette division à partir de juin 1943.

- Lindsay Mc Donald Silvester

Né à Portsmouth (Virginie) le 30 septembre 1889, il est le fils de Lindsay Mac Donald Silvester et de Virginia Hurst. Après des études au Collège d'agriculture de Maryland, il sort de West Point en 1911. Il sert tout d'abord comme *Second-Lieutenant* dans le *2nd Infantry Regiment* à Hawaï (1912-1915) puis dans le *24th Infantry Regiment* avec lequel il participe à l'expédition punitive du Mexique (1916). *Captain* puis *Major* dans les *30th* et *7th Infantry Regiment*, il combat avec cette unité en France, participant aux offensives de l'Aisne, de Champagne-Marne, de Saint Mihiel et de Meuse Argonne. Blessé en octobre 1918, il reste en Europe jusqu'en 1919 comme inspecteur des camps de prisonniers. En 1919-1923, il sert à l'Etat-major général à Washington comme officier de renseignement. En 1923 ot 1924, il suit les cours de l'Ecole d'infanterie el de l'Ecole d'état-major général. Il devient ensuite instructeur à l'Ecole d'infanterie (1924-1927). De 1927 à 1929, il effectue un temps de commandement au sein du *66th Infantry Regiment* (chars légers). En 1930, il est admis à suivre les cours de l'*Army War College*. En 1937-1938, il devient chef de la section « blindés » de l'Ecole d'infanterie avant de prendre le commandement du *67th Infantry Regiment* (chars moyens). En 1940, il est à la tête du *69th Armored Regiment*. Il commande ensuite le *1st Tank Group* (1940-1941). *Major-General* en mars 1942, il est nommé à la tête de la **7th Armored Division** et conserve ce commandement jusqu'en octobre 1944.

- Donald A. Stroh

Donald Armpriester Stroh naît le 3 novembre 1892 à Hanisburg en Pennsylvanie. *Second-Lieutenant* de cavalerie en 1917, il accède au grade de *Brigadier-General* en juillet 1942. Officier de renseignement de la *4th Army* en juillet 1940, il devient aide de camp du chef de cette armée. Attaché militaire à Londres, il suit les cours de l'Ecole du renseignement britannique. En juillet 1941, il est chef du renseignement de la *4th Army*. En février 1942, il prend la tête de la *85th Infantry Division* puis de la *9th Infantry Division* en août 1942.

- Maxwell D. Taylor

Né en 1901, Maxwell D. Taylor sort de West Point en 1922 et se voit affecté dans le génie puis dans l'artillerie. Entre les deux guerres, il suit les cours des principales écoles militaires dont l'*Army War College* dont il obtient le diplôme en 1940. En juillet 1942, il est chef d'état-major de la *82nd Infantry Division* et contribue avec le chef de cette unité, le général Ridgway, à la transformer en division aéroportée. Promu *Brigadier-General*, il combat comme chef de l'artillerie de cette division en Afrique du Nord puis en Sicile et en Italie. En mars 1944, il prend le commandement de la **101st Airborne Division**, succédant au général Bill Lee. Il est promu *Major-General* peu après. Parachuté avec sa divi-

November 1940 to December 1941, he commanded first the 9th then the 23rd Infantry Regiment of the 2nd Infantry Division. Promoted to major-general on August 5th 1942, he became deputy commander of the **2nd Infantry Division** (December 1941). In May 1942 he took over from General John Lee as commander of that division. He kept this command until June 1945.

In July 1945, he was placed in command of XV Corps. In 1946 and 1947, he was on the Allied control commission in Bulgaria. He then took over command of Sixth Army. Robertson left the army in 1950 and became head of civil defense in California State. He died in San Francisco on November 22nd 1954.

- Maurice Rose

Born on November 26th 1899 in Middletown (Connecticut) to Samuel Rose and Catherine Brown, Maurice Rose was a second-lieutenant in August 1917. In 1918, he fought in France. A captain in 1920, and a major in 1930, he attended the Cavalry School the following year. In 1937, he was admitted to the General Staff College. Promoted to major-general in January 1942, around the same time, he became **3rd Armored Division** chief-of-staff. He commanded that division from June 1943.

- Lindsay McDonald Silvester

Born in Portsmouth (Virginia) on September 30th 1889, he was the son of Lindsay McDonald Silvester and Virginia Hurst. After studying at Maryland Agricultural College, he graduated from West Point in 1911. He served first as a second-lieutenant with the 2nd Infantry Regiment in Hawaii (1912-1915) then with the 24th Infantry Regiment, with which he took part in the punitive expedition in Mexico (1916). A captain then a major with the 30th and 7th Infantry Regiments, he fought with this last unit in France, taking part in the Aisne, Champagne-Marne, Saint Mihiel and Meuse-Argonne offensives. Wounded in October 1918, he stayed on in Europe until 1919 as POW camp inspector. In 1919-1923, he served as an intelligence officer on the General Staff in Washington. In 1923 and 1924, he attended the Infantry School and General Staff College. He then became an instructor at the ntry School (1924-1927). From 1927 to 1929, he was in command for a time with the 66th Infantry Regiment (light tanks). In 1930, he was admitted to attend the Army War College. In 1937-1938, he became commander of the armored section of the Infantry School before taking over command of the 67th Infantry Regiment (medium tanks). In 1940, he commanded the 69th Armored Regiment. He went on to command the 1st Tank Group (1940-1941). A major-general in March 1942, he was put in command of the **7th Armored Division** and held that command until October 1944.

- Donald A. Stroh

Donald Armpriester Stroh was born at Hanisburg, Pennsylvania on November 3rd 1892. A second-lieutenant in the cavalry in 1917, he rose to the rank of brigadier-general in July 1942. He was a Fourth Army intelligence officer in July 1940, then became aide-de-camp to that army's commander. As a military attaché in London, he attended the British School of Intelligence. In July 1941, he was Fourth Army intelligence commander. In February 1942, he took over command of the 85th Infantry Division, then of the **9th Infantry Division** in August 1942.

- Maxwell D. Taylor

Born in 1901, Maxwell D. Taylor graduated from West Point in 1922 and was assigned to the engineers and later the artillery. Between the two wars, he attended the major military schools including the Army War College, from which he graduated in 1940. In July 1942, he was chief-of-staff of the 82nd Infantry Division and helped the unit's commander, General Ridgway, to turn it into an airborne division. Promoted to brigadier-general, he fought as the division's artillery commander in North Africa, then in Sicily and Italy. In March 1944, he became commander of the **101st Airborne Division**, taking over from General Bill Lee. He was promoted to major-general shortly afterwards. He made the parachute drop over Normandy with his division, and was the first Amer-

Le *Major-General* Maurice Rose, chef de la *3rd Armored Division*. (US Army/Coll. Heimdal.)

Major-General Maurice Rose, 3rd Armored Division commander. (US Army/Coll. Heimdal.)

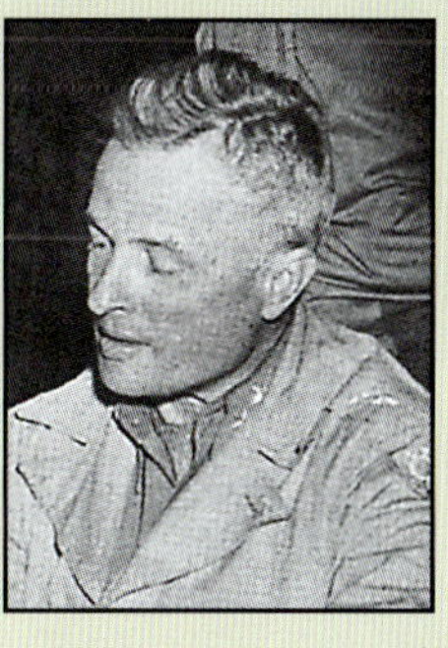

Donald A. Stroh.

Leroy H. Watson.

sion en Normandie, il est le premier général américain à combattre sur le sol français. Il garde le commandement de sa division jusqu'à la fin de la guerre.

Après la guerre, il poursuit sa carrière. On le retrouve dans le poste de *Superintendent* de West Point puis comme chef de la *8th Army* en Corée. De 1955 à 1959, il sert à l'Etat-major général. Il quitte l'armée en 1959 mais est rappelé par le président Kennedy deux ans plus tard. Il occupe alors différentes fonctions importantes dont celle d'ambassadeur au Viet Nam et de conseiller du Président Johnson pour le Vietnam (1965-1969). Il prend définitivement sa retraite en 1969 et meurt le 19 avril 1987.

- Walton H. Walker

Walton Harris Walker naît à Beton (Texas) le 3 décembre 1889 de Sam Sims Walker et de May Lydia Harris. Il sort de West Point en 1912. En 1914, il participe à l'expédition de Vera Cruz au Mexique. Il combat ensuite en France en 1918 lors des offensives de Saint-Mihiel et d'Argonne. Il suit les cours de l'Ecole d'artillerie et de l'Ecole d'infanterie en 1920 et 1923. En 1926, il est admis à l'école d'Etat-major général puis, en 1936 à l'*Army War College* après un séjour de trois ans en Chine (1930-1933). De 1937 à 1940, il est affecté à la division « Plans de campagne » de l'Etat-major général. *Brigadier-General* en juillet 1941 puis *Major-General* en février 1942, il commande le centre d'entraînement du désert et le *IV Corps* devenu par la suite **XX Corps** (septembre 1942). Il reste à la tête de ce corps d'armée (rattaché à la *3rd Army*) jusqu'à la fin des hostilités.

Après la guerre, Walker est promu *Lieutenant-General*. il commande la *8th Army* en Corée (1950). Il trouve la mort sur le front dans un accident de jeep.

- Leroy H.Watson

Né à Saint Louis (Montana) le 3 novembre 1893 de George Watson et de Sarah A. Callahan, Leroy H.Watson sort de West Point en 1915 et choisit l'infanterie. Après avoir servi dans différentes unités d'infanterie aux Etats-Unis, il combat en France en 1918. Au cours de l'offensive de Meuse-Argonne il reçoit la *Silver Star* pour acte de bravoure. De retour aux Etats-Unis en 1920, il suit les cours de l'Ecole d'infanterie en 1921 puis devient instructeur dans cette même école pendant quatre ans. Après un temps de service dans la zone de Panama, il suit les cours de l'Ecole d'état-major général (1930) dont il devient également instructeur. Diplômé de l'*Army War College* en 1934, il sert à l'Etat-major général en 1936. En 1940, il est affecté à la *2nd Armored Division* puis à la **3rd Armored Division** dont il assume le commandement d'août 1942 à août 1944. A cette date, il sert à l'état-major du *12th Army Group* puis devient commandant en second de la *29th Infantry Division* (octobre 1944). Il commande la *79th Infantry Division* à partir d'août 1945.

- John S.Wood

Né le 11 janvier 1888, John S. Wood sort à West Point en 1912 et obtient le grade de *Second-Lieutenant*. Il poursuit sa carrière jusqu'au grade de *Major-General*, obtenu en juin 1942. Il commande la *5th Armored-Division* de décembre 1941 à mai 1942, date à laquelle il est appelé au commandement de la **4th Armored Division**.

- Ira T. Wyche

Né à Ocracoke (Caroline du Nord) le 16 octobre 1887 de Lawrence Olin Wyche et de Lorena Howard, il sort de West Point en 1911. *Second-Lieutenant* d'infanterie, il passe dans l'artillerie en 1917 et combat en France de mai à août 1918. Entre les deux guerres, il suit les cours de l'Ecole d'artillerie puis en 1924 ceux de l'Ecole d'Etat-Major général. Admis à l'*Army War College* en 1934, il est *Major-General* en avril 1942 et commande, un cours laps de temps, la *74th Field Artillery Brigade*. En mai 1942 il devient chef de la **79th Infantry division** et conserve ce commandement jusqu'à la fin de la guerre.

En mai 1945, il prend le commandement du *VIII Corps* avant de retourner aux Etats-Unis (décembre 1945). En 1947, il est Inspecteur général de l'armée. Il prend sa retraite en septembre 1948. Il meurt à Pinehurst en Caroline du Nord le 8 juillet 1981.

Major General John S. Wood.

Le *Major-General* Ira T. Wyche, chef de la *79th Infantry Division*.

Major-General Ira T. Wyche, 79th Infantry Division commander.

ican general to fight on French soil. He remained in command of his division until the end of the war.

After the war, he pursued his career, holding posts as Superintendent at West Point then as Eighth Army commander in Korea. From 1955 to 1959, he served on the General Staff. He left the army in 1959 but was recalled two years later by President Kennedy. He then held various important posts including Vietnam ambassador and Vietnam adviser to President Johnson (1965-1969). He finally retired in 1969 and died on April 19th 1987.

- Walton H. Walker

*Walton Harris Walker was born at Beton (Texas) on December 3rd 1889 to Sam Sims Walker and May Lydia Harris. He graduated from West Point in 1912. In 1914, he took part in the Vera Cruz expedition to Mexico. He went on to fight in France in 1918 during the Saint-Mihiel and Argonne offensives. He attended the Artillery School and Infantry School in 1920 and 1923. In 1926, he was admitted to the General Staff College then, in 1936 to the Army War College after spending three years in China (1930-1933). From 1937 to 1940, he was assigned to the War Plans division on the General Staff. Promoted to brigadier-general in July 1941 then major-general in February 1942, he commanded the reserve training center and IV Corps later renamed **XX Corps** (September 1942). He remained in command of that corps (attached to Third Army) until the end of the war.*

After the war, Walker was promoted to lieutenant-general. He commanded the Eighth Army in Korea (1950). He was killed in a jeep accident on the front.

- Leroy H. Watson

*Born at Saint Louis (Montana) on November 3rd 1893 to George Watson and Sarah A. Callahan, Leroy H. Watson graduated from West Point in 1915 and chose the infantry. After serving with various infantry units in the United States, he fought in France in 1918. During the Meuse-Argonne offensive he was awarded the Silver Star for bravery. Back in the United States in 1920, he attended the Infantry School in 1921 then became an instructor there for four years. After doing service in the Panama zone, he attended the General Staff College (1930) before becoming an instructor there as well. He graduated from the Army War College in 1934, and served on the General Staff in 1936. In 1940, he was assigned to the 2nd Armored Division then **3rd Armored Division** which he commanded from August 1942 to August 1944. He then served at 12th Army Group Headquarters, later becoming second-in-command of the 29th Infantry Division (October 1944). He commanded the 79th Infantry Division from August 1945.*

- John S. Wood

*Born on January 11th 1888, John S. Wood graduated from West Point in 1912 and obtained the rank of second-lieutenant. He was promoted up to the rank of major-general, obtained in June 1942. He commanded the 5th Armored Division from December 1941 to May 1942, when he was called upon to command the **4th Armored Division**.*

- Ira T. Wyche

*Born in Ocracoke (North Carolina) on October 16th 1887 to Lawrence Olin Wyche and Lorena Howard, he graduated from West Point in 1911. A second-lieutenant in the infantry, he moved to the artillery in 1917 and fought in France from May to August 1918. Between the two wars, he attended the Artillery School then in 1924 the General Staff College. Admitted to the Army War College in 1934, he was promoted to major-general in April 1942 and for a short while commanded the 74th Field Artillery Brigade. In May 1942 he became commander of the **79th Infantry division** and held onto that command until the end of the war.*

In May 1945, he took over command of VIII Corps before returning to the United States (December 1945). In 1947, he was a general inspector of the army. He retired in September 1948. He died at Pinehurst, North Carolina on July 8th 1981.

Introduction

Du 6 juin au 31 août 1944, les Anglo-canadiens ont engagé en Normandie 17 divisions (contre 21 pour les Américains) soit 10 divisions d'infanterie, 6 divisions blindées et une division aéroportée. Comme pour les Américains, ces grandes unités sont arrivées progressivement sur le théâtre des opérations. Une première vague comprend la *6th Airborne Division*, acheminée dans la nuit du 5 au 6 juin, les *3rd, 50th, 51st Infantry Divisions*, *3rd Canadian Infantry Division*, *7th* et *79th Armoured Divisions* débarquées le 6 juin en entier ou en partie (cas de la *51st Infantry Division* et des deux divisions blindées). A la mi-juin, ces sept divisions sont suivies par une seconde vague comprenant la *49th Infantry Division* (12 juin), la *11th Armoured Division* (13-14 juin) et la *15th Infantry Division* (15 juin). Une troisième vague prend pied sur le continent au cours des dix derniers jours de juin et au début du mois suivant. Il s'agit de la *Guards Armoured Division* (22 juin), de la *43rd Infantry Division* (24 juin), de la *53rd Infantry Division* (28 juin), de la *59th Infantry Division* (fin juin) et de la *2nd Canadian Infantry Division* (début juillet). Ce dispositif est renforcé fin juillet-début août par l'arrivée de deux nouvelles divisions : la *4th Canadian Armoured Division* (fin juillet) et la *1st Polish Armoured Division* (début août). Jusqu'au 23 juillet, toutes ces divisions dépendent de la *2nd British Army* du général Dempsey. Cette dernière est subdivisée en cinq corps d'armées (*I* et *XXX Corps*, débarqués dès le 6 juin, *VIII Corps*, arrivé le 8 juin, *XII Corps*, arrivé fin juin et *II Canadian Corps*, arrivé début juillet). A partir du 23 juillet, la *1st Canadian Army* du général Crerar entre en lice. Occupant l'aile gauche du dispositif anglo-canadien, elle prend sous sa coupe le *I Corps* et le *II Canadian Corps*.

L'historique des divisions anglo-canadiennes engagées en Normandie est riche et varié. Des unités expérimentées, ayant participé à de nombreuses campagnes depuis le début de la guerre côtoient des divisions de création récente ayant passé les premières années de la guerre en Grande-Bretagne. Au premier groupe appartiennent 8 divisions : les *3rd, 43rd* et *49th Infantry Divisions* ont combattu en France en 1940, les *50th* et *51st Infantry Divisions* sont encore plus expérimentées puisqu'elles ont été engagées en France en 1940 mais aussi en Afrique du Nord et en Sicile (1942-1943). La célèbre *7th Armoured Division* (les « rats du désert ») a combattu en

From 6 June to 31 August 1944, the British and Canadians committed 17 divisions in Normandy (against the Americans' 21) namely 10 infantry divisions, 6 armoured divisions and one airborne division. As with the Americans, these large units arrived gradually onto the theater of operations. The initial wave comprised the 6th Airborne Division, brought over during the night of 5 to 6 June, the 3rd, 50th, 51st Infantry Divisions, 3rd Canadian Infantry Division, 7th and 79th Armoured Divisions which came ashore on 6 June either in whole or in part (as was the case with the 51st Infantry Division and the two armoured divisions). In mid-June, these seven divisions were followed by a second wave comprising the 49th Infantry Division (12 June), the 11th Armoured Division (13-14 June) and the 15th Infantry Division (15 June). A third wave set foot on the continent during the last ten days in June and the beginning of July. This included the Guards Armoured Division (22 June), the 43rd Infantry Division (24 June), the 53rd Infantry Division (28 June), the 59th Infantry Division (end of June) and the 2nd Canadian Infantry Division (early July). This disposition was reinforced in late July and early August with the arrival of a further two divisions: the 4th Canadian Armoured Division (end of July) and the 1st Polish Armoured Division (early August). Until 23 July, all these divisions came under General Dempsey's 2nd British Army, which was subdivided into five army corps (I and XXX Corps, which landed on D-Day itself, VIII Corps, arriving on 8 June, XII Corps, arriving in late June, and II Canadian Corps, arriving in early July). General Crerar's 1st Canadian Army joined the scene from 23 July. Occupying the left flank of the Anglo-Canadian disposition, it took over control of I Corps and II Canadian Corps.

The Anglo-Canadian divisions committed in Normandy had a rich and varied background history. Alongside experienced outfits that had taken part in numerous campaigns since the start of the war stood divisions only recently raised which had spent the early years of the war in Britain. Among the former group were 8 divisions: the 3rd, 43rd and 49th Infantry Divisions fought in France in 1940; the 50th and 51st Infantry Divisions were even more experienced, having been committed not only in France in 1940 but also in North Africa and Sicily (1942-1943). The famous 7th Armoured Division (the "Desert Rats") fought in North Africa (Egypt, Libya, Tunisia) from 1940 to 1943 before

Afrique du Nord (Egypte, Libye, Tunisie) de 1940 à 1943 avant d'être engagée en Italie. Certaines unités de la *2nd Canadian Infantry Division* ont participé au désastreux débarquement de Dieppe (1942). De même, la *1st Polish Armoured Division* est issue d'une unité ayant participé aux campagnes de Pologne et de France sous les ordres de son chef, le général Maczek. Les autres divisions, *15th*, *53rd* et *59th Infantry Divisions*, *Guards Armoured Division*, *11th* et *79th Armoured Divisions*, *6th Airborne Division*, *3rd Canadian Infantry Division* et *4th Canadian Armoured Division*, toutes de création récente (1939-1942) n'ont pas encore eu l'expérience du feu. On notera que la plupart des divisions de la première vague (débarquées les 6-7 juin) appartiennent à la première catégorie. Globalement, les divisions anglo-canadiennes engagées en Normandie ont une expérience de la guerre bien supérieure à celle des divisions américaines.

Toutes ces divisions ont poursuivi le combat après la Normandie, en Belgique, en Hollande puis en Allemagne jusqu'à l'armistice du 8 mai 1945 sauf trois : la *59th Infantry Division* est dissoute dès la fin du mois d'août 1944, la *15th Infantry Division* est rapatriée en Grande-Bretagne fin novembre 1944 où on lui confie une tâche d'entraînement. Quant à la *6th Airborne Division*, elle est aussi rapatriée en Grande-Bretagne début septembre mais elle est de nouveau engagée de fin décembre 1944 à février 1945 et de fin mars au début mai 1945...

Il reste un mot à dire de la structure des divisions anglo-canadiennes, très différente de celle des divisions américaines. La division d'infanterie britannique (et canadienne) s'articule en trois brigades d'infanterie comportant chacune trois bataillons. Ces derniers sont issus de différents régiments à recrutement régionaux (cf. annexe n° 1). Aux trois brigades d'infanterie s'ajoutent un important contingent d'armes et de services d'appui. L'artillerie de la division d'infanterie britannique aligne ainsi 307 canons y compris les canons antichars (78) et antiaériens (71), 495 véhicules légers, 31 automitrailleuses, 32 scouts-cars, 595 chenillettes et half-tracks, 1 056 camions de 3 t. auxquels il faut ajouter des motos, des tracteurs, des ambulances, etc. La division blindée comprend une brigade blindée à trois régiments de chars et un bataillon d'infanterie mécanisée, une brigade d'infanterie à trois bataillons transportés sur camions, un régiment de reconnaissance blindé et, comme pour la division d'infanterie, différentes unités d'appui et de service. Cet ensemble regroupe 366 chars soit 246 chars de combat (des Sherman ou des Cromwell, équipant les régiments de chars), 27 chars antiaériens, 63 chars légers Stuart, 27 chars d'observation avancée et 3 chars poseurs de ponts. En raison de sa vocation particulière (elle n'est pas employée en unité constituée mais par fractions), la *79th Armoured Division* est organisée de manière différente. Elle comprend une brigade blindée, une brigade de chars et une brigade du génie et ne dispose pas d'infanterie et d'artillerie organique. La division aéroportée est organisée, dans ses grandes lignes, comme la division d'infanterie avec trois brigades d'infanterie. Deux de ces brigades sont parachutistes tandis que la troisième, transportée par planeurs, est composée de bataillons d'infanterie classique. Les éléments d'appui et de soutien des brigades sont parachutistes ou aérotransportés.

Toutes ces divisions alignent environ 16 000 hommes. Ces derniers sont soutenus par 25 000 hommes appartenant aux formations d'appui, corps d'armée, armée, zone des étapes et dépôts. Cet ensemble de 41 000 hommes (contre 50 000 pour l'armée américaine) constitue la « tranche divisionnaire » dotée par ailleurs de 8 000 véhicules soit un pour cinq hommes.

being committed in Italy. Certain units of the 2nd Canadian Infantry Division took part in the disastrous Dieppe landing (1942). Similarly, the 1st Polish Armoured Division was drawn from a unit that took part in the campaigns in Poland and France under its commanding officer, General Maczek. The other divisions - the 15th, 53rd and 59th Infantry Divisions, Guards Armoured Division, 11th and 79th Armoured Divisions, 6th Airborne Division, 3rd Canadian Infantry Division and 4th Canadian Armoured Division - just recently raised (1939-1942) so far had no battle experience. Notice how most of the divisions in the first wave (which landed on 6-7 June) belonged to the former category. Overall, the Anglo-Canadian divisions committed in Normandy were a great deal more battle-hardened than the US divisions were.

All these divisions carried on fighting after Normandy, in Belgium and Holland and later in Germany until the armistice on 8 May 1945; all except three, that is: the 59th Infantry Division was disbanded forthwith late in August 1944, the 15th Infantry Division was sent home to England late in November 1944 where it was given a training assignment. As for the 6th Airborne Division, it too was sent home to England in early September but it was re-committed from late December 1944 until February 1945 and from the end of March until early May 1945.

It now remains to say a word on the structure of the Anglo-Canadian divisions, which was very different from that of the US divisions. The British (and Canadian) infantry division was built around three infantry brigades each with three battalions. These battalions were drawn from various regiments which recruited on a regional basis (cf. Appendix n° 1). In addition to the three infantry brigades came an important contingent of supporting arms and services. Thus the British infantry division had artillery comprising 307 guns including antitank (78) and antiaircraft (71) guns, 495 light vehicles, 31 armoured cars, 32 scout-cars, 595 Bren-gun carriers and half-tracks, 1,056 3 t. trucks, and also motorcycles, prime movers, ambulances, etc. The armoured division comprised one armoured brigade with three tank regiments and a mechanized infantry battalion, one infantry brigade with three battalions carried on trucks, an armoured reconnaissance regiment and, as for the infantry division, various supporting and service units. This unit included 366 tanks i.e. 246 combat tanks (Shermans or Cromwells, for the tank regiments), 27 antiaircraft tanks, 63 light Stuart tanks, 27 forward observation tanks and 3 bridge-laying tanks. Owing to its special calling (it was not used as a complete unit but piecemeal), the 79th Armoured Division was organized rather differently. It had an armoured brigade, a tank brigade and an engineers brigade, and had no divisional infantry or artillery. The airborne division was broadly speaking organized like an infantry division, with three infantry brigades. Two of these were parachute brigades, while the third, gliderborne brigade, was made up of conventional infantry battalions. The brigades' backup and supporting elements were paratroops or air transported.

Together these divisions lined up some 16,000 men. They were backed up by 25,000 men from the supporting formations, army corps, army, staging and depot area. This total of 41,000 men (compared with 50,000 in the US Army) constituted the divisional formation, which also had 8,000 vehicles, i.e. one for every five men.

Insigne de la *2nd Army*.

Unités britanniques
British Units

6

21st Army Group

- Emblème : Un écusson de gueules (rouge) à la croix d'azur (bleue), deux épées d'or (jaune), en sautoir, brochant sur le tout.
- Commandeurs : *General* Paget (VII-1943/I-1944), *General* puis *Field-Marshall* B.L. Montgomery (I-1944/-V-1945)

- Historique :

Mis sur pied en juillet 1943 sous le commandement du *General* Paget, ancien commandant en chef de la *Home Force* (armée territoriale), l'état-major du *21st Army Group* est confié au *General* Montgomery au début de l'année 1944. Etabli à Londres, il joue un rôle primordial dans la préparation du débarquement. A partir de la fin mai 1944, il stationne à Portsmouth. Le 6 juin 1944, il chapeaute toutes les unités terrestres (*2nd British Army* et *1st US Army*) impliquées dans l'opération « Overlord ». A partir du 1ᵉʳ août 1944, les unités américaines, regroupées dans le *12th Army Group* lui échappent. Jusqu'à la fin de la guerre, le *21st Army Group* a sous son autorité la *2nd Army* et la *1st Canadian Army* dont il dirige les opérations en France, en Belgique, en Hollande puis dans le nord-ouest de l'Allemagne.

2nd Army

- Emblème : Un écusson d'argent (blanc) à la croix d'azur (bleue) chargée d'une épée d'or (jaune) posée en pal.
- Commandeurs : *Lieut.Gen.* Anderson (VI-1943/I-1944), *Lieut.Gen.* M. Dempsey (I-1944/V-1945).

- Historique :

La *2nd Army* est formée en juin 1943 pour chapeauter les unités anglo-canadiennes destinées à débarquer en Normandie. Le 6 juin 1944, elle contrôle les *XXX* et *I Corps*. Son dispositif est progressivement renforcé. Le 7 juillet elle rassemble cinq corps d'armée (*I Corps*, *II Canadian Corps*, *VIII*, *XII* et *XXX Corps* soit 11 divisions). Après l'entrée en lice de la *1st Canadian Army* le 23 juillet, elle perd les *I Corps* et *II Canadian Corps*. Placée à l'aile droite du *21st Army Group*, la *2nd Army* combat en Normandie, dans le nord de la France, en Belgique et en Hollande. En mars 1945, elle franchit le Rhin et termine la guerre dans le nord-ouest de l'Allemagne.

I Corps

- Emblème : un losange rouge avec une pointe de flèche blanche.
- Unités organiques : *The Inns of Court Regiment R.A.C., 62nd Anti-Tank Regiment R.A., 102nd Light Anti-Aircraft Regiment R.A., 9th Survey Regiment R.A., I Corps Troops Engineers, I Corps Signals.*
- Commandeurs : *Lieut.Gen.* M. Barker (IX-1939/31-V-1940), *Lieut.Gen.* H. Alexander (31-V-1940/XII-1940), *Lieut. Gen.* F.E. Morgan (XII-1940/1943), *Lieut.Gen.* G.C. Bucknall (?-/VIII-1943), *Lieut.Gen.* Crocker (VIII-1943/V-1945).

21st Army Group

- *Emblem : A gules (red) shield with an azure (blue) cross, overlaid crosswise with two or (yellow) swords.*
- *Commanders : General Paget (VII-1943/I-1944), General, later Field-Marshall B.L. Montgomery (I-1944/-V-1945)*

- *History :*

Raised in July 1943 under the command of General Paget, former commander-in-chief of the Home Force (Territorial Army), the staff of the 21st Army Group was entrusted to General Montgomery early in 1944. Based in London, it played a major role in preparing the D-Day landing. From the end of May 1944, it was stationed at Portsmouth. On 6 June 1944, it commanded all the land units involved in Operation Overlord (2nd British Army and 1st US Army). As of 1 August 1944, the American units left to form their own 12th Army Group. Until the end of the war, the 21st Army Group held authority over the 2nd Army and the 1st Canadian Army whose operations it oversaw in France, Belgium and Holland, and later in north-west Germany.

2nd Army

- *Emblem : An argent (silver) shield with an azure (blue) cross charged with an or (yellow) sword in pale.*
- *Commanders : Lieut.Gen. Anderson (VI-1943/I-1944), Lieut.Gen. M. Dempsey (I-1944/V-1945).*

- *History :*

The 2nd Army was raised in June 1943 to take charge of the Anglo-Canadian units preparing to land in Normandy. On 6 June 1944, it was in command of the XXX and I Corps. Its disposition was gradually strengthened. On 7 July it combined five corps (I Corps, II Canadian Corps, VIII, XII and XXX Corps, 11 divisions all told). It lost the I Corps and II Canadian Corps after the 1st Canadian Army entered the fray on 23 July. Placed on the 21st Army Group's right flank, the 2nd Army fought in Normandy, in northern France, Belgium and Holland. In March 1945, it crossed the Rhine and ended the war in north-western Germany.

I Corps

- *Emblem : a red lozenge with a white spear tip.*
- *Organic units : The Inns of Court Regiment R.A.C., 62nd Anti-Tank Regiment R.A., 102nd Light Anti-Aircraft Regiment R.A., 9th Survey Regiment R.A., I Corps Troops Engineers, I Corps Signals.*
- *Commanders : Lieut.Gen. M. Barker (IX-1939/31-V-1940), Lieut.Gen. H. Alexander (31-V-1940/XII-1940), Lieut. Gen. F.E. Morgan (XII-1940/1943), Lieut.Gen. G.C. Bucknall (?-/VIII-1943), Lieut.Gen. Crocker (VIII-1943/V-1945).*

Insigne en tissu (*Formation Badge*) du *21st Army Group*.

Cloth formation badge of the 21st Army Group.

Insigne en tissu (*Formation Badge*) de la *2nd Army*.

Cloth formation badge of the 2nd Army.

Insigne en tissu (*Formation Badge*) du *I Corps*.

Cloth formation badge of the I Corps.

2nd Army

Formée en juin 1943 pour chapeauter les unités britanniques et canadiennes devant débarquer en Normandie, la *2nd Army* contrôle les *I* et *XXX Corps* auxquels s'ajoutent, au cours du mois de juin, les *VIII* et *XII Corps* et le *II Canadian Corps*. A partir du 23 juillet, elle abandonne le *I Corps* et *II Canadian Corps* à la *1st Canadian Army*. Pendant toute la bataille de Normandie, elle constitue l'aile droite du dispositif anglo-canadien.

1. Le *Lieut.Gen.* Dempsey, chef de la *2nd British army* (à gauche) assiste avec Churchill et les autres grands responsables militaires à un duel aérien. Dempsey porte sur le haut de la manche de son *battledress* l'emblème de la *2nd Army*, un écusson d'argent à la croix d'azur, cette dernière chargée d'une épée d'or.

2 et 3. Au PC de la *2nd Army*, des soldats de la *Military Police* s'affairent autour de pancartes destinées aux chauffeurs des convois. Toutes sont ornées de l'emblème de l'armée (17 juin 1944).

2nd Army

Raised in June 1943 to head the British and Canadian units due to land in Normandy, the 2nd Army controlled I and XXX Corps to which VIII and XII Corps and II Canadian Corps were added in June. As of 23 July, it handed over I Corps and II Canadian Corps to the 1st Canadian Army. Throughout the Battle of Normandy, it formed the right flank of the Anglo-Canadian disposition.

1. *2nd British Army commander, Lieut.Gen. Dempsey, (left) watches a dogfight with Churchill and other top military commanders. At the top of the sleeve of his battledress, Dempsey is wearing the 2nd Army patch, a silver shield with a blue cross carrying a golden sword.*

2 and 3. *At the 2nd Army CP, MPs busy themselves around signposts placed to guide the convoy drivers. They are all wearing the army badge (17 June 1944).*

(IWM.)

4. Le *Corporal* Stan Walmsley, 29 ans, originaire de Manchester, opérateur radio à bord d'un char Churchill appartient à une unité blindée rattachée à la *2nd Army*, la *34th Army Tank Brigade*. L'insigne porté sur le béret indique son appartenance au *107th Royal Armoured Corps* (RAC), une des composantes de cette brigade blindée. Photo prise le 17 juillet 1944. (IWM.)

4. Corporal Stan Walmsley, aged 29, from Manchester, a Churchill tank radio operator belonged to the 34th Army Tank Brigade, an armored unit attached to the 2nd Army. The cap badge indicates which of the tank brigade units he belongs to: the 107th Royal Armoured Corps (RAC). Photo taken on 17 July 1944.

(IWM.)

- Historique :

Engagée en France avec le BEF, le *I Corps* est rembarqué à Dunkerque en mai 1940. Début 1943, il est désigné pour chapeauter les divisions participant à la première vague du débarquement. Rattaché à la *2nd Army*, ses deux divisions d'infanterie (*3rd Infantry Division*, *3rd Canadian Infantry Division*) débarquent sur *Juno* et *Sword Beach* tandis que la *6th Airborne Division* est parachutée à l'est de l'Orne. Du 10 au 18 juin, il participe à l'opération « Perch ». Pendant l'opération « Epsom » (26 juin-1er juillet), il est chargé de fixer les forces allemandes au nord de Caen. Du 4 au 8 juillet, il mène l'opération « Windsor » (prise de Carpiquet) puis participe à l'opération « Charnwood » (7-9 juillet). Les 18-20 juillet, il joue un rôle secondaire dans l'opération « Goodwood » avec les *3rd* et *51st Infantry Divisions*. Après avoir franchi la Seine, il dirige les opérations contre Le Havre (12 septembre). On le retrouve ensuite en Belgique et en Hollande puis en Allemagne où il finit la guerre.

VIII Corps

- Emblème : Un chevalier chargeant avec sa lance, blanc, sur un rectangle rouge.

- Unités organiques : *2nd Household Cavalry Regiment, 91st Anti-Tank Regiment R.A., 121st Light Anti-Aircraft Regiment R.A., 10th Survey Regiment R.A., VIII Corps Troops Engineers, VIII Corps Signals.*

- Commandeurs : *Lieut.Gen. Sir* Harold Franklyn (1940), *Lieut.Gen.* Lumdsen (20-I-1941/VII-1943), *Lieut.Gen. Sir* R. Mac Creery (VII/11-XI-1943), *Lieut. Gen.* A.F. Harding (11-XI/25-XII-1943), *Lieut. Gen. Sir* R.N. O'Connor (21-I-/XII-1944/), *Lieut.Gen. Sir* E. Barker (XII-1944/V-1945).

- Historique :

L'état-major du *VIII Corps* est formé au début de l'été 1940 à Aldershot par le *Lieutenant-General Sir* Harold Franklyn. Au mois d'août, il occupe un secteur dans le sud-ouest de l'Angleterre. En juin 1943, il est déplacé dans le Yorkshire afin de se préparer aux futurs combats de Normandie. Il comprend alors trois divisions (*Guards Armoured Division*, *11th Armoured Division*, *15th Infantry Division*) et une brigade (*6th Tank Brigade*). A la veille de son engagement, le *VIII Corps* compte un peu plus de 60 000 hommes. Son état-major débarque à Riva Bella le 12 juin. Le 17 juin, ses trois divisions (*15th* et *43rd Infantry Divisions*, *11th Armoured Division*) stationnent à l'est de Bayeux. Du 26 juin au 1er juillet, il conduit l'opération « Epsom » au cours de laquelle il subit des pertes importantes (2 048 hommes mis hors de combat dont 297 tués). Il dirige ensuite l'opération « Jupiter » (10-11 juillet). Après cette dernière, il est retiré du front pour reconstitution (il a perdu 5 000 hommes et 120 chars depuis le début de son engagement) et remplacé par le *XII Corps* (nuit du 12 au 13 juillet). Il joue le rôle principal lors de l'opération « Goodwood » (18-20 juillet) mais subit de lourdes pertes. Il participe à l'opération « Bluecoat » (30 juillet-3 août) avec la *15th Infantry Division*, la *Guards Armoured Division* et la *11th Armoured Division*. Il parvient à percer mais subit une nouvelle fois de lourdes pertes (5 114 hommes mis hors de combat dont 1 492 tués). A partir du 10 août, il accentue sa pression sur le fond de la poche de Falaise avant d'être mis au repos dans la région de Flers. Il est ensuite engagé en Belgique, Hollande puis en Allemagne.

- History :

Committed in France with the BEF, the *I Corps* reembarked at Dunkirk in May 1940. Early in 1943, it was designated to take charge of the divisions involved in the first wave of the landing. Attached to the 2nd Army, its two infantry divisions (3rd Infantry Division, 3rd Canadian Infantry Division) landed on Juno and Sword Beaches while the 6th Airborne Division was dropped by parachute east of the Orne River. From 10 to 18 June, it took part in Operation Perch. During Operation Epsom (26 June-1 July), it was detailed to pin down the German forces north of Caen. From 4 to 8 July, it led Operation Windsor (to take Carpiquet) then took part in Operation Charnwood (7-9 July). From 18-20 July, it played a minor role with the 3rd and 51st Infantry Divisions in Operation Goodwood. After crossing the Seine, it led operations against Le Havre (12 September). We later find it in Belgium and Holland, then in Germany where it ended the war.

VIII Corps

- Emblem : A charging knight with his lance, in white, on a red rectangle.

- Organic units : 2nd Household Cavalry Regiment, 91st Anti-Tank Regiment R.A., 121st Light Anti-Aircraft Regiment R.A., 10th Survey Regiment R.A., VIII Corps Troops Engineers, VIII Corps Signals.

- Commanders : Lieut.Gen. Sir Harold Franklyn (1940), Lieut.Gen. Lumdsen (20-I-1941/VII-1943), Lieut.Gen. Sir R. MacCreery (VII/11-XI-1943), Lieut.Gen. A.F. Harding (11-XI/25-XII-1943), Lieut. Gen. Sir R.N. O'Connor (21-I-/XII-1944/), Lieut.Gen. Sir E. Barker (XII-1944/V-1945).

- History :

The VIII Corps staff was formed at Aldershot by Lieutenant-General Sir Harold Franklyn early in the summer of 1940. That August, it occupied a sector in south-west England. In June 1943, it was moved to Yorkshire to prepare to fight later on in Normandy. It then comprised three divisions (Guards Armoured Division, 11th Armoured Division, 15th Infantry Division) and one brigade (6th Tank Brigade). Just before it was committed, VIII Corps numbered a little over 60,000 men. Its HQ landed at Riva Bella on 12 June. On 17 June, its three divisions (15th and 43rd Infantry Divisions, 11th Armoured Division) were stationed east of Bayeux. From 26 June to 1 July, it led Operation Epsom during which it suffered heavy casualties (2,048 men put out of action including 297 killed). It then directed Operation Jupiter (10-11 July). After this, it was withdrawn from the front to refit (since first being committed it had lost 5,000 men and 120 tanks) and replaced by the XII Corps (night of 12-13 July). It played a leading role in Operation Goodwood (18-20 July) but sustained heavy losses. It took part in Operation Bluecoat (30 July-3 August) with the 15th Infantry Division, the Guards Armoured Division and the 11th Armoured Division. It managed to break through but again sustained heavy losses (5,114 men put out of action including 1,492 killed). As of 10 August, it increased its pressure on the back of the Falaise pocket before going off to rest in the Flers area. It was later committed in Belgium, Holland, then in Germany.

Insigne en tissu (*Formation Badge*) du *VIII Corps.*

Cloth formation badge of the VIII Corps.

Ci-dessous : Le chauffeur George Couser, du *91st Anti-Tank Regiment*, unité rattachée au *VIII Corps*, au volant de sa jeep. Photo prise le 30 juin 1944 à Bretteville. On remarquera, sur le pare-brise de la jeep, l'emblème du *VIII Corps*, un chevalier chargeant avec sa lance. (IWM.)

Driver George Couser, of the 91st Anti-Tank Regiment, a unit attached to the VIII Corps, at the wheel of his jeep. Photo taken at Bretteville on 30 June 1944. Notice the VIII Corps insignia on the jeep's windshield, a knight charging with his lance. (IWM.)

Ci-dessus : Pendant l'opération « Jupiter » (10-11 juillet), un soldat, appartenant à une unité de transmission rattachée au *VIII Corps*, communique au PC d'une batterie d'artillerie des informations sur les positions allemandes. Noter sur la manche du battledress, l'emblème du *VIII Corps* ainsi que l'insigne d'instructeur transmetteur qualifié (deux fanions croisés). (IWM.)

During Operation Jupiter (10-11 July), a soldier belonging to a VIII Corps signals unit, passes on information as to German positions to an artillery battery CP. Notice the VIII Corps badge on the sleeve of his battledress, along with his qualified signalling instructor's badge (two crossed flags). (IWM.)

XII Corps

Vétéran de la campagne d'Egypte-Libye-Tunisie, le *XII Corps* est rapatrié en Angleterre en 1943. Il est engagé en Normandie à partir du 13 juillet, date à laquelle il relève le *VIII Corps* dans le secteur sud de l'Odon.

1. Assis devant sa caravane, le *Lieut.Gen.* N.M. Ritchie, chef du *XII Corps*, discute des dernières évolutions du front avec le *Brigadier* Thickness (29 juillet 1944). Les deux hommes portent bien visible l'insigne du *XII Corps*.

2. Une voiture blindée de la *Defense Company* du QG du *XII Corps* progresse sur une route dans le secteur de Saint-Laurent-de-Condel (14 août 1944). L'emblème du corps apparaît à l'avant du véhicule.

3. Le *Lieut.Gen.* Ritchie (au centre) fait un point sur la carte avec les commandeurs des deux divisions rattachées à son corps : le *Maj.Gen.* L.O.Lyne, chef de la *59th Infantry Division* (à gauche) et le *Lieut.Gen.* A.K. Ross, chef de la *53rd Infantry Division*. Photo prise le 14 août 1944 au PC de la *53rd Infantry Division*.

XII Corps

A veteran of the Egypt-Libya-Tunisia campaign, XII Corps was sent home to England in 1943. It was committed in Normandy as of 13 July, when it relieved VIII Corps in the sector south of the River Odon.

***1.** Sitting outside his caravan, XII Corps commander Lieut.Gen. N.M. Ritchie discusses the latest news from the front with Brigadier Thickness (29 July 1944). Both men can be seen to be wearing the XII Corps insignia.*

***2.** An armoured car of XII Corps HQ's Defense Company advances along a road in the Saint-Laurent-de-Condel sector (14 August 1944). The corps badge is on the front of the vehicle.*

***3.** Lieut.Gen. Ritchie (center) takes stock on the map with the commanders of the two divisions attached to his corps: Maj.Gen. L.O. Lyne, commander of the 59th Infantry Division (left) and Lieut.Gen. A.K. Ross, commander of the 53rd Infantry Division. Photo taken at the 53rd Infantry Division CP on 14 August 1944.*

4. Vue du Poste de Commandement du *XII Corps* (19 août 1944). Véhicules de commandement, camions et tentes camouflées servent de bureaux. A l'entrée, les cartes d'identité des officiers et soldats sont vérifiées.
4. View of the XII Corps Command Post (19 August 1944). Command vehicles, trucks and camouflaged tents are used as offices. At the entrance, officers and men have their ID cards checked.

5. Dans son PC, le *Lieut.Gen.* Ritchie étudie les cartes qui recouvrent les murs.
(IWM.)
5. Lieut.Gen. Ritchie at his CP studies the maps on the walls.
(IWM.)

Insigne en tissu (*Formation Badge*) du *XII Corps*.

Cloth formation badge of the XII Corps.

XII Corps

- Emblème : trois arbres inscrits dans un ovale sur un rectangle noir (ce graphisme évoque les comtés verdoyants du Kent et du Surrey dans lequel le corps fut rassemblé avant son engagement en Normandie).
- Unités organiques : *1st The Royal Dragoons, 86th Anti-Tank Regiment R.A., 112th Light Anti-Aircraft Regiment R.A., 7th Survey Regiment R.A., XII Corps Troops Engineers, XII Corps Signals.*
- Commandeurs : Lieut.*Gen.* N. Ritchie (I-1944/V-1945).

- Historique :

Le *XII Corps* est formé à l'automne 1941 dans le cadre de la *8th Army*. Il est engagé avec cette dernière en Egypte, Libye et en Tunisie avant d'être rapatrié en Grande-Bretagne. A la fin juin, il stationne dans les environs de Bayeux. Dans la nuit du 12 au 13 juillet, il relève le *VIII Corps* sur le secteur sud de l'Odon. Il comprend alors les *15th, 43rd* et *53rd Infantry Divisions* et les *4th, 31st* et *34th Armoured Brigades*. A partir du 15 juillet, il est chargé d'approfondir la tête de pont de l'Odon vers Evrecy et Thury-Harcourt mais échoue. A partir du 10 août, il accentue sa pression sur le fond de la poche de Falaise puis commence sa progression vers la Seine (20 août). Il franchit la Seine fin août, combat dans le nord-ouest de la France, en Belgique, en Hollande puis en Allemagne.

XII Corps

- Emblem : three trees in an oval on a black rectangle (this design recalls the green counties of Kent and Surrey where the corps assembled before being sent over to Normandy).
- Organic units: *1st The Royal Dragoons, 86th Anti-Tank Regiment R.A., 112th Light Anti-Aircraft Regiment R.A., 7th Survey Regiment R.A., XII Corps Troops Engineers, XII Corps Signals.*
- Commanders : Lieut.Gen. N. Ritchie (I-1944/V-1945).

- History :

The XII Corps was raised in the autumn of 1941 as part of the 8th Army. As such it was committed in Egypt, Libya and Tunisia before being sent home to England. At the end of June, it was stationed in the Bayeux area. During the night of 12-13 July, it relieved the VIII Corps in the sector south of the Odon River. It then comprised the 15th, 43rd and 53rd Infantry Divisions and the 4th, 31st and 34th Armoured Brigades. As of 15 July, it was detailed to deepen the Odon bridgehead towards Evrecy and Thury-Harcourt but failed to do so. Starting on 10 August, it increased its pressure on the back of the Falaise pocket, then began to advance towards the Seine (20 August). It crossed the Seine in late August, fought in north-western France, Belgium and Holland, and later in Germany.

Insigne en tissu (*Formation Badge*) du *XXX Corps*.

Cloth formation badge of the XXX Corps.

XXX Corps

- Emblème : un sanglier noir, bondissant, inscrit dans un rond blanc, sur un carré noir.
- Unités organiques : *11th Hussars, 73rd Anti-Tank Regiment R.A., 27th Light Anti-Aircraft Regiment R.A., 4th Survey Regiment R.A., XXX Corps Troops Engineers, XXX Corps Signals.*
- Commandeurs : *Lieut.Gen.* Bucknall (I/1-VIII-1944), *Lieut. Gen.* Horrocks (1-VIII-1944/1945).

- Historique :

Le *XXX Corps* est formé à l'automne 1941 dans le cadre de la *8th Army*. Il est engagé avec cette dernière en Egypte, Libye et en Tunisie. Il est rattaché à la *2nd Army* début 1944. Comme le *I Corps*, il est désigné pour prendre le contrôle des unités participant à la première vague de débarquement. Ses divisions débarquent sur *Sword Beach* le 6 juin. Du 10 au 18 juin, il participe à l'opération « Perch ». Composé des *49th* et *50th Infantry Divisions* et de la *7th Armoured Division*, il conduit l'opération « Martlet » du 25 juin au 1er juillet. Il participe à l'opération « Bluecoat » (30 juillet-3 août) avec les *43rd* et *50th Infantry Divisions* et la *7th Armoured Division*. Il progresse très lentement, ce qui provoque le limogeage de son chef, le *Lieutenant-General* Bucknall (1er août 1944). A partir du 10 août, il accentue sa pression sur le fond de la poche de Falaise puis commence sa progression vers la Seine (20 août). Il franchit la Seine fin août puis est engagé dans le nord-ouest de la France, en Belgique, en Hollande puis en Allemagne.

XXX Corps

- Emblem : a black charging boar in a white circle, on a black square.
- Organic units: *11th Hussars, 73rd Anti-Tank Regiment R.A., 27th Light Anti-Aircraft Regiment R.A., 4th Survey Regiment R.A., XXX Corps Troops Engineers, XXX Corps Signals.*
- Commanders : Lieut.Gen. Bucknall (I/1-VIII-1944), Lieut. Gen. Horrocks (1-VIII-1944/1945).

- History :

The XXX Corps was raised in the autumn of 1941 as part of the 8th Army. As such it was committed in Egypt, Libya and in Tunisia. It was attached to the 2nd Army early in 1944. Like the I Corps, it was designated to take charge of the units landing with the first wave. Its divisions landed on Sword Beach on 6 June. From 10-18 June, it took part in Operation Perch. Made up of the 49th and 50th Infantry Divisions and the 7th Armoured Division, it led Operation Martlet from 25 June to 1 July. It took part in Operation Bluecoat (30 July-3 August) with the 43rd and 50th Infantry Divisions and the 7th Armoured Division. It made very slow progress, for which its commanding officer, Lieutenant-General Bucknall, was dismissed (1 August 1944). Starting on 10 August, it increased its pressure on the back of the Falaise pocket then began to advance towards the Seine (20 August). It crossed the Seine in late August, and was then committed in north-western France, Belgium and Holland, and later in Germany.

3rd Infantry Division

- Emblème : un triangle noir la pointe en haut avec à l'intérieur un triangle rouge la pointe en bas (cette figure forme trois triangles symbolisant les trois brigades d'infanterie dont est composée la division et le numéro de la division)
- Composition : *8th Brigade (1st Battalion The Suffolk Regiment, 2nd Battalion The East Yorkshire Regiment, 1st Battalion The South Lancashire Regiment), 9th Brigade (2nd Battalion The Lincolnshire Regiment, 1st Battalion The King's Own Scottish Borderers, 2nd Battalion The Royal Ulster Rifles), 185th Brigade (2nd Battalion The Warwickshire Regiment, 1st Battalion The Royal Norfolk Regiment, 2nd Battalion The King's Shropshire Regiment), Divisional Troops (3rd Reconnaissance Regiment R.A.C. (Northumberland Fusiliers), 7th Regiment R.A, 33rd Regiment R.A, 76th Field Regiment R.A., 21st Antitank Regiment R.A, 92nd Light Anti-Aircraft Regiment R.A., 2nd Battalion (M.G.) The Middlesex Regiment, 3rd Divisional Engineers, 3rd Divisional Signals).*
- Commandeurs : *Maj.Gen.* B.L. Montgomery (IX-1939/30-V-1940), *Brig.* A.N. Anderson (30-V/3-VI-1940), *Maj.Gen.* B.L. Montgomery (3-VI/22-VII-1940), *Brig.* J.A.C. Whitaker (22/25-VII-1940), *Maj.Gen.* J.A.H. Gammell (25-VII-1940/20-XI-1941), *Maj.Gen.* E.C. Hayers (20-XI-1941/15-XII-1942), *Maj.Gen.* W.H.C. Ramsden (15-XII-1942/12-XII-1943), *Maj.Gen.* T.G. Rennie (12-XII-1943/12-VI-1944), *Brigadier* E.E.E. Cass (13/22-VI-1944), *Maj.Gen.* L.G.Whistler (23-VI-1944/1946).

- Historique :

Une première *3rd Infantry Division* est créée en 1809 et combat en Espagne sous les ordres du *Lieutenant-General* Thomas Picton. Elle participe à la bataille de Bussaco (septembre 1810), au siège de Badajoz (avril 1812) puis à la bataille de Salamanque (juillet 1812). En juin 1815, elle combat à Waterloo puis est dissoute. Réactivée en 1853, la division est envoyée en Crimée et participe au siège de Sébastopol (juin 1855). De nouveau dissoute, elle renaît en 1895. Elle est engagée en Afrique du Sud au cours de la guerre des Boers sans se distinguer particulièrement. Pendant la Première Guerre mondiale, la *3rd Infantry Division* combat en France sous les ordres du *Major-General* Hamilton. Elle participe à la bataille de Mons (1914) avant d'être engagée sur l'Aisne et à Ypres. En 1916, elle combat sur la Somme puis autour d'Arras et d'Ypres en 1917. En 1918, elle est en première ligne lors de la seconde grande offensive de la Somme puis sur la Lys. Au cours des six dernières semaines de la guerre, elle subit de lourdes pertes (4 000 hommes mis hors de combat).

La division reste sur le Rhin jusqu'en 1920, époque à laquelle elle est rapatriée en Grande-Bretagne. En septembre 1939, elle est commandée par le *Major-General* Montgomery et fait partie du BEF (*British Expeditionary Force*). Sa *8th Infantry Brigade* prend position sur la ligne Maginot. En mai-juin 1940, elle défend la Dyle puis l'Escaut et retraite sur le canal de l'Yser. Elle se retrouve ensuite à Dunkerque où elle est rembarquée. De retour en Grande-Bretagne, elle devient division mixte en juin 1942 et se voit dotée d'une brigade de chars. Elle redevient division d'infanterie classique en avril 1943. A la veille du débarquement, elle aligne 17 347 hommes et dispose de 4 330 véhicules.

Rattachée au *I Corps*, la *3rd Infantry Division* est désignée pour mener l'assaut initial sur *Sword Beach* (aile droite du dispositif britannique). Son objectif est la ville de Caen. La *8th Infantry Brigade* débarque la première à partir de 7 h 30 sur les secteurs *White* et

3rd Infantry Division

- *Emblem : a black triangle pointing upwards inset with a red triangle pointing downwards (this figure forms three triangles symbolizing the three infantry brigades making up the division, and also the division's number)*
- *Composition : 8th Brigade (1st Battalion The Suffolk Regiment, 2nd Battalion The East Yorkshire Regiment, 1st Battalion The South Lancashire Regiment), 9th Brigade (2nd Battalion The Lincolnshire Regiment, 1st Battalion The King's Own Scottish Borderers, 2nd Battalion The Royal Ulster Rifles), 185th Brigade (2nd Battalion The Warwickshire Regiment, 1st Battalion The Royal Norfolk Regiment, 2nd Battalion The King's Shropshire Regiment), Divisional Troops (3rd Reconnaissance Regiment R.A.C. (Northumberland Fusiliers), 7th Regiment R.A, 33rd Regiment R.A, 76th Field Regiment R.A., 21st Antitank Regiment R.A, 92nd Light Anti-Aircraft Regiment R.A., 2nd Battalion (M.G.) The Middlesex Regiment, 3rd Divisional Engineers, 3rd Divisional Signals).*
- *Commanders : Maj.Gen. B.L. Montgomery (IX-1939/30-V-1940), Brig. A.N. Anderson (30-V/3-VI-1940), Maj.Gen. B.L. Montgomery (3-VI/22-VII-1940), Brig. J.A.C. Whitaker (22/25-VII-1940), Maj.Gen. J.A.H. Gammell (25-VII-1940/20-XI-1941), Maj.Gen. E.C. Hayers (20-XI-1941/15-XII-1942), Maj.Gen. W.H.C. Ramsden (15-XII-1942/12-XII-1943), Maj.Gen. T.G. Rennie (12-XII-1943/12-VI-1944), Brigadier E.E.E. Cass (13/22-VI-1944), Maj.Gen. L.G. Whistler (23-VI-1944/1946).*

- History :

The original 3rd Infantry Division was raised in 1809 and fought in Spain under Lieutenant-General Thomas Picton. It took part in the Battle of Bussaco (September 1810), the siege of Badajoz (April 1812) then the Battle of Salamanca (July 1812). In June 1815, it fought at Waterloo and was then disbanded. Brought back into active service in 1853, the division was sent to the Crimea where it took part in the siege of Sebastopol (June 1855). It was again disbanded, and was re-formed in 1895. It was committed in South Africa during the Boer War without achieving anything special. During World War I, the 3rd Infantry Division fought in France under Major-General Hamilton. It took part in the Battle of Mons (1914) before being committed on the Aisne and at Ypres. In 1916, it fought on the Somme then around Arras and Ypres in 1917. In 1918, it was in the front line for the second great Somme offensive, then on the Lys. During the final six weeks of the war, it sustained heavy losses (4,000 men put out of action).

The division stayed on the Rhine until 1920, when it was sent home to England. In September 1939, it was commanded by Major-General Montgomery as part of the BEF (British Expeditionary Force). Its 8th Infantry Brigade took up position on the Maginot Line. In May-June 1940, it defended the Dyle then the Scheldt and withdrew onto the Yser canal. It later reached Dunkirk, where it re-embarked. Back in England, it became a mixed division in June 1942 when it was given a tank brigade. It returned to being a conventional infantry division in April 1943. On the eve of D-Day, it had 17,347 men and and 4,330 vehicles.

Attached to the I Corps, the 3rd Infantry Division was designated to lead the initial assault on Sword Beach on the right flank of the British disposition. Its objective was the city of Caen. The 8th Infantry Brigade was first ashore in the White and Red sectors (Hermanville-sur-mer) starting at 07.30, with support from the commandos of the 1st and 4th Special Service

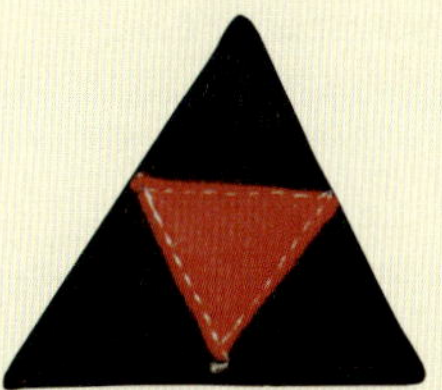

Insigne en tissu (*Formation Badge*) de la *3rd Infantry Division*.

Cloth formation badge of the 3rd Infantry Division.

3rd Infantry Division

Created in 1809, disbanded in 1815, the 3rd Infantry Division was brought back into active service in 1853. It disappeared after the Crimean War until it was resurrected in 1895. It fought in World War I and during the campaign in France (1939-1940), at which time its commander was Major-General Montgomery. It landed on Sword Beach on 6 June 1944 and fought without interruption until 15 August, notably taking part in Operations Epsom, Charnwood (the capture of Caen) and Goodwood.

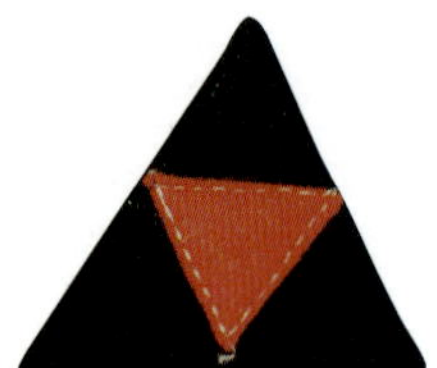

3rd Infantry Division

Créée en 1809, dissoute en 1815, la *3rd Infantry Division* est réactivée en 1853. Elle disparaît après la guerre de Crimée mais renaît en 1895. Elle participe à la Première Guerre mondiale et à la campagne de France (1939-1940), époque à laquelle elle est commandée par le *Major-General* Montgomery. Elle débarque sur *Sword Beach* le 6 juin 1944 et combat sans interruption jusqu'au 15 août, participant notamment aux opérations « Epsom », « Charnwood » (prise de Caen) et « Goodwood ».

1

1. Peu après leur entrée dans Caen (opération « Charnwood »), des fantassins de la *3rd Infantry Division* fraternisent avec des civils français dans le Vaugueux, 9 juillet 1944.

2. Les membres du service médical de la *3rd Infantry Division* donnent les premiers secours à un soldat blessé lors des combats de Caen (10 juillet 1944). Dans quelques instants, cet homme sera évacué vers le centre de regroupement des blessés (*Casualty Clearing Station*) situé à l'arrière du front.

1. Shortly after entering Caen (Operation Charnwood), infantrymen of the 3rd Infantry Division fraternize with French civilians, 9 July 1944.

2. Members of the 3rd Infantry Division's medical service administer first aid to a soldier wounded during the battle for Caen (10 July 1944). In a few moments, this man will be evacuated to the Casualty Clearing Station behind the front line.

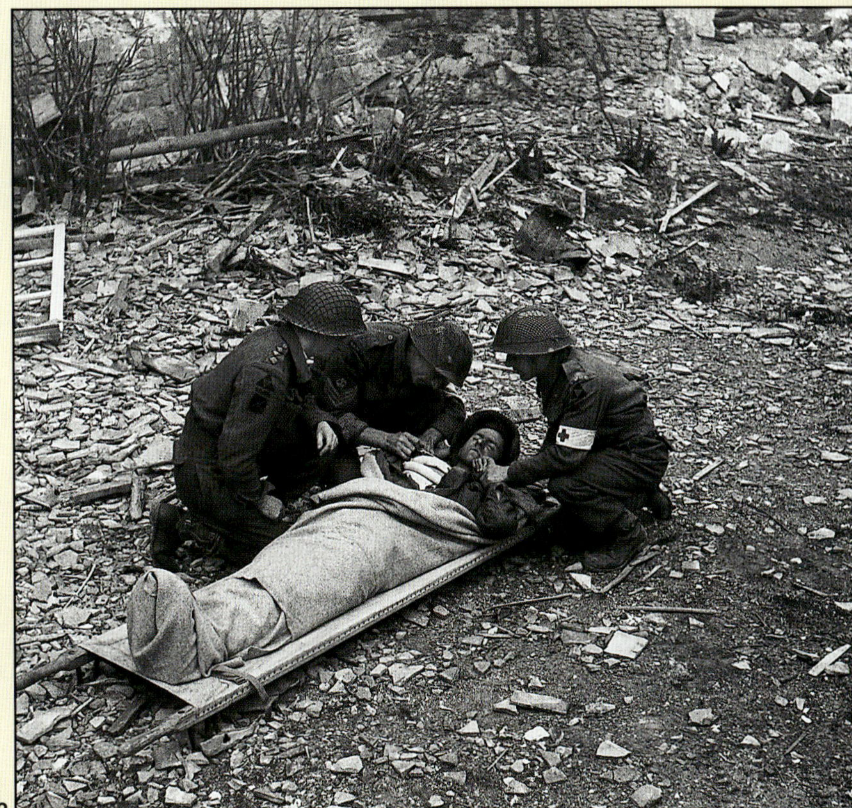

3. Une patrouille de la *3rd Infantry Division* pénètre dans le château de Caen (10 juillet 1944).

3. A 3rd Infantry Division patrol enters Caen castle (10 July 1944).

4. Soldiers advance through the ruins of the barracks at Caen (10 July 1944).

5. Soldiers of the 1st King's Own Scottish Borderers (9th Infantry Brigade, 3rd Infantry Division) fire an old Hotchkiss machine-gun they found during their advance in the barracks at Caen (10 July 1944). Note on these men's battledress the formation badge (a red pointed downwards in a black triangle) and the tartan of the King's Own Scottish Borderers, place just above.

(IWM.)

4. Des soldats progressent dans les ruines des casernes du château de Caen (10 juillet 1944).

5. Des soldats du *1st King's Own Scottish Borderers* (*9th Infantry Brigade* de la *3rd Infantry Division*) actionnent une vieille mitrailleuse Hotchkiss retrouvée dans les casernes de Caen au cours de leur progression (10 juillet 1944). On remarquera sur les *battledress* de ces soldats l'emblème de la division (un triangle rouge la pointe en bas dans un triangle noir) ainsi que le tartan du *King's Own Scottish Borderers*, placé juste au-dessus.

(IWM.)

3rd Infantry Division

Nous quittons maintenant la zone du front pour l'arrière où le *Sergeant* Wilkes a réalisé cette série de clichés montrant des soldats de la *3rd Infantry Division* au repos dans un ancien hôtel de luxe transformé en foyer.

1. Un groupe de soldats, scrute le tableau d'informations « What's On ».

2. Tandis que d'autres sont absorbés par une partie de dominos.

3. Plus loin, les hommes de la *3rd Infantry Division* vaquent à leurs occupations à l'abri de la véranda, certains écrivent ou dessinent, d'autres discutent des récents événements.

L'hôtel Belle Plage à Luc. Construit en 1838, cet établissement était l'un des plus luxueux de la Côte de Nacre, mais aussi du département. Sur la droite derrière le buisson, se trouvait une sorte de tunnel passant sous la rue face à la mer, qui permettait un accès direct des clients de cet hôtel renommé à la plage.

The Belle Plage Hotel at Luc. Built in 1838, this hotel was among the most luxurious of this section of coast and even in the department. On the right behind the bush was a kind of tunnel under the street opposite the sea, affording patrons of this famous hotel direct access to the beach.

3. *Further on, men of the 3rd Infantry Division occupy themselves in the veranda; some are writing or drawing, while others talk over recent events.*

4. *The 3rd Infantry Division's emblem has been placed over the hotel front.*

5. *Sapper Farrel and Corporals Massey and Faulks, all from Birmingham, pose for the photographer at the club entrance. All these photographs were taken on 15 July 1944.*

(IWM.)

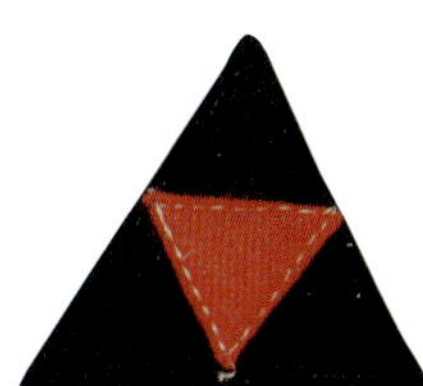

4. L'emblème de la *3rd Infantry Division* a été placé sur la façade de l'hôtel.

5. Le *Sapper* Farrel et les *Corporals* Massey et Faulks, tous originaires de Birmingham, posent pour le photographe à l'entrée du « club ». Toutes ces photos ont été prises le 15 juillet 1944.

(IWM.)

3rd Infantry Division

We now leave the front line zone for the rear, where Sergeant Wilkes took this set of pictures showing soldiers of the 3rd Infantry Division resting in a former luxury hotel converted into a club at Luc-sur-Mer.

1. *A group of soldiers examine the What's On notice board.*

2. *While others are engrossed in a game of dominos.*

Red (Hermanville-sur-mer), soutenue par les commandos des *1st* et *4th Special Service Brigades*. Elle s'empare d'Hermanville et de Colleville. A 10 h 30, la *185th Infantry Brigade* débarque à son tour. Passant à travers la tête de pont établie par la *8th Brigade*, elle commence à se diriger vers Caen mais elle est stoppée à Beuville en début d'après-midi. La *9th Infantry Brigade* qui devait effectuer à l'aile droite la liaison avec la *3rd Canadian Infantry Brigade*, reçoit l'ordre de se diriger vers Bénouville car des éléments de la *21. Panzer-Division* ont été repérés au nord de Caen en milieu de journée. Dans l'après-midi, ces deux brigades sont fortement contre-attaquées par la *21. Panzer-Division*. Elles se maintiennent sur leurs positions sans parvenir à reprendre leur progression vers Caen. Le 7 juin, la *9th Brigade* reprend sa marche vers le sud. Elle s'empare de Cresserons puis de Mathieu mais échoue devant Cambes-en-Plaine. La *185th Brigade*, bloquée par des éléments de la *21. Panzer-Division*, ne parvient pas à percer et conforte ses positions. Le 8 juin, la *9th Brigade* repart à l'attaque dans le secteur de Cambes sans parvenir à percer. Elle renouvelle sa tentative le 9 juin mais subit de lourdes pertes (194 hommes dont 45 morts au *2nd Battalion Royal Ulster Rifles*). Bombardées par l'artillerie allemande, elle s'enterre.

Pendant l'opération « Epsom » (26 juin-1ᵉʳ juillet), la division est chargée de maintenir sa pression sur Caen. Toujours attachée au *I Corps*, elle participe à l'opération « Charnwood » (7-9 juillet). Après avoir nettoyé les bois de Lebisey (8 juillet), elle pénètre dans Caen par le nord et nettoie la ville jusqu'à l'Orne (9 juillet). Lors de l'opération « Goodwood », la division progresse au sud-est de Caen, prend Touffreville, Sannerville et Pré-Baron (18 juillet) puis se dirige vers Troarn (19 juillet). Le 6 août, elle se trouve dans le secteur de Chênedôlé où elle est fortement contre-attaquée par des éléments de la *10. SS-Panzer-Division*. Au cours de ces combats, le *Corporal* Sidney Bates, du *1st Royal Norfolk*, se distingue particulièrement ce qui lui vaudra la *Victoria Cross* à titre posthume (11 août). Le 15 août, la division pénètre dans Tinchebray. Rattachée au *VIII Corps*, elle est mise au repos.

La *3rd Infantry Division* reprend sa progression au nord de la Seine à partir de la mi-septembre 1944. Elle avance jusqu'en Belgique et aux Pays-Bas. Elle participe à l'opération « Market Garden » puis libère Overloom et Venrai (octobre 1944). Elle combat ensuite sur la Meuse et sur le Rhin. Le 24 février 1945, elle franchit la Meuse et participe à l'opération « Veritable » (27 février-5 mars 1945). Du 13 au 26 avril 1945, elle capture Brême où elle termine la guerre.

15th (Scottish) Infantry Division

- Emblème : Un lion rouge rampant (armes de l'Ecosse) sur fond jaune, inscrit dans O blanc, le tout sur un carré noir (le O, 15ᵉ lettre de l'alphabet, évoque le numéro de la division).

- Composition : *44th (Lowland) Brigade (8th Battalion The Royal Scots, 6th Battalion The Royal Scots Fusiliers, 6th Battalion The King's Own Scottish Borderers), 46th (Highland) Brigade (9th Battalion The Cameronians, 2nd Battalion The Glagsgow Highlanders, 7th Battalion The Seaforth Highlanders), 227th (Highland) Brigade (10th Battalion The Highland Light Infantry, 2nd Battalion The Gordon Highlanders, 2nd Battalion The Argyll and Sutherland Highlanders), Divisional Troops (15th Reconnaissance Regiment R.A.C., 131st Field Regiment R.A, 181st Regiment R.A, 190th Field Regiment R.A., 97th Antitank Regiment R.A, 119th Light Anti-Aircraft Regiment R.A., 1st Battalion (M.G.) The Middlesex Regiment, 15th Divisional Engineers, 15th Divisional Signals).*

Insigne en tissu (*Formation Badge*) de la *15th (Scottish) Infantry Division*.

Cloth formation badge of the *15th (Scottish) Infantry Division*.

Brigades. It captured Hermanville and Colleville. At 10.30, the 185th Infantry Brigade landed in turn. Passing through the beachhead established by the 8th Brigade, it headed off towards Caen but was stopped at Beuville early that afternoon. The 9th Infantry Brigade which was to link up on the right flank with the 3rd Canadian Infantry Brigade, was ordered to head towards Bénouville when elements of the 21. Panzer-Division were spotted north of Caen in the middle of the day. In the afternoon, these two brigades came under a heavy counter-attack from the 21. Panzer-Division. They held their positions but were unable to resume their advance on Caen. On 7 June, the 9th Brigade resumed its march southwards. It took Cresserons then Mathieu but stalled outside Cambes-en-Plaine. The 185th Brigade, held up by elements of the 21. Panzer-Division, was unable to break through and so consolidated its position. On 8 June, the 9th Brigade resumed its attack in the Cambes sector but was unable to break through. It tried again on 9 June but sustained heavy losses (194 men including 45 killed for the 2nd Battalion Royal Ulster Rifles). It came under German artillery fire, and dug in.

During Operation Epsom (26 June-1 July), the division was ordered to keep up the pressure on Caen. Still attached to the I Corps, it took part in Operation Charnwood (7-9 July). After mopping up Lebisey wood (8 July), it entered Caen from the north and cleared the city as far as the Orne River (9 July). During Operation Goodwood, the division advanced southeast of Caen, took Touffreville, Sannerville and Pré-Baron (18 July), then headed towards Troarn (19 July). On 6 August, it was in the Chênedôlé sector where it came under heavy counter-attack from elements of the 10. SS-Panzer-Division. During the fighting, Corporal Sidney Bates, of the 1st Royal Norfolks, fought with such distinction that he was awarded a posthumous Victoria Cross (11 August). On 15 August, the division entered Tinchebray. Now part of the VIII Corps, it was rested.

The 3rd Infantry Division resumed its advance north of the Seine from mid-September 1944. It advanced as far as Belgium and the Netherlands. It took part in Operation Market Garden then liberated Overloom and Venrai (October 1944). It went on to fight on the Meuse and the Rhine. On 24 February 1945, it crossed the Meuse and took part in Operation Veritable (27 February-5 March 1945). From 13-26 April 1945, it captured Bremen, where it ended the war.

15th (Scottish) Infantry Division

- *Emblem : A red lion rampant (the arms of Scotland) on a yellow field, inscribed in a white O, all on a black square (the O, as 15th letter of the alphabet, recalls the division's number).*

- *Composition : 44th (Lowland) Brigade (8th Battalion The Royal Scots, 6th Battalion The Royal Scots Fusiliers, 6th Battalion The King's Own Scottish Borderers), 46th (Highland) Brigade (9th Battalion The Cameronians, 2nd Battalion The Glasgow Highlanders, 7th Battalion The Seaforth Highlanders), 227th (Highland) Brigade (10th Battalion The Highland Light Infantry, 2nd Battalion The Gordon Highlanders, 2nd Battalion The Argyll and Sutherland Highlanders), Divisional Troops (15th Reconnaissance Regiment R.A.C., 131st Field Regiment R.A, 181st Regiment R.A, 190th Field Regiment R.A., 97th Antitank Regiment R.A, 119th Light Anti-Aircraft Regiment R.A., 1st Battalion (M.G.) The Middlesex Regiment, 15th Divisional Engineers, 15th Divisional Signals).*

1. Un *Lance Corporal* appartenant à la *15th (Scottish) Infantry Division* fait signe à une voiture blindée de s'arrêter. Sur cette dernière est peint l'emblème de la *2nd Army*. Cette photo a été prise le 16 juillet au sud-ouest de Caen, dans le secteur d'Evrecy sur un pont enjambant l'Odon. (IWM.).

2. Sur cette autre photo prise le 16 juillet 1944 au sud-ouest de Caen dans le secteur d'Evrecy, un Bren-Carrier de la *15th (Scottish) Infantry Division* traverse le pont sur l'Odon. (IWM.)

3. A Grainville-sur-Odon, des véhicules de la *15th (Scottish) Infantry Division* se dirigent vers le front en empruntant la voie de chemin de fer Caen-Vire (16 juillet 1944). (IWM.)

1. A lance corporal belonging to the 15th (Scottish) Infantry Division motions to an armoured car to stop. On it is painted the 2nd Army's insignia. This photo was taken on 16 July in the Evrecy sector southwest of Caen, on a bridge over the Odon River. (IWM.)

2. On this other photo taken on 16 July 1944 in the Evrecy sector south-west of Caen, a Bren-carrier of the 15th (Scottish) Infantry Division crosses the bridge over the Odon. (IWM.)

3. Vehicles of the 15th (Scottish) Infantry Division head towards the front line along the Caen-Vire railroad (16 July 1944). (IWM.)

1. Peu avant le déclenchement de l'opération, un groupe de soldats du *2nd Battalion Argyll and Sutherland Highlanders (227th Infantry Brigade)*, précédés de leur *Piper*, se dirigent vers le front.

1. Shortly before the operation commenced, a group of soldiers of the 2nd Battalion Argyll and Sutherland Highlanders (227th Infantry Brigade), head for the front, with their piper leading the way.

2. Auto blindée légère armée d'un anti-aérien Bofors appartenant au *119 Light Anti-Aircraft Regiment* de la *15th Infantry Division*. Photo prise le 25 juin 1944 peu avant le déclenchement de l'opération « Epsom ». On remarquera l'emblème de la division peint à l'arrière du véhicule.

2. A light armored car armed with a Bofors AA gun belonging to the 119 Light Anti-Aircraft Regiment of the 15th Infantry Division. Photo taken on 25 June 1944 shortly before the launch of Operation Epsom. Notice the divisional emblem painted on the rear of the vehicle.

15th (Scottish) Infantry Division

Vétérante de la Première Guerre mondiale, la *15th (Scottish) Infantry Division* n'est pas engagée en France en 1939-1940. Elle est rattachée au *VIII Corps* en juin 1943 et débarque en Normandie le 14 juin. A partir du 25 juin 1944, elle participe avec les deux autres divisions du *VIII Corps* (*11th Armoured Division* et *43rd Infantry Division*) à l'opération « Epsom ». L'objectif de cette dernière est de s'emparer de la ville de Caen et d'attirer le maximum de forces blindées allemandes dans ce secteur afin de faciliter la percée américaine sur le flanc ouest du dispositif allié. Les photos qui suivent ont été prises au cours de cette opération.

3. Au cours de l'opération « Epsom », un fantassin de la *15th Infantry Division*, attend le signal pour partir à l'assaut (26 juin 1944).

4. Un Bren-Carrier (ambulance de campagne) du *10th Battalion Highland Light Infantry* de la *227th Infantry Brigade* en provenance de Grainville-sur-Odon vient d'arriver à l'antenne chirurgicale située à Cheux (25 juin 1944). On retrouve l'emblème de la *15th Infantry Division* à l'avant de ce véhicule.

5. Des artilleurs de la division (*E Troop*, *521 Battery*) s'affairent autour d'un canon de 25 livres près du Mesnil-Patry (28 juin 1944).

(IWM.)

15th (Scottish) Infantry Division

A World War I veteran, the 15th (Scottish) Infantry Division was not committed in France in 1939-1940. It was attached to VIII Corps in June 1943 and landed in Normandy on 14 June. As of 25 June 1944, it took part in Operation Epsom along with the other two VIII Corps divisions (11th Armoured Division and 43rd Infantry Division). The objective of that operation was to capture Caen and to draw as many German tank forces as possible into that sector in order to facilitate the American breakout on the western flank of the Allied disposition. The following photos were taken during that operation.

3. During Operation Epsom, an infantryman of the 15th Infantry Division awaits the signal to launch the assault (26 June 1944).

4. A Bren carrier (field ambulance) of the 10th Battalion Highland Light Infantry, 227th Infantry Brigade, has just arrived from Grainville-sur-Odon at the surgical field unit at Cheux (25 June 1944). We again see the 15th Infantry Division insignia on the front of this vehicle.

5. Artillerymen of the division (E Troop, 521 Battery) are busy around a 25 pounder gun near Le Mesnil Patry (28 June 1944).

(IWM.)

3

4

5

- Commandeurs : *Maj.Gen.* R. Le Fanu (28-VIII-1939/22 VIII-1940), *Maj.Gen.* R.C. Money (23-VIII-1940/31-I-1941), *Maj.Gen. Sir* Oliver W.H.Leese (1-II/16-VI-1941), *Maj.Gen.* A.F.P. Chrision (17-VI-1941/13-V-1942), *Maj.Gen.* D.C. Bullen-Smith (14-V-1942/26-VIII-1943), *Maj.Gen.* G.H.A. Mac Millan (27-VIII-1943/2-VIII-1944), *Maj.Gen.* C.M.Barber (3-VIII-1944/V-1945).

- Historique :

La *15th (Scottish) Infantry Division* est formée peu avant la Première Guerre mondiale à laquelle elle participe. Elle devient *First Line Territorial Army Infantry Division* le 2 septembre 1939. Elle stationne d'abord dans le sud de l'Ecosse (PC à Glasgow). A partir du 20 juin 1943, elle est rattachée au *VIII Corps* et s'entraîne, en vue du débarquement, dans le Yorkshire et dans le nord-est de l'Angleterre. A partir d'avril 1944, elle stationne sur la côte sud. Elle compte alors 15 000 hommes et 790 officiers.

Rattachée au *VIII Corps*, la division arrive en Normandie le 14 juin. Elle participe à l'opération « Epsom ». Elle s'empare de Cheux et de Saint-Manvieu où elle mène un violent combat au corps à corps avec des éléments de la *12. SS-Panzer-Division* (26 juin). Elle progresse vers l'Odon, atteint la RN 175 (Caen-Villers-Bocage), Mondrainville, Tourville puis l'Odon qu'elle franchit et au-delà duquel elle établit une tête de pont (27 juin). Les 28 et 29 juin, elle est violemment contre-attaquée par les divisions du *II. SS-Panzerkorps* mais elle parvient à se maintenir sur ses positions.

Rattachée au *XII Corps*, la division reprend l'offensive le 15 juillet à partir de sa tête de pont de l'Odon (opération de diversion pendant la préparation de « Goodwood »). Elle prend Esquay et Bougy puis est relevée dans le secteur d'Evrecy par la *59th Infantry Division* (23 juillet). Elle est retirée du front pour repos. Elle participe à l'opération « Bluecoat » avec le *VIII Corps* (30 juillet-3 août). Progressant avec la *6th Guards Tank Brigade*, elle avance rapidement vers le sud et s'empare de la cote 226 au sud-ouest de Cahagne (30 juillet). Elle est fortement contre-attaquée le 31 juillet.

Après les combats de la poche de Falaise, la *15th Infantry Division* franchit la Seine (fin août 1944). Elle poursuit son avance vers le nord-est en direction de la Belgique. Elle entre dans Amiens le 31 août 1944 puis franchit la Somme. Le 6 septembre, elle entre en Belgique et s'empare de Courtrai. Elle combat ensuite dans la tête de pont de Gheel où elle relève la *50th Infantry Division* (12 septembre). En octobre, elle est engagée dans la région de Best, de Tilburg et de Meijel. Elle poursuit son avance vers la Meuse avec le *XII Corps*. En novembre et décembre, elle combat dans le secteur de Blerick, sur la Meuse et dans la région de Venlo. Du 24 janvier au 4 février 1945, elle participe à l'offensive sur le Rhin. Elle franchit ce fleuve à partir du 7 mars 1945 dans le secteur de Xanten. A partir du 27 mars, elle avance en direction de l'Elbe. Elle combat à Celle, traverse l'Elbe. A partir du 4 mai, elle progresse vers Lübeck où elle termine la guerre.

43rd (Wessex) Infantry Division

- Emblème : Un *Wyvern* (Vouivre, animal fabuleux figurant dans les armes des trois monarques du Wessex) jaune dans un carré bleu.
- Composition : *129th Brigade (4th Battalion The Somerset Light Infantry, 4th Battalion The Wiltshire Regiment, 5th Battalion The Wiltshire Regiment),*

Insigne en tissu (*Formation Badge*) de la *43rd (Wessex) Infantry Division.*

Cloth formation badge of the *43rd (Wessex) Infantry Division.*

- Commanders : *Maj.Gen.* R. Le Fanu (28-VIII-1939/22 VIII-1940), *Maj.Gen.* R.C. Money (23-VIII-1940/31-I-1941), *Maj.Gen. Sir* Oliver W.H. Leese (1-II/16-VI-1941), *Maj.Gen.* A.F.P. Chrision (17-VI-1941/ 13-V-1942), *Maj.Gen.* D.C. Bullen-Smith (14-V-1942/ 26-VIII-1943), *Maj.Gen.* G.H.A. MacMillan (27-VIII-1943/2-VIII-1944), *Maj.Gen.* C.M. Barber (3-VIII-1944/V-1945).

- History :

The *15th (Scottish) Infantry Division* was raised shortly before World War I, in which it took part. It became the First Line Territorial Army Infantry Division on 2 September 1939. It was stationed first in southern Scotland (HQ at Glasgow). As of 20 June 1943, it was attached to the VIII Corps and trained for the D-Day landing in Yorkshire and north-east England. From April 1944, it was stationed on the south coast. It then numbered 15,000 men and 790 officers.

Attached to the VIII Corps, the division arrived in Normandy on 14 June. It took part in Operation Epsom. It took Cheux and Saint-Manvieu, where it fought a fierce hand-to-hand battle with elements of the 12. SS-Panzer-Division (26 June). It advanced towards the Odon River, reached the N 175 highway (Caen-Villers-Bocage), Mondrainville, Tourville, coming to the Odon River which it crossed, establishing a bridgehead on the far side (27 June). On 28 and 29 June, it came under violent counter-attack from the divisions of the II. SS-Panzerkorps, but it managed to hold onto its positions.

Attached to the XII Corps, the division went back on the offensive on 15 July from its Odon River bridgehead (a diversionary operation in the build-up to Goodwood). It took Esquay and Bougy, and was then relieved by the 59th Infantry Division in the Evrecy sector (23 July). It was withdrawn from the front to rest. It took part in Operation Bluecoat with the VIII Corps (30 July-3 August). Advancing with the 6th Guards Tank Brigade, it made rapid progress southwards and captured Hill 226 south-west of Cahagne (30 July). It came under fierce counter-attack on 31 July.

After the fighting in the Falaise pocket, the 15th Infantry Division crossed the Seine (late August 1944). It continued its advance north-east towards Belgium. It entered Amiens on 31 August 1944, then crossed the Somme. On 6 September, it entered Belgium and captured Courtrai. It went on to fight in the Gheel bridgehead where it relieved the 50th Infantry Division (12 September). In October, it was committed in the Best, Tilburg and Meijel sectors. It continued its advance with the XII Corps towards the Meuse. In November and December, it fought in the Blerick sector, on the Meuse and in the Venlo area. From 24 January to 4 February 1945, it took part in the Rhine offensive. It started crossing the river in the Xanten sector on 7 March 1945. From 27 March, it advanced towards the Elbe. It fought at Celle, crossing the Elbe. From 4 May, it advanced on Lübeck where it finished the war.

43rd (Wessex) Infantry Division

- Emblem : A yellow wyvern (a chimerical winged dragon featuring in the coat of arms of the three monarchs of Wessex) in a blue square.
- Composition : *129th Brigade (4th Battalion The Somerset Light Infantry, 4th Battalion The Wiltshire Regiment, 5th Battalion The Wiltshire Regiment), 130th Brigade (7th Battalion The Hampshire Regiment, 4th Battalion The Dorsetshire Regiment, 5th Battalion The Dorsetshire Regiment), 214th Brigade (7th Battalion The Somerset Light Infantry, 1st Bat-*

130th Brigade (7th Battalion The Hampshire Regiment, 4th Battalion The Dorsetshire Regiment, 5th Battalion The Dorsetshire Regiment), 214th Brigade (7th Battalion The Somerset Light Infantry, 1st Battalion The Worcestershire Regiment, 5th Battalion The Duke of Cornwall's Light Infantry), Divisional Troops (43rd Reconnaissance Regiment R.A.C., 94th Regiment R.A, 112th Regiment R.A, 179th Field Regiment R.A., 59th Antitank Regiment R.A, 110th Light Anti-Aircraft Regiment R.A., 8th Battalion (M.G) The Middlesex Regiment, 43rd Divisional Engineers, 43rd Divisional Signals).

- Commandeurs : *Maj.Gen.* C.W. Allfrey (1939/1-III-1942), *Maj.Gen.* G.I.Thomas (2-III-1942/V-1945).

- Historique :

La *43rd (Wessex) Infantry Division* est formée comme *First Line Territorial Army Infantry Division* en septembre 1939. Elle reste en Angleterre pendant la période 1939-1940. A partir de 1940, elle stationne dans le Kent où elle s'entraîne.

Rattachée au *VIII Corps*, elle débarque en Normandie le 24 juin. Elle commence à relever la *15th Infantry Division*, engagée dans l'opération « Epsom », le 27 juin et mène des combats dans le secteur de Cheux et de Mouen (29 juin). Elle se positionne ensuite dans la tête de pont de l'Odon où elle relève la *159th Brigade* de la *11th Armoured Division*. Renforcée de la *4th Armoured Brigade*, de la *31st Tank Brigade* et de la *46th Brigade* de la *15th Infantry Division*, elle conduit l'opération « Jupiter » contre la cote 112. Pendant deux jours (10-11 juillet), elle mène des combats d'une très grande intensité dans le secteur de la cote 112 sans parvenir à percer vers l'Orne. Son action permet cependant de fixer deux divisions blindées allemandes (*9.* et *10. SS-Panzer-Divisionen*). Lors de l'opération « Windsor » (4-8 juillet), elle couvre le flanc droit du *I Corps* dans le secteur de Fontaine-Etoupefour-Verson. Attachée au *XII Corps*, elle repart à l'attaque à partir du 19 juillet (opération de diversion pendant la préparation de « Goodwood »). Elle s'empare de Maltot le 23 juillet mais subit de lourdes pertes notamment parmi ses officiers supérieurs (9 mis hors de combat, tués ou blessés). Le 25 juillet, elle est relevée à Maltot par la *53rd Infantry Division*. La division participe à l'opération « Bluecoat » avec le *XXX Corps* (30 juillet-3 août). Elle progresse lentement le premier jour de l'offensive et s'empare de Briquessard et de Cahagne.

Après les combats de Falaise, la *43rd (Wessex) Infantry Division* traverse la Seine dans le secteur de Vernon (27 août 1944). Elle progresse rapidement à travers le nord de la France puis en Belgique et atteint l'Escaut. Elle combat dans le secteur de Nimègue lors de l'opération « Market Garden ». Du 7 octobre au 10 novembre, elle occupe des positions à l'est de Nimègue puis participe à l'offensive contre le saillant de Geilenkirchen (18-23 novembre 1944). En janvier 1945, elle repart à l'offensive dans le triangle de la Roer. Elle poursuit son avance et s'empare de Clèves le 12 février. Du 26 février au 9 mars, elle marche sur Xanten puis elle franchit le Rhin (25-29 mars). Elle progresse jusqu'à Hengelo (3 mars-3 avril) et participe à la prise de Brême (16-27 avril). Elle atteint ensuite Cuxhaven (avant-port de Hambourg) où elle termine la guerre.

49th (West Riding) Infantry Division

- Emblème : Un ours polaire blanc sur un rocher blanc inscrit dans un rectangle bleu (l'Ours évoque la présence de la division en Islande de 1940 à 1941).

talion The Worcestershire Regiment, 5th Battalion The Duke of Cornwall's Light Infantry), Divisional Troops (43rd Reconnaissance Regiment R.A.C., 94th Regiment R.A, 112th Regiment R.A., 179th Field Regiment R.A., 59th Antitank Regiment R.A, 110th Light Anti-Aircraft Regiment R.A., 8th Battalion (M.G) The Middlesex Regiment, 43rd Divisional Engineers, 43rd Divisional Signals).

- Commanders : Maj.Gen. C.W. Allfrey (1939/1-III-1942), Maj.Gen. G.I. Thomas (2-III-1942/V-1945).

- History :

The *43rd (Wessex) Infantry Division* was raised as the First Line Territorial Army Infantry Division in September 1939. It remained in England throughout the period 1939-1940. As of 1940, it was stationed in the Kent where it trained.

Attached to the VIII Corps, it landed in Normandy the 24 June. It began to relieve the 15th Infantry Division, committed in Operation Epsom, the 27 June and led the fighting in the Cheux and Mouen sector (29 June). It was then positioned in the Odon bridgehead where it relieved the 159th Brigade of the 11th Armoured Division. Reinforced by the 4th Armoured Brigade, the 31st Tank Brigade and the 46th Brigade of the 15th Infantry Division, it launched Operation Jupiter against Hill 112. For two days (10-11 July), it was engaged in some very fierce fighting in the Hill 112 sector without being able to break out towards the Orne. Its action did however pin down two German tank divisions (9. and 10. SS-Panzer-Divisionen). During Operation Windsor (4-8 July), it covered the right flank of the I Corps in the sector of Fontaine-Etoupefour-Verson. Attached to the XII Corps, it went back onto the attack on 19 July (a diversionary operation in the build-up to Goodwood). It captured Maltot on 23 July but sustained heavy losses notably among its senior officers (9 put out of action, killed or wounded). On 25 July, it was relieved by the 53rd Infantry Division at Maltot. The division took part in Operation Bluecoat with the XXX Corps (30 July-3 August). It made slow progress on the first day of the offensive, taking Briquessard and Cahagne.

After the battle for Falaise, the 43rd (Wessex) Infantry Division crossed the Seine in the Vernon sector (27 August 1944). It made rapid progress through northern France into Belgium, reaching the Scheldt. It fought in the Nimègue sector during Operation Market Garden. From 7 October to 10 November, it occupied positions east of Nimègue, then took part in the offensive against the Geilenkirchen salient (18-23 November 1944). In January 1945, it went back on the offensive in the Roer triangle. It continued its advance and took Clèves on 12 February. From 26 February to 9 March, it marched on Xanten then crossed the Rhine (25-29 March). It advanced to Hengelo (3 March-3 April) and took part in the capture of Bremen (16-27 April). It went on to Cuxhaven (the outer port of Hamburg) where it ended the war.

49th (West Riding) Infantry Division

- Emblem : A white polar bear on a white rock inscribed in a blue rectangle (the polar bear recalls the presence of the division in Iceland from 1940 to 1941).
- Composition : 146th Brigade (4th Battalion The Lincolnshire Regiment, 1/4th Battalion The King's Own Yorkshire Light Infantry, Hallamshire Battalion The York and Lancaster Regiment), 147th Brigade (11th Battalion The Royal Scots Fusiliers, 7th Battalion The Duke of Wellington's Regiment, 1st Battalion The Leicestershire Regiment, 56th Brigade (2nd Battalion The South Wales Borderers, 2nd Battalion The Gloucestershire Regiment, 2nd Battalion The Essex Regi-

Insigne en tissu (*Formation Badge*) de la 49th (West Riding) Infantry Division.

Cloth formation badge of the 49th (West Riding) Infantry Division.

1

43rd (Wessex) Infantry Division

La *43rd (Wessex) Infantry Division* est formée en 1939. Après une longue période d'entraînement en Angleterre, elle débarque en Normandie à partir du 24 juin 1944. Rattachée au *VIII Corps*, elle participe aux opérations « Epsom », « Jupiter », « Windsor », Goodwood » et « Bluecoat ».

1. Quelques jours avant le déclenchement de l'opération « Goodwood », des fantassins accompagnés de chars progressent entre les cotes 112 et 132 (15 juillet 1944).

2. Un Bren Carrier traverse l'Odon (16 juillet 1944). L'emblème de la division apparaît bien visible à l'avant du véhicule.

3. Au sud de Caumont, le 31 juillet 1944, deux hommes du *7th Battalion Hampshire Regiment* (*130th Infantry Brigade*) se sont postés dans une tranchée occupée peu avant par les Allemands.

4. Au cours de l'avance vers Aunay-sur-Odon (2 août 1944), des soldats du *1st Battalion Worcestershire Regiment* (*214th Infantry Brigade*), fouillent les maisons ruinées d'un hameau situé près de Benneville à la recherche de tireurs embusqués.

5. Au sud d'Aunay-sur-Odon, le 9 août 1944, un véhicule blindé de la *43rd Infantry Division* croise une colonne de prisonniers allemands dirigée vers l'arrière.

(IWM.)

2

3

3

43rd (Wessex) Infantry Division

The 43rd (Wessex) Infantry Division was raised in 1939. After a lengthy period of training in England, it landed in Normandy starting on 24 June 1944. Attached to VIII Corps, it took part in Operations Epsom, Jupiter, Windsor, Goodwood and Bluecoat.

1. A few days before the launch of Operation Goodwood, tanks and infantry advance between Hills 112 and 132 (15 July 1944).

2. A Bren carrier crosses the Odon River (16 July 1944). The formation badge can be clearly made out on the front of the vehicle.

3. South of Caumont, on 31 July 1944, two men of the 7th Battalion Hampshire Regiment (130th Infantry Brigade) have taken up position in a trench recently occupied by the Germans.

4. During the advance towards Aunay-sur-Odon (2 August 1944), soldiers of the 1st Battalion Worcestershire Regiment (214th Infantry Brigade), search for snipers in the ruined houses of a hamlet just outside Benneville.

5. South of Aunay-sur-Odon, on 9 August 1944, an armoured vehicle of the 43rd Infantry Division passes a column of German prisoners heading towards the rear.

(IWM.)

4

4

5

1

2

49th (West Riding) Infantry Division

Mise sur pied au début de la guerre, la *49th (West Riding) Infantry Division* arrive en Normandie à partir du 12 juin 1944. Elle participe à l'opération « Martlet » puis est rattachée au *I Corps*, à l'est de l'Orne (aile gauche du dispositif anglo-canadien) où elle reste jusqu'à la fin de la campagne de Normandie.

1. Le 17 juin 1944, les fantassins de la *49th Infantry Division* s'emparent du village de Christot à l'issue de violents combats. Ici des hommes surveillent les sorties d'une maison qui commence à brûler.

2. Plus loin, une ferme incendiée par les Allemands peu avant leur décrochage, achève de brûler sous les yeux des soldats de la division.

3. Au cours de l'avance de la division vers Tessel-Bretteville (sud-est de Tilly-sur-Seulles, opération « Martlet »), des soldats du *Durham Light Infantry* (*70th Infantry Brigade*), se reposent quelques instants (27 juin 1944). On distingue bien sur le *battledress* du soldat de droite l'emblème de la division ainsi que le titre d'épaule « Durham LI ».

4. Un Bren-Carrier du *2nd Battalion Kensington Regiment* progresse dans le secteur de Rauray. Au second plan, une pancarte allemande indique : « attention, l'ennemi peut vous voir » (28 juin 1944).

5. Toujours à Rauray le 28 juin 1944, le *Sergeant* Christie, auteur du reportage d'où proviennent ces photos, a fixé sur la pellicule quatre soldats du *2nd Battalion Kensington Regiment*.

(IWM.)

49th (West Riding) Infantry Division

Raised at the start of the war, the 49th (West Riding) Infantry Division started arriving in Normandy on 12 June 1944. It took part in Operation Martlet, and was then attached to I Corps, east of the Orne River (the left flank of the Anglo-Canadian disposition) where it remained till the end of the Normandy campaign.

1. On 17 June 1944, infantry of the 49th Infantry Division take the village of Christot after a fierce battle. Here, some men are guarding the exits from a house that has just caught fire.

2. Further on, a farm which the Germans set fire to just before pulling back finishes burning down as soldiers of the division look on.

3. During the division's advance towards Tenil-Bretteville (south-east of Tilly-sur-Seulles, Operation Martlet), soldiers of the Durham Light Infantry (70th Infantry Brigade) rest for a few moments (27 June 1944). The formation badge, and also the Durham LI shoulder flash, can be clearly made out on the battledress of the soldier on the right.

4. A Bren carrier of the 2nd Battalion Kensington Regiment advances in the Rauray sector. In the background, a German signpost is marked "Careful, the enemy can see you" (28 June 1944).

5. Again at Rauray on 28 June 1944, Sergeant Christie, the author of the reportage from which these photos are taken, has caught on film four soldiers of the 2nd Battalion Kensington Regiment.

(IWM.)

3

3

4

4, 5

5

16 juin 1944. Les Hallamshires de la *49th Division* traversent Audrieu dévasté par les tirs de l'artillerie britannique. Ils apprendront là le massacre de soldats canadiens par des soldats de la « Hitlerjugend ». A partir de ce moment, les hommes de cette division liquideront certains de leurs prisonniers et ils s'appelleront eux-mêmes « The Butchers ».

16th June. Hallamshires (146th Brigade) of the 49th ID are passing through Audrieu ruined by the bombardments. (IWM.)

- Composition : *146th Brigade (4th Battalion The Lincolnshire Regiment, 1/4th Battalion The King's Own Yorkshire Light Infantry, Hallamshire Battalion The York and Lancaster Regiment), 147th Brigade (11th Battalion The Royal Scots Fusiliers, 7th Battalion The Duke of Wellington's Regiment, 1st Battalion The Leicestershire Regiment), 56th Brigade (2nd Battalion The South Wales Borderers, 2nd Battalion The Gloucestershire Regiment, 2nd Battalion The Essex Regiment), Divisional Troops (49th Reconnaissance Regiment R.A.C., 69th Regiment R.A, 143rd Regiment R.A, 185th Field Regiment R.A., 55th Antitank Regiment R.A, 89th Light Anti-Aircraft Regiment R.A., 2nd Princess Louise's Kensington Regiment (Machine Gun), 49th Divisional Engineers, 49th Divisional Signals).*

- Commandeurs : *Maj.Gen.* E.H.Barker (I/XI-1944), *Maj.Gen.* G.H.A. Mac Millan (XI-1944/II-1945), *Maj.Gen.* S.B. Rawlins (III-1944/V-1945)

- Historique :

La *49th (West Riding) Infantry Division* est mobilisée comme *First Line Territorial Army Infantry Division* au début de la guerre. Comme la *43rd Infantry Division*, elle ne participe pas à la campagne de France mais elle est envoyée par petites fractions en Norvège. Après la campagne de Norvège, elle stationne en Islande. En 1942, elle revient en Angleterre où elle s'entraîne en vue de son engagement en Normandie.

La division débarque en Normandie à partir du 12 juin 1944. Rattachée au *XXX Corps* (dont elle constitue l'aile gauche), elle est engagée dans l'opération « Martlet » à partir du 25 juin. Elle attaque Fontenay-le-Pesnel et s'empare de cette localité, tenue par la *Panzer-Lehr-Division*, le lendemain. Le 27 juin, elle nettoie le bois de Tessel puis poursuit son avance sur Tessel, Bretteville et la crête sud de Rauray (28 juin). Elle est alors fortement contre-attaquée par le

ment), Divisional Troops (49th Reconnaissance Regiment R.A.C., 69th Regiment R.A, 143rd Regiment R.A, 185th Field Regiment R.A., 55th Antitank Regiment R.A, 89th Light Anti-Aircraft Regiment R.A., 2nd Princess Louise's Kensington Regiment (Machine Gun), 49th Divisional Engineers, 49th Divisional Signals).

- Commanders : *Maj.Gen. E.H. Barker (I/XI-1944), Maj.Gen. G.H.A. MacMillan (XI-1944/II-1945), Maj.Gen. S.B. Rawlins (III-1944/V-1945)*

- History :

The 49th (West Riding) Infantry Division was mobilized as the First Line Territorial Army Infantry Division early in the war. As the 43rd Infantry Division, it took no part in the campaign in France but it was sent in small sections to Norway. After the Norwegian campaign, it was stationed in Iceland. In 1942, it returned to England where it trained for battle in Normandy.

The division started landing in Normandy on 12 June 1944. Attached to the XXX Corps (of which it formed the left flank), it was committed from 25 June in Operation Martlet. It attacked Fontenay-le-Pesnel held by the Panzer-Lehr-Division, and captured the town the next day. On 27 June, it mopped up Tessel Wood then continued its advance on Tessel, Bretteville and the ridge south of Rauray (28 June). It then came under heavy counter-attack from the II. SS-Panzer-Korps (1 July). It sustained heavy losses, lost ground then regained it to stabilize its position. With the 6th Airborne Division, it came under the command of the I Corps in charge of the sector east of the Orne. Early in August, it launched attacks to the east of Caen towards Troarn.

After the fighting in the Falaise pocket, the 49th (West Riding) Infantry Division, still attached to the I Corps, crossed the Seine at Caudebec-en-Caux and Vieux-Port (30 August). It took part in the capture of Le

II. SS-Panzer-Korps (1er juillet). Elle subit de lourdes pertes, perd du terrain puis le reconquiert avant de se stabiliser. Avec la *6th Airborne Division*, elle passe sous le contrôle du *I Corps* chargé du secteur situé à l'est de l'Orne. Début août, elle lance des attaques à l'est de Caen dans la direction de Troarn.

Après les combats de la poche de Falaise, la *49th (West Riding) Infantry Division*, toujours rattachée au *I Corps*, franchit la Seine à Caudebec-en-Caux et à Vieux-Port (30 août). Elle participe à la prise du Havre (12 septembre). En novembre 1944, elle est rattachée à la *1st Canadian Army* et combat en Hollande puis dans le nord de l'Allemagne où elle termine la guerre.

50th (Northumbrian) Infantry Division

- Emblème : Deux T superposés rouges sur fond noir (ces deux lettres forment les initiales des trois rivières parcourant la province dont est originaire la division : vus de face Tyne et Tees, vus de côté, les barres horizontales constituent le H de la rivière Humber).

- Composition : *69th Brigade (5th Battalion The East Yorkshire, 6th Battalion The Green Howards, 7th Battalion The Green Howards), 151st Brigade (6th Battalion The Durham Light Infantry, 8th Battalion The Durham Light Infantry, 9th Battalion The Durham Light Infantry), 231st Brigade (2nd Battalion The Devonshire Regiment, 1st Battalion The Hampshire Regiment, 1st Battalion The Dorsetshire Regiment), Divisional Troops (61st Reconnaissance Regiment R.A.C., 74th Regiment R.A, 90th Regiment R.A, 124th Field Regiment R.A., 102nd Antitank Regiment R.A, 25th Light Anti-Aircraft Regiment R.A., 2nd Battalion (M.G.)*

Havre (12 September). In November 1944, it was attached to the 1st Canadian Army and fought in Holland and later in northern Germany, where it ended the war.

50th (Northumbrian) Infantry Division

- *Emblem : Two red Ts one on top of the other on a black ground (these two letters form the initials of the three rivers running through the division's home province: frontways on, the Tyne and Tees; sideways on, the horizontal bars mark H for Humber).*

- *Composition : 69th Brigade (5th Battalion The East Yorkshire, 6th Battalion The Green Howards, 7th Battalion The Green Howards), 151st Brigade (6th Battalion The Durham Light Infantry, 8th Battalion The Durham Light Infantry, 9th Battalion The Durham Light Infantry), 231st Brigade (2nd Battalion The Devonshire Regiment, 1st Battalion The Hampshire Regiment, 1st Battalion The Dorsetshire Regiment), Divisional Troops (61st Reconnaissance Regiment R.A.C., 74th Regiment R.A, 90th Regiment R.A, 124th Field Regiment R.A., 102nd Antitank Regiment R.A, 25th Light Anti-Aircraft Regiment R.A., 2nd Battalion (M.G.) Cheshire Regiment, 50th Divisional Engineers, 50th Divisional Signals).*

- *Commanders : Maj.Gen. Martel (II-1938/13-XII-1940), Maj.Gen. Ramsden (13-XII-1940/7-VII-1942), Maj.Gen. J.S. Nichols (7-VII-1942/14-IV-1943), Maj.Gen. S.C. Kirkman (14-IV-1943/19-I-1944), Maj.Gen. D.A.H. Graham (19-I/17-X-1944), Maj.Gen. L.O. Lyne (17-X/27-XI-1944), Maj.Gen. D.A.H. Graham (27-XI-1944/V-1945).*

Insigne en tissu (*Formation Badge*) de la *50th (Northumbrian) Infantry Division*.

Cloth formation badge of the 50th (Northumbrian) Infantry Division.

Assis devant les restes d'un véhicule allemand brûlé, le *Private* W. Burnett, profite d'un moment de répit pour écrire une lettre à sa famille (secteur de Rauray, 30 juin 1944). Comme le prouvent les insignes cousus sur sa manche, ce soldat appartient au *1st Battalion Tyneside Scottish* de la *70th Infantry Brigade (49th (West Riding) Infantry Division)* (IWM).

Sitting in front of the remains of a burnt-out German vehicle, Private W. Burnett uses a short break to write home (Rauray sector, 30 June 1944). As his shoulder flashes indicate, this soldier belongs to the 1st Battalion Tyneside Scottish of the 70th Infantry Brigade (49th (West Riding) Infantry Division) (IWM).

Cheshire Regiment, 50th Divisional Engineers, 50th Divisional Signals).

- Commandeurs : *Maj.Gen.* Martel (II-1938/13-XII-1940), *Maj.Gen.* Ramsden (13-XII-1940/7-VII-1942), *Maj.Gen.* J.S. Nichols (7-VII-1942/14-IV-1943), *Maj.Gen.* S.C .Kirkman (14-IV-1943/19-I-1944), *Maj.Gen.* D.A.H.Graham (19-I/17-X-1944), *Maj.Gen.* L.O. Lyne (17-X/27-XI-1944), *Maj.Gen.* D.A.H. Graham (27-XI-1944/V-1945).

- Historique :

La *50th (Northumbrian) Infantry Division* est mise sur pieds en 1908 et confiée au commandement du *Lieutenant-General Sir* Baden-Powell. Elle participe à la Première Guerre mondiale à partir d'avril 1915. Elle combat à Ypres (1915), sur la Somme (1916), dans la région d'Arras (1917), de nouveau à Ypres et sur la Somme (1917-1918) puis sur la Lys et l'Aisne (1918). D'août à novembre 1918, elle participe aux derniers combats à Beaurevoir, sur la Selle et la Sambre. En 1920, elle devient division territoriale et regroupe des soldats originaires du Northumberland, du Durham et du Yorkshire. A la fin de l'année 1938, elle est motorisée. En février 1939, elle est commandée par le *Major-General* Martel, spécialiste des blindés. A partir de septembre 1939, elle subit un entraînement intensif. En octobre, elle est transférée dans l'Oxfordshire où elle complète son équipement et parfait son entraînement.

Le 19 janvier 1940, la division quitte l'Angleterre et débarque à Cherbourg. Ses éléments avancés gagnent Lens le 27 janvier et le 4 février, le PC de la division est installé à l'est de cette ville à Billy-Montigny. Placée en réserve du *II Corps* le 14 février, la division est transférée dans la région d'Amiens (PC à Quevauvilliers). Après un mois d'entraînement, elle remonte vers le nord et occupe un secteur entre Loos (ouest de Lille) et Seclin. A partir du 16 mai 1940, elle se replie avec tout le BEF. Elle mène des combats dans le secteur d'Arras puis bat en retraite jusqu'à Dunkerque où elle est la dernière à quitter le sol français (1er juin 1940).

De juin à décembre 1940, la *50th (Northumbrian) Infantry Division* occupe un secteur de côte dans le Dorset. En avril 1941, elle quitte une nouvelle fois l'Angleterre. Embarquée à Liverpool, elle arrive au complet en Egypte en juillet. Elle est d'abord envoyée à Chypre. En novembre 1941, elle part en Palestine. En janvier 1942, elle intervient en Syrie puis part pour l'Egypte. Elle combat sur la ligne de Gazala (février-avril 1942) puis pénètre en Libye (été 1942). Après avoir battu en retraite jusqu'en Egypte, elle participe à la bataille d'El Alamein au cours de laquelle elle se distingue. Elle avance jusqu'en Tunisie, combat sur la ligne Mareth (mars 1943), dans le secteur de Wadi Akarit et d'Enfidaville (mars-avril 1943). D'avril à juillet 1943, elle s'entraîne en vue des opérations de Sicile. Elle débarque en Sicile avec le *XIII Corps* le 10 juillet 1943 et progresse jusqu'à Messine. Cette campagne lui coûte 462 morts, 1 232 blessés, 545 disparus auxquels il faut ajouter 2 230 soldats mis hors de combat par la malaria notamment. Certains de ses éléments (*231st Infantry Brigade*) sont engagés en Italie. Puis la division est entièrement rapatriée en Grande-Bretagne en octobre 1943. Jusqu'en juin 1944, elle s'entraîne en vue du débarquement.

Rattachée au *XXX Corps*, la *50th Infantry Division* débarque à l'est d'Arromanches (*Gold Beach*) le 6 juin 1944. Son objectif est d'établir une tête de pont d'Arromanches à Ver-sur-mer, de pousser vers la RN 13 Bayeux-Caen et de faire liaison à Port-en-Bessin avec les forces américaines débarquées à Omaha. La première vague débarque aux environs de 7 h 30. A droite, la *231st Infantry Brigade*, après

- History :

The 50th (Northumbrian) Infantry Division was raised in 1908 and placed in the command of Lieutenant-General Sir Baden-Powell. It took part in World War I from April 1915. It fought at Ypres (1915), on the Somme (1916), in the Arras area (1917), again at Ypres and on the Somme (1917-1918), then on the Lys and the Aisne (1918). From August to November 1918, it took part in the last of the fighting at Beaurevoir, on the Selle and the Sambre. In 1920, it became a territorial division and took in men from the counties of Northumberland, Durham and Yorkshire. At the end of the year 1938, it was motorized. In February 1939, it came under the command of tank specialist Major-General Martel. In September 1939, it began intensive training. In October, it was transferred to Oxfordshire where it was fitted out and completed its training.

On 19 January 1940, the division left England and landed at Cherbourg. Its forward elements reached Lens on 27 January and 4 February, the divisional HQ was set up to the east of the town at Billy-Montigny. Placed in the II Corps' reserve on 14 February, the division was transferred to the Amiens area (CP at Quevauvilliers). After a month of training, it moved back up north and occupied a sector between Loos (west of Lille) and Seclin. On 16 May 1940, it began to fall back with the entire BEF. It fought in the Arras sector then retreated to Dunkirk where it was last to leave French soil (1 June 1940).

From June to December 1940, the 50th (Northumbrian) Infantry Division occupied a coastal sector in Dorset. In April 1941, it again left England. Embarking at Liverpool, it arrived at full strength in Egypt in July. It was first dispatched to Cyprus. In November 1941, it left for Palestine. In January 1942, it was called to action in Syria, then left for Egypt. It fought on the Gazala Line (February-April 1942) then entered Libya (summer 1942). After retreating all the way to Egypt, it took part in the Battle of El Alamein, fighting with distinction. It advanced into Tunisia, fought on the Mareth Line (March 1943), in the Wadi Akarit and Enfidaville sector (March-April 1943). From April to July 1943, it trained for operations in Sicily. It landed in Sicily with the XIII Corps on 10 July 1943 and advanced to Messina. During this campaign it lost 462 killed, 1,232 wounded, 545 missing, and also 2,230 soldiers put out of action notably owing to malaria. Some elements (231st Infantry Brigade) were committed in Italy. Then the whole division was sent home to England in October 1943. It trained for the D-Day landing until June 1944.

Attached to the XXX Corps, the 50th Infantry Division landed east of Arromanches (Gold Beach) on 6 June 1944. Its objective was to establish a beachhead from Arromanches to Ver-sur-mer, press on towards the N 13 Bayeux-Caen highway and link up at Port-en-Bessin with American forces coming ashore at Omaha. The first wave landed at around 07.30. On the right, after encountering stiff resistance, the 231st Infantry Brigade reached Arromanches during the evening. On the left, the 69th Infantry Brigade pressed on towards the Caen-Bayeux road, and by evening had reached the Rucqueville-Esquay-sur-Seulles line. A second wave comprising the 151st and 56th Infantry Brigades (the latter was attached at the division), started landing at 11.00. It headed towards Bayeux, reaching Magny and Vaux-sur-Aure. During the days that followed, the division made little headway. The 56th Infantry Brigade entered Bayeux during the morning of 7 June while the 231st Brigade mopped up the area around the Drôme. Meanwhile, the 69th Brigade got as far as the Bayeux-Caen road and

Au cours d'une cérémonie en l'honneur de la *50th (Northumbrian) Infantry Division* (17 juillet 1944), Montgomery remet le *Distinguished Service Order* au *Lt. Col. R.A.Biddle* du *2nd Gloucesters* de la *56th Infantry Brigade*, unité rattachée à la *50th Infantry Division* au moment du débarquement. L'emblème de cette brigade indépendante (un sphinx) est ici bien visible. (IWM.)

During a ceremony in honor of the 50th (Northumbrian) Infantry Division (17 July 1944), Montgomery presents the Distinguished Service Order to Lt. Col. R.A. Biddle of the 2nd Gloucesters of the 56th Infantry Brigade, a unit attached to the 50th Infantry Division at the time of the D-Day landings. This independent brigade's emblem (a sphinx) is clearly visible here. (IWM.)

Bayeux, rue des Bouchers.

This Bayeux garage was occupied first by the Germans then by the British as can be seen from the numerous inscriptions on this photograph (11 July 1944). At the bottom right is a notice bearing the 50th (Northumbrian) Infantry Division's emblem (IWM).

Ce garage de Bayeux a été successivement occupé par les Allemands puis par les Britanniques comme en témoignent les nombreuses inscriptions visibles sur cette photo (11 juillet 1944). On reconnaît en bas à droite une affichette portant l'emblème de la *50th (Northumbrian) Infantry Division* (IWM).

1,2,3

4

1

50th (Northumbrian) Infantry Division

Créée en 1908, la *50th (Northumbrian) Infantry Division* participe à la Première Guerre mondiale. Elle est engagée en France en 1940 puis en Palestine, en Syrie, en Egypte, en, Libye et en Tunisie (1941-1943). Elle débarque en Sicile (été 1943) puis est rapatriée en Grande-Bretagne. Rattachée au *XXX Corps*, elle débarque sur *Gold Beach* le 6 juin 1944. Elle participe aux opérations « Perch », « Martlet » et « Bluecoat ».

1 et 2. Des fantassins de la « A » *Company* du *6th Battalion Durham Light Infantry* (*151st Infantry Brigade*) patrouillent dans les rues du hameau du Douet de Chouain (sud de Bayeux) à la recherche d'Allemands encore embusqués dans les ruines (11 juin 1944).

50th (Northumbrian) Infantry Division

Raised in 1908, the 50th (Northumbrian) Infantry Division took part in World War I. It was committed in France in 1940 and later in Palestine, Syria, Egypt, Libya and Tunisia (1941-1943). It landed in Sicily (summer 1943) and was then sent home to Britain. Attached to XXX Corps, it landed on Gold Beach on 6 June 1944. It took part in Operations Perch, Martlet and Bluecoat.

1 and 2. *Infantrymen of "A" Company of the 6th Battalion Durham Light Infantry (151st Infantry Brigade) patrol the streets in the village of Douet (Bayeux sector) in search of Germans still hiding in the ruins (11 June 1944).*

2

3. Le *Private* W.Weatkley, de la « *A* » *Company* du *6th Battalion Durham Light Infantry* a pris position avec son fusil-mitrailleur Bren dans les ruines du Douet de Chouain (11 juin 1944).

3. Private W. Weatkley of "A" Company of the 6th Battalion Durham Light Infantry has taken up position with his Bren gun in the ruins of Douet (11 June 1944).

4. Dans les faubourgs d'Audrieu, le 13 juin 1944, deux soldats appartenant à la « B » Company du *2nd Battalion Cheshires* (*69th Infantry Brigade*) surveillent les alentours avec leur mitrailleuse Vickers 303.

5. Des véhicules de la *50th Infantry Division* traversent Saint-Honorine-La-Chardonne (18 août 1944). A gauche, l'épave d'un char français utilisé par les Allemands, détruit lors des derniers combats.

4. In the outskirts of Audrieu, on 13 June 1944, two soldiers belonging to "B" Company of the 2nd Battalion Cheshires (69th Intantry Brigade) survey the surroundings with their Vickers 303 machine-gun.

5. Vehicles of the 50th Infantry Division pass through Saint-Honorine-La-Chardonne (18 August 1944). On the left, the wreckage of a French tank used by the Germans and destroyed during the recent fighting.

(IWM.)

Insigne en tissu (*Formation Badge*) de la *51st (Highland) Infantry Division*.

Cloth formation badge of the 51st (Highland) Infantry Division.

d'être heurtée à une vive résistance, atteint Arromanches dans la soirée. A gauche, la *69th Infantry Brigade* pousse en direction de la route Caen-Bayeux et atteint en soirée une ligne Rucqueville-Esquay-sur-Seulles. Une deuxième vague, composée des *151st* et *56th Infantry Brigades* (cette dernière rattachée à la division), débarque à partir de 11 h 00. Elle se dirige vers Bayeux et atteint Magny et Vaux-sur-Aure. Au cours des jours suivants, la division, fait peu de progrès. La *56th Infantry Brigade* pénètre dans Bayeux au cours de la matinée du 7 juin tandis que la *231st Brigade* nettoie les abords de la Drôme. De son côté, la *69th Brigade* parvient jusqu'à la route Bayeux-Caen et se dirige vers la voie de chemin de fer près de Ducy-Sainte-Marguerite.

A partir du 10 juin, la division, renforcée de la *8th Armoured Brigade*, participe à l'opération « Perch ». Elle combat durement contre la *Panzer-Lehr-Division* dans le secteur de Lingèvres dont elle s'empare le 12 juin. Le 16 juin, elle atteint Tilly-sur-Seulles et la route Tilly-Saint-Lô. Le 17 juin, elle achève le nettoyage de Tilly-sur-Seulles. Le 18 juin, elle repart à l'attaque en direction de Hottot mais elle en est chassée avec de lourdes pertes. Son front se stabilise alors sur une ligne Lingèvres-Tilly-Saint-Pierre-Livry où elle est au contact avec la *7th Armoured Division*. Le 24 juin, elle participe à l'opération « Martlet ». Appuyée par la *8th Armoured Brigade,* elle attaque sans succès Hottot et Juvigny-sur-Seulles. Le 26 juin, elle pousse en direction de Rauray dont elle s'empare le 27 juin. La division participe à l'opération « Bluecoat » avec le *XXX Corps* (30 juillet-3 août) mais ne progresse pas de manière significative.

Après la fin des combats de la poche de Falaise, la *50th Infantry Division* franchit la Seine entre le 25 et le 28 septembre à la suite de la *Guards Armoured Division* et de la *11th Armoured Division*. Elle progresse ensuite vers le nord-est, passant par Amiens et Arras. Elle combat sur le canal Albert du 8 au 11 septembre. Elle participe à l'opération « Market Garden » à partir du 17 septembre puis elle occupe un secteur calme du front entre les rivières Wall et Nederrijn. Le 29 novembre, elle quitte le front pour être rassemblée en Belgique. De là, elle est rapatriée en Angleterre, dans le Yorkshire, où elle se voit confier des tâches d'entraînement.

51st (Highland) Infantry Division

- Emblème : Les lettres H et D (première et dernière lettre du mot Highland) accolées, oranges, entourées d'un cercle de la même couleur, sur un carré bleu clair .

- Composition : *152nd Brigade (2nd Battalion The Seaforth Highlanders, 5th Battalion The Seaforth Highlanders, 5th Battalion The Queen's Own Cameron Highlanders), 153rd Brigade (5th Battalion The Black Watch, 1st Battalion The Gordon Highlanders, 5th/7th Battalion The Gordon Highlanders), 154th Brigade (1st Battalion The Black Watch, 7th Battalion The Black Watch, 7th Battalion The Argyll and Sutherland Highlanders), Divisional Troops (2nd Derbyshire Yeomanry R.A.C., 126th Regiment R.A., 127th Regiment R.A, 128th Field Regiment R.A., 61st Antitank Regiment R.A, 40th Light Anti-Aircraft Regiment R.A., 1/7th Battalion The Middlesex Regiment (Machine Gun), 51st Divisional Engineers, 51st Divisional Signals).*

- Commandeurs : *Maj.Gen.* Victor Fortune (1939/1940), *Maj.Gen.* D.N. Winberley (1940-1943), *Maj.Gen.* C. Bullen Smith (1943/25-VII-1944), *Maj.Gen.* T.G. Rennie (26-VII-1944/24-III-1945), *Maj.Gen.* G.H.A. Mac Millan (25-III/V-1945).

headed towards the railroad near Ducy-Sainte-Marguerite.

Starting on 10 June, the division took part in Operation Perch, with the 8th Armoured Brigade in reinforcement. It fought hard against the Panzer-Lehr-Division in the Lingèvres sector, taking Lingèvres on 12 June. On 16 June, it reached Tilly-sur-Seulles and the Tilly-Saint-Lô road. On 17 June, it finished mopping up operations at Tilly-sur-Seulles. On 18 June, it went back on the attack in the Hottot direction but was forced out with heavy losses. The front then stabilized on a Lingèvres-Tilly-Saint-Pierre-Livry line where it was in contact with the 7th Armoured Division. On 24 June, it took part in Operation Martlet. With the 8th Armoured Brigade in support, it made an unsuccessful attack on Hottot and Juvigny-sur-Seulles. On 26 June, it pressed on towards Rauray, which it captured on 27 June. The division took part in Operation Bluecoat with the XXX Corps (30 July-3 August) but made no significant progress.

After the end of the fighting in the Falaise pocket, the 50th Infantry Division crossed the Seine sometime between 25 and 28 September in the wake of the Guards Armoured Division and the 11th Armoured Division. It then advanced north-eastwards, passing through Amiens and Arras. It fought on the Albert Canal from 8-11 September. It took part in Operation Market Garden from 17 September then occupied a quiet sector of the front between the Wall and Nederrijn rivers. On 29 November, it left the front to reassemble in Belgium. From there, it was sent home to England, to Yorkshire, where it was given training tasks.

51st (Highland) Infantry Division

- Emblem : The letters H and D (first and last letter of the word Highland) side by side, in orange, in a circle of the same color, on a light blue square.

- Composition : *152nd Brigade (2nd Battalion The Seaforth Highlanders, 5th Battalion The Seaforth Highlanders, 5th Battalion The Queen's Own Cameron Highlanders), 153rd Brigade (5th Battalion The Black Watch, 1st Battalion The Gordon Highlanders, 5th/7th Battalion The Gordon Highlanders), 154th Brigade (1st Battalion The Black Watch, 7th Battalion The Black Watch, 7th Battalion The Argyll and Sutherland Highlanders), Divisional Troops (2nd Derbyshire Yeomanry R.A.C., 126th Regiment R.A., 127th Regiment R.A, 128th Field Regiment R.A., 61st Antitank Regiment R.A, 40th Light Anti-Aircraft Regiment R.A., 1/7th Battalion The Middlesex Regiment (Machine Gun), 51st Divisional Engineers, 51st Divisional Signals).*

- Commanders : *Maj.Gen. Victor Fortune (1939/1940), Maj.Gen. D.N. Winberley (1940-1943), Maj.Gen. C. Bullen Smith (1943/25-VII-1944), Maj.Gen. T.G. Rennie (26-VII-1944/24-III-1945), Maj.Gen. G.H.A. MacMillan (25-III/V-1945).*

- History :

Drawn directly from the Highland Regiment (The Black Watch), created in 1740, the 51st (Highland) Infantry Division was raised in 1908. It fought with distinction during World War I. It became the First Line Territorial Army Infantry Division in September 1939. Allocated to the BEF, it landed at Le Havre in January 1940 under the command of Major-General Fortune. It was stationed first in the Saint-Valéry-en-Caux sector then headed off towards the Belgian border. In April 1940, it came under French command and was put in charge of a sector of the Maginot Line in the Metz area. During the German offensive of May-June 1940, it fought in northern France before falling back.

1. Le *Piper* M. Clarke, de Perth, explique à Jeanne Le Mesnorel, de La Délivrande, le fonctionnement de sa cornemuse. M. Clarke appartient au régiment *Black Watch* de la *154th Infantry Brigade* de la *51st (Highland) Infantry Division*. Photo prise au cours d'un match organisé à La Délivrande le 23 juillet 1944. (IWM.)

2. Le *Major* J.E.Benson des *Black Watch* (*154th Infantry Brigade* de la *51st (Highland) Infantry Division*), photographié peu avant l'attaque au sud de Caen le 7 août 1944. (IWM.)

3. Un officier de la *51st (Highland) Infantry Division*) tente de repérer avec ses hommes, abrités derrière une haie, la provenance des tirs d'un sniper allemand (10 août 1944). (IWM.)

1. Piper M. Clarke, from Perth, explains how his bagpipes work to Jeanne Le Mesnorel, from La Délivrande. Clarke belongs to the Black Watch Regiment 154th Infantry Brigade 51st (Highland) Infantry Division. Photo during a match played at La Délivrande on 23 July 1944 (IWM).

2. Major J.E. Benson of the Black Watch (154th Infantry Brigade of the 51st (Highland) Infantry Division), photographed shortly before the attack to the south of Caen on 7 August 1944 (IWM).

3. An officer of the 51st (Highland) Infantry Division) along with his men sheltering behind a hedge, tries to locate German sniper fire (10 August 1944) (IWM).

1. Groupe de soldats de la *51st Infantry Division* photographiés début août 1944.

2. Les *Sergeants* D. Stevenson, A.Dixon et W. Keay, originaires de Kirkintilloch, de Dunfermline et Perth, posent pour le photographe. Tous appartiennent au *Black Watch Regiment (154th Infantry Brigade)* comme l'indique le morceau de tartan découpé à la forme de l'ordre du chardon, cousu en dessous des bandes horizontales indiquant la 3ᵉ brigade de la division. Juste au-dessus de ces dernières se trouve l'insigne divisionnaire (*Formation badge*).

1. Group of soldiers of the 51st Infantry Division photographed early in August 1944.

2. Sergeants D. Stevenson, A. Dixon and W. Keay, from Kirkintilloch, Dunfermline and Perth, pose for a photograph. They all belong to the Black Watch Regiment (154th Infantry Brigade), as we see from the piece of tartan cut into the shape of the thistle, sewn under the horizontal stripes indicating the division's 3rd Brigade. The formation badge is just above them.

1

2

51st (Highland) Infantry Division

La *51st (Highland) Infantry Division* participe à la campagne de France (1939-1940) au cours de laquelle elle est en grande partie capturée. Reconstituée en Grande-Bretagne, elle est engagée en Egypte, Libye et Tunisie puis en Sicile (1942-1943). Rapatriée en Angleterre, elle s'entraîne en vue du débarquement de Normandie. Ses premiers éléments débarquent sur *Gold Beach* le soir du 6 juin. Elle participe à l'opération « Epsom ». A partir du 7 août, elle est rattachée au *II Canadian Corps* avec lequel elle est impliquée dans l'opération « Totalize ».

51st (Highland) Infantry Division

The 51st (Highland) Infantry Division took part in the campaign in France (1939-1940) during which it was mostly taken prisoner. It was re-formed in the UK, then committed in Egypt, Libya and Tunisia and later Sicily (1942-1943). It was then sent home to England where it trained for the Normandy landing. Its leading elements came ashore on Gold Beach on the evening of 6 June. The division took part in Operation Epsom. As of 7 August, it was attached to II Canadian Corps with which it was involved in Operation Totalize.

2,3

3. Le *Private* J. Chalmers, de Perth, aide le *Private* G. Jack, de Kirkfield Bank, Lanark, à mettre son équipement. Ces deux hommes appartiennent comme les précédents, au *Black Watch Regiment*.

4. Des véhicules de transport blindés (APCs, *Armoured Personal Vehicles*) appartenant au *7th Battalion Argyll and Sutherland* (*154th Infantry Brigade*) se dirigent vers le front en vue de l'attaque qui se prépare (opération « Totalize »). A droite, sur une pancarte, l'emblème de la *51st Infantry Division*. Cette photo, comme les deux précédentes a été prise le 7 août 1944.

5. Des blindés progressent sur une route dans le secteur de Secqueville (9 août 1944). On retrouve à droite, sur une pancarte, l'emblème de la *51st Infantry Division*.

(IWM.)

3. Private J. Chalmers, from Perth, helps Private G. Jack, from Kirkfield Bank, Lanark, don his equipment. These two men also belong to the Black Watch Regiment.

4. APCs, (Armored Personnel Vehicles) belonging to the 7th Battalion Argyll and Sutherland (154th Infantry Brigade) head for the front in preparation for the coming attack (Operation Totalize). On the right, the 51st Infantry Division's insignia on a signpost. Like the two previous photos, this picture was taken on 7 August 1944.

5. Armored vehicles advance along a road in the Secqueville sector (9 August 1944). We again see on the right, the 51st Infantry Division's insignia on a signpost.

- Historique :

Directement issue du *Highland Regiment (The Black Watch)*, créé en 1740, la *51st (Highland) Infantry Division* est mise sur pied en 1908. Elle se distingue pendant la Première Guerre mondiale. Elle devient *First Line Territorial Army Infantry Division* en septembre 1939. Affectée au BEF, elle débarque au Havre en janvier 1940 sous le commandement du *Major-General* Fortune. Elle stationne d'abord dans le secteur de Saint-Valéry-en-Caux puis se dirige vers la frontière belge. En avril 1940, elle passe sous commandement français et prend en charge un secteur de la ligne Maginot dans la région de Metz. Lors de l'offensive allemande de mai-juin 1940, elle combat dans le nord de la France avant de se replier. Une partie de la division est dirigée vers le sud de Paris tandis que l'autre parvient au nord de la capitale. De là, elle se dirige vers Saint-Valéry-en-Caux où elle est capturée, avec son chef, par la *7. Panzer-Division* de Rommel. Les survivants qui parviennent à s'échapper et à regagner l'Angleterre sont versés dans la *9th (Highland) Infantry Division*. Cette dernière est redésignée *51st (Highland) Infantry Division* en août 1940.

La division stationne dans le nord-est de l'Ecosse jusqu'en avril 1942, date à laquelle elle est relevée par la *52nd (Lowland) Infantry Division*. Rééquipée à Aldershot, elle quitte l'Angleterre pour l'Egypte en juin 1942. Elle participe à la bataille d'El Alamein (octobre-novembre 1942) avec le *XXX Corps* puis avance à travers la Libye jusqu'à Tripoli. Après Tripoli, elle poursuit son offensive en Tunisie. Elle est engagée dans le secteur de Medenine et de Mareth puis remonte vers le nord le long des côtes vers Kairouan. Elle combat à Enfidaville avant de se rabattre vers l'est vers Djidjeli où elle termine la campagne de Tunisie. Après une période d'entraînement aux opérations amphibies en Tunisie et en Algérie, elle est engagée en Sicile avec le *XIII Corps*. Elle débarque dans le golfe de Noto le 10 juillet 1943. Elle remon-

One section of the division was sent towards the south of Paris while the other reached the north of the capital. From there it headed towards Saint-Valéry-en-Caux where it was captured, along with its commanding officer, by Rommel's 7. Panzer-Division. The survivors who contrived to escape back to England were placed in the 9th (Highland) Infantry Division, which was renamed the 51st (Highland) Infantry Division in August 1940.

The division was stationed in north-eastern Scotland until April 1942, when it was relieved by the 52nd (Lowland) Infantry Division. After refitting at Aldershot, it left England for Egypt in June 1942. It took part in the Battle of El Alamein (October-November 1942) with the XXX Corps then advanced into Libya as far as Tripoli. After Tripoli, it continued its offensive in Tunisia. It was committed in the Medenine and Mareth sectors then moved back up north along the coast to Kairouan. It fought at Enfidaville before pulling back eastwards to Djidjeli where it ended the Tunisian campaign. After a period in Tunisia and in Algeria training for amphibious operations, it was committed with the XIII Corps in Sicily. It landed in the Gulf of Noto on 10 July 1943. It then moved up north, fighting at Viccini, Francofonte, Ramacca, Gerbini and on Sferro mountain. It reached Messina on 17 August 1943, then was sent home to England where it trained for the D-Day landing.

The division's leading elements landed in Normandy on the Gold Beach sector late on 6 June (185th Infantry Brigade). On 10 June, the 185th Brigade reinforced the 1st Special Service Brigade east of the Orne. It marched on Bréville and reached Bois-du-Mont where it was held up. During Operation Epsom (26 June), the division, still attached to the I Corps, was detailed to outflank Caen by the east, but failed to do so. It then took part in Operation Goodwood. Resuming its advance southward, it fought in the Escoville sector (18 July). Starting on 7 August, it was com-

Bren-Carrier (*53rd (Welch) Infantry Division*) prêt à l'attaque (Nord de Caen, 8 juillet 1944). (IWM.)

Bren-carrier (53rd (Welch) Infantry Division) ready to attack (North of Caen, 8 July 1944). (IWM.)

te ensuite vers le nord, mène des combats à Vicci-ni, Francofonte, Ramacca, Gerbini et sur la montagne de Sferro. Elle atteint Messine le 17 août 1943 puis est rapatriée en Angleterre où elle s'entraîne en vue du débarquement.

Les premiers éléments de la division débarquent en Normandie sur le secteur « Gold » le 6 juin en fin de journée (*185th Infantry Brigade*). Le 10 juin, la *185th Brigade* renforce la *1st Special Service Brigade* à l'est de l'Orne. Elle marche sur Bréville et atteint Bois-du-Mont où elle se retrouve bloquée. Lors de l'opération « Epsom » (26 juin), la division, toujours attachée au *I Corps*, est chargée de contourner Caen par l'est mais elle échoue. Elle participe ensuite à l'opération « Goodwood ». Reprenant sa progression vers le sud, elle combat dans le secteur d'Escoville (18 juillet). A partir du 7 août, elle est engagée avec la *3rd Canadian Infantry Division* (*II Canadian Corps*) dans l'opération « Totalize ». Le premier jour de l'offensive, elle progresse à partir du sud de Caen vers Falaise à droite de la RN 158. Elle enlève Cramesnil, Saint-Aignan, Secqueville-la-Campagne et Tilly où elle mène des combats très durs contre la *89. Infanterie-Division* avant de laisser la place à la *1st Polish Armoured Division*.

Après les combats de la poche de Falaise, la *51st (Highland) Infantry Division* traverse la Seine dans le secteur de Duclair et de Mauny et s'empare du Havre (12 septembre) puis de Saint-Valéry-en-Caux. Elle poursuit son avance à travers le nord de la France, combat en Belgique et en Hollande, sur la Meuse et dans le secteur de Nimègue. En décembre 1944, elle est engagée dans les Ardennes dans la région de Laroche. Elle pénètre ensuite en Allemagne (janvier 1945), franchit le Rhin avec le *XXX Corps* dans le secteur de Rees (début mars 1945). Elle atteint la région d'Isselburg fin avril puis se dirige vers Brême. Elle est parvenue au nord de cette ville lorsque l'armistice est signé. Du 6 juin 1944 au 5 mai 1945, la division a perdu 9 766 hommes (dont 707 officiers) soit 1 702 morts (dont 143 officiers), 7 487 blessés (dont 552 officiers) et 577 disparus (dont 20 officiers).

53rd (Welch) Infantry Division

- Emblème : La lettre W rouge (initiale du pays de Galles-Wales- lieu d'origine des principales unités composant la division).

- Composition : *71st Brigade (4th Battalion The Royal Welch Fusiliers, 1st Battalion The Oxfordshire and Buckinghamshire Light Infantry, 1st Battalion The Highland Light Infantry), 158th Brigade (1st Battalion The East Lancashire Regiment, 1/5th Battalion The Welch Regiment, 7th Battalion The Royal Welch Fusiliers), 160th Brigade (2nd Battalion The Monmouthshire Regiment, 4th Battalion The Welch Regiment, 6th Battalion The Royal Welch Fusiliers), Divisional Troops (53rd Reconnaissance Regiment R.A.C., 81st Regiment R.A, 82nd Regiment R.A, 133rd Field Regiment R.A., 71st Antitank Regiment R.A, 116th Light Anti-Aircraft Regiment R.A., 1st Battalion The Manchester Regiment (Machine Gun), 53rd Divisional Engineers, 53rd Divisional Signals).*

- Commandeurs : *Maj.Gen.* B.I. Wilson (VI-1939/VII-1941), *Maj.Gen.* G.C. Bucknall (VII-1941/IX-1942), *Maj.Gen.* R.K. Ross (IX-1942/XI-1945).

- Historique :

Créée peu avant la guerre de 1914-1918, la *53rd (Welch) Infantry Division* est engagée en France puis au Moyen-Orient et termine la guerre en Palestine. Elle est rapatriée en Angleterre en décembre 1918 et transformée en division territoriale en 1920. Elle est rééquipée à partir de 1937 et devient *First Line*

mitted in Operation Totalize along with the 3rd Canadian Infantry Division (II Canadian Corps). The first day of the offensive, it advanced from south of Caen towards Falaise on the right of the N 158 highway. It took Cramesnil, Saint-Aignan, Secqueville-la-Campagne and Tilly, where it fought a hard battle against the 89. Infantry-Division before making way for the 1st Polish Armoured Division.

After the fighting in the Falaise pocket, the 51st (Highland) Infantry Division crossed the Seine in the Duclair and Mauny sector, and captured Le Havre (12 September) then Saint-Valéry-en-Caux. It continued its advance across northern France, fought in Belgium and Holland, on the Meuse and in the Nimègue sector. In December 1944, it was committed in the Ardennes in the Laroche area. It then entered Germany (January 1945), crossed the Rhine with the XXX Corps in the Rees sector (beginning of March 1945). It reached the Isselburg area late in April, then headed towards Bremen. It had reached the north of that city when the armistice was signed. Between 6 June 1944 and 5 May 1945, the division had lost 9,766 men (including 707 officers) i.e. 1,702 killed (including 143 officers), 7,487 wounded (including 552 officers) and 577 missing (including 20 officers).

53rd (Welch) Infantry Division

- Emblem : A red letter W (initial of Wales, the home country of the division's main units).

- Composition : *71st Brigade (4th Battalion The Royal Welch Fusiliers, 1st Battalion The Oxfordshire and Buckinghamshire Light Infantry, 1st Battalion The Highland Light Infantry), 158th Brigade (1st Battalion The East Lancashire Regiment, 1/5th Battalion The Welch Regiment, 7th Battalion The Royal Welch Fusiliers), 160th Brigade (2nd Battalion The Monmouthshire Regiment, 4th Battalion The Welch Regiment, 6th Battalion The Royal Welch Fusiliers), Divisional Troops (53rd Reconnaissance Regiment R.A.C., 81st Regiment R.A, 82nd Regiment R.A, 133rd Field Regiment R.A., 71st Antitank Regiment R.A, 116th Light Anti-Aircraft Regiment R.A., 1st Battalion The Manchester Regiment (Machine Gun), 53rd Divisional Engineers, 53rd Divisional Signals).*

- Commanders : *Maj.Gen. B.I. Wilson (VI-1939/VII-1941), Maj.Gen. G.C. Bucknall (VII-1941/IX-1942), Maj.Gen. R.K. Ross (IX-1942/XI-1945).*

- History :

Raised shortly before the 1914-1918 war, the 53rd (Welch) Infantry Division was committed in France and later in the Middle East, ending the war in Palestine. It was sent home to England in December 1918 and turned into a territorial division in 1920. It refitted from 1937 and became the First Line Territorial Army Infantry Division in September 1939. It was stationed in Wales. At the end of October 1939, some of its elements were transferred to Northern Ireland, and in April 1940 the bulk of the division was in that area. In November 1941, it left Northern Ireland for the Welch areas where it continued training. It was then attached to Western Command and its HQ was set up at Whitchurch. From January 1941 to June 1944, it was in Kent where it trained for the Normandy operations. The division began to embark in the third week of June 1944 but its transfer was held up in the great storm of 21-22 June. On 28 June, it was at full strength in Normandy. On 29 June it was allocated to the VIII Corps and concentrated on the Cheux-Fontenay road, then began to relieve 15th Infantry Division units on the Odon River. On 16 July, it went back on the offensive (diversionary operation during the build-up to Goodwood). Passing through the 15th

Insigne en tissu (*Formation Badge*) de la *53rd (Welch) Infantry Division*.

Cloth formation badge of the 53rd (Welch) Infantry Division.

1. Le *Sergeant* J. Lloyd, originaire de Thurnsloe, dans le Yorkshire, boit une dernière tasse de thé avant de monter en ligne. A gauche, le *Lance-Corporal* Jones, de Rhyl, remplit sa gourde d'eau.

2. Sous le regard attentif d'un *Sergeant*, deux hommes versent du thé dans un grand récipient destiné à la troupe.

3. Avant la montée en ligne, un soldat remplit de boîtes de rations un sac à dos spécial utilisé normalement pour la marmite norvégienne...

1. Sergeant J. Lloyd, from Thurnsloe in Yorkshire, has one last "cuppa" before moving up to the line. On the left, Lance-Corporal Jones, from Rhyl, fills his water bottle.

2. Two men pour tea into a large receptacle for the troop, as a sergeant looks on attentively.

3. Before moving up to the front line a soldier puts ration cans into a special haversack usually used for the haybox.

1

53rd (Welch) Infantry Division

Pendant la Première Guerre mondiale, la *53rd (Welch) Infantry Division* est engagée en France et au Moyen-Orient. Elle ne participe pas à la campagne de France (1939-1940). De janvier 1941 à juin 1944, elle stationne dans le Kent où elle se prépare aux combats de Normandie. Elle débarque fin juin et est engagée dans le cadre du *VIII Corps* dès le 29 juin.

Le reportage qui suit a été réalisé par le *Sergeant* Christie le 16 juillet 1944, au sud-ouest de Caen, juste avant l'attaque vers Evrecy (opération de diversion précédant « Goodwood »).

53rd (Welch) Infantry Division

During World War I, the 53rd (Welch) Infantry Division was committed in France and the Middle East. It took no part in the campaign in France (1939-1940). From January 1941 to June 1944, it was stationed in Kent where it trained to do battle in Normandy. It landed in late June and was committed immediately on 29 June as part of VIII Corps.

The following reportage was made by Sergeant Christie on 16 July 1944, south-west of Caen, just before the attack towards Evrecy (a diversionary operation prior to Goodwood).

2

4. Un *Sergeant* donne ses dernières instructions. Il est important, précise la légende de l'époque, « que chaque homme connaisse bien l'endroit où il devra se positionner et son rôle ».

5. Le *Sergeant* G.S. Davies, originaire de Wrexham, effectue les dernières vérifications sur sa trousse de premiers secours. Son titre d'épaule, placé juste au-dessus de l'insigne de la division, nous prouve qu'il appartient au *Royal Welch Fusiliers*.

4. A sergeant issues last-minute instructions. As the original caption stated, it was important for every man to know exactly where he had to be and what he had to do.

5. Sergeant G.S. Davies, from Wrexham, makes final checks on the first aid kit. His shoulder patch, just above the formation badge, shows that he belongs to the Royal Welch Fusiliers.

(IWM.)

Territorial Army Infantry Division en septembre 1939. Elle stationne dans le pays de Galles. Fin octobre 1939, certains de ses éléments sont transférés en Irlande du Nord et, en avril 1940, le gros de la division est dans cette région. En novembre 1941, elle quitte l'Irlande du Nord pour les régions du Welch où elle poursuit son entraînement. Elle est alors rattachée au *Western Command* et son QG est placé à Whitchurch. De janvier 1941 à juin 1944, elle est dans le Kent où elle s'entraîne en vue des opérations de Normandie. La division commence son embarquement à partir de la troisième semaine de juin 1944 mais la grande tempête du 21-22 juin ralentit son transfert. Le 28 juin, elle est au complet en Normandie. Le 29 juin elle est attribuée au *VIII Corps* et se concentre sur la route Cheux-Fontenay puis commence à relever les unités de la *15th Infantry Division* sur l'Odon. Le 16 juillet, elle reprend l'offensive (opération de diversion pendant la préparation de « Goodwood »). Passant à travers les positions de la *15th Infantry Division* sur l'Odon, elle se dirige vers Evrecy. Elle combat dans le secteur de la cote 112 dont elle finit par s'emparer (29 juillet).

Après la fin des combats de la poche de Falaise, la *53rd (Welch) Infantry Division* avance vers la Seine qu'elle franchit le 30 août dans le secteur de Muids à une trentaine de kilomètres au sud de Rouen. Progressant rapidement, elle traverse la Somme le 2 septembre. Le 5 septembre elle est sur la frontière belge et s'empare de La Bassée, Béthune et Merville. Le 7 septembre, elle entre en Belgique dans le secteur d'Armentières. Elle libère Courtrai puis se dirige vers Anvers où elle pénètre le 8 septembre. En septembre et octobre 1944, la division est engagée au nord de Lommel puis dans le secteur de Hertogenbosch dans le nord du Brabant non loin de la Meuse (22-27 octobre). Le 27 octobre, elle s'empare de Hertogenbosch, combat sur la Meuse et franchit le canal de Wesse (14-16 novembre). Du 16 décembre 1944 au 17 janvier 1945, elle est engagée dans les Ardennes avec le *XXX Corps* (secteur d'Houffalize). Elle mène ensuite de durs combats dans la région Marcke-Waharday-Redieux-le-Bas (4-7 janvier 1945) avant de céder la place à la *51st Infantry Division*. Le 17 janvier, elle reprend sa progression avec pour objectif Eindhoven. Du 18 janvier au 13 février, elle combat dans la forêt de Reichswald à l'ouest de Clèves, toujours avec le *XXX Corps*, et atteint Goch. Du 14 février au 15 mars, elle participe à l'offensive sur le Rhin (opération « Veritable »). Elle combat dans le secteur d'Asperberg (16-17 février) puis dans celui de Weeze (24 février-2 mars). Elle subit de lourdes pertes au cours de ces combats (1 229 hommes mis hors de combat entre le 8 février et le 7 mars). La division poursuit son avance en mars-avril 1945. Rattachée au *XII Corps*, elle franchit le Rhin à l'ouest de Wesel puis progresse vers le nord jusqu'à Salzbergen dont elle s'empare le 4 avril 1945. Du 5 avril au 7 mai, elle pénètre dans le cœur du Reich après avoir traversé le canal Dortmund-Ems. Elle atteint l'Elbe au sud de Hambourg où elle termine la guerre.

59th (Staffordshire) Infantry Division

- Emblème : un puits de mine rouge inscrit dans un terril noir, le tout sur un fond carré bleu clair (le puits et le terril évoquent la région minière du comté de Stafford).

- Composition : *176th Brigade (7th Battalion The Royal Norfolk, 7th Battalion The South Staffordshire Regiment, 6th Battalion The North Staffordshire Regiment), 177th Brigade (5th Battalion The South Staffordshire Regiment, 1/6th Battalion The South Staffordshire Regiment, 2/6th Battalion The South Staffordshire Regiment), 197th Brigade (1/7th Batta-*

Infantry Division's positions on the Odon River, it headed for Evrecy. It fought in the Hill 112 sector, finally taking it (29 July).

After the end of the fighting in the Falaise pocket, the 53rd (Welch) Infantry Division advanced towards the Seine, which it crossed on 30 August in the Muids sector some thirty kilometers south of Rouen. It made rapid progress, crossing the Somme on 2 September. On 5 September it was on the Belgian border and took La Bassée, Béthune and Merville. On 7 September, it entered Belgium in the Armentières sector. It liberated Courtrai then headed towards Antwerp, entering the city on 8 September. In September and October 1944, the division was committed north of Lommel then in the Hertogenbosch sector in northern Brabant, not far from the Meuse (22-27 October). On 27 October, it captured Hertogenbosch, fought on the Meuse and crossed the Wesse Canal (14-16 November). From 16 December 1944 to 17 January 1945, it was committed with the XXX Corps in the Ardennes (Houffalize sector). It then fought a fierce battle in the Marcke-Waharday-Redieux-le-Bas area (4-7 January 1945) before making way for the 51st Infantry Division. On 17 January, it resumed its advance, with Eindhoven as its objective. From 18 January to 13 February, still with the XXX Corps, it fought in Reichswald Forest west of Clèves, reaching Goch. From 14 February to 15 March, it took part in the offensive on the Rhine (Operation Veritable). It fought in the Asperberg sector (16-17 February) then in the Weeze sector (24 February-2 March). It sustained heavy losses during the fighting (1,229 men put out of action between 8 February and 7 March). The division continued its advance in March-April 1945. Attached to the XII Corps, it crossed the Rhine west of Wesel then progressed northwards to Salzbergen which it took on 4 April 1945. From 5 April to 7 May, it entered into the heart of the Reich after crossing the Dortmund-Ems Canal. It reached the Elbe south of Hamburg, where it ended the war.

59th (Staffordshire) Infantry Division

- Emblem : a red mineshaft in a black slag heap, all on a square light blue field (the mineshaft and the slag heap recalling the Staffordshire coalfields).

- Composition : 176th Brigade (7th Battalion The Royal Norfolk, 7th Battalion The South Staffordshire Regiment, 6th Battalion The North Staffordshire Regiment), 177th Brigade (5th Battalion The South Staffordshire Regiment, 1/6th Battalion The South Staffordshire Regiment, 2/6th Battalion The South Staffordshire Regiment), 197th Brigade (1/7th Battalion The Royal Warwickshire Regiment, 2/5th Battalion The Lancashire Fusiliers, 5th Battalion The East Lancashire Regiment), Divisional Troops (59th Reconnaissance Regiment R.A.C., 61st Regiment R.A, 110th Regiment R.A, 116th Field Regiment R.A., 68th Antitank Regiment R.A, 68th Light Anti-Aircraft Regiment R.A., 7th Battalion The Royal Northumberland Fusiliers (Machine Gun), 59th Divisional Engineers, 59th Divisional Signals).

- Commanders : Maj.Gen. L.O. Lyne (?/31-VIII-1944)

- History :

The 59th (Staffordshire) Infantry Division was raised in June 1940 from the 55th (West Lancashire) Infantry Division. Organized as a mixed division, it was turned into a conventional infantry division in 1940. During the period 1940-1944, it trained to prepare for battle in Normandy.

After landing at the end of June, it was attached with the Guards Armoured Division to the XII Corps and was stationed east of Bayeux. It then passed on to

Insigne en tissu (*Formation Badge*) de la *59th (Staffordshire) Infantry Division.*

Cloth formation badge of the *59th (Staffordshire) Infantry Division.*

lion The Royal Warwickshire Regiment, 2/5th Battalion The Lancashire Fusiliers, 5th Battalion The East Lancashire Regiment), Divisional Troops (59th Reconnaissance Regiment R.A.C., 61st Regiment R.A., 110th Regiment R.A., 116th Field Regiment R.A., 68th Antitank Regiment R.A, 68th Light Anti-Aircraft Regiment R.A., 7th Battalion The Royal Northumberland Fusiliers (Machine Gun), 59th Divisional Engineers, 59th Divisional Signals).
- Commandeurs : *Maj.Gen.* L.O.Lyne (?/31-VIII-1944)

- Historique :

La *59th (Staffordshire) Infantry Division* est créée en juin 1940 à partir de la *55th (West Lancashire) Infantry Division*. Organisée en division mixte, elle devient division d'infanterie classique en 1940. Pendant la période 1940-1944, elle s'entraîne en vue de son engagement en Normandie.

Débarquée à la fin du mois de juin, elle est attachée avec la *Guards Armoured Division* au *XII Corps* et stationne à l'est de Bayeux. Elle passe ensuite au *I Corps* avec lequel elle participe à l'opération « Charnwood » (7-9 juillet). Elle s'empare de Galmanche et de La Bijude au nord de Caen (8 juillet). Elle poursuit son avance le 9 juillet et subit de lourdes pertes (1 090 hommes mis hors de combat en 36 heures), atteignant Saint-Contest et Epron. Elle ne joue plus de rôle majeur jusqu'à la fin du mois d'août. Elle est dissoute entre le 26 et le 31 août et ses unités sont réparties dans les autres divisions.

- Guards Armoured Division

- Emblème : un œil inscrit dans un écusson bordé de rouge (l'œil symbolise la vigilance face à l'ennemi, cet emblème avait été utilisé par la *Guards Division* pendant la Première Guerre mondiale).
- Composition : *5th Guards Armoured Brigade (2nd (Armoured) Battalion Grenadier Guards, 1st (Armou-*

the *I Corps* with which it took part in Operation Charnwood (7-9 July). It took Galmanche and La Bijude north of Caen (8 July). It continued its advance on 9 July and suffered heavy losses (1,090 men put out of action inside 36 hours), reaching Saint-Contest and Epron. It played no further major role until the end of August. It was disbanded sometime between 26 and 31 August, and its units were distributed among the remaining divisions.

- Guards Armoured Division

- Emblem : an eye in a shield edged in red (the eye symbolizes vigilance in the face of the enemy, an emblem previously used by the Guards Division during World War I).
- Composition : 5th Guards Armoured Brigade (2nd (Armoured) Battalion Grenadier Guards, 1st (Armoured) Battalion Coldstream Guards, 2nd (Armoured) Battalion Irish Guards, 1st (Motor) Battalion Grenadier Guards), 32nd Guards Brigade (5th Battalion Coldstream Guards, 3rd Battalion Irish Guards, 1st Battalion Welsh Guards), Divisional Troops (2nd Armoured Reconnaissance Battalion Welsh Guards, 55th Regiment R.A., 153rd Regiment R.A., 21st Anti-Tank Regiment R.A., 94th Light Anti-Aircraft Regiment R.A., Guards Armoured Divisional Engineers, Guards Armoured Divisional Signals)
- Commanders : Maj.Gen. Sir Oliver Leese (19-VI-1941/10-X-1942), Maj.Gen. A.H.S. Adair (10-X-1942/V-1945).

- History :

The Guards Armoured Division was raised from crack Guards units as of the end of May 1941. Placed under the command of Major-General Sir Oliver Leese, it was stationed in the London area where its allocation of infantry units were gradually converted into armoured units. The division then had two Guards Armoured Brigades (5th and 6th). By early 1942, the

Insigne en tissu (*Formation Badge*) de la *Guards Armoured Division*.

Cloth formation badge of the Guards Armoured Division.

Dans Caen, une équipe de mortier de la *59th (Staffordshire) Infantry Division*, se restaure rapidement avant de poursuivre son avance (10 juillet 1944). (IWM.)

In Caen, a mortar squad of the 59th (Staffordshire) Infantry Division has a quick bite to eat before resuming its advance (10 July 1944). (IWM.)

1. Au cours de l'avance vers Caen (opération « Charnwood »), un motocycliste peut enfin apaiser sa soif ! Le soldat à droite appartient au *1/7 Royal Warwickshire Regiment* (*179th Infantry Brigade*). Il porte au-dessus des trois barres horizontales et du flash bleu régimentaire, l'insigne de la division (*Formation badge*) en tissu. On remarque en bas de sa manche, l'insigne (non officiel) de conducteur qualifié surmontant un chevron inversé indiquant que cet homme a servi deux ans sans sanctions disciplinaires.

2. Ce groupe de soldats du *1/7 Royal Warwickshire Regiment* (*179th Infantry Brigade*) attend les ordres pour passer à l'attaque.

59th (Staffordshire) Infantry Division

Créée en juin 1940, la *59th (Staffordshire) Infantry Division* arrive en Normandie à la fin du mois de juin 1944. Elle est rattachée au *XII* puis au *I Corps*. Elle participe à l'opération « Charnwood » (prise de Caen). Elle joue un rôle mineur pendant le mois d'août.

59th (Staffordshire) Infantry Division

Raised in June 1940, the 59th (Staffordshire) Infantry Division arrived in Normandy in late June 1944. It was attached to XII and later I Corps. It took part in Operation Charnwood (capture of Caen). It played a minor role in August.

3 et 4. Les soldats du *1/7th Battalion Royal Warwickshire Regiment* et du *2/5th Battalion Lancashire Regiment* montent vers le front. Ces photos ainsi que les deux qui précèdent ont été prises par le *Captain* Malindine, le 9 juillet 1944 dans le secteur Saint-Contest-Bitol, peu de temps avant le début de l'offensive vers Caen.

5. Des officiers d'une des unités d'infanterie de la *59th Infantry Division* étudient leur position avant de progresser vers Caen (11 juillet 1944).

(IWM.)

1. *During the advance on Caen (Operation Charnwood), this motorcyclist is at last able to quench his thirst! The soldier on the right belongs to the 1/7 Royal Warwickshire Regiment (179th Infantry Brigade). Above the three horizontal bars and the blue regimental flash, he is wearing a cloth formation badge. Notice at the bottom of his sleeve the (unofficial) qualified driver's patch over an inverted chevron indicating that the man has served for two years without incurring any disciplinary measures.*

2. *This group of soldiers of the 1/7 Royal Warwickshire Regiment (179th Infantry Brigade) awaits orders to go onto the attack.*

3 and 4. *Soldiers of the 1/7th Battalion Royal Warwickshire Regiment and the 2/5th Battalion Lancashire Regiment move up to the front line. Like the two previous pictures, these photos were taken by Captain Malindine, on 9 July 1944 in the Saint-Contest-Bitol sector, shortly before the start of the offensive on Caen.*

5. *Officers of one of the 59th Infantry Division's infantry units study their position before advancing on Caen (11 July 1944).*

(IWM.)

Guards Armoured Division

Unité d'élite formée à partir de régiments de la Garde, la *Guards Armoured Division* arrive en Normandie à la fin du mois de juin. Rattachée au *VIII Corps*, elle joue un rôle important lors des opérations « Epsom », « Windsor », « Goodwood » et « Bluecoat ».

Guards Armored Division

A crack unit raised from regiments of the Guards, the Guards Armored Division arrived in Normandy in late June. Attached to VIII Corps, it played a major role during Operations Epsom, Windsor, Goodwood and Bluecoat.

1. Des Bren-Carriers appartenant à la *Guards Armoured Division* franchissent un cours d'eau sur un pont établi par le génie (18 juillet 1944, opération « Goodwood »).

1. Guards Armored Division Bren-carriers cross a stream over a bridge laid by the engineers (18 July 1944, Operation Goodwood).

2. L'avance vers la zone des combats se poursuit. Les engins chenillés soulèvent des nuages de poussière sur leur passage.

2. The advance towards the combat zone continues. Tracked vehicles leave clouds of dust in their wake.

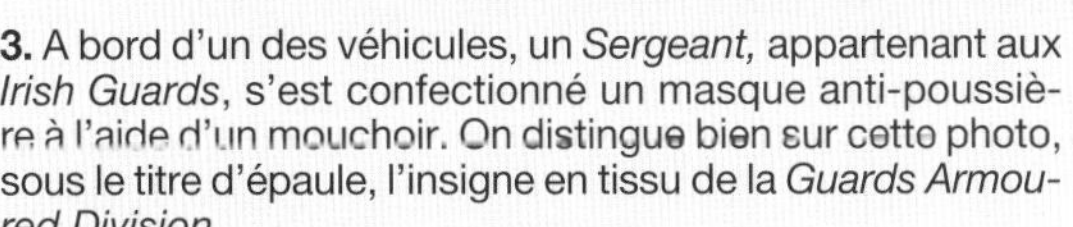

3. A bord d'un des véhicules, un *Sergeant,* appartenant aux *Irish Guards,* s'est confectionné un masque anti-poussière à l'aide d'un mouchoir. On distingue bien sur cette photo, sous le titre d'épaule, l'insigne en tissu de la *Guards Armoured Division.*

4. Le 2 août 1944, près du Bény-Bocage, un Bren-Carrier du *5th Battalion Coldstream Guards* (*32nd Guards Infantry Brigade*) progresse sur un chemin de terre.

5. Le 4 août 1944 (opération « Bluecoat »), une colonne de Sherman du *1st Armoured Battalion Coldstream Guards* (*5th Guards Armoured Brigade*) croise une autre colonne composée de chars Churchill du *2nd Armoured Battalion Grenadiers Guards.* Photo prise près de Cathéolles. (IWM.)

3. Aboard one of the vehicles, a sergeant with the Irish Guards has made himself a dust mask with a handkerchief. On this photo, the Guards Armored Division's cloth insignia can be clearly made out under the shoulder flash.

4. On 2 August 1944, near Le Bény-Bocage, a Bren-carrier of the 5th Battalion Coldstream Guards (32nd Guards Infantry Brigade) advances down a dirt track.

5. On 4 August 1944 (Operation Bluecoat), a column of Shermans belonging to the 1st Armored Battalion Coldstream Guards (5th Guards Armored Brigade) passes another column made up of Churchill tanks of the 2nd Armored Battalion Grenadier Guards. Photo taken near Cathéolles. (IWM.)

red) Battalion Coldstream Guards, 2nd (Armoured) Battalion Irish Guards, 1st (Motor) Battalion Grenadier Guards), 32nd Guards Brigade (5th Battalion Coldstream Guards, 3rd Battalion Irish Guards, 1st Battalion Welsh Guards), Divisional Troops (2nd Armoured Reconnaissance Battalion Welsh Guards, 55th Regiment R.A., 153rd Regiment R.A., 21st Anti-Tank Regiment R.A., 94th Light Anti-Aircraft Regiment R.A., Guards Armoured Divisional Engineers, Guards Armoured Divisional Signals)

- Commandeurs : *Maj.Gen.* Sir Oliver Leese (19-VI-1941/10-X-1942), Maj.Gen. A.H.S. Adair (10-X-1942/V-1945).

- Historique :

La *Guards Armoured Division* est mise sur pieds à partir de la fin du mois de mai 1941 à partir des unités d'élite de la Garde. Confiée au commandement du *Major-General Sir* Oliver Leese, elle stationne dans la région de Londres où les unités d'infanterie qui lui sont attribuées sont progressivement transformées en unités blindées. La division s'articule alors en deux *Guards Armoured Brigades* (*5th* et *6th*). Au début 1942, la dotation des différentes unités est terminée et l'entraînement peut commencer. En octobre 1942, la division est restructurée et perd sa *6th Armoured Brigade*. Les différents bataillons blindés sont équipés de chars Crusader. En février 1943, la division participe à l'exercice « Spartan » puis est déplacée dans le Norfolk. Rattachée au *VIII Corps*, elle est rééquipée en Sherman. A la fin de juin 1943, elle quitte le Norfolk pour la Yorkshire où elle poursuit son entraînement et participe à de nombreux exercices. En avril 1944, elle se concentre dans le sud de l'Angleterre dans la région de Eastbourne-Brighton.

Toujours rattachée au *VIII Corps,* elle commence son transfert vers les côtes normandes à partir du 22 juin. Elle est au complet à la fin du mois. Le 27 juin, sa *32nd Guards Brigade* se positionne autour de Norrey en réserve du *VIII Corps*. Au cours de l'opération « Epsom », cette brigade s'empare de Marcelet qui servira de base de départ aux unités de la *3rd Canadian Infantry* Division lors de l'opération « Windsor ». La division participe à l'opération « Goodwood » avec le *VIII Corps*. Le 18 juillet, elle commence sa progression vers Cagny dont elle s'empare en milieu d'après-midi (*5th Guards Armoured Brigade*). Mais elle se heurte à des éléments de la *12. SS Panzer-Division* et perd 60 chars. Le 19 juillet, elle se met sur la défensive, repart à l'attaque à 17 h 00, prend le Poirier mais échoue devant Emieville et la RN 13. Gardée en réserve du *VIII Corps* au nord de Caumont, elle intervient dans l'opération « Bluecoat » à partir du 31 juillet. Engagée entre la *11th Armoured Division* et la *15th Infantry Division*, elle atteint Le Tourneur au sud de Saint-Martin-des-Besaces le 1er août. Elle poursuit sa route le 2 août, passe par Cathéolles pris la veille par la *11th Armoured Division*, avance vers Saint-Charles-de-Percy et Montchamp mais se retrouve bloquée par la *9. SS-Panzer-Division* contre laquelle elle va combattre durement pendant plusieurs jours.

Après la fin des combats de la poche de Falaise, la division, rattachée au *XXX Corps,* franchit la Seine le 29 août et avance rapidement à travers le nord-ouest de la France. Elle atteint la frontière belge et entre dans Bruxelles le 2 septembre. Elle combat durement dans le secteur de Limbourg puis participe aux opérations d'Arnhem. En janvier 1945, elle est engagée dans la forêt de Reichswald. Elle franchit le Rhin et progresse jusqu'à l'Ems. Elle arrive à Brême où elle termine la guerre.

Insigne en tissu (*Formation Badge*) de la *7th Armoured Division.*

Cloth formation badge of the 7th Armoured Division.

different units were fully equipped and training could commence. In October 1942, the division was reorganized and lost its 6th Armoured Brigade. The different armoured battalions were issued Crusader tanks. In February 1943, the division took part in the Spartan exercise, then was moved to Norfolk. Attached to the VIII Corps, it was refitted with Shermans. At the end of June 1943, it left Norfolk for Yorkshire where it continued training, taking part in numerous exercises. In April 1944, it was concentrated in the Eastbourne-Brighton area of southern England.

Still attached to the VIII Corps, it began transferring to the Normandy coast on 22 June. It reached full strength by the end of the month. On 27 June, its 32nd Guards Brigade took up a position around Norrey in the VIII Corps' reserve. During Operation Epsom, this brigade took Marcelet which served as a starting point for units of the 3rd Canadian Infantry Division during Operation Windsor. The division took part in Operation Goodwood with the VIII Corps. On 18 July, it began to advance on Cagny which it took in mid-afternoon (5th Guards Armoured Brigade). But it came up against elements of the 12. SS Panzer-Division and lost 60 tanks. On 19 July, it went onto the defensive, and on resuming its attack at 17.00, took Le Poirier but failed before Emieville and the N 13 highway. It was held in the VIII Corps' reserve north of Caumont, and took part in Operation Bluecoat from 31 July. Committed between the 11th Armoured Division and the 15th Infantry Division, it reached Le Tourneur south of Saint-Martin-des-Besaces on 1 August. It continued on its way on 2 August, passing through Cathéolles, captured the previous day by the 11th Armoured Division, advanced on Saint-Charles-de-Percy and Montchamp, but came up against the 9. SS-Panzer-Division, which put up a hard fight lasting several days.

After the end of the fighting in the Falaise pocket, the division, attached to the XXX Corps, crossed the Seine on 29 August and advanced rapidly across north-western France. It reached the Belgian border and entered Brussels on 2 September. It fought hard in the Limbourg sector then took part in the Arnhem operations. In January 1945, it was committed in Reichswald Forest. It crossed the Rhine and advanced to the Ems. It arrived at Bremen where it ended the war.

7th Armoured Division

- Emblem : A red jerboa in a navy blue square (the jerboa is a small North African rodent. This insignia designed in late 1943 recalls the battles fought by the division in Egypt, Libya and Tunisia).

- Composition : 22nd Armoured Brigade (5th Royal Inniskilling Dragoon Guards, 1st Battalion R.T.R., 5th Battalion Royal Tank Regiment, 1st Battalion The Rifle Brigade), 131st Infantry Brigade (1/5th Battalion The Queens Royal Regiment, 1/6th Battalion The Queens Royal Regiment, 1/7th Battalion The Queens Royal Regiment), Divisional Troops (8th King's Royal Irish Hussars, 3rd Regiment R.H.A., 5th Regiment R.H.A., 65th Anti-Tank Regiment R.A., 15th Light Anti-Aircraft Regiment R.A., 7th Armoured Divisional Engineers, 7th Armoured Divisional Signals).

- Commanders : Maj.Gen. P.C.S. Hobart (II/VI-1940), Maj.Gen. O'Moore Creagh (VI-1940/VI-1941), Maj.Gen. W.H.E. Gott (VI-1941/I-1942), Maj.Gen. J.C. Campbell (I-1942) Maj.Gen. F.W. Messervy (I/VII-1942), Maj.Gen. J.M.L. Renton (VII/IX-1942) Maj.Gen. A.F. Harding (IX-1942/I-1943), Maj.Gen. G.W.E. Erskine (I-1943/1-VIII-1944), Maj.Gen. G.L. Verney (4-VIII/21-X-1944), Maj.Gen. L.O. Lyne (22-XI-1944/1945).

7th Armoured Division

- Emblème : Une gerboise rouge inscrite dans carré bleu marine (la gerboise est un petit rongeur d'Afrique du Nord. Cet insigne créé fin 1943 évoque les combats menés par la division en Egypte, Libye et Tunisie).
- Composition : *22nd Armoured Brigade (5th Royal Inniskilling Dragoon Guards, 1st Battalion R.T.R., 5th Battalion Royal Tank Regiment, 1st Battalion The Rifle Brigade), 131st Infantry Brigade (1/5th Battalion The Queens Royal Regiment, 1/6th Battalion The Queens Royal Regiment, 1/7th Battalion The Queens Royal Regiment), Divisional Troops (8th King's Royal Irish Hussars, 3rd Regiment R.H.A., 5th Regiment R.H.A., 65th Anti-Tank Regiment R.A., 15th Light Anti-Aircraft Regiment R.A., 7th Armoured Divisional Engineers, 7th Armoured Divisional Signals).*
- Commandeurs : *Maj.Gen.* P.C.S. Hobart (II/VI-1940), *Maj.Gen.* O'Moore Creagh (VI-1940/VI-1941), *Maj.Gen.* W.H.E. Gott (VI-1941/I-1942), *Maj.Gen.* J.C. Campbell (I-1942) *Maj.Gen.* F.W. Messervy (I/VII-1942), *Maj.Gen.* J.M.L. Renton (VII/IX-1942) *Maj.Gen.* A.F. Harding (IX-1942/I-1943), *Maj.Gen.* G.W.E. Erskine (I-1943/1-VIII-1944), *Maj.Gen.* G.L. Verney (4-VIII/21-X-1944), *Maj.Gen.* L.O.Lyne (22-XI-1944/1945).

- Historique :

En 1939, une *Mobile Division* est mise sur pieds en Egypte par le *Major General* Hobart à partir de la *Cavalry Brigade* stationnée au Caire. Composée d'une *Light Armoured Brigade* et d'une *Heavy Armoured Brigade*, elle est réorganisée en décembre 1939. La *Light Armoured Brigade* devient *7th Armoured Brigade* et la *Heavy Armoured Brigade*, *4th Armoured Brigade*. Le 16 février 1940, la division prend l'appellation de *7th Armoured Division*.

La *7th Armoured Division* est engagée dans l'opération « Compass » contre les Italiens puis combat contre les forces de Rommel. Elle participe aux opérations « Battleaxe » (15-21 juin 1941) et « Crusader » (novembre 1941-janvier 1942). D'avril à octobre 1942, elle retraite vers l'Egypte puis se met sur la défensive à El Alamein. Elle joue un rôle important dans la grande contre-offensive d'El Alamein (octobre 1942). Elle perce le dispositif allemand et poursuit les restes des forces germano-italiennes jusqu'à Tripoli où elle pénètre le 22 janvier 1943. Elle combat ensuite en Tunisie à Medenine, sur la ligne Mareth et sur le Wadi Akarit avant de s'emparer de Tunis (8 mai 1943). Après la capitulation allemande, elle stationne à l'est de Tunis pour se réorganiser et se rééquiper. Elle est engagée en Italie à partir du 27 septembre 1943. Elle combat sur Volturno (7-16 octobre 1943) puis poursuit son avance. A partir de novembre 1943, ses unités sont progressivement relevées et rapatriées en Grande-Bretagne. La division arrive à Glasgow en janvier 1944. Elle est ensuite rassemblée dans le Norflok où elle s'entraîne en vue de la bataille de Normandie. Début mai 1944, elle quitte le Norfolk et se concentre dans la région de Londres.

Les premiers éléments de la division débarquent sur *Gold Beach* le soir du 6 juin. Le 7 juin, sa *22nd Armoured Brigade* se concentre autour de Brécy, prenant sous son contrôle la *56th Infantry Brigade* jusqu'ici rattachée à la *50th Infantry Division*. Ces forces participent à l'opération « Perch » à partir du 10 juin. Progressant vers Tilly-sur-Seulles et Juvigny, la *22nd Armoured Brigade* se heurte à la *Panzer-Lehr-Division* au nord de la route Tilly-Saint-Lô (11 juin). Le 12 juin, elle contourne les positions de la *Panzer-Lehr-Division* par l'ouest et se dirige vers Villers-Bocage par Livry. Le 13 juin au matin, elle entre dans Villers-

- History :

In 1939, a Mobile Division was raised in Egypt by Major General Hobart from the Cavalry Brigade stationed in Cairo. Comprising a Light Armoured Brigade and a Heavy Armoured Brigade, it was reorganized in December 1939. The Light Armoured Brigade became the 7th Armoured Brigade and the Heavy Armoured Brigade the 4th Armoured Brigade. On 16 February 1940, the division took the name of 7th Armoured Division.

The 7th Armoured Division was committed against the Italians in Operation Compass then fought against Rommel's forces. It took part in Operation Battleaxe (15-21 June 1941) and Operation Crusader (November 1941-January 1942). From April to October 1942, it retreated towards Egypt then se went onto the defensive at El Alamein. It played a major role in the great Alamein counter-offensive (October 1942). It broke through the German disposition and chased the remains of the German and Italian forces all the way to Tripoli, entering the town on 22 January 1943. It went on to fight in Tunisia at Medenine, on the Mareth Line and on the Wadi Akarit before taking Tunis (8 May 1943). After the German surrender, it was stationed east of Tunis to reorganize and refit. It was committed in Italy from 27 September 1943. It fought on Volturno (7-16 October 1943) then pursued its advance. As of November 1943, its units were gradually relieved and sent home to Britain. The division arrived in Glasgow in January 1944. It was then assembled in Norfolk where it trained for the Battle of Normandy. Early May 1944, it left Norfolk and concentrated in the London area.

The leading elements of the division landed on Gold Beach on the evening of 6 June. On 7 June, its 22nd Armoured Brigade concentrated around Brécy, taking control of the 56th Infantry Brigade hitherto attached to the 50th Infantry Division. These forces took part in Operation Perch starting on 10 June. Advancing towards Tilly-sur-Seulles and Juvigny, the 22nd Armoured Brigade came up against the Panzer-Lehr-Division north of the Tilly-Saint-Lô road (11 June). On 12 June, it outflanked the Panzer-Lehr-Division positions to the west and headed towards Villers-Bocage via Livry. On the morning of 13 June, it entered Villers-Bocage where it met a violent counter-attack by the Tigers of SS-Panzer-Abteilung 101. It lost a number of tanks and withdrew to the Tracy-Bocage-Livry line.

The division took part with the VIII Corps in Operation Goodwood. It only saw action fairly late on, on 18 July, and sustained light casualties on the first day of the battle. On 19 July, it continued its offensive and took Soliers. It went back on the attack that afternoon but came up against elements of the 1. SS-Panzer-Division. It managed to encircle Bourguébus but lost 8 tanks. It entered Bourguébus on 20 July, then halted its advance.

On 24 and 25 July, the 7th Armoured Division was committed in Operation Spring south of Caen. It took part in Operation Bluecoat with the XXX Corps (30 July-3 August). It made very slow progress in the direction of Villers-Bocage and Aunay-sur-Odon, resulting in the dismissal of its commanding officer, Major-General Erskine, on 1 August. Starting on 2 August, it came up against the 10. SS-Panzer-Division. It finally entered Villers-Bocage and Aunay-sur-Odon on 4 and 5 August after the Germans had withdrawn.

On 15 August, the division was attached to the I Corps. It moved off towards the Seine on 17 August. On 20 August, it liberated Livarot. It came under counter-attack from elements of the 12.SS-Panzerdivision. On 22 August, it entered Lisieux. It continued

1. Des soldats de la *7th Armoured Division* et leurs prisonniers allemands, secteur de Lingèvres, 13-14 juin 1944. L'insigne de la division, la célèbre gerboise (petit rongeur d'Afrique du Nord), est bien visible sur la manche du *Sergeant* à gauche et du soldat au centre.

1. *Some soldiers of the 7th Armoured Division and their German prisoners, Lingèvres sector, 13-14 June 1944. The formation badge, the famous jerboa (a North African desert rat), is clearly visible on the sleeves of the Sergeant on the left and the soldier in the middle.*

1

7th Armoured Division

La *7th Armoured Division* est créée en février 1940 à partir de la *Mobile Division*. Elle combat en Afrique du Nord jusqu'en mai 1943. Elle est ensuite engagée en Italie puis rapatriée en Angleterre (janvier 1944). Les premiers éléments de la division débarquent sur *Gold Beach* le 6 juin au soir. La *7th Armoured Division* participe à l'opération « Perch » au cours de laquelle elle perd de nombreux chars. On la retrouve ensuite lors de des opérations « Goodwood », « Spring » et Bluecoat ».

7th Armoured Division

La *7th Armoured Division* est créée en février 1940 à partir de la *Mobile Division*. Elle combat en Afrique du Nord jusqu'en mai 1943. Elle est ensuite engagée en Italie puis rapatriée en Angleterre (janvier 1944). Les premiers éléments de la division débarquent sur *Gold Beach* le 6 juin au soir. La *7th Armoured Division* participe à l'opération « Perch » au cours de laquelle elle perd de nombreux chars. On la retrouve ensuite lors de des opérations « Goodwood », « Spring » et Bluecoat ».

2. *Panzer IV* détruit près de Bayeux par un canon antichar du *Durham light Infantry* (*50th Infantry Division*) le 10 juin 1944 est examiné par des hommes de la *7th Armoured Division*. Photo prise par le *Sergeant* Laing le 11 juin 1944.

2. *A Panzer IV destroyed near Bayeux by an anti-tank gun of the Durham Light Infantry (50th Infantry Division) on 10 June 1944 is examined by men of the 7th Armored Division. Photo taken by Sergeant Laing on 11 June 1944.*

2

2, 4

3

3

3. Le 2 août 1944 sur la route menant à Villers-Bocage, des hommes appartenant au *5th Battalion Royal Inniskilling Dragoons Guards (22nd Armoured Brigade)* prennent quelques instants de repos à l'abri d'un bois, non loin de leurs engins.

4. Les fantassins du *Durham Light Infantry* appuyés par les chars de la *7th Armoured Division* progressent au sud du Mont-Pinçon. (IWM.)

3. *On 2 August 1944 on the road to Villers-Bocage, men belonging to the 5th Battalion Royal Inniskilling Dragoon Guards (22nd Armored Brigade) rest for a few moments in the shelter of a wood, with their vehicles close by.*

4. *Foot soldiers of the Durham Light Infantry advance to the south of Mont-Pinçon, with the tanks of the 7th Armoured Division in support. (IWM.)*

4

Bocage où elle est violemment contre-attaquée par les Tiger de la *SS-Panzer-Abteilung 101.* Elle perd de nombreux chars et se replie sur une ligne Tracy-Bocage-Livry.

La division participe à l'opération « Goodwood » avec le *VIII Corps.* Entrée en action assez tard le 18 juillet, elle subit des pertes mineures le premier jour de la bataille. Le 19 juillet, elle poursuit son offensive et prend Soliers. Elle repart à l'attaque au cours de l'après-midi mais se heurte à des éléments de la *1. SS-Panzer-Division.* Elle parvient à encercler Bourguébus mais perd 8 chars. Elle entre dans Bourguébus le 20 juillet puis stoppe son avance.

Les 24 et 25 juillet, la *7th Armoured Division* est engagée dans l'opération « Spring » au sud de Caen. Elle participe à l'opération « Bluecoat » avec le *XXX Corps* (30 juillet-3 août). Elle progresse très lentement en direction de Villers-Bocage et d'Aunay sur Odon ce qui provoque le limogeage de son chef, le *Major-General* Erskine le 1ᵉʳ août. A partir du 2 août, elle se heurte à la *10. SS-Panzer-Division.* Elle entre finalement dans Villers-Bocage et Aunay-sur-Odon les 4 et 5 août à la suite du retrait allemand.

Le 15 août, la division est rattachée au *I Corps.* Elle se dirige vers la Seine à partir du 17 août. Le 20 août, elle libère Livarot. Elle est contre-attaquée par des éléments de la *12.SS-Panzerdivision.* Le 22 août, elle entre dans Lisieux. Elle poursuit sa progression vers la Seine et nettoie les abords sud de la forêt de Brotonne (25-28 août). Après avoir franchi la Seine dans le secteur de Muids, elle est rattachée au *XII Corps.* A partir du 31 août, elle progresse rapidement vers le nord-est. Elle est à Amiens le 1ᵉʳ septembre, à Saint-Pol le 2 septembre, passe par Lens et Seclin, entre en Belgique et libère Gand le 5 septembre.

Arrivée en Hollande, la division participe à la bataille d'Arnhem (13-24 septembre 1944) puis aux opérations dans le sud-ouest du pays (22-31 octobre 1944). Après une période de répit (novembre 1944), elle est engagée dans l'opération « Blackcock » avec le *XII Corps* et combat dans le secteur de la Roer (12-31 janvier 1945). Elle est retirée du front le 21 février 1945. Elle remonte en ligne en mars pour participer à l'opération « Plunder », toujours avec le *XII Corps.* Elle franchit le Rhin le 27 mars 1945, traverse le canal Dortmund-Ems et capture Tecklenburg. Elle progresse alors vers Osnabrück, atteint la Weser en avril puis l'Elbe à Harburg. Elle est parvenue à Hambourg fin avril. La *7th Armoured Division* est présente au défilé de la victoire à Berlin le 21 juillet 1945.

11th Armoured Division

- Emblème : Un taureau noir, chargeant, inscrit dans rectangle jaune.

- Composition : *29th Armoured Brigade (23rd Hussars, 2nd Fife and Forfar Yeomanry, 3rd Battalion R.T.R., 8th Battalion The Rifle Brigade), 159th Infantry Brigade (3rd Battalion The Monmouthshire Regiment, 4th Battalion The King's Shropshire Light Infantry, 1st Battalion The Herefordshire Regiment), Divisional Troops (2nd Northamptonshire Yeomanry, 15th/19th The King's Royal Hussars, 13th Regiment R.H.A., 151st Field Regiment R.A., 75th Anti-Tank Regiment R.A., 58th Light Anti-Aircraft Regiment R.A., Royal Northumberland Fusiliers (M.G.), 11th Armoured Divisional Engineers, 11th Armoured Divisional Signals).*

- Commandeurs : *Maj.Gen.* P.C.S. Hobart (9-III-1941/IX-1942), *Maj.Gen.* Brocas-Burrow (IX-1942/XII-1943) *Maj.Gen.* G.P.B. Roberts (XII-1943/I-1946).

Insigne en tissu (*Formation Badge*) de la *11th Armoured Division.*

Cloth formation badge of the 11th Armoured Division.

---

its advance to the Seine and mopped up the approaches south of Brotonne Forest (25-28 August). After crossing the Seine in the sector of Muids, it was attached to the XII Corps. As of the 31 August, it made rapid progress in a north-easterly direction. It was at Amiens on 1 September, at Saint-Pol on 2 September, passed through Lens and Seclin, entered Belgium and liberated Ghent on 5 September.

On arriving in Holland, the division took part in the Battle of Arnhem (13-24 September 1944) then in operations in the south-west of the country (22-31 October 1944). After a lull (November 1944), it was committed along with the XII Corps in Operation Blackcock and fought in the Roer sector (12-31 January 1945). It was withdrawn from the front on 21 February 1945. It moved back up to the front line in March to take part in Operation Plunder, still with the XII Corps. It crossed the Rhine on 27 March 1945, crossed the Dortmund-Ems canal and took Tecklenburg. It then moved on Osnabrück, reached the Weser in April, then the Elbe at Harburg. It had reached Hamburg by the end of April. The 7th Armoured Division was present at the victory parade in Berlin on 21 July 1945.

11th Armoured Division

- Emblem : A black charging bull in a yellow rectangle.

- Composition : *29th Armoured Brigade (23rd Hussars, 2nd Fife and Forfar Yeomanry, 3rd Battalion R.T.R., 8th Battalion The Rifle Brigade), 159th Infantry Brigade (3rd Battalion The Monmouthshire Regiment, 4th Battalion The King's Shropshire Light Infantry, 1st Battalion The Herefordshire Regiment), Divisional Troops (2nd Northamptonshire Yeomanry, 15th/19th The King's Royal Hussars, 13th Regiment R.H.A., 151st Field Regiment R.A., 75th Anti-Tank Regiment R.A., 58th Light Anti-Aircraft Regiment R.A., Royal Northumberland Fusiliers (M.G.), 11th Armoured Divisional Engineers, 11th Armoured Divisional Signals).*

- Commanders : *Maj.Gen.* P.C.S. Hobart (9-III-1941/IX-1942), *Maj.Gen.* Brocas-Burrow (IX-1942/XII-1943) *Maj.Gen.* G.P.B. Roberts (XII-1943/I-1946).

- History :

The 11th Armoured Division was raised in Great Britain on 9 March 1941 and allocated two Armoured Brigades (29th and 13th). In the hands of that great tank specialist, Major-General Hobart, the division was equipped and trained in Yorkshire. In 1942, it lost its 13th Armoured Brigade, replaced by a motorized infantry brigade (159th Infantry Brigade, taken from the 53rd Infantry Division). From May to July 1942, it went on a crash training course. Around this time, it was issued with Crusader tanks instead of its Valentines. In May 1943, the Crusaders were replaced by Shermans. Attached to the VIII Corps, the 11th Armoured Division was designated to take part in the upcoming Normandy operations. To prepare for this, it took part in various combined exercises from November 1943 to May 1944.

The division landed in France between Bernières and Courseulles on 13 and 14 June 1944. It was stationed in the Cully-Lantheuil sector. From 26 June to 1 July, it took part with the VIII Corps in Operation Epsom. Detailed to exploit the 15th Infantry Division's successful action, it moved off from Cheux around midday on 26 June. On 27 and 28 June, it joined up with the 15th Infantry Division at its Odon River bridgehead. On 29 June, it advanced towards Hill 112 north of Esquay, the final obstacle before the Orne River. It reached Hill 112 around midday, making no further progress. On 29 June, it passed Hill 112 and

1. Des hommes du *2nd Battalion Monmouthshire Regiment* (*159th Infantry Brigade* de la *11th Armoured Division*) attendent les ordres (21 août 1944). (IWM.)

2. Au cours de la percée sur Vire, une colonne de la *11th Armoured Division* attend l'ordre du départ à Saint-Charles-de-Percy (2 août 1944). (IWM.)

1. *Men of the 2nd Battalion Monmouthshire Regiment (159th Infantry Brigade 11th Armoured Division) await orders (21 August 1944). (IWM.)*

2. *During the breakout to Vire, a column of the 11th Armoured Division awaits starting orders at Saint-Charles-de-Percy (2 August 1944). (IWM.)*

1. Au début de l'opération « Epsom » (25 juin 1944), un char Cromwell appartenant au QG de la division monte en ligne. L'emblème de la division, le taureau noir, est bien visible à l'avant de l'engin.

1. At the start of Operation Epsom (25 June 1944), a Cromwell tank belonging to divisional HQ moves up to the front line. The divisional emblem, the black bull, can be seen clearly on the front of the vehicle.

11th Armoured Division

Mise sur pied en mars 1941, la *11th Armoured Division* débarque en Normandie les 13 et 14 juin. Elle participe à l'opération « Epsom » avec le *VIII Corps*. Elle subit de très lourdes pertes lors de l'opération « Goodwood ». Elle est retirée du front le 20 juillet puis réengagée lors de l'opération « Bluecoat » et dans le secteur de Falaise.

11th Armored Division

Raised in March 1941, the 11th Armored Division landed in Normandy on 13 and 14 June. It took part with VIII Corps in Operation Epsom. It sustained very heavy casualties during Operation Goodwood. It was withdrawn from the front on 20 July then recommitted for Operation Bluecoat and in the Falaise sector.

2. Un camion du QG de la *29th Armoured Brigade* traverse le village de Cheux (27 juin 1944).

2. An HQ truck of the 29th Armored Brigade passes through the village of Cheux (27 June 1944).

3. Le 29 juin, près d'Eterville, le *Lance-Corporal* Albert Ellis, de Staines et le conducteur Reg Girling, de Dalston, préparent les repas destinés aux patrouilles revenant des lignes ennemies. On remarquera à gauche le réchaud collectif à gaz d'essence. La caisse que le soldat de droite est en train d'ouvrir est une caisse de « Compo Ration » *(Composite Ration Pack)*. Cette dernière est conçue pour procurer la nourriture de 14 hommes pour une journée.

4. Des hommes d'un escadron mécanisé ont interrompu leur travail (creusement d'une tranchée) pour lire les journaux et le courrier apporté par un des camions servant à transporter l'eau aux premières lignes (29 juin 1944, secteur d'Eterville).

5. Un Sherman de la *29th Armoured Brigade* monte vers le front, croisant un *Recce Carrier*. A gauche, une pancarte indique les directions de Paris et de Berlin (11 juillet 1944, secteur de Tourville)

3. *On 29 June, near Eterville, Lance-Corporal Albert Ellis from Staines and driver Reg Girling, from Dalston, prepare meals for patrols returning from the enemy lines. Notice on the left the collective gasoline-powered gas stove. The crate the soldier on the right is opening is a Compo Ration Pack containing a day's food for 14 men.*

4. *The men of a mechanized troop have downed their trench-digging tools to read the newspapers and mail brought up by one of the trucks used to carry water to the front lines (29 June 1944, Eterville sector).*

5. *A Sherman of the 29th Armored Brigade moves up to the front, passing a recce carrier. On the left is a sign to Paris and Berlin (11 July 1944, Tourville sector)*

(IWM.)

Le monument aux morts endommagé. L'église n'existe plus, elle a été reconstruite un peu plus loin.

The damaged war memorial. The church is no longer standing, it was rebuilt a little further down the way.

- Historique :

La *11th Armoured Division* est mise sur pieds en Grande-Bretagne le 9 mars 1941 et dotée de deux *Armoured Brigades* (*29th* et *13th*). Confiée au grand spécialiste des blindés, le *Major-General* Hobart, la division s'équipe et s'entraîne dans le Yorkshire. En 1942, elle perd sa *13th Armoured Brigade*, remplacée par une brigade d'infanterie motorisée (*159th Infantry Brigade*, provenant de la *53rd Infantry Division*). De mai à juillet 1942, elle subit un entraînement intensif. A la même époque, elle reçoit des chars « Crusader » à la place de ses « Valentine ». En mai 1943, les « Crusader » sont remplacés par des Sherman. Rattachée au *VIII Corps*, la *11th Armoured Division* est désignée pour participer aux futures opérations de Normandie. Dans cet objectif, elle participe à différents exercices combinés de novembre 1943 à mai 1944.

La division débarque en France les 13 et 14 juin 1944 entre Bernières et Courseulles. Elle stationne dans le secteur de Cully-Lantheuil. Du 26 juin au 1er juillet, elle participe à l'opération « Epsom » avec le *VIII Corps*. Chargée d'exploiter les succès de la *15th Infantry Division*, elle commence son mouvement à partir de Cheux le 26 juin en milieu de journée. Les 27 et 28 juin, elle rejoint la *15th Infantry Division* sur sa tête de pont de l'Odon. Le 29 juin, elle progresse vers la cote 112 au nord d'Esquay, dernier obstacle avant l'Orne. Elle atteint la cote 112 en milieu de journée puis est bloquée. Le 29 juin, elle dépasse la cote 112 et se dirige vers Esquay mais elle est immédiatement contre-attaquée par le *I.SS-Panzerkorps*. Elle se replie sur la cote 112 dans la soirée. Jusqu'au 1er juillet, elle reste dans tête de pont de l'Odon afin de fixer le maximum d'unités allemandes.

Le 18 juillet, la division est engagée avec la *7th Armoured Division* et la *Guards Armoured Division* dans l'opération « Goodwood ». Progressant vers le sud, elle prend Le Mesnil-Frémentel, Cuverville et Demouville, franchit la route Caen-Vimont mais se retrouve bloquée sur la voie ferrée Caen-Vimont. Elle s'oppose à la *1. SS-Panzer-Division* et subit de très grosses pertes dans le secteur de la crête de Bourguébus (la *29th Armoured Brigade* perd 90 chars au cours de cette journée). Après s'être mise sur la défensive, elle repart à l'attaque le 19 juillet en milieu d'après-midi. Elle entre dans Bras et Hubert-Folie puis est relevée par la *7th Armoured Division* et l'infanterie de la *3rd Canadian Infantry Division*. Elle est retirée du front le 20 juillet pour reconstitution.

Après une période de repos entre Caen et Bayeux, la division participe à l'opération « Bluecoat » toujours avec le *VIII Corps*. Elle se dirige vers le front dans la nuit du 28 au 29 juillet et occupe un secteur situé à l'extrémité ouest du front tenu par la *2nd Army*, entre Balleroy et Caumont. Elle entre en action le 30 juillet. Elle progresse assez rapidement vers le sud jusqu'à Saint-Jean-des-Essartiers et Dampierre (30 juillet). Le 31 juillet, elle poursuit son avance et s'empare de Saint-Martin-des-Besaces puis franchit la Souleuvre et avance vers Bény-Bocage. Le 1er août, elle atteint Bény-Bocage, la route Caen-Vire et le bourg de Cathéolles. Jusqu'au 7 août, elle fait face aux contre-attaques des *9.* et *10. SS-Panzerdivisonen* puis elle est relevée par la *3rd Infantry Division*. Le 13 août 1944, la division est rattachée au *XXX Corps*. Le 14 août, elle passe à l'offensive, combat à Condé et à Flers dont elle s'empare. Elle progresse ensuite vers Briouze et Putanges, prend Gacé et l'Aigle avant d'être relevée par les deux autres divisions du *XXX Corps* (*50th* et *43rd Infantry Divisions*).

Dirigée vers le nord-est, la division traverse la Seine à partir du 27 août. Elle progresse ensuite vers Amiens qu'elle libère le 31 août. Dans les jours sui-

headed towards Esquay, but came under immediate counter-attack from the I.SS-Panzerkorps. It fell back onto Hill 112 during the evening. It remained in the Odon River bridgehead until 1 July in order to pin down as many German units as possible.

On 18 July, the division was committed along with the 7th Armoured Division and the Guards Armoured Division in Operation Goodwood. Advancing southwards, it took Le Mesnil-Frémentel, Cuverville and Demouville, crossed the Caen-Vimont road, but was halted on reaching the Caen-Vimont railroad. It fought against the 1. SS-Panzer-Division and sustained very high casualties in the Bourguébus ridge sector (the 29th Armoured Brigade lost 90 tanks that day). After going onto the defensive, it resumed the attack in mid-afternoon on 19 July. It entered Bras and Hubert-Folie and was then relieved by the 7th Armoured Division and the infantry of the 3rd Canadian Infantry Division. On 20 July it was withdrawn from the front to refit.

After a lull between Caen and Bayeux, the division took part in Operation Bluecoat, still with the VIII Corps. It headed towards the front during the night of 28-29 July and occupied a sector between Balleroy and Caumont at the far west of the front held by the 2nd Army. It first saw action on 30 July. It made fairly rapid progress southwards as far as Saint-Jeandes-Essartiers and Dampierre (30 July). On 31 July, it continued its advance and captured Saint-Martindes-Besaces, then crossed the River Souleuvre and advanced on Bény-Bocage. On 1 August, it reached Bény-Bocage, the Caen-Vire road and the village of Cathéolles. It came under counter-attack from the 9. and 10. SS-Panzerdivisonen until 7 August, when it was relieved by the 3rd Infantry Division. On 13 August 1944, the division was attached to the XXX Corps.

vants, elle avance très rapidement vers la frontière belge, traversant le pays minier par Liévin, Lens, Carvin et Seclin. Evitant Lille laissée à la *50th Infantry Division*, elle oblique vers l'est et franchit la frontière belge entre Cysoing et Tournai. Fonçant à travers la Belgique, elle libère Anvers le 4 septembre après avoir parcouru 550 kilomètres en un peu plus de six jours !

La division participe ensuite à la bataille d'Arnhem, couvrant le flanc droit de la route Eindhoven-Nimègue. Après une période calme (novembre 1944), elle intervient lors de la contre-offensive des Ardennes pour protéger les villes de Namur, Dinant et Givet. En février-mars 1945, elle participe aux opération de nettoyage entre Meuse et Rhin. Placée en repos dans le secteur de Louvain, elle repart à l'attaque, franchit le Rhin et s'enfonce dans la plaine de Westphalie. Elle franchit le canal Dortmund-Ems, combat durement sur les hauteurs du Teutoburger Wald. Première unité britannique à atteindre l'Elbe (fin avril 1945), elle progresse sur l'autoroute Hambourg-Lübeck. A Lübeck, elle s'empare de 80 000 prisonniers dont 27 généraux (début mai 1945). Après l'armistice, elle est chargée de capturer les hauts dignitaires du régime rassemblés autour de Dönitz à Flensburg. La *11th Amroured Division* est dissoute en janvier 1946.

79th Armoured Division

- Emblème : Une tête de taureau inscrite dans un triangle jaune.

- Composition : *30th Armoured Brigade (22nd Dragoons, 1st Lothians and Border Horse, 2nd County of London Yeomanry, 141st Regiment R.A.C.), 1st Tank Brigade (11th Battalion R.T.R., 42nd Battalion R.T.R., 49th Battalion R.T.R.), 1st Assault Brigade Royal Engineers (5th Assault Regiment Royal Engineers, 6th Assault Regiment Royal Engineers, 42nd Assault Regiment Royal Engineers), Divisional Troops (79th Armoured Divisional Engineers, 1st Canadian Armoured Personnel Carrier Regiment)*

- Commandeurs : *Maj.Gen.* Percy C.S.Hobart (VIII-1942/V-1945).

- Historique :

La *79th Armoured Division* est créée comme division blindée normale en août 1942. A partir d'avril 1943, elle reçoit la mission de développer, sous la direction de son chef, le *Major-General* Hobart, des engins spéciaux destinés à précéder les vagues d'assaut lors du débarquement, débarasser les plages des obstacles, ouvrir des brèches dans les défenses ennemies et contrebattre le feu des batteries. La division est entièrement refondue pour cette mission et dotée d'une brigade blindée, d'une brigade de chars et d'une brigade d'assaut du génie. A partir du début janvier 1944, elle commence à se doter de toute une série d'engins spéciaux, surnommés « Funnies » : Sherman amphibies (DD), chars dotés de mortiers de gros calibre capables de lancer des bombes anti-béton, chars porte-fascines, chars dotés de fléaux anti-mines, chars poseurs de ponts, etc. Les premiers éléments de la *79th Armoured Division* débarquent sur *Sword Beach* le 6 juin à 7 h 20, dégageant la plage pour l'infanterie. Les unités spéciales de la division jouent un rôle déterminant dans la réussite du débarquement en secteur anglais. Elles sont ensuite employées en précurseur de l'infanterie lors des différentes opérations de la bataille de Normandie. Elles interviennent notamment au cours de l'opération « Windsor » dans le secteur canadien (4-8 juillet), des opérations « Charnwood » (7-9 juillet) et « Bluecoat » (30 juillet) et « Totalize ». Après la fin de

On 14 August, it went onto the offensive, fighting at Condé and Flers, which it captured. It then moved on to Briouze and Putanges, taking Gacé and l'Aigle before being relieved by the XXX Corps' two other divisions (50th and 43rd Infantry Divisions).

Turning north-eastwards, the division began crossing the Seine on 27 August. It then advanced on Amiens which it liberated on 31 August. In the days that followed, it made very quick progress towards the Belgian border, crossing the mining area via Liévin, Lens, Carvin and Seclin. Bypassing Lille which it left to the 50th Infantry Division, it veered eastwards and crossed the Belgian border between Cysoing and Tournai. Racing across Belgium, it liberated Antwerp on 4 September after covering 550 kilometers in just over six days !

The division then took part in the Battle of Arnhem, covering the right flank of the Eindhoven-Nimègue road. After a lull (November 1944), it saw action during the Ardennes counter-stroke to protect Namur, Dinant and Givet. In February-March 1945, it took part in mopping-up operations between the Meuse and the Rhine. After resting in the Louvain sector, it went back onto the attack, crossed the Rhine, penetrating deeply into the plain of Westphalia. It crossed the Dortmund-Ems Canal, fought hard on the high ground of the Teutoburger Wald. The first British unit to reach the Elbe (late April 1945), it advanced down the Hamburg-Lübeck autobahn. At Lübeck, it took 80,000 prisoners including 27 generals (early in May 1945). After the armistice, it was detailed to capture senior figures of the Nazi regime who had gathered round Dönitz at Flensburg. The 11th Armoured Division was disbanded in January 1946.

79th Armoured Division

- Emblem : A bull's head in a yellow triangle.

- Composition : *30th Armoured Brigade (22nd Dragoons, 1st Lothians and Border Horse, 2nd County of London Yeomanry, 141st Regiment R.A.C.), 1st Tank Brigade (11th Battalion R.T.R., 42nd Battalion R.T.R., 49th Battalion R.T.R.), 1st Assault Brigade Royal Engineers (5th Assault Regiment Royal Engineers, 6th Assault Regiment Royal Engineers, 42nd Assault Regiment Royal Engineers), Divisional Troops*

Un Cromwell de la *11th Armoured Division* traverse la ville de Flers ruinée sous les regards de la population civile (17 août 1944). (IWM.)

A Cromwell of the 11th Armoured Division passes through Flers in ruins as civilians look on (17 August 1944). (IWM.)

Insigne en tissu (*Formation Badge*) de la *79th Armoured Division*.

Cloth formation badge of the 79th Armoured Division.

1. Au cours de l'attaque sur Caen (8 juillet 1944, opération « Charnwood »), un canon automoteur dépasse une auto blindée Daimler de l'état-major de la *30th Armoured Brigade*. Sur l'avant de cette dernière est peint l'emblème de la *79th Armoured Division*.

1. *During the attack on Caen (8 July 1944, Operation Charnwood), a self-propelled gun overtakes a Daimler armored car belonging to the 30th Armoured Brigade's HQ on the front of which the 79th Armoured Division's insignia has been painted.*

79th Armoured Division

La *79th Armoured Division* est mise sur pied sous la direction du *Major-General* Hobart en août 1942. A partir d'avril 1943, elle se dote d'engins spéciaux destinés à ouvrir le chemin aux unités d'infanterie et à détruire les défenses ennemies. Certains de ses éléments débarquent dès le 6 juin. Pendant toute la campagne de Normandie et spécialement lors des opérations « Windsor », « Charnwood », « Bluecoat » et « Totalize », la division est utilisée en précurseur de l'infanterie.

79th Armoured Division

The 79th Armoured Division was raised under Major-General Hobart in August 1942. From April 1943, it was equipped with vehicles specially designed to open up the way for the infantry units and destroy the enemy defenses. Some of its elements landed immediately on 6 June. Throughout the campaign in Normandy and especially during Operations Windsor, Charnwood, Bluecoat and Totalize, the division was sent in ahead of the infantry.

2, 3 et 4. Un char fléau, appartenant à la *30th Armoured Brigade*, franchit un pont sur l'Orne (mi-juillet 1944). Ce Sherman est muni à l'avant d'un tambour rotatif garni de chaînes provoquant l'explosion prématurée des mines. On remarquera l'emblème de la division peint à l'arrière de l'engin.

2, 3 and 4. *A flail tank, belonging to the 30th Armoured Brigade, crosses a bridge over the Orne (mid-July 1944). This Sherman has a rotating drum fitted onto the front with chains to set off mines early. Notice the divisional insignia painted on the rear of the vehicle.*

5. Une colonne de la *30th Armoured Brigade*, comprenant des Sherman, des chars fléau et autres véhicules, se dirige vers le village d'Escoville. Photo prise le 18 juillet 1944 par le *Sergeant* Christie.

5. *A column of the 30th Armoured Brigade, comprising Shermans, flail tanks and other vehicles, heads for the village of Escoville. Photo taken by Sergeant Christie on 18 July 1944.*

(IWM.)

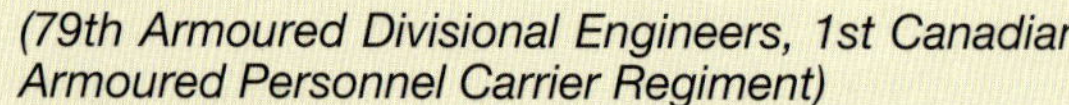

Une colonne de chars Churchill de la *79th Armoured Division* se dirige vers le front, traversant le village de Vaucelles. (IWM.)

A column of Churchill tanks of the 79th Armoured Division heading for the front passes through the Vaucelles neighborhood in the southern quarter of Caen. (IWM.)

(79th Armoured Divisional Engineers, 1st Canadian Armoured Personnel Carrier Regiment)
- Commanders : Maj.Gen. Percy C.S. Hobart (VIII-1942/V-1945).

- History :

The 79th Armoured Division was raised as a normal armoured division in August 1942. From April 1943, it was assigned, under the supervision of its commanding officer, Major-General Hobart, the task of developing special vehicles to come in ahead of the assault waves during the D-Day landings, to clear the beach obstacles, open up breaches in the enemy defenses and counter the batteries' firepower. The division was completely overhauled for this assignment and supplied with an armoured brigade, a tank brigade and a Royal Engineers assault brigade. Early in January 1944, it began to build up a whole series of special vehicles nicknamed the "Funnies": amphibious Sherman (DD, duplex drive) tanks carrying large caliber mortars capable of firing anti-concrete bombs, tanks carrying fascines, tanks fitted with anti-mine flails, bridge-laying tanks, etc. The leading elements of the 79th Armoured Division landed at Sword Beach at 07.20 on 6 June, clearing the beach for the infantry. The division's special units played a decisive role in the success of the landing in the British sector. They were then sent ahead of the infantry for various operations during the Battle of Normandy. They saw action notably during Operation Windsor in the Canadian sector (4-8 July), and Operations Charnwood (7-9 July), Bluecoat (30 July) and Totalize. When the Battle of Normandy was over, the division helped to reduce the defenses at Le Havre, Brest, Boulogne and Calais. It fought in Holland in the Battle of Walcheren, on the Meuse and in the Ardennes. It took part in the crossing of the Rhine (March 1945) and ended the war in Germany.

la bataille de Normandie, la division contribue à réduire les défenses du Havre, de Brest, de Boulogne et de Calais. Elle combat en Hollande lors de la bataille de Walcheren, sur la Meuse, dans les Ardennes. Elle participe au franchissement du Rhin (mars 1945) et finit la guerre en Allemagne.

6th Airborne Division

- Emblème : Bellérophon chevauchant Pégase (cheval ailé).
- Composition : *3rd Parachute Brigade (8th Battalion Parachute Regiment, 9th Battalion Parachute Regiment, 1st Canadian Parachute Battalion), 5th Parachute Brigade (7th Battalion Parachute Regiment (Light Infantry), 12th Battalion Parachute Regiment (Yorkshire), 13th Battalion Parachute Regiment (Lancashire)), 6th Airlanding Brigade (12th Battalion Devonshire Regiment, 2nd Battalion Oxfordshire and Buckinghamshire Light Infantry, 1st Battalion Royal Ulster Rifles), Headquarters Airborne Artillery Royal Artillery (53rd Worcestershire Yeomanry Airlanding Light Regiment, 2nd, 3rd, 4th Airlanding Anti-Tank Batteries, 2nd Airlanding Light Anti-Aircraft Battery), 6th Airborne Regiment RAC, 22nd Independent Parachute Company (Pathfinders), Headquarters Airborne RASC (716th Airborne Light Compagny, 63rd Airborne Divisional Company, 398th Airborne Divisional Company), Headquarters Aiborne RAOC (6th Airborne Ordnance Field Park), Headquarters Airborne REME (6th Airborne Workshop Airborne Light Aid Detachment).*
- Commandeurs : *Gen.Maj.* R.N. Gale (23-IV-1943/8-XII-1944), *Maj.Gen.* E.L. Bols (8-XII-1944/1945).

- Historique :

La *6th Airborne Division* est mise sur pied le 23 avril 1943 et confiée au commandement du *Brigadier* R.N. Gale, ancien chef de la *1st Airborne Brigade*. Elle est complète au mois de septembre 1943 et commence son entraînement dans le Wiltshire.

6th Airborne Division

- Emblem : Bellerophon riding Pegasus (the winged horse).
- Composition : *3rd Parachute Brigade (8th Battalion Parachute Regiment, 9th Battalion Parachute Regiment, 1st Canadian Parachute Battalion), 5th Parachute Brigade (7th Battalion Parachute Regiment (Light Infantry), 12th Battalion Parachute Regiment (Yorkshire), 13th Battalion Parachute Regiment (Lancashire)), 6th Airlanding Brigade (12th Battalion Devonshire Regiment, 2nd Battalion Oxfordshire and Buckinghamshire Light Infantry, 1st Battalion Royal Ulster Rifles), Headquarters Airborne Artillery Royal Artillery (53rd Worcestershire Yeomanry Airlanding Light Regiment, 2nd, 3rd, 4th Airlanding Anti-Tank Batteries, 2nd Airlanding Light Anti-Aircraft Battery), 6th Airborne Regiment RAC, 22nd Independent Parachute Company (Pathfinders), Headquarters Airborne RASC (716th Airborne Light Company, 63rd Airborne Divisional Company, 398th Airborne Divisional Company), Headquarters Airborne RAOC (6th Airborne Ordnance Field Park), Headquarters Airborne REME (6th Airborne Workshop Airborne Light Aid Detachment).*
- Commanders : *Gen.Maj.* R.N. Gale (23-IV-1943/8-XII-1944), *Maj.Gen.* E.L. Bols (8-XII-1944/1945).

- History :

The 6th Airborne Division was raised on 23 April 1943 and placed under the command of Brigadier R.N. Gale, former commander of the 1st Airborne Brigade. It reached full strength September 1943 and began training in Wiltshire.

Insigne en tissu (*Formation Badge*) de la *6th Airborne Division*.

Cloth formation badge of the 6th Airborne Division.

La mission de la *6th Airborne Division* pour le jour J est d'assurer le flanc gauche du *I Corps* en s'emparant des voies et nœuds de communication entre l'Orne et la Dives et en interdisant tout mouvement vers la tête de pont entre Caen et Ouistreham. Pour cela, elle doit s'emparer des ponts de Bénouville (canal de Caen à la mer) et Ranville (Orne), détruire les ponts sur la Dives et neutraliser la batterie de Merville.

Peu après minuit, le pont levant de Bénouville est capturé à la suite d'un coup de main mené par le *2nd Light Infantry (5th Brigade)* du *Major* Howard, acheminé par planeurs. A 0 h 50 une première partie de la *5th Brigade* est parachutée. Elle renforce les éléments arrivés sur le pont de Bénouville puis s'empare du pont de Ranville, établissant une solide tête de pont autour de Ranville et du Bas-de-Ranville. A 3 h 30, le reste de la *5th Brigade* arrive par planeurs avec le chef de la division et son état-major. Pendant ce temps, à 2 h 50, le *9th Parachute Battalion (3rd Brigade)* est parachuté et s'empare de la batterie de Merville. Le *8th Parachute Battalion (3rd Brigade)*, parachuté à 0 h 50 dans le secteur Ranville-Touffreville, se dirige vers la Dives et détruit les ponts de Troarn et de Bures à 9 h 30. Le 7 juin, la division contre-attaque vers le sud. Jusqu'au 13 juin, elle consolide ses positions puis est renforcée par des éléments de la *51st Infantry Division*. Jusqu'au 16 août, elle reste sur ses positions puis se dirige vers la Seine et termine la campagne le 26 août avec la prise de Pont-Audemer. Elle est rapatriée en Angleterre début septembre. Elle est engagée en Allemagne du 24 décembre 1944 au 24 février 1945 et du 24 mars au 8 mai 1945.

The 6th Airborne Division's D-Day assignment was to secure the I Corps' left flank by capturing the roads and communications between the Orne and Dives rivers and prevent any movement towards the beachhead between Caen and Ouistreham. To do this, it had to capture the bridges at Bénouville (over the canal from Caen to the sea) and Ranville (over the Orne River), destroy the bridges over the Dives and neutralize the Merville battery.

Shortly after midnight, the Bénouville lift bridge was taken following a coup de main raid carried out by Major Howard's 2nd Light Infantry (5th Brigade), brought in by glider. At 00.50 the first party of the 5th Brigade was dropped by parachute. It reinforced the elements already at the Bénouville bridge then captured the bridge at Ranville, establishing a firm bridgehead around Ranville and Le Bas-de-Ranville. At 03.30, the rest of the 5th Brigade arrived by glider along with the divisional commander and his staff. Meanwhile, at 02.50, the 9th Parachute Battalion (3rd Brigade) was dropped by parachute and captured the Merville battery. The 8th Parachute Battalion (3rd Brigade), was dropped at 00.50 in the Ranville-Touffreville sector, and headed towards the Dives and destroyed the bridges at Troarn and Bures at 09.30. On 7 June, the division counter-attacked to the south. Until 13 June, it consolidated its positions, and was then reinforced by elements of the 51st Infantry Division. It stayed in position until 16 August, when it headed towards the Seine, ending the campaign on 26 August with the capture of Pont-Audemer. It was sent home to England early in September. It was committed in Germany from 24 December 1944 to 24 February 1945 and from 24 March to 8 May 1945.

Les principales opérations du secteur anglo-canadien/*Major operations in the Anglo-Canadian sector*

- « Perch » (11-18 juin 1944)/*« Perch » (11-18 June 1944)*

Tentative de débordement de Caen par l'ouest et par l'est./*Attempt to outflank Caen via the east and west.*

-« Epsom » (26 juin 1944)/*« Epsom » (26 June 1944)*

Percée à l'ouest de Caen dans le but d'interdire et de contrôler les accès sud de Caen./*Breakout west of Caen in order to cut off and control the southern access routes to Caen.*

-« Jupiter » (10 juillet 1944)/*« Jupiter » (10 July 1944)*

Attaque sur la cote 112 depuis Verson-Fontaine-Etoupefour./*Attack on Hill 112 from Verson-Fontaine-Etoupefour.*

-« Windsor » (4-8 juillet)/*« Windsor » (4-8 July)*

Bataille pour Carpiquet./*Battle for Carpiquet.*

-« Charnwood » (7-9 juillet)/*« Charnwood » (7-9 July)*

Prise de Caen./*Capture of Caen.*

-« Goodwood » (18-20 juillet)/*« Goodwood » (18-20 July)*

Offensive blindée dans la plaine à l'ouest de Caen./*Armoured offensive in the plain west of Caen.*

-« Spring » (24-25 juillet)/*« Spring » (24-25 July)*

Offensive de fixation au sud de Caen./*Offensive to pin down the enemy south of Caen.*

-« Bluecoat » (30 juillet-3 août)/*« Bluecoat » (30 July-3 August)*

Percée à l'aile droite du dispositif britannique entre Noyers et Caumont avec pour objectifs Vire et Flers./*Breakout on the right flank of the British disposition between Noyers and Caumont with Vire and Flers as objectives.*

-« Totalize » (7-10 août)/*« Totalize » (7-10 August)*

Poussée du *II Canadian Corps* du sud de Caen vers Falaise./*Thrust by II Canadian Corps south of Caen towards Falaise.*

-« Tracatble » (14-18 août)/*« Tractable » (14-18 August)*

Fermeture de la poche de Falaise à l'est./*Closure of the Falaise pocket to the east.*

1.

2

3

6th Airborne Division

La *6th Airborne Division* est mise sur pied en Angleterre en avril 1943. Rattachée au *I Corps*, elle est parachutée et acheminée par planeurs en Normandie dans la nuit du 5 au 6 juin et l'après-midi du 6. Elle s'empare des ponts sur l'Orne et la Dives, sécurisant ainsi le flanc gauche du dispositif anglo-canadien.

1. Des policiers militaires de la *Provost Company* de la *6th Airborne Division* surveillent un carrefour près de Ranville (7 juin 1944).

2. A Bénouville, le 15 juin 1944, des paras de la *6th Airborne* posent en compagnie d'une jeune fille grimpée sur une moto allemande.

3. Le *Major-General* Gale, chef de la *6th Airborne Division* en conversation avec le *Lieutenant* W.G. Rotschild (11 juin 1944).

4. Parachutistes de la *6th Airborne Division* photographiés le 26 juin 1944. De gauche à droite : W. Fortune, parachuté le 6 juin, A.J. Boomer, le *Captain* F. Vere Hodge et R.F. Moles.

5. Le *Lance-Corporal* Phillips, les *Privates* Best et Watson et le *Corporal* Watler posent devant le canon automoteur allemand qu'ils ont détruit (5 août 1944).

(IWM.)

6th Airborne Division

The 6th Airborne Division was raised in England in April 1943. Attached to I Corps, it landed in Normandy by parachute and by glider during the night of 5 to 6 June and D-Day afternoon. It took the bridges over the Orne and the Dives, thus securing the left flank of the Anglo-Canadian disposition.

1. Military police of the Provost Company of the 6th Airborne Division survey a crossroads near Ranville (7 June 1944).

2. At Bénouville, on 15 June 1944, paratroops of 6th Airborne pose along with a girl who has climbed onto a German motorcycle.

3. 6th Airborne Division commander, Major-General Gale, in conversation with Lieutenant W.G. Rotschild (11 June 1944).

4. Paratroopers of the 6th Airborne Division photographed on 26 June 1944. Left to right: W. Fortune, dropped by parachute on 6 June, A.J. Boomer, Captain F. Vere Hodge and R.F. Moles.

5. Lance-Corporal Phillips, Privates Best and Watson and Corporal Watler pose in front of the German self-propelled gun they destroyed (5 August 1944).

(IWM.)

4

5

Unités canadiennes
Canadian Units

Insigne en tissu (*Formation Badge*) de la *1st Canadian Army*.

Cloth formation badge of the 1st Canadian Army.

1st Canadian Army

- Emblème : Un losange rouge avec une bande horizontale bleue.
- Unités organiques : *1st Group Royal Artillery of Canada, 2nd Group Royal Artillery of Canada, 1st Battalion Royal Montreal Regiment.*
- Commandeurs : *Lieut.Gen.* A.G.L. Mac Naughton (6-IV-1942/26-XII-1943), *Lieut.Gen.* puis *Gen.* H.D.G. Crerar (20-III-1944/30-VII-1945).

- Historique :

L'état-major de la *1st Canadian Army* est formé en avril 1942 à Hardley Court en Grande-Bretagne sous les ordres du général Mac Naughton avec des officiers exclusivement canadiens. En mars 1944, le général Mac Naughton est remplacé par l'ancien chef du *I Canadian Corps*, le général Crerar. Ce dernier franchit la Manche le 18 juin 1944 et établit un embryon d'état-major à Amblie au sud de Courseulles. La *1st Canadian Army* devient opérationnelle le 23 juillet 1944 à midi. Dotée du *I Corps*, elle prend en charge l'extrême gauche du front allié, de la ligne de chemin de fer Caen-Mézidon à la mer. Le 31 juillet, le *II Canadian Corps* lui est rattaché. Son front, désormais long de 32 kilomètres, s'étend de l'Orne à la mer au sud de Caen. A partir du 7 août, la *1st Canadian Army* participe à l'opération « Totalize ». Elle fait face à une résistance acharnée mais parvient à progresser de 13 kilomètres. A partir du 11 août, elle reçoit l'ordre de prendre Falaise et de faire liaison avec les troupes américaines venues du sud-ouest (opération « Tractable »). Elle s'empare de Falaise le 16 août et capture plus de 12 000 prisonniers du 19 au 21 août. Elle est ensuite dirigée vers la Seine qu'elle traverse dans le secteur d'Elbeuf le 26 août. Elle s'empare de Rouen le 29 août. Au cours de son engagement en Normandie du 7 au 29 août, la *1st Canadian Army* a capturé 25 776 prisonniers allemands. Elle enregistre de lourdes pertes : 632 officiers dont 164 tués, 8 736 sous-officiers et soldats dont 2 094 tués.

Après la bataille de Normandie, la *1st Canadian Army* nettoie les régions côtières de la Manche dont elle dégage les ports (sauf Dunkerque). En octobre-novembre 1944, elle participe avec la *2nd Army* à la bataille de l'Escaut puis à celle de Rhénanie (opération « Veritable », février-mars 1945). Elle combat ensuite dans le nord-est et l'ouest de la Hollande et sur la côte allemande à l'est de l'Elbe.

1st Canadian Army

- *Emblem : A red lozenge with a blue horizontal stripe.*
- *Organic units : 1st Group Royal Artillery of Canada, 2nd Group Royal Artillery of Canada, 1st Battalion Royal Montreal Regiment.*
- *Commanders : Lieut.Gen. A.G.L. MacNaughton (6-IV-1942/26-XII-1943), Lieut.Gen., later Gen. H.D.G. Crerar (20-III-1944/30-VII-1945).*

- History :

The 1st Canadian Army staff was formed in April 1942 at Hardley Court in the UK under General MacNaughton with exclusively Canadian officers. In March 1944, General MacNaughton was replaced by the former commander of the I Canadian Corps, General Crerar. Crerar crossed the English Channel on 18 June 1944 and set up an HQ of sorts at Amblie south of Courseulles. The 1st Canadian Army became operational at noon on 23 July 1944. Allocated the I Corps, it took charge of the far left of the Allied front, from the Caen-Mézidon railroad to the sea. On 31 July, the II Canadian Corps was attached to it. Its front, now 32 kilometers long, extended from the Orne River to the sea south of Caen. As of 7 August, the 1st Canadian Army took part in Operation Totalize. It faced some stout resistance but managed to advance 13 kilometers. On 11 August, it received orders to capture Falaise and link up with American troops arriving from the south-west (Operation Tractable). It took Falaise on 16 August and from 19-21 August took more than 12,000 prisoners. It then headed off towards the Seine, crossing that river on 26 August in the Elbeuf sector. It took Rouen on 29 August. In the time it was committed in Normandy, from 7 to 29 August, the 1st Canadian Army captured 25,776 German prisoners. It suffered heavy losses: 632 officers including 164 killed, 8,736 NCOs and men including 2,094 killed.

After the Battle of Normandy, the 1st Canadian Army mopped up the coastal areas along the Channel, clearing the ports (except Dunkirk) on the way. In October-November 1944, with the 2nd Army it took part in the Battle of the Scheldt then that of the Rhineland (Operation Veritable, February-March 1945). It later fought in north-eastern and western Holland and on the German coast east of the Elbe.

II Canadian Corps

Insigne en tissu du *II Canadian Corps*.

Cloth badge of the II Canadian Corps.

- Emblème : un losange bleu
- Unités organiques : *18th Armoured Car Regiment (12th Manitoba Dragoons), 6th Anti-Tank Regiment R.A., 6th Light Anti-Aircraft Regiment R.A., 2nd Survey Regiment R.C.A., II Canadian Corps Troops Engineers, II Canadian Corps Signals.*
- Commandeurs : *Lieut.Gen.* E.W. Samsom (15-I-1943/29-I-1944), *Lieut.Gen.* G.G. Simonds (30-I-1944/25-VI-1945).

II Canadian Corps

- *Emblem : a blue lozenge*
- *Organic units : 18th Armoured Car Regiment (12th Manitoba Dragoons), 6th Anti-Tank Regiment R.A., 6th Light Anti-Aircraft Regiment R.A., 2nd Survey Regiment R.C.A., II Canadian Corps Troops Engineers, II Canadian Corps Signals.*
- *Commanders : Lieut.Gen. E.W. Samsom (15-I-1943/29-I-1944), Lieut.Gen. G.G. Simonds (30-I-1944/25-VI-1945).*

- Historique :

L'état-major du *II Canadian Corps* est mis sur pieds en Grande-Bretagne au début de l'année 1943 sous les ordres du *Lieutenant-General* G.G. Simonds, ancien chef de la *1st Canadian Infantry Division* et le plus jeune officier général de l'armée canadienne (40 ans). En avril 1944, cet état-major quitte le Sussex pour la région de Douvres. Il arrive en Normandie au cours de la première semaine de juillet. Le 11 juillet, il reçoit la garde du secteur de Caen. Le *II Canadian Corps* comprend alors les *2nd* et *3rd Canadian Infantry Divisions* et la *2nd Canadian Armoured Brigade*. Le 25 juillet, il conduit l'opération « Spring » destinée à fixer le maximum d'unités allemandes à l'est de l'Orne. Il réunit alors les *2nd* et *3rd Canadian Infantry Divisions*, la *7th Armoured Division* et la *Guards Armoured Division*. Au début du mois d'août, il continue de fixer les unités allemandes dans le sud de Caen. Il participe ensuite aux opérations « Tractable » et « Totalize » avant d'amorcer un mouvement vers l'est en direction de la Seine. Il atteint cette dernière dans les environs d'Elbeuf le 26 août puis s'empare de Rouen.

Remontant vers le nord, il nettoie les côtes de la Manche puis participe à la bataille de l'Escaut (octobre-novembre 1944) puis à celle de Rhénanie (février-mars 1945), contribuant au nettoyage du nord-est des Pays-Bas. En avril 1945, il combat dans l'est de la Hollande puis pénètre en Allemagne. Son chef, le général Simonds reçoit la capitulation des troupes allemandes à Bad Zwischenahn le 5 avril 1945.

2nd Canadian Infantry Division

- Emblème : un rectangle bleu ciel

- Composition : *4th Brigade (The Royal Regiment of Canada, The Royal Hamilton Light Infantry, The Essex Scottish Regiment), 5th Brigade (The Black Watch (Royal Highland Regiment) of Canada, Le Régiment de Maisonneuve, The Calgary Highlanders), 6th Brigade (Les Fusiliers Mont-Royal, The Queen's Own Cameron Highlanders of Canada, The South Saskatchewan Regiment), Divisional Troops (8th Reconnaissance Regiment (14th Canadian Hussars), 4th Field Regiment R.C.A., 5th Field Regiment R.C.A., 6th Field Regiment R.C.A., 2nd Antitank Regiment R.C.A., 3rd Light Anti-Aircraft Regiment R.C.A., The Toronto Scottish Regiment (Machine Gun), 2nd Canadian Divisional Engineers, 2nd Canadian Divisional Signals)*.

- Commandeurs : *Maj.Gen.* V.W. Odlumm (20-V-1940/6-XI-1941), *Maj.Gen.* H.D.G. Crerar (23-XII-1941/5-IV-1942), *Maj.Gen.* J.H. Roberts (6-IV-1942/12-IV-1943), *Maj.Gen.* G.G. Simonds (13/28-IV-1943), *Maj.Gen.* E.L.M. Burns (6-V-1943/10-I-1944), *Maj.Gen.* C. Foulkes (11-I-/9-XI-1944), *Maj.Gen.* A.B. Matthews (10-XI-1944/6-X-1945).

- Historique :

La *2nd Canadian Infantry Division* est mise sur pieds à Aldershot, en 1940. En août 1942, elle participe au débarquement de Dieppe qui se solde par un cuisant échec. A l'été 1941, elle relève la *55th Infantry Division* sur les plages du Sussex où elle est rattachée au *IV Corps*. En avril 1944, elle quitte le Sussex pour la région de Douvres. Débarquée en Normandie au cours de la première semaine de juillet 1944, elle est rattachée au *II Canadian Corps* avec la *51st Infantry Division*. Engagée dans l'opération « Atlantic » à partir du 18 juillet, elle nettoie jusqu'au 19 juillet les environs du confluent de l'Orne et de l'Odon avant de pousser vers le sud. Les 20 et 21

- History :

The *II Canadian Corps* staff was raised in the UK early in 1943 under Lieutenant-General G.G. Simonds, the former commander of the 1st Canadian Infantry Division and the youngest general officer in the Canadian Army (aged 40). In April 1944, the staff left Sussex for the Dover area. It arrived in Normandy during the first week in July. On 11 July, it was given the Caen sector to guard. The II Canadian Corps then comprised the 2nd and 3rd Canadian Infantry Divisions and the 2nd Canadian Armoured Brigade. On 25 July, it led Operation Spring designed to pin down a maximum number of German units east of the Orne River. It was then made up of the 2nd and 3rd Canadian Infantry Divisions, the 7th Armoured Division and the Guards Armoured Division. Early in August, it continued to pin down the German units south of Caen. It then took part in Operations Tractable and Totalize before beginning to move east towards the Seine. It reached that river in the Elbeuf sector on 26 August, then took Rouen.

Moving up north, it mopped up the coastal areas along the Channel then took part in the Battle of the Scheldt (October-November 1944) then that of the Rhineland (February-March 1945), helping to clear the north-eastern Netherlands. In April 1945, it fought in eastern Holland then entered Germany. Its commanding officer, General Simonds received the German troops' surrender at Bad Zwischenahn on 5 April 1945.

2nd Canadian Infantry Division

- Emblem : a sky blue rectangle

- Composition : 4th Brigade (The Royal Regiment of Canada, The Royal Hamilton Light Infantry, The Essex Scottish Regiment), 5th Brigade (The Black Watch (Royal Highland Regiment) of Canada, Le Régiment de Maisonneuve, The Calgary Highlanders), 6th Brigade (Les Fusiliers Mont-Royal, The Queen's Own Cameron Highlanders of Canada, The South Saskatchewan Regiment), Divisional Troops (8th Reconnaissance Regiment (14th Canadian Hussars), 4th Field Regiment R.C.A., 5th Field Regiment R.C.A., 6th Field Regiment R.C.A., 2nd Antitank Regiment R.C.A., 3rd Light Anti-Aircraft Regiment R.C.A., The Toronto Scottish Regiment (Machine Gun), 2nd Canadian Divisional Engineers, 2nd Canadian Divisional Signals).

- Commanders : Maj.Gen. V.W. Odlumm (20-V-1940/6-XI-1941), Maj.Gen. H.D.G. Crerar (23-XII-1941/5-IV-1942), Maj.Gen. J.H. Roberts (6-IV-1942/12-IV-1943), Maj.Gen. G.G. Simonds (13/28-IV-1943), Maj.Gen. E.L.M. Burns (6-V-1943/10-I-1944), Maj.Gen. C. Foulkes (11-I-/9-XI-1944), Maj.Gen. A.B. Matthews (10-XI-1944/6-X-1945).

- History :

The 2nd Canadian Infantry Division was raised at Aldershot in 1940. In August 1942, it took part in the Dieppe raid which ended in disaster. In the summer of 1941, it relieved the 55th Infantry Division on the beaches of Sussex where it was attached to the IV Corps. In April 1944, it left Sussex for the Dover area. It arrived in Normandy during the first week in July 1944, and along with the 51st Infantry Division was attached to the II Canadian Corps. Committed in Operation Atlantic from 18 July, until 19 July it mopped up the area around the confluence of the Orne and Odon rivers before moving on south. On 20 and 21 July, it attacked Verrières ridge, but was unable to take it. During this fierce battle it sustained heavy casualties (300 men). Starting on 25 July, it took part

Insigne en tissu de la *2nd Canadian Infantry Division*.

Cloth badge of the 2nd Canadian Infantry Division.

juillet, elle attaque la crête de Verrières qu'elle ne parvient pas à prendre. Au cours de ces combats acharnés elle subit de lourdes pertes (300 hommes). A partir du 25 juillet, elle participe à l'opération « Spring » à l'ouest de la route Caen-Falaise. Sa *4th Infantry Brigade* s'empare de Verrières tandis que sa *5th Infantry Brigade* se retrouve bloquée à May-sur-Orne, Saint-André-sur-Orne et Saint-Martin-de-Fontenay. Au cours de ces combats, le *Black Watch (Royal Highland Regiment) of Canada* perd à lui seul 324 hommes.

Lors de l'opération « Totalize », la division attaque à l'ouest de la route Caen-Falaise, appuyée par les chars de la *2nd Canadian Armoured Brigade* (nuit du 6 au 7 août 1944). Après un bombardement massif de la RAF, elle parvient à percer le dispositif allemand et à s'emparer, au prix de pertes minimes, de La Hogue, de Tilly-la-Campagne, de Rocquancourt, de Fontenay-Le-Marmion, de May-sur-Orne et de la crête de Verrières où elle avait échoué le mois précédent. Poursuivant son avance, elle entre dans Bretteville-sur-Laize le 7 août. Le 12 août, tandis que se prépare l'avance finale vers Falaise (opération « Tractable »), la division reçoit l'ordre de pousser sur sa droite afin d'affaiblir les positions allemandes situées le long de la route Caen-Falaise. Elle franchit la Laize à Bretteville et progresse vers le sud en dépit d'une résistance acharnée. Le 13 août au soir, elle retraverse la Laize à Clair-Tizon établissant ainsi une solide tête de pont menaçant les lignes allemandes barrant la route de Falaise. Elle participe ensuite à l'opération « Tractable ». Venant du nord-ouest, sa *6th Infantry Brigade* parvient à un peu plus d'un kilomètre de Falaise le soir du 15 août. Appuyée par les chars du *Sherbrooke Fusiliers (27th Armoured Regiment)*, elle commence à entrer dans Falaise au cours de l'après-midi du 16 août. Elle s'empare de la ville le 16 août et en termine le nettoyage le 17 août en milieu de journée.

A partir du 21 août, la *2nd Canadian Infantry Division* quitte le secteur de Falaise et se dirige vers le nord-est en direction de la Seine. Du 27 au 29 août, elle rencontre une vive résistance dans la forêt de la Londe au sud de Rouen, subissant de nouvelles pertes. Elle entre dans Rouen à la suite de la *3rd Infantry Division* le 29 août puis franchit la Seine.

La division poursuit son avance le long de la Manche et s'empare de Dieppe le 1er septembre 1944. Elle traverse ensuite Boulogne, Calais et le cap Gris-Nez. Le 9 septembre, elle est à Ostende puis atteint Bruges. Le 22 septembre 1944, elle attaque à l'ouest de Turnhout. En octobre 1944, la division participe à la bataille de l'Escaut. Partie d'Anvers, elle progresse vers le nord afin de couper les accès au flanc est de l'isthme de Beveland Sud. Le 16 octobre, elle occupe les abords de l'isthme.

En février-mars 1945, la *2nd Canadian Infantry Division* participe à la bataille de Rhénanie (opération « Veritable »). Le 26 février, elle part à l'assaut des défenses de Hochwald et de Balberger, menant des combats très durs jusqu'aux rives du Rhin. Elle nettoie la partie nord-est des Pays-Bas, franchit le canal Schipeek et atteint Groningue au nord de la Hollande le 16 avril 1945. Elle se dirige ensuite vers la région d'Oldenbourg. Elle atteint la mer du Nord puis participe à la prise d'Oldenbourg (ouest de Brême) où elle finit la guerre.

3rd Canadian Infantry Division

- Emblème : un rectangle bleu clair.
- Composition : *7th Brigade (The Royal Winnipeg Rifles, The Regina Rifles Regiment, 1st Battalion The Canadian Scottish Regiment), 8th Brigade (The Queen's*

Insigne en tissu de la *3rd Canadian Infantry Division* et titre d'épaule « Canada ». (Coll. Musée Mémorial de Bayeux.)

Cloth badge of the 3rd Canadian Infantry Division and "Canada" shoulder flash. (Coll. Musée Mémorial de Bayeux.)

in to Operation Spring west of the Caen-Falaise road. Its 4th Infantry Brigade took Verrières while the 5th Infantry Brigade was pinned down at May-sur-Orne, Saint-André-sur-Orne and Saint-Martin-de-Fontenay. During the battle, the Black Watch (Royal Highland Regiment) of Canada alone lost 324 men.

During Operation Totalize, the division attacked to the west of the Caen-Falaise road, with the tanks of the 2nd Canadian Armoured Brigade in support (night of 6-7 August 1944). After massive bombardment by the RAF, it managed to break through the German disposition and, with very slight casualties, to take La Hogue, Tilly-la-Campagne, Rocquancourt, Fontenay-le-Marmion, May-sur-Orne and Verrières ridge, where it had failed the month before. Continuing its advance, it entered Bretteville-sur-Laize on 7 August. On 12 August, in the build-up to the final push to Falaise (Operation Tractable), the division received orders to make a thrust to the right in order to weaken the German positions along the Caen-Falaise road. It crossed the Laize at Bretteville and advanced southwards in the face of stout resistance. On the evening of 13 August, it crossed back over the Laize at Clair-Tizon, thereby establishing a firm bridgehead threatening the German lines which cut off the Falaise road. It then took part in Operation Tractable. Coming from the north-west, its 6th Infantry Brigade came within just over a kilometer of Falaise on the evening of 15 August. With support from the tanks of the Sherbrooke Fusiliers (27th Armoured Regiment), it began to enter Falaise during the afternoon of 16 August. It took the town on 16 August and finished mopping up towards midday on 17 August.

After 21 August, the 2nd Canadian Infantry Division left the Falaise sector and headed north-east towards the Seine. From 27-29 August, it encountered stubborn resistance in La Londe Forest south of Rouen, sustaining further casualties. It entered Rouen in the wake of the 3rd Infantry Division on 29 August, then crossed the Seine.

The division pursued its advance along the Channel and took Dieppe on 1 September 1944. It then passed through Boulogne, Calais and Cap Gris-Nez. On 9 September, it was at Ostend, then reached Bruges. On 22 September 1944, it attacked to the west of Turnhout. In October 1944, the division took part in the Battle of the Scheldt. Starting out from Antwerp, it advanced northwards to cut off access to the eastern flank of the Beveland South isthmus. On 16 October, it occupied the isthmus approaches.

In February-March 1945, the 2nd Canadian Infantry Division took part in the Battle of the Rhineland (Operation Veritable). On 26 February, it launched an assault on the defenses at Hochwald and Balberger, fighting a very hard battle all the way to the banks of the Rhine. It cleared the north-east corner of the Netherlands, crossed the Schipeek Canal and reached Groningen in northern Holland on 16 April 1945. It then moved towards the Oldenburg area. It reached the North Sea, then took part in the capture of Oldenburg (west of Bremen) where it ended the war.

3rd Canadian Infantry Division

- Emblem : a light blue rectangle.
- Composition : *7th Brigade (The Royal Winnipeg Rifles, The Regina Rifles Regiment, 1st Battalion The Canadian Scottish Regiment), 8th Brigade (The Queen's Own Rifles of Canada, Le Régiment La Chaudière, The North Shore Regiment), 9th Brigade (The Highland Light Infantry, The Stormont, Dundas and Glengarry Highlanders, The North Novia Scotia Highlanders), Divisional Troops (7th Reconnaissance Regiment (17th Duke of York's Royal Canadian*

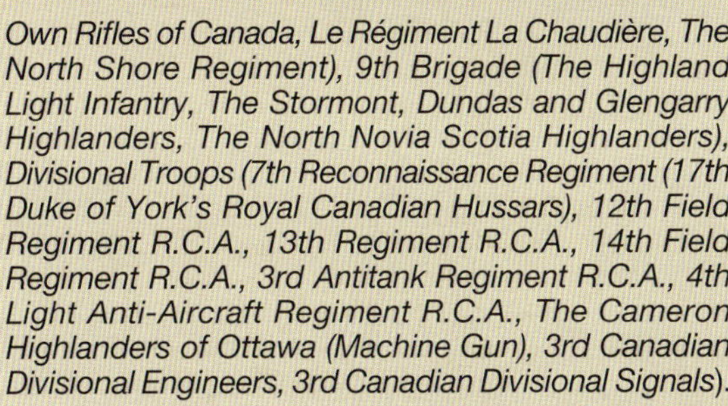

1. Titre d'épaule et insigne de béret du *Royal Winnipeg Rifles* (*7th Brigade* de la *3rd Canadian Infantry Division*). (Coll. Musée Mémorial de Bayeux.)

2. Titre d'épaule et insigne de béret du *Regina Rifles Regiment* (*7th Brigade* de la *3rd Canadian Infantry Division*). (Coll. Musée Mémorial de Bayeux.)

1. Shoulder flash and cap badge of the Royal Winnipeg Rifles (7th Brigade of the 3rd Canadian Infantry Division). (Coll. Musée Mémorial de Bayeux.)

2. Shoulder flash and cap badge of the Regina Rifles Regiment (7th Brigade of the 3rd Canadian Infantry Division). (Coll. Musée Mémorial de Bayeux.)

Own Rifles of Canada, Le Régiment La Chaudière, The North Shore Regiment), 9th Brigade (The Highland Light Infantry, The Stormont, Dundas and Glengarry Highlanders, The North Novia Scotia Highlanders), Divisional Troops (7th Reconnaissance Regiment (17th Duke of York's Royal Canadian Hussars), 12th Field Regiment R.C.A., 13th Regiment R.C.A., 14th Field Regiment R.C.A., 3rd Antitank Regiment R.C.A., 4th Light Anti-Aircraft Regiment R.C.A., The Cameron Highlanders of Ottawa (Machine Gun), 3rd Canadian Divisional Engineers, 3rd Canadian Divisional Signals).

- Commandeurs : *Maj.Gen.* E.W. Sansom (26-X-1940/13-III-1941), *Maj.Gen.* C.B. Price (14-III-1941/7-IX-1942), *Maj.Gen.* R.F.L. Keller (8-IX-1942/8-VIII-1944), *Maj.Gen.* D.C. Spry (18-VIII-1944/22 III 1945), *Maj.Gen.* R.H. Keefler (23-III/19-XI-1945).

- Historique :

La *3rd Canadian Infantry Division* est mise sur pied le 20 mai 1940. En juillet 1943, elle est choisie pour participer aux premiers débarquements en Normandie. Après une période d'entraînement en Ecosse, la division est rattachée au *I Corps* et se concentre sur la côte sud de la Grande-Bretagne entre Bornemouth et Southampton (août 1943). En novembre et décembre 1943, elle participe à plusieurs exercices amphibies de grande envergure avec la Navy et la RAF.

La division commence son embarquement le 3 juin 1944 près de l'île de Wight. Toujours rattachée au *I Corps*, elle débarque le 6 juin à 8 h 00 à l'aile gauche de ce dernier (centre du dispositif britannique) de part et d'autre de l'embouchure de la Seulles, à Courseulles-sur-Mer, Bernières-sur-Mer et Saint-Aubin-sur-Mer (secteur « Juno »). Sa mission est d'établir une tête de pont sur les 8 kilomètres séparant Courseulles de Saint-Aubin-sur-Mer puis d'avancer entre Bayeux et Caen jusqu'à l'aéroport de Carpiquet. Son premier échelon comprend la *7th Infantry Brigade* à droite et la *8th Infantry Brigade* à gauche, chacune appuyée par un régiment de chars de la *2nd Canadian Armoured Brigade*. La *7th Infantry Brigade* (*Brigadier* Harry Foster), débarquée à Courseulles et Graye-sur-mer, se heurte à une résistance farouche de la part des hommes de l'*Infanterie Regiment 716* (716. Infanterie-Division). Elle parvient cependant à prendre Courseulles puis les villages de l'intérieur jusqu'à Sainte-Croix-sur-mer et Banville. La *8th Infantry Brigade*, débarquée à Bernières et Saint-Aubin,

Hussars), 12th Field Regiment R.C.A., 13th Regiment R.C.A., 14th Field Regiment R.C.A., 3rd Antitank Regiment R.C.A., 4th Light Anti-Aircraft Regiment R.C.A., The Cameron Highlanders of Ottawa (Machine Gun), 3rd Canadian Divisional Engineers, 3rd Canadian Divisional Signals).

- Commanders : Maj.Gen. E.W. Sansom (26-X-1940/13-III-1941), Maj.Gen. C.B. Price (14-III-1941/7-IX-1942), Maj.Gen. R.F.L. Keller (8-IX-1942/8-VIII-1944), Maj.Gen. D.C. Spry (18-VIII-1944/22-III-1945), Maj.Gen. R.H. Keefler (23-III/19-XI-1945).

- History :

The 3rd Canadian Infantry Division was raised on 20 May 1940. In July 1943, it was selected to take part in the first Normandy landings. After a training period in Scotland, the division was attached to the I Corps and concentrated on the southern coast of England between Bournemouth and Southampton (August 1943). In November and December 1943, it took part in a number of large-scale amphibious exercises with the Navy and the RAF.

The division began to embark near the Isle of Wight on 3 June 1944. Still attached to the I Corps, it landed at 08.00 on 6 June on I Corps' left flank (center of the British disposition) on either side of the mouth of the Seulles, at Courseulles-sur-Mer, Bernières-sur-Mer and Saint-Aubin-sur-Mer (Juno sector). Its assignment involved establishing a beachhead along the 8 kilometers from Courseulles to Saint-Aubin-sur-Mer, then to move inland between Bayeux and Caen as far as Carpiquet airfield. Its first wave was made up of the 7th Infantry Brigade on the right and the 8th Infantry Brigade on the left, each with a tank regiment of the 2nd Canadian Armoured Brigade in support. The 7th Infantry Brigade (Brigadier Harry Foster), which came ashore at Courseulles and Graye-sur-mer, encountered fierce resistance from the men of Infanterie Regiment 716 (716. Infanterie-Division). However it managed to capture Courseulles then the inland villages as far as Sainte-Croix-sur-mer and Banville. The 8th Infantry Brigade, which landed at Bernières and Saint-Aubin, made swifter progress, taking Bernières. The 9th Infantry Brigade, which landed shortly before noon, passed through Bernières and Bény before taking Villons-les-Buissons a little over 6 kilometers outside Caen. By the evening of 6 June, the division had only reached the planned intermediate position: the 7th Infantry Brigade was east

3rd Canadian Infantry Division

Créée en mai 1940, la *3rd Canadian Infantry Division* débarque sur *Juno Beach* le 6 juin 1944. Elle participe ensuite à l'opération « Epsom ». Au cours de l'opération « Windsor » elle mène des combats d'une très grande intensité dans le secteur de Carpiquet. On la retrouve ensuite lors des opérations « Charnwood », « Atlantic » et « Totalize ».

1. Le *Lieutenant-Colonel* F.M. Griffiths (à droite), chef du *Highland Light Infantry of Canada (9th Scottish Infantry Brigade)* fait le point sur la carte avec son officier de renseignements, le *Lieutenant-Colonel* G.D. Campbell.

2. Le *Sergeant* F.C.Edminston et le *Private* L.J.L. Cote, de Montréal, écoutent les instructions de leur chef de section, le *Lieutenant* J.H. Chrystler, de Toronto. Tous ces hommes appartiennent au *Highland Light Infantry*.

3. Le *Lance-Corporal* Schultz, prêt à faire feu avec son Bren, et le *Private* G.J. Sagan, attendent l'ennemi dans une tranchée. Cette photo ainsi que celles qui précèdent ont été prises le 20 juin 1944 dans le secteur de Villons.

4. Les *Privates* Eddie Feltham (à gauche) et John Cote, du *Highland Light Infantry*, photographiés lors de l'avance de la division vers Caen (9 juillet 1944, opération « Charnwood »).

5. Blindé de la *8th Canadian Infantry Brigade* se dirigeant vers le front lors de l'attaque sur Caen, secteur de Ranville, 18 juillet 1944).

(Archives nationales du Canada.)

3rd Canadian Infantry Division

Raised in May 1940, the 3rd Canadian Infantry Division landed on Juno Beach on 6 June 1944. It then took part in Operation Epsom. During Operation Windsor it fought a very fierce battle in the Carpiquet sector. We find it again during Operations Charnwood, Atlantic and Totalize.

1. Lieutenant-Colonel F.M. Griffiths (right), commander of the Highland Light Infantry of Canada (9th Scottish Infantry Brigade) takes stock from the map with his intelligence officer, Lieutenant-Colonel G.D. Campbell.

2. Sergeant F.C. Edminston and Private L.J.L. Cote, from Montreal, listen to instructions from their platoon commander, Lieutenant J.H. Chrystler, from Toronto. All these men belong to the Highland Light Infantry.

3. Lance-Corporal Schultz, ready to fire his Bren gun, and Private G.J. Sagan, await the enemy in a trench. This and the previous photos were taken on 20 June 1944 in the Villons sector.

4. Privates Eddie Feltham (left) and John Cote, of the Highland Light Infantry, photographed as the division advanced on Caen (9 July 1944, Operation Charnwood).

5. An armoured vehicle of the 8th Canadian Infantry Brigade heads for the front during the attack on Caen, Ranville sector, 18 July 1944).

(National Archives of Canada.)

5

progresse plus rapidement, s'emparant de Bernières. La *9th Infantry Brigade*, débarquée peu avant midi, traverse Bernières et Bény avant de prendre Villons-les-Buissons à un peu plus de 6 kilomètres de Caen. Dans la soirée du 6 juin, la division a seulement atteint la position intermédiaire prévue par les plans : la *7th Infantry Brigade* est à l'est et au sud-est de Creully, la *8th Infantry Brigade* est à Bény-sur-mer et les avant-gardes de la *9th Infantry Brigade* sont parvenues devant l'aéroport de Carpiquet. Les pertes de la division pour cette première journée de combat s'élèvent à 323 hommes dont 118 morts.

Le 7 juin, les trois brigades de la division poussent vers le sud, atteignant la voie ferrée Caen-Bayeux (*7th Infantry Brigade*). A l'aile gauche, la *9th Infantry*

and south-east of Creully, the 8th Infantry Brigade was at Bény-sur-mer and the vanguard of the 9th Infantry Brigade had come before Carpiquet airfield. The division's losses during the first day of the battle stood at 323 men including 118 killed.

On 7 June, the division's three brigades pushed southwards, reaching the Caen-Bayeux railroad (7th Infantry Brigade). On the left flank, the 9th Infantry Brigade came under counter-attack from elements of the 12. SS-Panzerdivision in the Authie and Buron sectors, sustaining heavy losses. On 8 June, the 7th Infantry Brigade in turn came under counter-attack in the Putot-en-Bessin sector but contrived to re-establish its position. On 11 June, it resumed its advance and entered Le Mesnil-Patry. The division

Titre d'épaule et insigne de béret du *1st Battalion The Canadian Scottish Regiment* (*7th Brigade* de la *3rd Canadian Infantry Division*). (Coll. Musée Mémorial de Bayeux.)

Shoulder flash and cap badge of the 1st Battalion The Canadian Scottish Regiment (7th Brigade of the 3rd Canadian Infantry Division). (Coll. Musée Mémorial de Bayeux.)

Titre d'épaule et insigne de béret du *Cameron Highlanders of Ottawa*, bataillon de mitrailleuses de la *3rd Canadian Infantry Division*). (Coll. Musée Mémorial de Bayeux.)

Shoulder flash and cap badge of the Cameron Highlanders of Ottawa, machine-gun battalion of the 3rd Canadian Infantry Division). (Coll. Musée Mémorial de Bayeux.)

1. Titre d'épaule et insigne de béret du *North Novia Scotia Highlanders* (*9th Brigade* de la *3rd Canadian Infantry Division*). (Coll. Musée Mémorial de Bayeux.)

2. Titre d'épaule et insigne de béret du *Highland Light Infantry of Canada* (*9th Brigade* de la *3th Canadian Infantry Division*). (Coll. Musée Mémorial de Bayeux.)

1. Shoulder flash and cap badge of the North Novia Scotia Highlanders (9th Brigade of the 3rd Canadian Infantry Division). (Coll. Musée Mémorial de Bayeux.)

2. Shoulder flash and cap badge of the Highland Light Infantry of Canada (9th Brigade of the 3rd Canadian Infantry Division). (Coll. Musée Mémorial de Bayeux.)

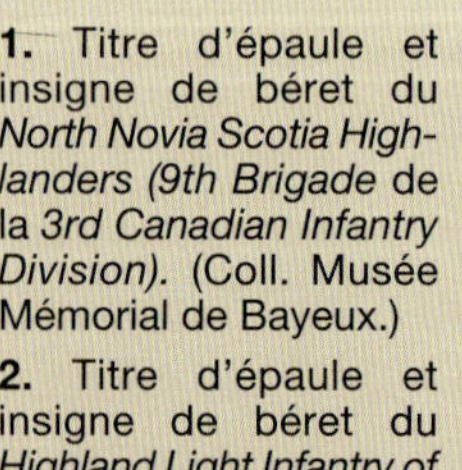

Inspection des armes au *Highland Light Infantry*, (*9th Bri-gade* de la *3rd Canadian Infantry Division*) secteur de Vieux-Cairon, juillet 1944. (NA Canada, PA 136843.)

Weapons inspection at the Highland Light Infantry, (9th Bri-gade of the 3rd Canadian Infantry Division) Vieux-Cairon sector, July 1944. (NA Canada, PA 136843.)

Titre d'épaule et insigne de béret du *Stormont, Dundas and Glengarry Highlanders (9th Brigade* de la *3rd Canadian Infantry Division)*. (Coll. Musée Mémorial de Bayeux.)

Shoulder flash and cap badge of the Stormont, Dundas and Glengarry Highlanders (9th Brigade of the 3rd Canadian Infantry Division). (Coll. Musée Mémorial de Bayeux.)

Des soldats de la *3rd Canadian Infantry Division* cuisinent entre deux accrochages, secteur d'Authie, 9 juillet 1944. (NA Canada, PA 162681.)

Men of the 3rd Canadian Infantry Division cooking between two skirmishes, Authie sector, 9 July 1944. (NA Canada, PA 162681.)

Brigade est contre-attaquée par des éléments de la *12. SS-Panzerdivision* dans les secteurs d'Authie et de Buron et subit de lourdes pertes. Le 8 juin, la *7th Infantry Brigade* est à son tour contre-attaquée dans le secteur de Putot-en-Bessin mais elle parvient à rétablir la situation. Le 11 juin, elle reprend sa progression et entre dans le Mesnil-Patry. La division se met alors sur la défensive avec tout le *I Corps*.

Pendant l'opération « Epsom » (25 juin), la *3rd Canadian Infantry Division* est chargée de fixer les éléments de la *12. SS-Panzerdivision*. Elle s'empare des hauteurs de Cheux avant de participer à l'établissement d'une tête de pont au-delà de l'Odon, au sud-ouest de Caen. Mais elle est fortement contre-attaquée et bloquée.

Du 4 au 9 juillet, la division participe à la bataille de Caen. Le 4 juillet à l'aube, elle reprend sa progression avec pour objectif l'aéroport de Carpiquet (opération « Windsor »). La *8th Infantry Brigade* se dirige vers l'aéroport et mène des combats au corps à corps d'une grande intensité avec des éléments de la *12. SS-Panzerdivision*. Elle parvient à s'emparer du village de Carpiquet et d'une partie de l'aéroport mais elle est soumise à un feu d'artillerie intensif et de nouveau bloquée. Les 5 et 6 juillet, elle est fortement contre-attaquée par la *1. SS-Panzerdivision*. Le 7 juillet, elle tient toujours le village de Carpiquet mais le contrôle de l'aéroport lui échappe.

A partir du 8 juillet, la division, qui forme l'aile droite du *I Corps*, est engagée avec ce dernier dans l'attaque finale sur Caen (opération « Charnwood »). Le 8 juillet, la *9th Infantry Brigade* s'empare de Buron, d'Authie et de Gruchy avant d'atteindre la Route Nationale 13. La *7th Infantry Brigade* prend Cussy et l'Abbaye d'Ardenne à l'issue de violents combats. Le 9 juillet en milieu de journée, la *8th Infantry Brigade* parvient à prendre contrôle de l'ensemble du terrain de Carpiquet tandis que la *9th Infantry Brigades* pénètre dans Caen. Le nettoyage de la ville jusqu'à l'Orne se poursuit au cours de la journée du 10 juillet. Le 11 juillet, la division est rattachée avec la *2nd Canadian Infantry Division* et la *2nd Armoured Brigade* au *II Canadian Corps*.

Le 18 juillet, la division, qui occupe des positions au sud de Caen dans le secteur de Cormelles-le-Royal, est engagée dans l'opération « Atlantic » avec le *II Canadian Corps*. Les *8th* et *9th Infantry Brigade* franchissent l'Orne et s'emparent de Colombelles et des villages voisins à l'issue de combats acharnés. Le 25 juillet, la division participe à l'opération « Spring » à l'est de la route Caen-Falaise. Elle s'empare de Tilly mais elle est violemment contre-attaquée et contrainte d'abandonner le terrain gagné. Epuisée par 56 jours de combats ininterrompus, elle est relevée par la *4th Canadian Armoured Division* dans la nuit du 30 au 31 juillet et placée à l'arrière pour repos.

La *3rd Canadian Infantry Division* remonte sur le front une semaine plus tard pour participer à l'opération « Totalize » (7-10 août 1944). Elle entre en action dans la nuit du 9 au 10 août, s'empare de la cote 206 dominant Potigny puis de la cote 195 (*10th Infantry Brigade*). Le 10 août, elle reçoit l'ordre de forcer les passages du Laizon à l'est de Potigny. Sa *8th Infantry Brigade* attaque le bois du Quesnay mais se heurte à une vive résistance. Elle subit de lourdes pertes (165 hommes dont 44 morts) et stoppe son avance. Lors de l'opération « Tractable », la division subit de nouveau des pertes importantes dans le secteur de Versainville (15 août). Le 21 août, elle relève la *4th Canadian Armoured Division* dans le secteur de Trun.

Après la fin des combats de la poche de Falaise, la division est dirigée vers la Seine qu'elle franchit à Elbeuf le 29 août. Le même jour, elle entre dans Rouen. Poursuivant sa progression vers le nord, elle

then went onto the defensive, as did the entire I Corps.

During Operation Epsom (25 June), the 3rd Canadian Infantry Division was detailed to pin down elements of the 12. SS-Panzerdivision. It took the high ground at Cheux and later helped to establish a bridgehead beyond the Odon River, south-west of Caen. But it came under heavy counter-attack and was pinned down.

From 4 to 9 July, the division took part in the Battle for Caen. At dawn on 4 July, it resumed its advance with Carpiquet airfield as its objective (Operation Windsor). The 8th Infantry Brigade headed towards the airfield and engaged in fierce hand-to-hand fighting with elements of the 12. SS-Panzerdivision. It managed to capture Carpiquet village and part of the airfield but came under intense artillery fire and was again pinned down. On 5 and 6 July, it came under a fierce counter-attack from the 1. SS-Panzerdivision. On 7 July, it still held the village of Carpiquet but had lost control of the airfield.

As of 8 July, the division, forming the I Corps' right flank, was committed with that corps for the final attack on Caen (Operation Charnwood). On 8 July, the 9th Infantry Brigade took Buron, Authie and Gruchy before reaching Highway 13. Following a fierce battle, the 7th Infantry Brigade took Cussy and Ardenne Abbey. Around noon on 9 July, the 8th Infantry Brigade managed to gain control of the whole of Carpiquet airfield while the 9th Infantry Brigade entered Caen. Clearance of the city as far as the Orne continued all day on 10 July. On 11 July, the division was attached to the 2nd Canadian Infantry Division and the 2nd Armoured Brigade to the II Canadian Corps.

On 18 July, the division, occupying positions south of Caen in the Cormelles-le-Royal sector, was committed along with the II Canadian Corps in Operation Atlantic. Following a fierce battle, the 8th and 9th Infantry Brigades crossed the Orne and took Colombelles and neighboring villages. On 25 July, the division took part in Operation Spring east of the Caen-Falaise road. It took Tilly but came under violent counter-attack and was forced to abandon the ground it had gained. Exhausted by 56 days of uninterrupted fighting, it was relieved by the 4th Canadian Armoured Division during the night of 30-31 July and sent to the rear to rest.

The 3rd Canadian Infantry Division moved back up to the front line a week later to took part in Operation Totalize (7-10 August 1944). It saw action during the night of 9-10 August, captured Hill 206 overlooking Potigny, then Hill 195 (10th Infantry Brigade). On 10 August, it received orders to force the bridges over the Laizon east of Potigny. Its 8th Infantry Brigade attacked Quesnay Woods but came up against some stiff resistance. It sustained heavy losses (165 men including 44 killed) and halted its advance. During Operation Tractable, the division again suffered heavy casualties in the Versainville sector (15 August). On 21 August, it relieved the 4th Canadian Armoured Division in the Trun sector.

When the battle for the Falaise pocket was over, the division headed off towards the Seine, which it crossed at Elbeuf on 29 August. That same day, it entered Rouen. Continuing its northward advance, it reached Le Tréport on 1 September 1944. Following the Channel coast, it then came to Boulogne (22 September) and Calais (1 October).

In October, it fought on the south bank of the Scheldt. It helped to reduce the Breskens pocket (9 October) then crossed the Leopold Canal.

atteint le Tréport le 1er septembre 1944. Longeant les côtes de la Manche, elle parvient ensuite à Boulogne (22 septembre) puis à Calais (1er octobre).

En octobre, elle combat sur la rive sud de l'Escaut. Elle contribue à la réduction de la poche de Breskens (9 octobre) puis franchit le canal Leopold.

En février-mars 1945, elle occupe l'aile gauche de la *1st Canadian Army* et participe à la bataille de Rhénanie (opération « Veritable »). Elle perce les lignes allemandes et traverse la forêt de Reichswald. Le 21 février, elle traverse la ligne Siegfried. Le 26 février, elle part à l'assaut des défenses de Hochwald et de Balberger. A l'issue de combats intenses, elle parvient sur la rive gauche du Rhin. Fin mars, elle franchit le Rhin à Bienen et atteint Emmerich. Elle nettoie ensuite les abords de l'Ijssel et poursuit sa progression vers le nord. Elle s'empare de Zutphen le 6 avril puis de Deventer, de Zwolle et de Leeuwarden. Le 18 avril, elle atteint la mer du Nord et avance jusqu'à Emdem où elle finit la guerre.

4th Canadian Armoured Division

- Emblème : un losange bleu marine avec une bande horizontale bleue ciel.
- Composition : *4th Armoured Brigade (21st Armoured Regiment -the Governor General's Foot Guards, 22nd Armoured Regiment-The Canadian Grenadier Guards-, 28th Armoured Regiment-The British Columbia Regiment- The Lake Superior Regiment), 10th Infantry Brigade (The Lincoln and Welland Regiment, The Algonquin Regiment, The Argyll and Sutherland Highlanders of Canada-Princess Louise's), Divisional Troops (29th Reconnaissance Regiment (The South Alberta Regiment), 15th Field Regiment R.C.A., 23rd Field Regiment R.C.A., 5th Anti-Tank Regiment R.C.A., 8th Light anti-aircraft Regiment R.C.A. 4th Canadian Armoured Divisional Engineers, 4th Canadian Armoured Divisional Signals).*
- Commandeurs : *Maj.Gen.* L.F. Page (10-VI/24-XII-1941), *Maj.Gen.* F.F. Worthington (2-II-1942/29-II-1944), *Maj.Gen.* G. Kitching (1-III/21-VIII-1944), *Maj.Gen.* H.W. Foster (22-VIII/30-XI-1944), *Maj.Gen.*C. Vokes (1-XII-1944/2-VI-1945).

- Historique :

La *4th Canadian Armoured Division* est formée en 1942 au Canada. Elle commence son transfert vers la Grande-Bretagne au début de l'automne 1943. Elle débarque en Normandie la dernière semaine de juillet 1944. Elle relève la *3rd Canadian Infantry Division* dans la nuit du 30 au 31 juillet. Le 2 août, elle passe à l'offensive vers Tilly mais ne parvient pas à s'emparer de cette localité. Elle échoue pareillement devant La Hogue le 5 août. A partir du 7 août, la division participe à l'opération « Totalize ». Accompagnée par le 1re division blindée polonaise, elle perce la seconde ligne de défense allemande et commence à exploiter vers le sud. Mais elle rencontre de nombreuses difficultés. Son dispositif est bouleversé à la suite d'un bombardement commis par erreur par les bombardiers de jour américains. Au cours de l'après midi, elle se heurte à la *12. SS-Panzerdivision*. Elle se retrouve finalement bloquée le 9 août sur la 3e ligne de défense allemande au nord de Potigny. Au cours de ces combats, elle subit de lourdes pertes en hommes (plusieurs officiers supérieurs tués) et en matériels (47 chars détruits).

A partir du 14 août, la division participe à l'opération « Tractable » (offensive vers Falaise), constituant l'aile gauche du *II Canadian Corps*. Appuyée par la *8th Infantry Brigade* de la *3rd Canadian Infantry Division*, elle se heurte à une résistance acharnée. Le *Brigadier* Booth, chef de la *4th Armoured Brigade*, est tué

Insigne en tissu de la *4th Canadian Armoured Division*.

Cloth badge of the *4th Canadian Armoured Division*.

In February-March 1945, it occupied the left flank of the 1st Canadian Army and took part in the battle of the Rhineland (Operation Veritable). It broke through the German lines and passed through Reichswald Forest. On 21 February, it crossed the Siegfried Line. On 26 February, it launched an assault on the defenses of Hochwald and Balberger. Following a fierce battle, it reached the left bank of the Rhine. At the end of March, it crossed the Rhine at Bienen and reached Emmerich. It then cleared the area around Ijssel and continued its northward advance. It took Zutphen on 6 April then Deventer, Zwolle and Leeuwarden. On 18 April, it reached the North Sea and advanced as far as Emdem where it ended the war.

4th Canadian Armoured Division

- Emblem : a navy blue lozenge with a sky blue horizontal stripe.
- Composition : 4th Armoured Brigade (21st Armoured Regiment -the Governor General's Foot Guards, 22nd Armoured Regiment-The Canadian Grenadier Guards-, 28th Armoured Regiment-The British Columbia Regiment- The Lake Superior Regiment), 10th Infantry Brigade (The Lincoln and Welland Regiment, The Algonquin Regiment, The Argyll and Sutherland Highlanders of Canada-Princess Louise's), Divisional Troops (29th Reconnaissance Regiment (The South Alberta Regiment), 15th Field Regiment R.C.A., 23rd Field Regiment R.C.A., 5th Anti-Tank Regiment R.C.A., 8th Light anti-aircraft Regiment R.C.A. 4th Canadian Armoured Divisional Engineers, 4th Canadian Armoured Divisional Signals).
- Commanders : Maj.Gen. L.F. Page (10-VI/24-XII-1941), Maj.Gen. F.F. Worthington (2-II-1942/29-II-1944), Maj.Gen. G. Kitching (1-III/21-VIII-1944), Maj.Gen. H.W. Foster (22-VIII/30-XI-1944), Maj.Gen. C. Vokes (1-XII-1944/2-VI-1945).

- History :

The 4th Canadian Armoured Division was formed in Canada in 1942. It began to transfer to the UK early in the fall of 1943. It landed in Normandy in the last week of July 1944. It relieved the 3rd Canadian Infantry Division during the night of 30-31 July. On 2 August, it went onto the offensive towards Tilly, but failed to capture that town. It again failed before Le Hogue on 5 August. The division took part in to Operation Totalize, starting on 7 August. Accompanied by the Polish 1st Armoured Division, it broke through the Germans' second line of defense and began to exploit southwards. But it encountered all kinds of problems. Its disposition was thrown out of order after it was bombed in mistake by American daylight bombers. During the afternoon, it came up against the 12. SS-Panzerdivision. It was finally pinned down on 9 August against the Germans' 3rd line of defense north of Potigny. During this fighting, it suffered heavy losses in men (several senior officers killed) and equipment (47 tanks destroyed).

Starting on 14 August, the division took part in Operation Tractable (offensive towards Falaise), on the II Canadian Corps' left flank. With support from the 8th Infantry Brigade of the 3rd Canadian Infantry Division, it came up against some stout resistance. Brigadier Booth commanding the 4th Armoured Brigade was killed on the first day of the attack. However the division managed to break through the German defenses although suffering heavy losses. It crossed the Laizon near Rouvres and headed for Falaise, taking about a thousand prisoners. However, this advance was spoilt by another serious friendly bom-

le premier jour de l'attaque. La division parvient cependant à percer les défenses allemandes au prix de lourdes pertes. Elle traverse le Laizon près de Rouvres et se dirige vers Falaise faisant un millier de prisonniers. Cependant, cette avance est gâchée par une nouvelle et sérieuse erreur de bombardement qui cause des pertes en hommes, en véhicules et en artillerie. Le 15 août, l'avance se poursuit lentement, les éléments de tête de la division sont bloqués devant Epaney. Le 16 août, la division atteint Amblainville et Morteaux-Couliboeuf au nord-est de Falaise. Elle reçoit l'ordre, avec la 1re division blindée polonaise, de fermer la poche de Falaise en opérant la jonction avec les troupes américaines venues du sud. Elle s'élance alors vers le sud-est en direction de Trun, bifurcation importante située à une vingtaine de kilomètres à l'est de Falaise. Elle atteint Trun le 18 août. Le soir, un détachement commandé par le *Major* D.V. Currie, du *South Alberta Regiment*, et comprenant 175 officiers et soldats accompagnés d'artillerie, prend pied aux abords du petit village de Saint-Lambert-sur-Dives à mi-chemin entre Trun et Chambois. Le 19 août, ces positions sont consolidées en dépit d'une série de contre-attaques féroces de la part des unités allemandes cherchant à s'échapper de la poche. Au cours de ces journées, le *Major* Currie, capture à lui seul 2 000 prisonniers. Ce fait d'arme lui vaut la *Victoria Cross*.

Une fois les combats de la poche de Falaise achevés, la *4th Canadian Infantry Division* traverse la Seine au sud d'Elbeuf (fin août) puis marche sur Abbeville. Elle franchit la Somme le 2 septembre puis, de Saint-Omer, se dirige vers la frontière belge. Elle entre dans Bruges le 9 septembre et arrive sur l'Escaut le 21 septembre. Partie d'Anvers, elle combat tout au long du mois d'octobre dans le secteur de Bergen op Zoom puis remonte vers le nord et le nord-ouest.

En Févier-mars 1945, la division participe à la bataille de Rhénanie (opération « Veritable »). Elle part à l'assaut des défenses de Hochwald et de Balberger et arrive sur la rive gauche du Rhin. En mars 1945, elle contribue au nettoyage du nord-est des Pays-Bas. Elle franchit le canal Twente et capture Almelo le 5 avril. Elle se dirige alors vers l'est et rentre en Allemagne. Elle franchit l'Ems à Mepen (8 avril) puis atteint Emden, Wilhelmshafen et Oldenbourg où elle finit la guerre.

bing error causing losses in men, vehicles and artillery. On 15 August, the advance made slow progress, and the division's leading elements were brought to a halt before Epaney. On 16 August, the division reached Amblainville and Morteaux-Couliboeuf north-east of Falaise. It and the Polish 1st Armoured Division were ordered to close the Falaise pocket by linking up with American troops coming up from the south. It then raced south-east towards Trun, a major fork some twenty kilometers east of Falaise. It reached Trun on 18 August. That evening, a detachment commanded by Major D.V. Currie of the South Alberta Regiment, comprising 175 officers and men with accompanying artillery, gained a foothold just outside the small village of Saint-Lambert-sur-Dives midway between Trun and Chambois. On 19 August, these positions were consolidated despite a whole series of fierce counter-attacks by German units seeking to escape from the pocket. During those days, Major Currie alone took 2,000 prisoners. This feat of arms earned him the Victoria Cross.

Once the fighting in the Falaise pocket was over, the 4th Canadian Infantry Division crossed the Seine south of Elbeuf (late August), then marched on Abbeville. It crossed the Somme on 2 September then, from Saint-Omer, headed towards the Belgian border. It entered Bruges on 9 September and arrived on the Scheldt on 21 September. Starting out from Antwerp, it fought throughout October in the Bergen op Zoom sector then moved up north and north-west.

In February-March 1945, the division took part in the Battle of the Rhineland (Operation Veritable). It launched an assault on the defenses at Hochwald and Balberger and arrived on the left bank of the Rhine. In March 1945, it helped to clear the north-east corner of the Netherlands. It crossed the Twente Canal and took Almelo on 5 April. It then headed off east and entered Germany. It crossed the Ems at Mepen (8 April) then reached Emden, Wilhelmshafen and Oldenburg where it ended the war.

Un Cruiser Cromwell appartenant au régiment de reconnaissance de la *6th Airborne Division* rattaché temporairement à la *1st Canadian Army*. (PAC.)

A Cruiser Cromwell belonging to the 6th Airborne Division's reconnaissance regiment temporarily attached to the 1st Canadian Army. (PAC.)

8

Divisions françaises et polonaises
French and Polish Divisions

Aigle polonais métallique de couvre-chef. (Coll. E. Podyma et M. Kuc/Heimdal.)

A Polish metal cap eagle. (Coll. E. Podyma & M. Kuc/Heimdal.)

Titre d'épaule « Poland », porté par tous les membres de la *1st (Polish) Armoured Division* sur l'épaule gauche. (Coll. E. Podyma et M. Kuc/Heimdal.)

« Poland » shoulder flash, worn on the left shoulder by all members of the 1st (Polish) Armoured Division. (Coll. E. Podyma & M. Kuc/Heimdal.)

1st Polish Armoured Division

- Emblème : un casque ailé, inscrit dans un rond orange cerclé de noir, l'aile dépassant largement.

- Composition : *10th Mounted Rifles, 10th Armoured Cavalry Brigade (1st Armoured Regiment, 2nd Armoured Regiment, 24th Lancers, 10th Dragoons), 3rd Rifle Brigade (Highland Rifle Battalion, 8th Rifle Battalion, 9th Rifle Battalion), 1st Mot.Artillery Regiment, 2nd Mot.Artillery Regiment, 1st Anti-Tank Regiment, 1st Light Anti-Aircraft Regiment*.

- Commandeurs : *Maj.Gen.* Maczek (25-XI-1942/ 1945).

- Historique :

La *1st Polish Armoured Division* est directement issue de la 10ᵉ brigade de cavalerie surnommée la « Brigade noire » en référence à la couleur des uniformes portés par les équipages de chars. Formée dès 1921 au lendemain de l'indépendance de la Pologne, avec le 10ᵉ régiment de chasseurs à cheval et le 24ᵉ régiment de lanciers, cette brigade participe à la campagne de septembre 1939 sous les ordres du colonel Maczek. Après la capitulation polonaise, certains de ses membres se réfugient en France où l'unité est reconstituée toujours sous les ordres de Maczek, promu général. La brigade est engagée en mai-juin 1940 sur la Marne, à Lagarde, Altviller et Montbard. Après l'armistice, une partie de ses membres quitte la France pour l'Angleterre, formant le noyau de la *1st Polish Armoured Division*, mise sur pied en Ecosse le 25 novembre 1942. A ce noyau s'ajoutent des volontaires polonais (en provenance des Etats-Unis notamment), des prisonniers politiques évadés des camps de concentrations allemands et soviétiques. Jusqu'à l'été 1944, la division s'entraîne en Ecosse. Elle comprend alors 13 000 hommes, 381 chars, 473 canons et 4 050 véhicules. Elle débarque en Normandie début août 1944. Concentrée au sud de Bayeux, elle se met en marche pour le front le 6 août. Le 7 août, elle est rattachée au *II Canadian Corps*. Elle participe à la seconde phase de l'opération « Totalize » (poussée sur Falaise) à partir du 8 août. Elle avance lentement et doit faire face à plusieurs contre-attaques. Au cours de cette période (11-13 août), elle perd 13 chars et capture 429 prisonniers. Le 14 août, la division est regroupée puis lancée vers le sud-ouest afin de fermer la poche de Falaise. Elle prend les villages d'Aisy, Potigny et franchit la Dives à Jort (15 août). Le 16 août, elle élargit sa tête de pont. Le 17 août, elle libère Norrey-en-Auge. Le 18 août, elle reçoit l'ordre de s'emparer de Chambois afin de bloquer la dernière issue de la poche à l'est de Falaise. Elle occupe Chambois le 19 août à l'issue de violents combats. Jusqu'au 21 août, elle est sévèrement contre-attaquée par les unités allemandes qui cherchent à s'échapper de la poche. Le 21 août, elle effectue sa jonction avec *90th US Infantry Division* venue du sud. Fortement éprouvée par ces combats, la division est retirée du front le 22 août pour reconstitution. Elle repasse à l'offensive le 28 août.

1st Polish Armoured Division

- *Emblem : a winged helmet in an orange circle lined with black, the wing extending well out of it.*

- *Composition : 10th Mounted Rifles, 10th Armoured Cavalry Brigade (1st Armoured Regiment, 2nd Armoured Regiment, 24th Lancers, 10th Dragoons), 3rd Rifle Brigade (Highland Rifle Battalion, 8th Rifle Battalion, 9th Rifle Battalion), 1st Mot.Artillery Regiment, 2nd Mot.Artillery Regiment, 1st Anti-Tank Regiment, 1st Light Anti-Aircraft Regiment.*

- *Commanders : Maj.Gen. Maczek (25-XI-1942/ 1945).*

- History :

The 1st Polish Armoured Division was drawn directly from the 10th Cavalry Brigade nicknamed «the Black Brigade» with reference to the color of the uniforms worn by the tank crews. Raised back in 1921 along with the 10th Mounted Rifles Regiment and the 24th Lancers Regiment, just after Poland became independent, this brigade fought in the September 1939 campaign under Colonel Maczek. Following the Polish surrender, some of its members escaped to France, where the unit was re-formed, again under Maczek, now a general. The brigade was committed in May-June 1940 on the Marne, at Lagarde, Altviller and Montbard. Following the armistice, some of its members left France for England, to form the core of the 1st Polish Armoured Division, raised in Scotland on 25 November 1942. In addition to this core there came Polish volunteers (notably from the USA), and political prisoners who had escaped from German and Soviet concentration camps. Up until the summer of 1944, the division trained in Scotland. It then numbered 13,000 men, 381 tanks, 473 guns and 4,050 vehicles. It landed in Normandy early in August 1944. Concentrated south of Bayeux, it marched up into the front line on 6 August. On 7 August, it was attached to the II Canadian Corps. It took part in the second phase of Operation Totalize (the thrust towards Falaise) from 8 August. It made slow progress and had to see off several counter-attacks. During this period (11-13 August), it lost 13 tanks and took 429 prisoners. On 14 August, the division was reassembled then sent towards the south-west to close the Falaise pocket. It captured the villages of Aisy and Potigny, crossing the Dives River at Jort (15 August). On 16 August, it widened its bridgehead. On 17 August, it liberated Norrey-en-Auge. On 18 August, it was ordered to take Chambois in order to close up the last escape route from the pocket east of Falaise. It occupied Chambois on 19 August after a fierce battle. Up until 21 August, it came under heavy counter-attack from German units seeking a way out of the pocket. On 21 August, it linked up with the 90th US Infantry Division coming up from the south. Badly shaken after all this fighting, on 22 August the division was withdrawn from the front to re-form. It went back onto the offensive on 28 August. It crossed the Seine in the Neuchâtel sector on 31 August. It advanced swiftly northeastwards. After

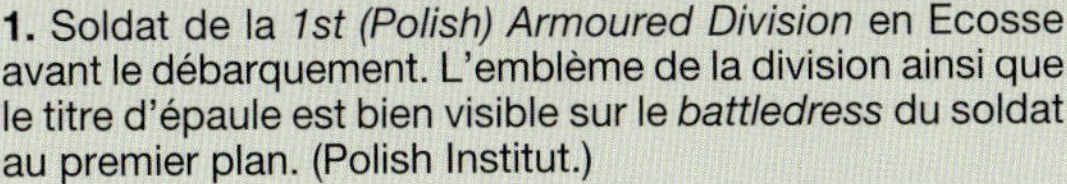

2. Insigne en tissu de la *1st (Polish) Armoured Division*. (coll. E. Podyma et M. Kuc/Heimdal.)

3. Un Sherman de la *1st (Polish) Armoured Division* vient de débarquer à Arromanches (début août 1944). (IWM.)

2. *Cloth insignia of the 1st (Polish) Armoured Division. (coll. E. Podyma & M. Kuc/Heimdal.)*

3. *A Sherman of the 1st (Polish) Armoured Division has just landed at Arromanches (early August 1944). (IWM.)*

1. Soldat de la *1st (Polish) Armoured Division* en Ecosse avant le débarquement. L'emblème de la division ainsi que le titre d'épaule est bien visible sur le *battledress* du soldat au premier plan. (Polish Institut.)

1. *A soldier of the 1st (Polish) Armoured Division in Scotland prior to D-Day. The formation badge and shoulder flash are clearly visible on the battledress of the soldier in the foreground. (Polish Institute.)*

1st Polish Armoured Division

La *1st Polish Armoured Division* est créée en Ecosse en novembre 1942 à partir de la 10ᵉ brigade de cavalerie polonaise, engagée en Pologne en septembre 1939 puis en France en mai-juin 1940. Après une longue période d'entraînement, elle arrive en Normandie au début du mois d'août, elle participe aux opérations « Totalize » et « Tractable ». Au cours de cette dernière, elle joue un rôle important en effectuant la liaison avec les forces américaines venues du sud, fermant ainsi la poche de Falaise.

1st Polish Armored Division

The 1st Polish Armored Division was raised in Scotland in November 1942 from the 10th Polish Cavalry Brigade committed in Poland in September 1939 and later in France in May-June 1940. After a long training period, it arrived in Normandy early in August, where it took part in Operations Totalize and Tractable. During this latter operation, it played a major role in linking up with American forces coming from the south, thus closing the Falaise Pocket.

2. A partir du 8 août 1944 (opération « Totalize »), la 1ʳᵉ division polonaise est engagée aux côtés de la *51st Highland Infantry Division* au sud de Caen. Des officiers étudient une dernière fois la carte.

2. Starting on 8 August 1944 (Operation Totalize), the 1st Polish Division was committed alongside the 51st Highland Infantry Division south of Caen. Officers take one final look at the map.

3 et 4. Les chars, alignés sur la ligne de départ, attendent l'ordre de faire mouvement.

5. L'ordre vient d'être donné, les monstres d'acier, s'ébranlent vers la ligne de front. Cette photo ainsi que les trois qui précèdent ont été prises le 8 août 1944 par le *Sergeant* Wilkes.

(IWM.)

3 and 4. Tanks line up on the starting line, awaiting orders to get moving.

5. The order has just been issued, the steel monsters set off towards the front line. This and the three previous photos were taken on 8 August 1944 by Sergeant Wilkes.

(IWM.)

Elle traverse la Seine dans le secteur de Neuchâtel le 31 août. Elle progresse rapidement vers le nord-est. Après avoir franchi la Somme, elle s'empare d'Abbeville, occupe Hesdin (4 septembre) puis marche sur Cassel. Le 6 septembre, elle entre en Belgique et prend Ypres avant de poursuivre sa progression en direction d'Anvers. Le 8 septembre, elle s'empare de Thielt où elle capture 3 000 Allemands. Elle est à Gand le 9 septembre et atteint les berges de l'Escaut le 20 septembre. Le 28 septembre, elle est parvenue au nord-est d'Anvers, sur la frontière hollandaise. Après une période de calme, la division, désormais rattachée au *I Corps*, reprend l'offensive au sud de la Meuse (27 octobre). Elle pénètre dans Breda (29 octobre) puis mène des combats sur la rive sud de la Meuse et sur le canal de Lamarck. Le 8 novembre, elle prend la ville de Moerdijk. Retirée du front, la division fait sa réapparition en avril 1945. Elle progresse vers Wilhemshaven dont elle est distante de 20 kilomètres lorsque l'armistice est signé. Elle alors rapatriée en Grande-Bretagne et dissoute.

2ᵉ Division blindée

- **Emblème** : un écusson bleu portant la silhouette de la France en or chargée d'une croix de Lorraine.

- **Composition** : 12ᵉ Régiment de Cuirassiers, 12ᵉ Régiment de Chasseurs d'Afrique, 501ᵉ Régiment de chars de combat, 1ᵉʳ Régiment de marche du Tchad, 1ᵉʳ Régiment de marche des Spahis marocains, Régiment blindé de Fusiliers marins, 1/3ᵉ Régiment d'artillerie coloniale, 1/40ᵉ Régiment d'artillerie d'Afrique du Nord, 11/64ᵉ Régiment d'artillerie, 13ᵉ bataillon du génie, 22ᵉ groupe de forces terrestres antiaériennes, 534ᵉ compagnie de réparation, 841ᵉ compagnie de ravitaillement, 108ᵉ groupe d'artillerie (ces trois dernières unités américaines).

- **Commandeurs** : Général de division Philippe Leclerc de Hautecloque (24-VIII-1943/22-VI-1945).

- Historique :

La 2ᵉ Division blindée est mise sur pied en Afrique du Nord le 24 août 1943 dans le cadre de la réorganisation de l'armée d'Afrique. Elle succède à la 2ᵉ Division légère Française Libre, elle-même formée à partir des Forces Françaises Libres venues du Tchad.

crossing the Somme, it took Abbeville, occupied Hesdin (4 September) then marched on Cassel. On 6 September, it entered Belgium and took Ypres before continuing its advance towards Antwerp. On 8 September, it captured Thielt where it took 3,000 German prisoners. By 9 September it was at Ghent, reaching the banks of the Scheldt on 20 September. On 28 September, it arrived at the Dutch border northeast of Antwerp. After a lull, the division, now attached to the I Corps, resumed the offensive south of the Meuse (27 October). It entered Breda (29 October) then fought on the south bank of the Meuse and on the Lamarck Canal. On 8 November, it took Moerdijk. The division was withdrawn from the front line, but reappeared in April 1945. It had advanced to within 20 kilometers of Wilhemshaven by the time the armistice was signed. It was then sent home to Britain and disbanded.

French 2nd Armoured Division

- *Emblem* : a blue shield bearing the silhouette of France in gold charged with a Lorraine Cross.

- *Composition* : 12th Cuirassier Regiment, 12th African Rifles Regiment, 501st Tank Regiment, 1st Chad Marching Regiment, 1st Moroccan Spahi Marching Regiment, Marines Armoured Regiment, 1st/3rd Colonial Artillery Regiment, 1/40th North African Artillery Regiment, 11/64th Artillery Regiment, 13th Engineers Battalion, 22nd Antiaircraft Land Forces Group, 534th Repair Company, 841st Supply Company, 108th Artillery Group (these last three were American units).

- *Commanders* : Major-General Philippe Leclerc de Hautecloque (24-VIII-1943/22-VI-1945).

- History :

The 2nd Armoured Division was raised in North Africa on 24 August 1943 as part of the reorganization of the African Army. It took over from the 2nd Free French Light Division, itself raised from Free French Forces which had come from Chad. First assembled in Morocco, the division was brought up to strength with units drawn from the African Army, North African conscripts and volunteers who had come from France via Spain. With a strength of 16,000 men enti-

Insigne en métal de la 2ᵉ Division Blindée.

Metal badge of the French 2nd Armoured Division.

Ces soldats du 501ᵉ Régiment de chars de combat de la 2ᵉ Division blindée écoutent leur aumônier, le père Jouin, avant de monter en ligne. Photo prise à Ecouché les 19-21 août. (IWM.)

These men of the 501st Tank Regiment 2nd Armoured Division listen to their chaplain, Fr. Jouin, before moving up to the front line. Photo taken at Ecouché on 19-21 August. (IWM.)

Le colonel Warabiot étudie les positions de ses unités avec des officiers de son état-major.

Colonel Warabiot studies his units' positions with his staff officers.

D'abord rassemblée au Maroc, la division est complétée avec des unités issues de l'armée d'Afrique, des conscrits d'Afrique du Nord et des volontaires venus de France par l'Espagne. Forte de 16 000 hommes entièrement équipés à l'américaine, elle s'entraîne au Maroc avant d'être transférée en Grande-Bretagne (avril 1944). Le 1er juin, elle est rassemblée dans la région nord de Hull. Elle quitte l'Angleterre le 29 juillet à partir de Southampton et débarque à Utah Beach le 5 août. Rattachée au *XV US Corps* (*3rd Army* du général Patton), elle est engagée à partir du 17 août dans la région d'Alençon-Argentan, sur le flanc sud de la poche de Falaise.

A partir du 22 août, elle fonce vers Paris qu'elle contribue à libérer le 25 août. Elle poursuit sa progression vers l'Est en direction de la Moselle (8 septembre-9 octobre). Après la prise de Bacarrat (31 octobre), elle arrive aux pieds des Vosges. A partir du 11 novembre, elle est engagée dans l'offensive d'Alsace. Elle perce la position allemande en avant des Vosges à Badonviller, exploite vers Saverne et libère cette ville (22 novembre). Le 23 novembre, elle rentre dans Strasbourg. Au moment de la contre-offensive des Ardennes, elle combat en Lorraine puis repart à l'offensive contre la poche de Colmar avec la 1re armée française (janvier-février 1945). Retirée du front en février, elle est regroupée dans le centre de la France et certains de ses éléments participent à la réduction de la poche de Royan. La 2e Division blindée retourne sur le front en avril 1945. Rattachée au *6th Army Group*, elle pénètre dans le sud de l'Allemagne et finit la guerre à Berchtesgaden. Elle stationne à Diessen en Bavière puis est rapatriée en France à la fin du mois de mai 1945.

rely fitted out by the US, it trained in Morocco before being transferred to the UK (April 1944). On 1 June, it was assembled in the Hull area, in northern England. It sailed from England on 29 July from Southampton and landed at Utah Beach on 5 August. Attached to the XV US Corps (General Patton's 3rd Army), it was committed in the Alençon-Argentan area, on the southern flank of the Falaise pocket starting on 17 August.

On 22 August, it began to race towards Paris which it helped to liberate on 25 August. It continued its eastward advance towards the Moselle (8 September-9 October). After taking Bacarrat (31 October), it reached the foot of the Vosges mountains. It was committed in the Alsace offensive as of 11 November. It broke through the German position ahead of the Vosges at Badonviller, exploiting the breakout towards Saverne, which it liberated on 22 November. On 23 November, it entered Strasbourg. At the time of the Ardennes counterstroke, it fought in Lorraine then went back on the offensive against the Colmar pocket with the 1st French Army (January-February 1945). It was withdrawn from the front in February, regrouping in central France, with some elements taking part in closing the Royan pocket. The 2nd Armoured Division returned to the front line in April 1945. Attached to the 6th Army Group, it entered southern Germany and finished the war at Berchtesgaden. It was stationed at Diessen in Bavaria until it was sent home to France late in May 1945.

Groupe de soldats de la 2e Division blindée photographiés par le *Sergeant* Gee à Ecouché le 21 août 1944. (IWM.)

Group of 2nd Armoured Division soldiers photographed by Sergeant Gee at Ecouché on 21 August 1944. (IWM.)

9

Généraux britanniques et canadiens
British and Canadian Generals

1. Montgomery entouré de ses principaux subordonnés : au premier rang, de gauche à droite, *Maj.Gen.* G.I. Thomas, chef de la *43rd Infantry Division, Lieut. Gen.* G.C. Bucknall, chef du *XXX Corps, Lieut. Gen.* Crerar, chef de la *1st Canadian Army*, Montgomery, *Lieut.Gen.* M.C. Dempsey, chef de la *2nd Army*, Air Vice-Marshall Broadhurst, chef du *83rd Group TAF, Lieut.Gen.* Ritchie, chef du *XII Corps*, au second rang, *Maj.Gen.* D.C.Bullen Smith, chef de la *51st Infantry Division, Maj. Gen.* R.F.L. Keller, chef de la *3rd Canadian Infantry Division, Maj.Gen.* D.A.H. Graham, chef de la *50th Infantry Division*, le *Maj.Gen.* G.P.B. Roberts, chef de la *11th Armoured Division, Lieut. Gen. Sir* D.A.H. O'Connor, chef du *VIII Corps, Maj.Gen.* E.H.Barker, chef de la *49th Infantry Division, Lieut. Gen.* J.T.Crocker, chef du *I Corps*, au 3e rang, *Maj.Gen.* G.H.A.Mac Millan, chef de la *15th Infantry Division*, le *Maj. Gen.* R.N.Gale, chef de la *6th Airborne Division* et le *Maj.Gen.* G.W.E.J.Erskine, chef de la *7th Armoured Division*. Photo prise le 24 juin 1944. (IWM.)

Montgomery surrounded by his chief subordinates: front row, from left to right: 43rd Infantry Division commander Maj.Gen. G.I. Thomas; XXX Corps commander Lieut.Gen. G.C. Bucknall; 1st Canadian Army commander Lieut.Gen. Crerar; Montgomery; 2nd Army commander Lieut.Gen. M.C. Dempsey; 83rd Group TAF commander Air Vice-Marshall Broadhurst; XII Corps commander Lieut. Gen. Ritchie. Second row: 51st Infantry Division commander Maj. Gen. D.C. Bullen Smith; 3rd Canadian Infantry Division commander

- Alan H.S. ADAIR

Alan H.S. Adair naît le 3 novembre 1897 de *Sir* R. S. Adair. Après des études secondaires à Arrow, il entre dans les *Grenadiers Guards*. Chef du *3rd Battalion* des *Grenadiers Guards* en 1940, il combat en France avant de prendre le commandement de la *30th Guards-Brigade* en 1941 puis de la *6th Guards Brigade* en 1942. Il commande la **Guards Armored Division** de 1942 à 1945. Titulaire de la *Military Cross* et du *Distinguished Service Order* (1940), il est fait compagnon de l'ordre du Bain en 1945.

- Colin Muir BARBER

Né le 27 juin 1897 de John Barber, Colin Muir Barber combat en Belgique avec le *Liverpool Scottish Regiment* puis en France avec le *1st Cameronian Highlanders* (1917-1919). Il poursuit sa carrière en Inde, suit les cours du *Staff college* de Quetta en Egypte (1929-1930). De retour en Grande-Bretagne, il occupe un poste à l'état-major du *Scottish Command* puis du *Southern Command*. En 1936, il sert en Palestine. En 1939-1940, il est en France avec la *51st Infantry Division* et gagne la *Distinguished Service Cross*. Il prend le commandement de la **15th Infantry Division** à la suite du *Major-General* Mac Millan le 3 août 1944. Il garde ce commandement jusqu'à la fin de la guerre.

- Alan H.S. ADAIR

Alan H.S. Adair was born on 3 November 1897 the son of Sir R. S. Adair. After secondary school at Harrow, he joined the Grenadier Guards. As commander of the 3rd Battalion of the Grenadiers Guards in 1940, he fought in France before taking over command of the 30th Guards Brigade in 1941, then the 6th Guards Brigade in 1942. He commanded the **Guards Armoured Division** *from 1942 to 1945. He received the Military Cross and a DSO (1940), he was awarded a CBE in 1945.*

- Colin Muir BARBER

Born on 27 June 1897 the son of John Barber, Colin Muir Barber fought in Belgium with the Liverpool Scottish Regiment, and later in France with the 1st Cameronian Highlanders (1917-1919). He continued his career in India, training at the Staff College in Quetta, Egypt (1929-1930). On his return to Britain, he held a staff post with the Scottish Command then with the Southern Command. In 1936, he served in Palestine. In 1939-1940, he was in France with the 51st Infantry Division and won a Distinguished Service Cross. He took over command of the **15th Infantry Division** *from Major-General MacMillan on 3 August 1944. He held onto this command until the end of the war.*

- Evelyn Hugh BARKER

Né le 22 mai 1894, Evelyn Hugh Barker est le fils du *Major-General Sir* George Barker, chevalier de l'ordre du Bain. Après des études au *Wellington College*, il entre à l'école d'officiers de Sandhurst et se voit affecté en 1913 dans le *King's Royal Rifles Corps*. Il combat en France avec ce régiment d'élite de 1914 à 1917 puis sur le théâtre méditerranéen (Salonique) et enfin dans le sud de la Russie (1919). Entre les deux guerres, Barker sert comme officier d'état-major au *War Office* puis au *Southern Command.* De 1931 à 1933, il est *Brigade Major* de la *8th Infantry Briga-de.* Il commande ensuite le *2nd Battalion* du *King's Royal Rifle Corps* en Palestine. En 1937, son bataillon est rapatrié en Grande-Bretagne pour motorisation. *Brigadier* à titre temporaire en 1938, Barker com-mande la *10th Infantry Brigade* au moment de la déclaration de guerre. Il combat avec cette unité en France et plus particulièrement à Dunkerque. En 1943, il devient chef de la *54th Infantry Division* puis de la *49th Infantry Division* avec laquelle il débarque en Normandie à partir du 13 juin 1944. *Lieutenant-General* en décembre 1944, Barker prend le com-mandement du *VIII Corps* à la tête duquel il finit la guerre. Sa carrière se poursuit après la Seconde Guerre mondiale. Commandant en chef en Palesti-ne et Transjordanie d'avril 1946 à février 1947, il devient ensuite aide-de-camp du Roi George VI puis chef du *Eastern Command* (1950) avec rang de *Gene-ral*. Il meurt le 23 novembre 1983.

- Gerard Corfield BUCKNALL 127-128

Né le 14 septembre 1894 de Harry Corfield Bucknall et d'Alice Oakshott, Gerard Corfield Bucknall effec-tue ses études secondaires à l'école de Repton avant d'entrer à l'école d'officiers de Sandhurst. En 1914, il est *Second-Lieutenant* dans le *1st Battalion* du *Middlesex Regiment*. Il participe à la Première Guer-re mondiale comme officier de troupe puis en état-major. En 1920-1921, il sert au Soudan puis pour-suit sa carrière en Grande-Bretagne essentiellement en état-major. *Lieutenant-Colonel* en 1936, il sert à l'état-major des forces canadiennes en 1937-1938. En 1939, il occupe un poste au *War Office*. L'année suivante, il prend le commandement de la *138th Bri-gade*. En 1943, Bucknall commande la *5th Infantry Division* engagée en Sicile et en Italie. En 1944, Mont-gomery le nomme à la tête du *XXX Corps* contre l'avis du chef d'état-major impérial Alan Brooke. Dès le début de la bataille de Normandie, Bucknall, dont les unités sont les premières à débarquer, ne rem-plit pas les objectifs qui lui sont fixés. Il échoue lors de la bataille de Villers-Bocage. Pour ces raisons, il est relevé de son commandement après l'opération « Bluecoat » début août 1944 et remplacé par le *Lieu-tenant-General* Horrocks. Après la guerre, Bucknall commande les troupes stationnées en Irlande du Nord (1945-1947). Il quitte l'armée en 1949 et devient *Lord Lieutenant* du Middlesex (1963-1965) et *Assis-tant-Lieutenant* du Grand Londres (1965-1970). Il meurt le 7 décembre 1980.

- D. C. BULLEN-SMITH

Né en 1898, D.C. Bullen-Smith participe à la Pre-mière Guerre mondiale avec son régiment, le *King's Own Scottish Borderers*. En 1940, il est en France et sert dans l'état-major de la *3rd Infantry Division* alors commandée par Montgomery. De retour en Grande-Bretagne, il se distingue comme un excellent entraî-neur d'hommes. A partir de 1943, il prend le com-mandement de la *15th Infantry Division* puis celui de la *51st Infantry Division* qu'il entraîne en vue des futurs

- *Evelyn Hugh BARKER*

*Born on 22 May 1894, Evelyn Hugh Barker was the son of Major-General Sir George Barker K.C.B. After studying at Wellington College, he attended the offi-cers' training college at Sandhurst and in 1913 was drafted into the King's Royal Rifles Corps. He fought in France with this crack regiment from 1914 to 1917 then on the Mediterranean theater (Salonika) and final-ly in southern Russia (1919). Between the two wars, Barker served as a staff officer at the War Office then at Southern Command. From 1931 to 1933, he was brigade major with the 8th Infantry Brigade. He went on to command the 2nd Battalion of the King's Royal Rifle Corps in Palestine. In 1937, his battalion was sent home to England to be equipped with vehicles. As an acting brigadier in 1938, Barker was in com-mand of the 10th Infantry Brigade when war broke out. He fought with that unit in France, notably at Dunkirk. In 1943, he became commander of the 54th Infantry Division then of the **49th Infantry Division** with which he landed in Normandy beginning on 13 June 1944. A lieutenant-general in December 1944, Barker took over command of the VIII Corps, a post he held until the end of the war. He pursued his career after World War II. Commander-in-chief in Palestine and Transjordania from April 1946 to February 1947, he then became aide-de-camp to King George VI, then commander of the Eastern Command (1950) with the rank of general. He died on 23 November 1983.*

- Gerard Corfield BUCKNALL 127-128

Born on 14 September 1894 the son of Harry Cor-field Bucknall and Alice Oakshott, Gerard Corfield Bucknall went to secondary school at Repton before attending the officers training college at Sandhurst. In 1914, he was a second-lieutenant in the 1st Bat-talion of the Middlesex Regiment. He fought in World War I as a troop and later staff officer. In 1920-1921, he served in Sudan then pursued his career in the UK mostly as a staff officer. As a lieutenant-colonel in 1936, he served on the staff of the Canadian forces in 1937-1938. In 1939, he held a post at the War

Maj.Gen. R.F.L. Keller; 50th Infantry Division commander Maj.Gen. D.A.H. Graham; 11th Armoured Division com-mander Maj.Gen. G.P.B. Roberts; VIII Corps com-mander Lieut.Gen. Sir R.N. O'Connor; 49th Infantry Division com-mander Maj.Gen. E.H. Barker; I Corps com-mander Lieut.Gen. J.T. Crocker. Third row: 15th Infantry Division com-mander Maj.Gen. G.H.A. MacMillan; 6th Airborne Division commander Maj.Gen. R.N. Gale, and 7th Armoured Division commander Maj.Gen. G.W.E.J. Erskine. Photo taken on 24 June 1944. (IWM.)

Montgomery en conver-sation avec le chef du *XXX Corps,* le *Lieut.Gen.* G.C.Bucknall (17 juillet 1944). Bucknall sera limogé le 2 août 1944 à la suite de l'échec de l'opération « Bluecoat » et remplacé par le *Lieut.Gen.* Horrocks. (IWM.)

Montgomery in conver-sation with XXX Corps commander, Lieut.Gen. G.C. Bucknall (17 July 1944). Bucknall was fired on 2 August 1944 follo-wing the failure of Ope-ration Bluecoat, and replaced by Lieut.Gen. Horrocks. (IWM.)

combats en France. Dès ses premiers engagements, sa division subit de lourdes pertes. Bullen-Smith est relevé de son commandement le 26 juillet 1944 et remplacé par le *Major-General* Rennie.

- Edward Earnshaw Eden CASS

Fils du Dr E. Eden Cass, Edward Earnshaw Eden Cass naît le 3 mars 1898. Il suit les cours de l'école d'officiers de Sandhurst avant d'être affecté au *King's Own Yorkshire Light Infantry*. Il combat en France à partir de 1916. Blessé en 1917, il est décoré de la *Distinguished Service Cross* en 1918. *Captain* en 1927, il obtient le grade de *Major* en 1938 puis celui de *Brigadier* à titre temporaire en août 1943. Au moment du débarquement, il commande la *8th Infantry Brigade*. Il remplace temporairement le *Major-General* Rennie à la tête de la *3rd Infantry Division* du 13 au 23 juin 1944. Il reprend ensuite le commandement de sa brigade jusqu'au 26 octobre 1944 date à laquelle il est blessé par mine. Commandeur du *British Empire* et de la *Silver Star* américaine (décorations reçues en 1944), Cass quitte l'armée en 1948. Il meurt en 1968.

- Henry Duncan Graham CRERAR

Né le 28 avril 1888 à Hamilton (Ontario) de Peter Duncan Crerar et de Marion Elisabeth Stinson, il effectue ses études secondaires au collège de Toronto avant d'entrer au *Royal Military College of Canada*. *Lieutenant* en 1910, *Captain* en 1914, il participe à la Première Guerre mondiale avec la *1st Canadian Infantry Division*. *Major* en 1916, il est *Brigade-Major* de la *5th Canadian Infantry Division* en 1917 et termine la guerre avec le grade de *Lieutenant-Colonel*. Entre les deux guerres, Crerar suit les cours du *Staff college* de Camberley et de l'*Imperial Defense College* de Londres. En 1925, il sert comme officier d'état-major au *War Office* avant de devenir professeur de tactique au *Royal Military College*. En 1932, il est conseiller de la délégation canadienne à la conférence du désarmement de Genève. De 1935 à 1938, il est directeur des opérations et des rensei-

*Office. The following year, he took over command of the 138th Brigade. In 1943, Bucknall commanded the 5th Infantry Division committed in Sicily and Italy. In 1944, Montgomery appointed him to command the **XXX Corps** against the wishes of the Commander of the Imperial General Staff, Alanbrooke. From the outset of the Battle of Normandy, Bucknall, whose units were the first to land, failed to achieved his assigned objectives. He failed in the Battle of Villers-Bocage. Accordingly, he was relieved of his command after Operation Bluecoat early in August 1944 and replaced by Lieutenant-General Horrocks. After the war, Bucknall commanded the troops stationed in Northern Ireland (1945-1947). He left the army in 1949 and became Lord Lieutenant of Middlesex (1963-1965) and Assistant-Lieutenant of Greater London (1965-1970). He died on 7 December 1980.*

- D. C. BULLEN-SMITH

Born in 1898, D.C. Bullen-Smith fought in World War I with his regiment, the King's Own Scottish Borderers. In 1940, he was in France and served on the staff of the 3rd Infantry Division then commanded by Montgomery. On his return to the UK, he proved an outstanding leader of men. As of 1943, he took over command of the 15th Infantry Division then of the 51st Infantry Division which he trained in preparation for the coming battle in France. As soon as it was committed, his division began to suffer heavy losses. Bullen-Smith was relieved of his command on 26 July 1944 and replaced by Major-General Rennie.

- Edward Earnshaw Eden CASS

The son of Dr E. Eden Cass, Edward Earnshaw Eden Cass was born on 3 March 1898. He attended the officers' training college at Sandhurst before being drafted into the King's Own Yorkshire Light Infantry. He fought in France starting in 1916. Wounded in 1917, he received the Distinguished Service Cross in 1918. A captain in 1927, he was promoted to major in 1938 then to acting brigadier in August 1943. At the time of the D-Day landings, he was commander of the 8th Infantry Brigade. He stood in for Major-General Rennie in command of the 3rd Infantry Division from 13 to 23 June 1944. He then recovered command of his brigade until 26 October 1944, when he was wounded by a mine. He as awarded a CBE and the American Silver Star in 1944. Cass left the army in 1948. He died in 1968.

- Henry Duncan Graham CRERAR

Born on 28 April 1888 at Hamilton (Ontario) to Peter Duncan Crerar and Marion Elizabeth Stinson, he attended secondary school in Toronto before going to the Royal Military College of Canada. A lieutenant in 1910, and captain in 1914, he fought in World War I with the 1st Canadian Infantry Division. He was promoted to major in 1916, brigade-major of the 5th Canadian Infantry Division in 1917, ending the war with the rank of lieutenant-colonel. Between the two wars, Crerar attended Staff College at Camberley and the Imperial Defense College in London. In 1925, he served as a staff officer at the War Office before teaching tactics at the Royal Military College. In 1932, he was adviser to the Canadian delegation at the Geneva conference on disarmament. From 1935 to 1938, he was head of operations and of military intelligence at the National Defense Department. When war broke out, he left for England to set up the Canadian HQ in London. Back in Canada in July 1940, he became chief of Canadian Army staff. In December 1941, he left this post and returned to England where he took

gnements militaires au département de la Défense Nationale. Lors de la déclaration de guerre, il part en Grande-Bretagne organiser le QG canadien à Londres. De retour au Canada en juillet 1940, il devient chef d'état-major général de l'armée canadienne. En décembre 1941, il quitte ce poste et revient en Angleterre où il prend le commandement de la *2nd Canadian Infantry Division*. On le retrouve ensuite à la tête du *I Canadian Corps* avec lequel il combat en Sicile et en Italie. En mars 1944, il devient chef de la **1st Canadian Army** et garde ce commandement jusqu'en juillet 1945. Il quitte l'armée dès 1946 mais est nommé aide de camp du Roi en 1948. Il meurt à Ottawa en 1965. Décoré du *Distinguished Service Order* dès 1942, Crerar est fait compagnon de l'ordre du Bain en 1943.

- John Tredinnich CROCKER

Né le 4 janvier 1896 d'Isaac Crocker, John Tredinnich Crocker est issu d'une famille pauvre de l'ouest de l'Angleterre. Il participe à la Première Guerre mon-

over command of the 2nd Canadian Infantry Division. We later find him in command of the I Canadian Corps with which he fought in Sicily and Italy. In March 1944, he became commander of the **1st Canadian Army, a post he held** until July 1945. He soon left the army, in 1946, but was appointed the King's aide-de-camp in 1948. He died in Ottawa in 1965. Crerar was awarded a DSO in 1942, and a CBE in 1943.

- John Tredinnich CROCKER

Born on 4 January 1896 the son of Isaac Crocker, John Tredinnich Crocker came from a poor family from the west of England. He fought in World War I just as a volunteer in the Artists Rifles (28th London Regiment). In 1917, he became officer in the Machine Gun Corps and distinguished himself on the front, winning the Military Cross and a DSO (1918). In 1919, he left the army only to re-enlist in 1920. In 1922, he was drafted into the Tank Corps (later the Royal Tank Corps, in 1923, then the Royal Tank Regiment in 1939). A pioneer of the tank arm, he served in that unit throughout the interwar period. In 1938, he became General Staff Officer (GSO 1) of the mobile division under General Alanbrooke. In May 1940, he commanded in France the 3rd Armoured Brigade and received an OBE. Promoted to lieutenant-general, he took over command of the IX Corps in Tunisia in March 1943. He was rewarded for his action during that campaign with the Order of the Bath. In August 1943, Crocker became commander of the **I Corps** due to take part in the invasion of France. He commanded that corps throughout the Normandy campaign then across north-west Europe until the armistice. Promoted to general after the war, he was knighted and became a colonel with the Royal Tank Regiment. He left the army in 1953 and died in 1963.

- Miles Christopher DEMPSEY

The son of A.F. Dempsey, Miles Christopher Dempsey was born on 15 December 1896 at Hoylake (Cheshire). He attended the Royal Military Academy at Sandhurst and became an officer in the Royal Berkshire Regiment (1916). He fought in France during World War I and won a Military Cross for bravery. After serving in Iraq (1920), he was promoted to captain in 1921, major in 1937 then lieutenant-colonel in 1938. During that period, he was an instructor at Sandhurst and held various posts at the War Office. In 1939, he was in France where he commanded the 1st Battalion of the Berkshire Regiment. In 1940, he commanded an infantry brigade at Dunkirk and for his action was awarded a DSO. A colonel in 1941, he was made an acting major-general in 1942. He commanded the 46th Infantry Division then the 42nd Armoured Division in England before leaving for Egypt where he was put in command of the XIII Corps. As corps commander, he played a major role in Libya and Tunisia and most of all in Sicily and Italy. At Montgomery's request, Dempsey was sent home to England where he was placed in command of the **2nd Army**. He held onto this major command until the end of the war. Promoted to general in 1945, he was knighted by King George VI. After the end of the war in Europe, he commanded the 14th Army in Burma then became commander of the British Ground Forces of South-East Asia (October 1945) then of the Middle East forces (1946). He left the army in 1946 and died at Yettendon in Berkshire in 1969.

- G.W.E.J. ERSKINE

Born in 1899, G.W.E.J. Erskine won his officer's commission in the King's Royal Rifle Corps just in time to

Le *Lieut.Gen.* H.D.G. Crerar, chef de la *1st Canadian Army*.

1st Canadian Army commander Lieut. Gen. H.D.G. Crerar.

Le *Lieut.Gen.* J.T. Crocker, chef du *I Corps*, observe les troupes traversant l'Orne. A droite, son aide-de-camp, le *Captain* Cross et son chauffeur, le *Lance-Corporal* Marsden. Photo prise le 19 juillet au sud-est de Caen. On remarquera l'emblème du *I Corps* peint sur le pare-brise de la jeep. (IWM.)

I Corps commander Lieut.Gen. J.T. Crocker watches as troops cross the Orne River. On the right, his aide-de-camp, Captain Cross and his driver, Lance-Corporal Marsden. Photo taken south-east of Caen on 19 July. Notice the I Corps insignia painted on the jeep's windshield. (IWM.)

Le *Lieut.Gen.* M.C. Dempsey, chef de la *2nd Army*, en compagnie d'Eisenhower (QG de Montgomery, 15 juin 1944).

2nd Army commander Lieut.Gen. M.C. Dempsey with Eisenhower (at Montgomery's HQ, 15 June 1944).

diale comme simple volontaire dans les *Artists Rifles* (*28th London Regiment*). En 1917, il devient officier dans le *Machine Gun Corps* et se distingue sur le front, gagnant la *Military Cross* et le *Distinguished Service Order* (1918). En 1919, il quitte l'armée puis la réintègre dès 1920. En 1922, il est affecté au *Tank Corps* (devenu en 1923 *Royal Tank Corps* puis en 1939 *Royal Tank Regiment*). Pionnier de l'arme blindée, il sert dans cette unité pendant tout l'entre deux guerres. En 1938, il devient chef d'état-major (GSO 1) de la division mobile commandée par le général Alan Brooke. En mai 1940, il commande en France la *3rd Armoured Brigade* et reçoit l'ordre du *British Empire*. Promu *Lieutenant-General*, il prend le commandement du *IX Corps* en Tunisie en mars 1943. Il est récompensé pour son action pendant cette campagne par l'ordre du Bain. En août 1943, Crocker devient chef du *I Corps* destiné à participer à l'invasion de la France. Il commande ce corps d'armée pendant toute la campagne de Normandie puis dans le nord-ouest de l'Europe jusqu'à l'armistice. Promu *General* après la guerre, il est anobli (titre de chevalier) et devient colonel du *Royal Tank Regiment*. Il quitte l'armée en 1953 et meurt en 1963.

- Miles Christopher DEMPSEY

Fils de A.F. Dempsey, Miles Christopher Dempsey naît le 15 décembre 1896 à Hoylake (Cheshire). Il suit les cours de l'école de Sandhurst et devient officier dans le *Royal Berkshire Regiment* (1916). Il combat en France pendant la Première Guerre mondiale et obtient la *Military Cross* pour acte de courage. Après avoir servi en Irak (1920), il est promu *Captain* en 1921, *Major* en 1937 puis *Lieutenant-Colonel* en 1938. Pendant cette période, il est instructeur à Sandhurst et occupe différents emplois au *War Office*. En 1939, il est en France où il commande le *1st Battalion* du *Berkshire Regiment*. En 1940, il commande une brigade d'infanterie à Dunkerque et reçoit pour son action le *Distinguished Service Order*. *Colonel* en 1941, il est *Major-General* à titre temporaire en 1942. Il commande la *46th Infantry Division* puis la *42nd Armoured Division* en Angleterre avant de partir pour l'Egypte où il se voit confier le commandement du *XIII Corps*. A la tête de ce corps d'armée, il joue un rôle important en Libye et en Tunisie et surtout en Sicile et en Italie. Sur la demande de Montgomery, Dempsey est rapatrié en Angleterre où on lui confie le commandement de la **2nd Army**. Il conserve cet important commandement jusqu'à la fin de la guerre. Promu *General* en 1945, il est anobli (titre de chevalier) par le Roi George VI. Après la fin de la guerre en Europe, il commande la *14th Army* en Birmanie puis devient chef des forces terrestres britanniques du Sud-Est asiatique (octobre 1945) puis du Moyen-Orient (1946). Il quitte l'armée en 1946 et meurt en 1969 à Yettendon dans le Berkshire.

- G.W.E.J. ERSKINE

Né en 1899 G.W.E.J. Erskine obtient sa commission d'officier dans le *King's Royal Rifle Corps* juste à temps pour participer aux derniers combats de la guerre de 14-18. Entre les deux guerres, il sert dans la troupe et en état-major avant de devenir premier officier d'état-major de la *1st London Division*. En 1942, il commande en Afrique du Nord la *69th Infantry Brigade* puis devient chef d'état-major du *XIII Corps*. Pendant une courte période, après El Alamein, il est chef d'état-major de la *8th Army* commandée par Montgomery. En janvier 1943, Erskine prend le commandement de la **7th Armoured division** avec laquelle il combat en Tunisie puis en Italie. Il commande toujours cette division en Norman-

*take part in the last of the fighting of the 1914-18 war. Between the two wars, he served in the troop and on the staff before becoming chief staff officer of the 1st London Division. In North Africa in 1942, he commanded the 69th Infantry Brigade then became chief-of-staff of the XIII Corps. For a short time, after El Alamein, he was chief-of-staff of the 8th Army under Montgomery. In January 1943, Erskine took over command of the **7th Armoured Division** with which he fought in Tunisia and later Italy. He was still that division's commander in Normandy but he failed at Villers-Bocage and during Operation Goodwood. He was relieved of his command after Operation Bluecoat and replaced by Major-General G.L. Veney on 4 August 1944.*

- Charles FOULKES

*Born on 3 January 1903 to Charles Foulkes and Jane Augusta Ellis, Charles Foulkes studied at the University of Western Ontario before joining the army as an officer. A lieutenant with the Royal Canadian Regiment in 1926, he was promoted to captain in 1930. In 1937-1938, he attended the Staff College at Camberley. In 1939, he was a brigade-major of the Canadian Infantry Brigade. A lieutenant-colonel in 1940, Foulkes was promoted to brigadier and commander of the Canadian Infantry Brigade in September 1942. In April 1943, he served on the staff of the 1st Canadian Army. As a major-general in 1944, he took over command of the 2nd Canadian Infantry Division on 11 January 1944. On 10 November 1944, he took over from Lieutenant-General Burns as commander of the **I Canadian Corps**. He held onto this command until 17 July 1945. He received an OBE in 1944 and later a DSO and CBE (1945).*

- Richard N. GALE

Born in 1896, Richard N. Gale became an officer with the Worcestershire Regiment in 1915. Transferred to the Machine Gun Corps in 1916, he fought in France and won the Military Cross. He continued his career with his regiment between the two wars. In September 1939, he was a major and served on the War Office staff. From December 1940 to July 1941, he commanded an infantry battalion. In September 1941, he was promoted to brigadier and took command of the 1st Parachute Brigade. As a major-general in 1943, he was again posted to the War Office. He took over command of the 6th Airborne Division in April 1943. In September 1944, he left his division for the I British Airborne Corps, then became second-in-command of the 1st Airborne Army (December 1944). After 1945, Gale pursued his career, holding a string of major posts in the British Army. In 1952, he became commander of the Rhine army and later of NATO's Army Group North. From 1957 to 1960,

die mais il échoue à Villers-Bocage et lors de l'opération « Goodwood ». Il est relevé de son commandement après l'opération « Bluecoat » et remplacé le 4 août 1944 par le *Major-General* G.L. Veney.

- Charles FOULKES

Né le 3 janvier 1903 de Charles Foulkes et de Jane Augusta Ellis, Charles Foulkes suit les cours de l'Université de l'Ontario de l'Ouest avant d'entrer dans l'armée comme officier. *Lieutenant* au *Royal Canadian Regiment* en 1926, il est *Captain* en 1930. En 1937-1938, il suit les cours du *Staff College* de Camberley. En 1939, il est *Brigade-Major* de la *Canadian Infantry Brigade*. *Lieutenant-Colonel* en 1940, Foulkes est promu *Brigadier* et chef de la *Canadian Infantry Brigade* en septembre 1942. En avril 1943, il sert à l'état-major de la *1st Canadian Army*. *Major-General* en 1944, il prend le commandement de la *2nd Canadian Infantry Division* le 11 janvier 1944. Le 10 novembre 1944, il succède au *Lieutenant-General* Burns à la tête du *I Canadian Corps*. Il conserve ce commandement jusqu'au 17 juillet 1945. Titulaire de l'ordre du *British Empire* (1944) et du *Distinguished Service Order*, compagnon de l'ordre du Bain (1945).

- Richard N. GALE

Né en 1896, Richard N. Gale devient officier dans le *Worcestershire Regiment* en 1915. Transféré dans le *Machine Gun Corps* en 1916, il combat en France et gagne la *Military Cross*. Il poursuit sa carrière dans la troupe entre les deux guerres. En septembre 1939, il est *Major* et sert à l'état-major du *War Office*. De décembre 1940 à juillet 1941, il commande un bataillon d'infanterie. En septembre 1941, il est *Brigadier* et prend la tête de la *1st Parachute Brigade*. *Major-General* en 1943, il est de nouveau affecté au *War Office*. Il prend le commandement de la *6th Airborne Division* en avril 1943. En septembre 1944, il quitte sa division pour le *I British Airborne Corps* puis devient commandant en second de la *1st Airborne Army* (décembre 1944). Après 1945, Gale poursuit sa carrière, occupant une série de postes importants dans l'armée britannique. En 1952, il devient chef de l'armée du Rhin puis du groupe d'armées « Nord » de l'OTAN. De 1957 à 1960, il est adjoint du commandant suprême interallié en Europe. Il meurt à Londres le 29 juillet 1982. Compagnon de l'ordre du Bain, titulaire de l'ordre du *British Empire* et du *Distinguished Service Order*.

- Douglas Alexander Henry GRAHAM

Né le 26 mars 1893, Douglas Alexander Henry Graham est *Second-Lieutenant* dans le *Cameronians (Scottish Rifles)* dès 1913. Il combat en France et obtient le grade de *Captain* en 1916, la *Military Cross* et la croix de guerre française (1918). Il poursuit sa carrière entre les deux guerres. *Major* en 1920, il est *Lieutenant-Colonel* en 1937 et sert en Palestine de 1937 à 1939. *Colonel* en 1940, il combat en Afrique du Nord et reçoit l'ordre du *British Empire* (1942) et la *Distinguished Service Cross* (1943). Chef de la *56th Infantry Division* en Italie, il est blessé à Salerne et rapatrié en Grande-Bretagne. Il prend le commandement de la *50th Infantry Division* et le garde jusqu'à la fin de la guerre. Compagnon de l'ordre du Bain en 1944, titulaire de la Légion d'honneur et de la croix de guerre française, il quitte l'armée en 1947. Colonel des *Cameronians* de 1954 à 1958, il meurt en 1971.

he was *Deputy Interallied Supreme Commander in Europe*. He died in London on 29 July 1982. Awarded the CBE, OBE and DSO.

- Douglas Alexander Henry GRAHAM

*Born on 26 March 1893, as early as 1913 Douglas Alexander Henry Graham was a second-lieutenant with the Cameronians (Scottish Rifles). He fought in France and was promoted to captain in 1916, winning the Military Cross and the French Croix de Guerre (1918). He continued his career between the two wars. He was promoted to major in 1920, lieutenant-colonel in 1937 and served in Palestine from 1937 to 1939. As a colonel in 1940, he fought in North Africa and was awarded an OBE (1942) and a Distinguished Service Cross (1943). As commander of the 56th Infantry Division in Italy, he was wounded at Salerno and sent home to England. He took over command of the **50th Infantry Division, a command he held** until the end of the war. Awarded a CBE in 1944, he received the French Légion d'honneur and Croix de Guerre. He left the army in 1947. A colonel of the Cameronians from 1954 to 1958, he died in 1971.*

- Percy Cleghorn Stanley HOBART

*Percy Cleghorn Stanley Hobart was born on 14 June 1885 the son of R.T. Hobbart. After secondary school at Clifton College, he went to Sandhurst in 1902 and was commissioned as a second-lieutenant with the Royal Engineers in 1904. From 1906, he served in India with the 1st Bengal Sappers and Miners. He took part in the Mohmand expedition in 1908 then served on the general staff in Delhi in 1911. In 1915, he fought in France and won the Military Cross. In 1916-1918, he distinguished himself in Mesopotamia, winning a DSO (1918).He ended the war with the rank of major. We later find him in Palestine (1918) then in Waziristan (1921). In 1923, he was a lieutenant-colonel and joined the Royal Tank Corps. In 1931, he commanded the 2nd Battalion Royal Tank Corps with the rank of lieutenant-colonel. As a brigadier in 1933, he became inspector of the Royal Tank Corps (1933-1936) then took over command of the 1st Tank Brigade (1934-1937). He was promoted to major-general and served at the War Office where he played a decisive role in the mechanization of the British army. In 1938, he left for Egypt to train what was to become the 7th Armoured Division. In 1939, Hobart was forced out of the army on account of his ideas, which were held to be too revolutionary. In May 1940, he joined the Home Guard as a lance-corporal. He was finally recalled for active service in 1941 and put in charge of training the 11th Armoured Division and later the 79th Armoured Division, in 1942. In 1943, he was knighted for outstanding services in the development of the tank arm and its equipment. In March 1943, the CIGS, Alanbrooke, appointed Hobart to design the special armoured vehicles to be used for the D-Day landings and operations on the continent of Europe. Hobart did so within the framework of the **79th Armoured Division**, developing a whole set of "funnies» which were to play a decisive role in the landing and during the subsequent campaigns (amphibious tanks, flail tanks, etc.). He remained in command of his division until the end of the war. After 1945, Hobart became colonel-commander of the Royal Tank Regiment and lieutenant-governor of the Royal Hospital of Chelsea. He died on 19 February 1957.*

- Brian Gwynne HORROCKS

The son of Colonel Sir William Horrocks, Brian G. Horrocks was born at Ranniket in India on 7 Sep-

Major-General Richard N. Gale.

Major-General D.A.H. Graham.

Major-General Sir Percy Hobart.

- Percy Cleghorn Stanley HOBART

Percy Cleghorn Stanley Hobart naît le 14 juin 1885 de R.T. Hobbart. Après des études secondaires au *Clifton College*, il entre à Sandhurst en 1902 et obtient un commission de *Second-Lieutenant* dans le *Royal Engineer* en 1904. A partir de 1906, il sert en Inde dans le *1st Bengal Sappers and Miners*. Il participe à l'expédition de Mohmand en 1908 puis sert à l'état-major de Delhi en 1911. En 1915, il combat en France et obtient la *Military Cross*. En 1916-1918, il se distingue en Mésopotamie et reçoit le *Distinguished Service Order* (1918).Il termine la guerre avec le grade de *Major*. On le retrouve ensuite en Palestine (1918) puis au Waziristan (1921). En 1923, il est *Lieutenant-Colonel* et rejoint le *Royal Tank Corps*. En 1931, il commande le *2nd Battalion Royal Tank Corps* avec le grade de *Lieutenant-Colonel*. *Brigadier* en 1933, il devient inspecteur du *Royal Tank Corps* (1933-1936) puis prend le commandement de la *1st Tank Brigade* (1934-1937). Il obtient le grade de *Major-General* et sert au *War Office* où il participe de manière déterminante à la mécanisation de l'armée britannique. En 1938, il part en Egypte former ce qui deviendra la *7th Armoured Division*. En 1939, Hobart est contraint de quitter l'armée en raison de ses idées jugées trop révolutionnaires. En mai 1940, il rejoint la *Home Guard* comme *Lance-Corporal*. Il est finalement rappelé au service actif en 1941 et chargé de former la *11th Armoured Division* puis, en 1942, la *79th Armoured Division*. En 1943, il est anobli (titre de chevalier) pour ses services exceptionnels dans le développement de l'arme blindée et de ses matériels. En mars 1943, le chef d'état-major imperial, Alan Brooke, charge Hobart de mettre au point le matériel blindé spécialisé destiné à être utilisé pour le débarquement et les opérations en Europe. Utilisant pour cela le cadre de la **79th Armoured Division**, Hobart met au point toute une série d'engins qui joueront un rôle déterminant le jour du débarquement et pendant les campagnes qui vont suivre (chars amphibies, chars fléaux, etc.). Il garde le commandement de sa division jusqu'à la fin de la guerre. Après 1945, Hobart devient colonel-commandant le *Royal Tank Regiment* et Lieutenant-gouverneur du *Royal Hospital* de Chelsea. Il meurt le 19 février 1957.

- Brian Gwynne HORROCKS

Fils du *Colonel Sir* William Horrocks, Brian G. Horrocks naît le 7 septembre 1895 à Ranniket en Inde. Après Sandhurst, il devient *Second-Lieutenant* dans le *Middlesex Regiment* en 1914. Il combat en Belgique et en France mais il est blessé et fait prisonnier dès octobre 1914. En 1919, il part en Russie où il se bat aux côtés des troupes blanches. Là, il est une nouvelle fois capturé et retenu prisonnier pendant dix mois. Il poursuit sa carrière pendant l'entre deux guerres, obtenant le grade de *Major* en 1935 et de *Lieutenant-Colonel* en 1937. Pendant cette période, il suit les cours du *Staff College* puis sert au *War Office* et à l'état-major du *Staff College*. Colonel en juin 1940, il commande un régiment puis une brigade en France. De retour en Angleterre après Dunkerque, il commande la *9th Infantry Brigade* de la *3rd Infantry Division*. En janvier 1941, il est fait *Brigadier* et affecté à l'état-major de l'*Eastern Command*. En juin 1941, il prend le commandement de la *44th (Home Counties) Division*, obtenant le grade de *Major-General*. Chef de la *9th Armoured Division* en mars 1942, Horrocks est nommé à la tête du *XIII Corps* de la *8th Army* en août 1942. Il participe à la campagne de Libye-Egypte, à celle de Tunisie puis à celle de Sicile au cours de laquelle il est gravement blessé. Il remplace le général Bucknall à la tête du

tember 1895. After Sandhurst, he became a second-lieutenant in the Middlesex Regiment in 1914. He fought in Belgium and France but he was wounded and taken prisoner as early as October 1914. In 1919, he left for Russia where he fought alongside the white troops. There he was captured again and held for ten months as a prisoner. He continued his career during the interwar years, reaching the rank of major in 1935 and lieutenant-colonel in 1937. During that period, he attended Staff College then served at the War Office and on the general staff at Staff College. A colonel in June 1940, he commanded a regiment then a brigade in France. Back in England after Dunkirk, he commanded the 9th Infantry Brigade of the 3rd Infantry Division. In January 1941, he was made a brigadier with a post on the Eastern Command general staff. In June 1941, he took over command of the 44th (Home Counties) Division, with promotion to major-general. Commander of the 9th Armoured Division in March 1942, Horrocks was put in charge of the XIII Corps of the 8th Army in August 1942. He fought in the Libya-Egypt and Tunisia campaigns, and later in Sicily where he was badly wounded. He replaced General Bucknall in command of the **XXX Corps** early in August 1944 and held onto that command until February 1946. He then became commander of the Western Command and left the army in 1949. He died on 4 January 1985. He was awarded a CBE (1943) and DSO (1943).*

- Rodney Frederick Leopold KELLER

*Born in 1900 at Tetbury in Gloucestershire, the son of Dr H.L.A. Keller, Rodney Frederik Leopold Keller emigrated to British Columbia with his family. After secondary school at Kelowna, he attended the Royal Military College of Canada in 1920. A second-lieutenant in Princess Patricia's Canadian Light Infantry, he was promoted to captain in 1925. From 1928 to 1932, he was an instructor at the Royal Military College where he built up a reputation as a leader of men. From 1934 to 1936, Keller attended Staff College at Camberley. At the outbreak of war, he held a post on the general staff. He was soon promoted to brigade-major of the 2nd Canadian Infantry Brigade with which he left for the UK. In July 1940, he was promoted to lieutenant-colonel and first staff officer of the 1st Canadian Infantry division. The following year, he took over command of Princess Patricia's Canadian Light Infantry before being promoted to brigadier. During the summer of 1941, he became commander of the 1st Canadian Infantry Brigade. In September 1942, he was promoted to major-general and made commander of the **3rd Canadian Infantry Division**. During the Battle of Normandy, Keller enjoyed General Crerar's entire confidence but*

XXX Corps début août 1944 et conserve ce commandement jusqu'en février 1946. Il devient ensuite chef du *Western Command* et quitte l'armée en 1949. Il meurt le 4 janvier 1985. Compagnon de l'ordre du Bain (1943), et titulaire du *Distinguished Service Order* (1943).

- Rodney Frederick Leopold KELLER

Né en 1900 à Tetbury dans le Gloucester du Dr H.L.A. Keller, Rodney Frederik Leopold Keller émigre avec sa famille en Colombie Britannique. Après des études secondaires à Kelowna, il entre au *Royal Military College of Canada* en 1920. *Second-Lieutenant* dans le *Princess Patricia's Canadian Light Infantry*, il est *Captain* en 1925. De 1928 à 1932, il est instructeur au *Royal Military College* où il acquiert une solide réputation d'entraîneur d'hommes. De 1934 à 1936, Keller suit les cours du *Staff college* de Camberley. Au début de la guerre, il occupe un emploi en état-major. Il devient peu après *Brigade-Major* de la *2nd Canadian Infantry Brigade* avec laquelle il part en Grande-Bretagne. En juillet 1940, il est *Lieutenant-Colonel* et premier officier d'état-major de la *1st Canadian Infantry division*. L'année suivante, il prend le commandement du *Princess Patricia's Canadian Light Infantry* avant d'être promu *Brigadier*. Au cours de l'été 1941, il devient chef de la *1st Canadian Infantry Brigade*. En septembre 1942, il est promu *Major-General* et chef de la **3rd Canadian Infantry Division**. Pendant la bataille de Normandie, Keller a toute la confiance du général Crerar mais il est très contesté par les généraux britanniques (Crocker notamment) qui lui reprochent son manque de caractère. Alors que son remplacement était depuis longtemps envisagé, il est gravement blessé au cours d'un bombardement le 8 août 1944 et remplacé dix jours plus tard par le *Major-General* D.C. Spry. Rapatrié en Grande-Bretagne, il quitte le service en 1946. Il meurt à Londres le 21 juin 1954 à la suite d'une crise cardiaque survenue dans les environs de Caen alors qu'il était en route pour les commémorations du 10e anniversaire du débarquement. Titulaire de l'ordre du *British Empire* (1944).

- Lewis Owen LYNE

Né le 19 août 1899 de Charles Lyne, Lewis Owen Lyne est admis à l'école d'officiers de Sandhurst. *Second-Lieutenant* des *Lancashire Fusiliers* en 1921, il fait campagne en Irlande avec son régiment. De 1921 à 1938, il sert en Grande-Bretagne puis à Gibraltar, en Egypte et en Chine. Il est *Major* en 1938 et *Lieutenant-Colonel* en 1939. Officier d'état-major au *War Office* en 1938-1940, il commande le *9th Battalion Lancashire fusiliers*. Chef de la *169th Infantry Brigade*, il combat en Irak, en Afrique du Nord puis en Italie (1942-1944). En 1944, il prend le commandement de la **59th Infantry Division.** On le retrouve ensuite à la tête de la *50th Infantry Division* et de la *7th Armoured Division*. Après la guerre, il devient gouverneur de la zone d'occupation britannique à Berlin. Titulaire du *Distinguished Service Order* (1943), de l'ordre soviétique de Koutouzov 1re classe et de la Légion d'honneur, compagnon de l'ordre du Bain en 1945.

- G.H.A. MAC MILLAN

Né en 1897, G.H.A Mac Millan commence sa carrière militaire dans les *Argyll and Sutherland Highlanders*. Il commande une brigade de la *51st Infantry Division* en Sicile lorsqu'il est rappelé en Grande-Bretagne pour prendre la tête de la **15th Infantry Division** (août 1943). Blessé lors de l'opé-

was not highly thought of by the British generals (especially Crocker), who found him a weak character. At a time when his replacement had long been on the cards, he was badly wounded in a bombing raid on 8 August 1944 and replaced ten days later by the Major-General D.C. Spry. Sent home to England, he left the service in 1946. He died in London on 21 June 1954 after a heart attack sustained near Caen on his way to the 10th anniversary commemoration of the D-Day landings. He was awarded an OBE (1944).

- Lewis Owen LYNE

Born on 19 August 1899 the son of Charles Lyne, Lewis Owen Lyne attended the officers' training college at Sandhurst. As a second-lieutenant with the Lancashire Fusiliers in 1921, he fought the Ireland campaign with his regiment. From 1921 to 1938, he served in the UK then in Gibraltar, Egypt and China. He was promoted to major in 1938 and lieutenant-colonel in 1939. A staff officer at the War Office in 1938-1940, he commanded the 9th Battalion Lancashire fusiliers. As commander of the 169th Infantry Brigade, he fought in Iraq, North Africa and later Italy (1942-1944). In 1944, he took over command of the **59th Infantry Division.** We later find him leading the 50th Infantry Division and the 7th Armoured Division. After the war, he became governor of the British occupation zone in Berlin. Awarded a DSO (1943), the Soviet Order of Kutuzov 1st Class, the French Légion d'honneur, and a CBE in 1945.

- G.H.A. MacMILLAN

Born in 1897, G.H.A MacMillan began his military career in the Argyll and Sutherland Highlanders. He commanded a brigade of the 51st Infantry Division in Sicily when he was recalled home to take over command of the **15th Infantry Division** (August 1943). Wounded during Operation Bluecoat on 4 August 1944, MacMillan was replaced by Major-General C.M. Barber. Back on the theater of operations in November 1944, he took over command of the 49th Infantry Division. In March 1945, he took over from Major-General Rennie in command of the 51st Infantry Division.

- Bernard Law MONTGOMERY

Bernard Law Montgomery was born on 17 November 1887 at Kennington, south London. He was the son of the Reverend Henry Montgomery, later bishop of Tasmania, and of Maud Farrar. Admitted to Sandhurst in 1907, he was drafted into the Royal Warwickshire Regiment in 1908. After a time in India, he came home to England where he became Assistant-Adjutant with his battalion. He fought in World War I, finishing up with the rank of acting lieutenant-colonel and a DSO. In 1920, he attended Staff College at Camberley. He went on to hold several posts on the general staff before returning to Staff College as an instructor (1926-1927). In 1927, he married the future General Hobart's sister. A lieutenant-colonel in 1930, he served in Egypt and Palestine in command of the 1st Battalion Royal Warwicks (1931-1934). In 1934, Montgomery became instructor at the Staff College at Quetta in Egypt. In 1937, he returned home where he was put in command of the 9th Infantry Brigade. Promoted to major-general in December 1938, he took over command of the 8th Infantry Division in Palestine but was soon forced to abandon the post for health reasons. The following year, he was named commander of the 3rd Infantry Division, with which he fought in France. After Dunkirk, promoted to lieu-

Le *Maj.Gen* Keller, chef de la *3rd Canadian Infantry Division*.

3rd Canadian Infantry Division commander Maj.Gen Keller.

Le *Maj.Gen.* D.C.Bullen Smith, chef de la *51st Infantry Division* (au centre penché) observe une carte avec le *Brigadier* H. Murray, chef de la *153rd Infantry Brigade* et d'autres officiers. Tout à fait à gauche, légèrement penché, le *Maj.Gen.* G.H.A. Mac Millan, chef de la *15th Infantry Division*. Photo prise le 17 juin 1944. (IWM.)

51st Infantry Division commander Maj.Gen. D.C. Bullen Smith (leaning over, center) studies a map with 153rd Infantry Brigade commander Brigadier H. Murray and some other officers. On the far left, bending over slightly, is 15th Infantry Division commander Maj.Gen. G.H.A. Mac-Millan. Photo taken on 17 June 1944. (IWM.)

Montgomery en compagnie de Churchill le 21 juillet 1944. (IWM.)

Montgomery with Churchill on 21 July 1944. (IWM.)

ration « Bluecoat » le 4 août 1944, Mac Millan est remplacé par le *Major-General* C.M.Barber. De retour sur le théâtre des opérations en novembre 1944, il prend le commandement de la *49th Infantry Division*. En mars 1945, il succède au *Major-General* Rennie, à la tête de la *51st Infantry Division*.

- Bernard Law MONTGOMERY

Bernard Law Montgomery naît le 17 novembre 1887 à Kennington dans le sud de Londres. Il est le fils du Révérend Henry Montgomery, plus tard évêque de Tasmanie et de Maud Farrar. Admis en 1907 à Sandhurst, il est affecté au *Royal Warwickshire Regiment* en 1908. Après un séjour en Inde, il revient en Grande-Bretagne où il devient *Assistant-Adjutant* de son bataillon. Il participe à la Première Guerre mondiale qu'il termine avec le grade de *Lieutenant-Colonel* à titre temporaire et le *Distinguished Service Order*. En 1920, il suit les cours du *Staff College* de Camberley. Il occupe ensuite plusieurs postes en état-major avant de revenir au *Staff College* comme instructeur (1926-1927). En 1927, il épouse la sœur du futur général Hobart. *Lieutenant-Colonel* en 1930, il sert en Egypte et en Palestine à la tête du *1st Battalion Royal Warwicks* (1931-1934). En 1934, Montgomery devient instructeur au *Staff College* de Quetta en Egypte. En 1937, il rentre en métropole où on lui confie le commandement de la *9th Infantry Brigade*. *Major-General* en décembre 1938, il prend le commandement de la *8th Infantry Division* en Palestine mais se voit obligé d'abandonner rapidement ce poste pour raisons de santé. L'année suivante, il est nommé chef de la *3rd Infantry Division* avec laquelle il combat en France. Après Dunkerque, Montgomery, promu *Lieutenant-General*, devient chef du *V Corps* puis du *XII Corps* et enfin du *South-East Command*. En août 1942, il prend la tête de la *8th Army* en Egypte. Il écrase les forces de Rommel à El Alamein (novembre 1942). Pour cette victoire, il est fait *General* et compagnon de l'ordre du Bain. Toujours à la tête de la *8th Army*, Montgomery poursuit son offensive contre les forces germano-italiennes en Libye puis en Tunisie. Il commande ensuite son armée en Tunisie et

*tenant-general, Montgomery became commander of the V Corps then of the XII Corps and finally of the South-East Command. In August 1942, he took charge of the 8th Army in Egypt. He crushed Rommel's forces at El Alamein (November 1942). For that victory, he was awarded a generalship and a CBE. Still in command of the 8th Army, Montgomery pursued his offensive against the German and Italian forces in Libya and later Tunisia. He then commanded his army in Tunisia and during the first phase of the Italian campaign. On returning to England in January 1944, he was put in command of the **21st Army Group**. As such, he played a major role in the preparations for the D-Day landings and the ensuing operations. After landing on 8 June 1944, he led the Battle of Normandy according to his own idea, making Caen the hinge of his action. However the Americans complained of his slowness. After the Battle of Normandy, Montgomery was promoted to field-marshal (1 September 1944). He held onto his command until the end of the war. During this period, he opposed the American generals on a number of occasions over the conduct of operations and failed in an attempt to take over command of all the Allied ground forces. After the war, Montgomery took over from General Alanbrooke as Commander of the Imperial General Staff. In 1946, he was made Viscount Montgomery of Alamein and a Knight of the Garter. In 1948, he became Chairman of the Western Union military command before becoming deputy supreme commander of NATO's Allied forces in 1951. He left the army in 1958 and died on 24 March 1976.*

- R.N. O'CONNOR

The son of Major O'Connor, an officer with the Royal Irish Fusiliers, Richard O'Connor was born on 21 August 1889. After studying at Wellington College and later Sandhurst, he won a commission as second-lieutenant in the Cameronians (Scottish Rifles) in 1909. He fought with particular distinction in World War I as a brigade-major and then battalion commander on the western front and in Italy. With nine citations, he was awarded a DSO and the Military Cross. He rose quickly up the ranks between the two wars, attending Staff College at Camberley and the Imperial Defence College. In 1936-1938, he commanded an infantry brigade in India. Promoted to major-general at the age of 50 in 1939, he became military governor of Jerusalem then commander of

pendant la première phase de la campagne d'Italie. De retour en Angleterre en janvier 1944, il se voit confier le commandement du *21st Army Group*. A ce titre, il prend une part très importante dans la préparation du débarquement et des opérations devant suivre. Débarqué le 8 juin 1944, il mène la bataille de Normandie selon ses conceptions, faisant de Caen le pivot de son action. Les Américains lui reprochent cependant sa lenteur. Après la bataille de Normandie, Montgomery est promu *Field-Marshall* (1er septembre 1944). Il conserve son commandement jusqu'à la fin de la guerre. Au cours de cette période, il s'oppose à plusieurs reprises aux généraux américains sur la conduite des opérations et échoue dans sa tentative de prendre sous sa coupe l'ensemble des forces terrestres alliées. Après la guerre, Montgomery succède au *General* Alan Brooke comme chef d'état-major impérial. En 1946, il est créé *Viscount* Montgomery *of* El Alamein et fait chevalier de la Jarretière. En 1948, il préside le comité des chefs d'état-major des armées de l'Europe de l'Ouest avant de devenir en 1951 adjoint au commandant suprême des forces alliées de l'OTAN. Il quitte l'armée en 1958 et meurt le 24 mars 1976.

- D.A.H. O'CONNOR

Fils du *Major* O'Connor, officier dans le *Royal Irish Fusiliers*, Richard O'Connor naît le 21 août 1889. Après des études au *Wellington College* puis à Sandhurst, il obtient sa commission de *Second-Lieutenant* dans les *Cameronians* (*Scottish Rifles*) en 1909. Il se distingue particulièrement pendant la Première Guerre comme *Brigade-Major* puis chef de bataillon sur le front de l'Ouest et en Italie. Cité neuf fois, il obtient le *Distinguished Service Order* et la *Military Cross*. Rapidement promu entre les deux guerres, il suit les cours du *Staff College* de Camberley et de l'*Imperial Defence College*. En 1936-1938, il commande une brigade d'infanterie en Inde. Promu *Major-General* à l'âge de 50 ans en 1939, il devient gouverneur militaire de Jérusalem puis chef de la *6th Infantry Division* en Palestine. A partir de juin 1940, il combat en Egypte à la tête de la *Western Desert Force* devenue plus tard *XIII Corps*. Du 9 décembre 1940 au 10 février 1941, il lance l'opération « Compass » contre les forces italiennes. Cette campagne éclair se solde par un retentissant succès qui propulse O'Connor au devant de la scène. Fait compagnon puis chevalier de l'ordre du Bain, O'Connor est anobli. Il retourne dans le désert en 1941 comme chef des troupes britanniques en Egypte mais il est capturé peu après lors de l'avance de Rommel en avril 1941. Transféré en Italie, il parvient à s'échapper après plus de deux ans de captivité. Rapatrié à Londres en décembre 1943, il jouit encore d'un grand prestige puisqu'il est nommé chef du *VIII Corps* dès janvier 1944. Il commande ce corps d'armée pendant toute la campagne de Normandie sans se distinguer particulièrement. Il quitte son commandement le 2 décembre 1944. De retour en Grande-Bretagne, il est nommé chef du *Eastern* puis du *North-Western Command* aux Indes. Il obtient le grade de *General* en 1945 et devient alde-de-camp du Roi (1946) avant de quitter l'armée en 1948. De 1951 à 1954, il est colonel des *Cameronians* (*Scottish Rifles*). De 1955 à 1964, il occupe les fonctions de *Lord Lieutenant, Ross and Cromarty* et de *Commissionner* de l'Eglise d'Ecosse. Il est fait chevalier du Chardon en 1971 et meurt le 19 juin 1981.

- Tom Gordon RENNIE

Né le 3 janvier 1900 à Foochow (Foutchéou) en Chine du Dr T. Rennie, Tom Gordon Rennie entre à l'école

*the 6th Infantry Division in Palestine. Starting in June 1940, he fought in Egypt as commander of the Western Desert Force which later became the XIII Corps. From 9 December 1940 to 10 February 1941, he launched Operation Compass against the Italian forces. That lightning campaign was a resounding success which propelled O'Connor into the limelight. He was made a Companion then a Knight of the Bath; O'Connor was later knighted. He returned to the desert in 1941 as commander of the British troops in Egypt but was captured soon afterwards during Rommel's advance in April 1941. Transferred to Italy, he contrived to escape after more than two years in captivity. Sent home to London in December 1943, he still enjoyed great prestige, being immediately appointed commander of the **VIII Corps** in January 1944. He commanded that corps throughout the Normandy campaign without specially distinguishing himself. He left his command on 2 December 1944. Back in the UK, he was appointed commander of the Eastern and later the North-Western Command in India. He was promoted to general in 1945 and became aide-de-camp to the King (1946) before leaving the army in 1948. From 1951 to 1954, he was a colonel with the Cameronians (Scottish Rifles). From 1955 to 1964, he was Lord Lieutenant, Ross and Cromarty and a Commissioner of the Church of Scotland. He was made a Knight of the Thistle in 1971 and died on 19 June 1981.*

- Tom Gordon RENNIE

Major-General Sir Tom G. Rennie.

*Born on 3 January 1900 at Foochow in China, the son of Dr T. Rennie, Tom Gordon Rennie attended the Royal Military Academy at Sandhurst. In 1919, he won a commission as second-lieutenant in the Black Watch. After a spell as adjutant of his battalion, he attended Camberley Staff College (1933-1934). From 1939 to December 1942, he served in the 51st Infantry Division. In June 1940, he was captured at Saint-Valéry-en-Caux but managed to escape ten days later. In 1941 and 1942, he commanded the 5th Battalion Black Watch and won a DSO during the Battle of El Alamein. In 1943, he fought in Sicily in command of a brigade of the 51st Infantry Division. On 12 December 1943, he took over command of the **3rd Infantry Division,** with which he landed on 6 June 1944. Wounded in the arm on 12 June 1944, he was sent home to England on 18 June and replaced by Brigadier E.E.E. Cass, commander of the 8th Infantry Brigade, and later by Major-General Whistler. On his return to the theater of operations in September 1944, he took over command of the 51st Infantry Division. He was killed by mortar shrapnel on 24 March 1945 during the Rhine crossing.*

- Neil Methuen RITCHIE

Neil Methuen Ritchie was born on 29 July 1897 in British Guiana where his father, Dugald Ritchie, headed a sugar cane plantation. After Sandhurst, he was drafted into the Black Watch Regiment (1914). In 1915, he was sent to France with the 1st Battalion Black Watch. He was wounded shortly afterwards in the Loos area. A lieutenant in 1915, he then left for Mesopotamia where he won a DSO (1917) and the Military Cross (1918).

Between the two wars, he attended Staff College and quickly rose through the ranks. A major in 1934, he was promoted to lieutenant-colonel in command of the 2nd Battalion King's Own Royal Regiment in 1938 and to colonel in 1939. Promoted to brigadier in 1940, he held a post on the general staff of the II Corps in France (1940). After Dunkirk, he served with the Southern Command then was appointed to re-form

d'officiers de Sandhurst. En 1919, il obtient sa commission de *Second-Lieutenant* dans les *Black Watch*. Après avoir été adjudant de son bataillon, il suit les cours du *Staff College* de Camberley (1933-1934). De 1939 à décembre 1942, il sert dans la *51st Infantry Division*. En juin 1940, il est capturé à Saint-Valéry-en-Caux mais parvient à s'échapper dix jours plus tard. En 1941 et 1942, il commande le *5th Battalion Black Watch* et gagne le *Distinguished Service Order* au cours de la bataille d'El Alamein. En 1943, il combat en Sicile à la tête d'une brigade de la *51st Infantry Division*. Le 12 décembre 1943, il prend le commandement de la **3rd Infantry Division** avec laquelle il débarque le 6 juin 1944. Blessé au bras le 12 juin 1944, il est rapatrié en Angleterre le 18 juin et remplacé par le *Brigadier* E.E.E.Cass chef de la *8th Infantry Brigade* puis par le *Major-General* Whistler. De retour sur le théâtre des opérations en septembre 1944, il prend le commandement de la *51st Infantry Division*. Il est tué par un éclat de mortier lors du passage du Rhin le 24 mars 1945.

- Neil Methuen RITCHIE

Neil Methuen Ritchie est né le 29 juillet 1897 en Guyane Britannique où son père, Dugald Ritchie, dirigeait une plantation de canne à sucre. Après Sandhurst, il est affecté dans le régiment des *Black Watch* (1914). En 1915, il est envoyé avec le *1st Battalion Black Watch* en France. Il est blessé peu après dans la région de Loos. *Lieutenant* en 1915, il part ensuite en Mésopotamie où il gagne le *Distinguished Service Order* (1917) et la *Military Cross* (1918).

Entre les deux guerres, il suit les cours du *Staff College* et gravit rapidement les échelons. *Major* en 1934, il est *Lieutenant-Colonel* commandant le *2nd Battalion King's Own Royal Regiment* en 1938 et *Colonel* en 1939. Promu *Brigadier* en 1940, il occupe un poste au sein de l'état-major du *II Corps* en France (1940). Après Dunkerque, il sert au *Southern Command* puis est chargé de reconstituer la *51st Infantry Division*. En 1941, il est envoyé au Caire comme chef d'état-major adjoint d'Auchinleck. *Major-General* à titre temporaire en 1941, Ritchie devient chef d'état-major de la *8th Army* en novembre 1941. Il quitte ce poste en juin 1942 et revient en Angleterre où il est placé à la tête de la *52nd Infantry Division*. *Lieutenant-General* à titre temporaire début 1944, il reçoit peu après le commandement du **XII Corps**. Ritchie commande ce corps d'armée pendant la campagne de Normandie et jusqu'à la fin de la guerre. Après la guerre, il devient chef du *Scottish Command* puis commandant en chef des forces terrestres d'Extrême Orient. Il quitte l'armée en 1951 et émigre au Canada où il se reconvertit brillamment dans les affaires. Il est mort le 11 décembre 1983. Titulaire de l'ordre du *British Empire* (1944) et chevalier de l'ordre du Bain (1947).

- Georges Philipp Bradley ROBERTS

Né le 5 novembre 1906, George Philipp Bradley Roberts suit les cours de l'école de Sandhurst et devient *Second-Lieutenant* du *Royal Tank Corps* en 1926. Il fait toute la campagne d'Afrique du Nord à l'état-major de la *7th Armoured Division*, de la *4th Armoured Brigade* et du *XXX Corps* puis comme chef du *3rd Royal Tank Regiment*. A partir d'août 1942, il commande une brigade blindée à la tête de laquelle il se distingue lors des combats d'Alam Halfa. Décoré de la *Military Cross* en 1941 et du *Distinguished Service Order* en 1942, Roberts est considéré comme un des meilleurs chefs de blindés de l'armée britannique. A la fin de la campagne de Tunisie, il est appelé en Angleterre. Il prend le commandement de

the *51st Infantry Division*. In 1941, he was sent to Cairo as Auchinleck's Deputy Chief of the General Staff. Promoted to acting major-general in 1941, Ritchie became 8th Army chief-of-staff in November 1941. He left that post in June 1942 and returned to England where he was put in command of the *52nd Infantry Division*. Promoted to acting lieutenant-general early in 1944, shortly afterwards he was given command of the **XII Corps**. Ritchie commanded that corps during the Normandy campaign and until the end of the war. After the war, he became commander of the Scottish Command then commander-in-chief of the Far East Ground Forces. He left the army in 1951 and emigrated to Canada where he embarked on a brilliant new career in business. He died on 11 December 1983. Awarded an OBE (1944) and made a Knight of the Order of the Bath (1947).

- George Philip Bradley ROBERTS

Born on 5 November 1906, George Philip Bradley Roberts attended the officers' training college at Sandhurst and became a second-lieutenant with the Royal Tank Corps in 1926. He fought the entire North African campaign as a staff officer with the 7th Armoured Division, 4th Armoured Brigade and XXX Corps, then as commander of the 3rd Royal Tank Regiment. From August 1942, he commanded an armoured brigade, personally fighting with distinction during the battle for Alam Halfa. Awarded the Military Cross in 1941 and a DSO in 1942, Roberts was rated one of the British Army's top tank commanders. At the end of the Tunisian campaign, he was recalled to England. He took over command of the **11th Armoured Division** in December 1943, when barely 37 years old. He was the youngest divisional commander in the British Army. Roberts held onto his command until the end of the war, and won numerous distinctions : Order of the Bath in 1945, French Légion d'honneur and Croix de Guerre. After the war, he commanded his division occupying Germany and later became commander of the Royal Armoured Corps. He left the army in 1949 for a new career in business.

Portrait du *Maj.Gen* G.P.B. Roberts, chef de la *11th Armoured Division*.

Portrait of 11th Armoured Division commander Maj.Gen G.P.B. Roberts.

la **11th Armoured Division** en décembre 1943, âgé d'à peine 37 ans. C'est le plus jeune chef de division de l'armée britannique. Roberts garde son commandement jusqu'à la fin de la guerre, obtenant de nombreuses distinctions : ordre du Bain en 1945, Légion d'honneur et croix de guerre française. Après la guerre, il commande sa division en occupation en Allemagne puis devient chef du *Royal Armoured Corps*. Il quitte l'armée en 1949 et se reconvertit dans les affaires.

- Robert Knox ROSS

Né le 23 août 1893, Robert Knox Ross est le fils du *Brigadier* R.J. Ross. Après des études au *Cheltenham College*, il suit les cours de l'école d'officiers de *Sandhurst*. *Second-Lieutenant* en 1913, il est *Lieutenant* en 1914. Il participe à la Première Guerre mondiale à l'état-major de la *30th Infantry Division* puis comme *Brigade-Major* de la *22nd Infantry Brigade* puis de la *223rd Infantry Brigade*. *Captain* en 1915, il obtient le *Distinguished Service Order* en 1918 ainsi que la *Military Cross*. En 1918-1919, il sert en Egypte puis devient Adjudant du *2nd Battalion* du *Quenn's Royal Regiment* (1919-1922). De 1923 à 1932, il est attaché à l'armée égyptienne et à la force de défense du Soudan. *Major* en 1931, il obtient les grades de *Lieutenant-Colonel* et de *Colonel* en 1937. Chef du *2nd Battalion* du *Queen's Royal Regiment* de 1937 à 1939, il commande une brigade d'infanterie en 1939. Il prend ensuite le commandement de la **53rd Infantry Division**. Il le conserve jusqu'à la fin de la guerre.

- Guy Granville SIMONDS

Né à Ixworth Abbey le 3 avril 1903 du *Lieutenant-Colonel* Cecil Barrox Simonds et d'une mère américaine, Guy Grandville Simonds, effectue ses études secondaires à l'*Ashbury College* à Ottawa. Après le *Royal Military College*, il obtient une commission de *Second-Lieutenant* dans le *Royal Canadian Horse Artillery* en 1925. Il suit les cours du *Staff College* de Camberley avant de servir à l'état-major du *Canadian Corps* (1941-1942). En 1942-1943, il commande la *Canadian Infantry Brigade* puis devient chef d'état-major de la *1st Canadian Army* (1943). Promu *Major-General* en 1943, alors âgé de 40 ans (c'est le plus jeune général de l'armée canadienne), il commande la *1st Canadian Infantry Division* en Sicile puis en Italie (1943-1944). *Lieutenant-General* en 1944, il succède au *Lieutenant-General* Sansom, tué dans un accident d'avion, à la tête du **II Canadian Corps** le 30 janvier 1944. Il conserve ce commandement jusqu'au 25 juin 1945.

- Gwylen Ivor THOMAS

Fils de John Thomas, harpiste de la Reine Victoria et du Roi Edouard VIII, Gwylen Ivor Thomas naît en 1893. Après des études au *Cheltenham College*, il suit les cours de la *Royal Military Academy* (1912) et se voit affecté au *Royal Artillery*. Il participe à la Première Guerre mondiale sur le front de l'ouest. Blessé, il est décoré du *Distinguished Service Order* (1917) et de la *Military Cross*. Il poursuit sa carrière entre les deux guerres, occupant de nombreux postes en état-major. *Major* en 1929, il obtient le grade de *Lieutenant-Colonel* en 1933 et celui de *Colonel* en 1936. A la veille de la guerre, il est *Brigadier*. Promu *Major-General* en 1942, il prend le commandement de la **43rd Infantry Division** et le garde jusqu'à la fin des hostilités. En 1945, le général Thomas devient chef du *I Corps* en occupation en Allemagne. Il quitte l'armée en 1952 après avoir occupé différents postes

administratifs (quartier maître général notamment). Il est mort le 29 août 1972.

- Robert Knox ROSS

*Born on 23 August 1893, Robert Knox Ross was the son of Brigadier R.J. Ross. After studying at Cheltenham College, he attended the officers' training college at Sandhurst. He was second-lieutenant in 1913, and lieutenant in 1914. He fought in World War I as a staff officer with the 30th Infantry Division then as brigade-major of the 22nd Infantry Brigade, and later the 223rd Infantry Brigade. Promoted to captain in 1915, he was awarded a DSO in 1918 and the Military Cross. In 1918-1919, he served in Egypt then became Adjutant of the 2nd Battalion of the Queen's Royal Regiment (1919-1922). From 1923 to 1932, he was attached to the Egyptian Army and at the Sudan defense force. A major in 1931, he rose to lieutenant-colonel and colonel in 1937. Commander of the 2nd Battalion of the Queen's Royal Regiment from 1937 to 1939, he commanded an infantry brigade in 1939. He then took over command of the **53rd Infantry Division**, a post he held until the end of the war.*

- Guy Granville SIMONDS

*Born at Ixworth Abbey on 3 April 1903 to Lieutenant-Colonel Cecil Barrox Simonds and an American mother, Guy Granville Simonds attended secondary school at Ashbury College in Ottawa. After Royal Military College, he won a commission as second-lieutenant in the Royal Canadian Horse Artillery in 1925. He studied at Camberley Staff College before serving on the general staff of the Canadian Corps (1941-1942). In 1942-1943, he commanded the Canadian Infantry Brigade then became 1st Canadian Army chief-of-staff (1943). Promoted to major-general in 1943, at the age of 40 (he was the youngest general in the Canadian Army), he commanded the 1st Canadian Infantry Division in Sicily and later Italy (1943-1944). As a lieutenant-general in 1944, he took overas commander of the **II Canadian Corps** on 30 January 1944 from Lieutenant-General Sansom, who was killed in an air crash. He held onto that command until 25 June 1945.*

- Gwylen Ivor THOMAS

*The son of John Thomas, harpist to Queen Victoria and King Edward VIII, Gwylen Ivor Thomas was born in 1893. After studying at Cheltenham College, he attended the Royal Military Academy (1912) and was drafted into the Royal Artillery. He fought in World War I on the western front. He was wounded, and won a DSO (1917) and the Military Cross. He continued his career between the two wars, holding numerous posts on the general staff. A major in 1929, he was promoted to lieutenant-colonel in 1933 and colonel in 1936. On the eve of the war, he was a brigadier. Promoted to major-general in 1942, he took over command of the **43rd Infantry Division** and remained in command until hostilities were over. In 1945, General Thomas became I Corps commander occupying Germany. He left the army in 1952 after holding various administrative posts (notably quartermaster-general). He died on 29 August 1972.*

Les hautes distinctions militaires britanniques

1 - L'ordre du Bain

The Most Honourable Order of the Bath est fondé en 1725 par Sir Robert Walpole (Premier Ministre du Roi George Ier) et comprend à l'origine une classe, chevalier (*Knight of the Bath*). Après les guerres napoléonienne, l'ordre est divisé en une branche civile avec une classe et une branche militaire avec trois classes, *Knight Grand Cross* (G.C.B.), *Knight Commander* (K.C.B.) et *Companion of the Bath* (C.B.). En 1847, le système des trois classes est étendu à la branche civile de l'ordre. Réservé aux officiers supérieurs (et plus particulièrement aux généraux), l'ordre du Bain récompense les mérites exceptionnels. La Grand-Croix est considérée comme la plus haute distinction militaire britannique. Le nombre de ses récipiendaires est limité à 22.

2 - L'ordre de l'Empire Britannique

The Most Excellent Order of the British Empire est fondé en 1917 par le Roi George V pour récompenser les civils et les militaires, britanniques ou non, ayant rendu des services éminents à la couronne en métropole, en Inde et dans les dominions et colonies de l'Empire. En 1918, l'ordre est divisé en une branche civile et une branche militaire, cette dernière étant réservée aux officiers. L'ordre de l'Empire britannique comprend cinq classes : *Knight Grand Cross* (G.B.E.), *Knight Commander* (K.B.E.), *Commander* (C.B.E.), *Officer* (O.B.E.) et *Member* (M.B.E.). Les deux première classes donnent le droit au titre de « Sir » (sauf pour les étrangers).

3 - Le Distinguished Service Order

Le *Distinguished Service Order* est créé par la reine Victoria en 1886 pour récompenser les officiers des trois armes s'étant distingués au cours des combats et ayant fait l'objet d'une citation. Il comprend une seule classe et peut-être attribué plusieurs fois (chaque nouvelle attribution étant signalée par une barette sur le ruban). Les récipiendaires font suivre leur nom des trois lettres D.S.O. Dans la hiérarchie des ordres et décorations, le *Distinguished Service Order* prend rang juste après l'ordre du *British Empire*.

4 - La Military Cross

La *Military Cross* est instituée le 31 décembre 1914. Elle récompense les officiers et sous-officiers de l'armée de terre s'étant distingués par des actes de bravoure (ou non) au cours des combats. Elle peut aussi être attribuée à des membres de l'armée de l'air mais pour des actions à terre. La *Military Cross* prend rang juste après le D.S.O. et donne le droit au port des deux lettres M.C. après le nom.

On reconnaît sur cette photo, datant d'août 1944, de gauche à droite : Dempsey, Hodges, Crerar, Montgomery et Bradley. (IWM.)

On this photo dating from August 1944, we see from left to right : Dempsey, Hodges, Crerar, Montgomery and Bradley. (IWM.)

British military decorations

1 - The Order of the Bath

The Most Honourable Order of the Bath was founded in 1725 by Sir Robert Walpole (Prime Minister under King George I), and originally had one class: Knight of the Bath (K.B.). After the Napoleonic wars, the order was split into a civilian branch with one class and a military branch with three classes: Knight Grand Cross (G.C.B.), Knight Commander (K.C.B.), and Companion of the Bath (C.B.). In 1847, the three class system was extended to the civilian branch of the order. Reserved for senior officers (and more especially for generals), the Order of the Bath is awarded for outstanding merit. The Grand Cross is held to be Britain's highest military distinction. It has been awarded just 22 times.

2 - The Order of the British Empire

The Most Excellent Order of the British Empire was founded by King George V in 1917 to reward civilians and military, whether British or otherwise, who had done distinguished service to the Crown in the United Kingdom, India and throughout the dominions and colonies of the Empire. In 1918, the order was split into a civilian branch with one class and a military branch also with one class, reserved for officers. The Order of the British Empire has five classes: Knight Grand Cross (G.B.E.), Knight Commander (K.B.E.), Commander (C.B.E.), Officer (O.B.E.), and Member (M.B.E.). The holder of one of first two classes (except for foreigners) takes the title "Sir" ("Dame" for women).

3 - The Distinguished Service Order

The Distinguished Service Order was created by Queen Victoria in 1886 to reward officers of the three arms who had fought with distinction and received a citation. It has just one class and can be awarded more than once (each fresh award is marked by a bar on the ribbon). Recipients put the three letters D.S.O. after their names. The Distinguished Service Order comes just behind the Order of the British Empire in order of importance.

4 - The Military Cross

The Military Cross was introduced on 31 December 1914. It rewards army officers and NCOs who have distinguished themselves by acts of bravery (or not) in action. It may be awarded to members of the Air Force, but only for action on the ground. The Military Cross comes just behind the D.S.O. and recipients can put the two letters M.C. after their names.

Annexe concernant les régiments
Appendix concerning the regiments

Régiments ayant fourni des bataillons aux divisions britanniques engagées en Normandie

Comme dans la France d'Ancien Régime, les régiments de l'armée britannique (et canadienne) sont souvent liés à un terroir précis, généralement un comté (*Shire*) dont ils portent le nom (*Devonshire Regiment, Hampshire Regiment, Lincolnshire Regiment*, etc.). Ces régiments, qui ne sont que des unités administratives, sont subdivisés en bataillons. Le nombre des bataillons est fonction de l'importance des recrues disponibles dans le territoire d'origine du régiment. Les bataillons sont ensuite répartis dans les différentes divisions. Le régiment du comté de Lincoln (*Lincolnshire Regiment*) a ainsi fourni des bataillons aux *3rd* et *49th Infantry Divisions*, le régiment de l'est du comté d'York ou *East Yorkshire Regiment* (les comtés importants peuvent avoir plusieurs régiments) aux *3rd* et *50th Infantry Divisions*. 61 régiments différents (pas toujours régio**1.**naux) ont fourni des bataillons aux 13 divisions britanniques engagées en Normandie. Ce système compliqué explique la profusion d'insignes portés par les soldats britanniques et canadiens. Sur le haut de la manche du *battledress* apparaît, à côté de l'insigne de division (ou de brigade), le *Formation badge*, un titre d'épaule (ou un morceau de tartan de forme variable pour les unités écossaises) qui rappelle le régiment d'origine. Ce dernier est aussi évoqué par l'insigne métallique porté sur la coiffure.

Regiments supplying battalions to British divisions committed in Normandy

As in France under the Ancien Régime, the regiments of the British (and Canadian) Army often have strong regional ties, generally a county (or shire) whose name they bear (Devonshire Regiment, Hampshire Regiment, Lincolnshire Regiment, etc.). These regiments, which are no more than administrative units, are divided up into battalions. The number of battalions depends on the numbers of recruits available in the regiment's home catchment area. The battalions are then distributed among the different divisions. Thus the Lincolnshire Regiment supplied battalions to the 3rd and 49th Infantry Divisions, the East Yorkshire Regiment (the bigger counties can have more than one regiment) to the 3rd and 50th Infantry Divisions. 61 different regiments (not all regionally-based) supplied battalions to the 13 British divisions committed in Normandy. This complicated system accounts for the profusion of badges worn by British and Canadian troops. At the top of the battledress sleeve, beside the divisional (or brigade) insignia was the formation badge, a shoulder flash (or for Scottish units a piece of tartan of variable shape) recalling the soldier's home regiment. This is also indicated by the metal cap badge.

1. Argyll and Sutherland Highlanders (15th Infantry Division, 51st Infantry Division)

2. Black Watch (51st Infantry Division)

3. Coldstream Guards (Guard Armoured Division)

4. Dorsetshire Regiment (43rd Infantry Division)

5. Duke of Cornwall's Light Infantry (43rd Infantry Division)

6. Duke of Wellington Regiment (49th Infantry Division)

7. Cameronian Regiment (15th Infantry Division)

8. Cheshire Regiment (50th Infantry Division, 6th Airborne Division)

9. Devonshire Regiment (50th Infantry Division)

10. Dorsetshire Regiment (50th Infantry Division)

11. Durham Light Infantry (50th Infantry Division)

12. East Lancashire Regiment (53rd Infantry Division, 59th Infantry Division)

13. East Yorkshire Regiment (3rd Infantry Division, 50th Infantry Division)

14. Essex Regiment (49th Infantry Division)

15. Fife and Forfar Yeomanry (11th Armoured Division)

16. Glasgow Highlanders (15th Infantry Division)

17. Gloucestershire Regiment (49th Infantry Division)

18. Gordon Highlanders (15th Infantry Division, 51st Infantry Division)

19. Green Howards (50th Infantry Division)

20. Grenadier Guards (Guard Armoured Division)

21. Hampshire Regiment (43rd Infantry Division, 50th Infantry Division)

22. Heresfordshire Regiment (11th Armoured Division)

23. Highland Light Infantry (15th Infantry Division)

24. Inniskilling Dragoon Guards (7th Armoured Division)

25. Irish Guards (Guard Armoured Division)

26. King's Own Scottish Borderers (3rd Infantry Division, 15th Infantry Division)

27. King's Own Yorkshire Light Infantry (49th Infantry Division)

28. King's Royal Hussars (11th Armoured Division)

29. King's Shropshire Light Infantry (3rd Infantry Division, 11th Armoured Division)

30. Lancashire Fusiliers (59th Infantry Division)

31. Leicestershire Regiment (49th Infantry Division)

32. Lincolnshire Regiment (3rd Infantry Division, 49th Infantry Division)

33. Manchester Regiment (53rd Infantry Division)

34. Middlesex Regiment (3rd Infantry Division, 51st Infantry Division)

35. Monmouthshire Regiment (53rd Infantry Division, 11th Armoured Division)

36. North Staffordshire Regiment (59th Infantry Division)

37. Northhamptonshire Yeomanry (11th Armoured Division)

38. Oxfordshire and Buckinghamshire Light Infantry (53rd Infantry Division, 6th Airborne Division))

39. Princess Louise's Kensington Regiment (49th Infantry Division)

40. Queen's Royal Regiment (7th Armoured Division)

41. Queen's Own Cameron Highlanders (51st Infantry Division)

42. Rifle Brigade (7th Armoured Division, 11th Armoured Division)

43. Royal Irish Hussars (7th Armoured Division)

44. Royal Norfolk Regiment (3rd Infantry Division, 59th Infantry Division)

45. Royal Northumberland Fusiliers (5.9th Infantry Division)

46. Royal Scot Fusiliers (15th Infantry Division, 49th Infantry Division)

47. Royal Scots Regiment (15th Infantry Division)

48. Royal Tank Regiment (7th Armoured Division, 11th Armoured Division)

49. Royal Ulster Rifles (3rd Infantry Division, 6th Airborne Division)

50. Royal Warwickshire Regiment (3rd Infantry Division, 59th Infantry Division)

51. Royal Welch Fusiliers (53rd Infantry Division)

52. Seaforth Highlanders (15th Infantry Division, 51st Infantry Division)

53. Sommerset Light Infantry (43rd Infantry Division)

54. South Lancashire Regiment (3rd Infantry Division)

55. South Staffordshire Regiment (59th Infantry Division)

56. South Wales Borderers (49th Infantry Division)

57. Suffolk Regiment (3rd Infantry Division).

58. Welch Guards (Guard Armoured Division)

59. Welch Regiment (53rd Infantry Division)

60. Wiltshire Regiment (43rd Infantry Division)

61. Worcester Regiment (43rd Infantry Division)

62. York and Lancaster Regiment (49th Infantry Division)

8

10

11

12

13

14

15

16

17

19

20

21

22

24

26

27

28

Régiments ayant fourni des bataillons aux divisions canadiennes engagées en Normandie
Regiments supplying battalions to Canadian divisions committed in Normandy

- Algonquin Regiment (4th Canadian Armoured Division)
- Argyll and Sutherland Highlanders of Canada-Princess Louise's (4th Canadian Armoured Division)
- 21st Armoured Regiment-The Governor General's Foot Guards (4th Canadian Armoured Division)
- 22nd Armoured Regiment-The Canadian Grenadier Guards (4th Canadian Armoured Division)
- 28th Armoured Regiment-The British Columbia Regiment (4th Canadian Armoured Division)
- Black Watch (Royal Highland Regiment) of Canada (2nd Canadian Infantry Division)
- Calgary Highlanders (2nd Canadian Infantry Division)
- Canadian Scottish Regiment (3rd Canadian Infantry Division)
- Canadian Hussars (2nd Canadian Infantry Division)
- Essex Scottish Regiment (2nd Canadian Infantry Division)
- Fusiliers Mont-Royal (2nd Canadian Infantry Division)
- Highland Light Infantry of Canada (3rd Canadian Infantry Division)
- Lake Superior Regiment (4th Canadian Armoured Division)
- Lincoln and Welland Regiment (4th Canadian Armoured Division)
- North Novia Scotia Highlanders (3rd Canadian Infantry Division)
- North Shore Regiment (3rd Canadian Infantry Division)
- Queen's Own Cameron Highlanders of Canada (2nd Canadian Infantry Division)
- Queen's Own Rifles of Canada (3rd Canadian Infantry Division)
- Régiment de la Chaudière (3rd Canadian Infantry Division)
- Régiment de Maisonneuve (2nd Canadian Infantry Division)
- Regina Rifles (3rd Canadian Infantry Division)
- Royal Hamilton Light Infantry (2nd Canadian Infantry Division)
- Royal Regiment of Canada (2nd Canadian Infantry Division)
- Royal Winnipeg Rifles (3rd Canadian Infantry Division)
- Stormont, Dundas and Glengarry Highlanders (3rd Canadian Infantry Division)
- South Alberta Regiment (4th Canadian Armoured Division)
- South Saskatchewan Regiment (2nd Canadian Infantry Division)
- Toronto Scottish Regiment (2nd Canadian Infantry Division)

Brigades indépendantes engagées en Normandie
Independent brigades committed in Normandy

* Brigades britanniques
- *56th Infantry Brigade*
- *4th Armoured Brigade*
- *6th Guards Armoured Brigade*
- *8th Armoured Brigade*
- *27th Armoured Brigade*
- *31st Armoured Brigade*
- *32nd Armoured Brigade*
- *34th Armoured Brigade*
- *1st Special Service Brigade*
- *4th Special Service Brigade*
* brigades canadiennes et autres
- *2nd Canadian Armoured Brigade*
- *Royal Netherlands Brigade*
- *1st Belgian Brigade*
- *Czechoslovakian Armoured Brigade*

51

52

53

54

54a

55

56

57

58

59

61

62

50. Royal Warwickshire Regiment (3rd, 59th Infantry Division).

51. Royal Welch Fusiliers (53rd Infantry Division).

52. Seaforth Highlanders (51st Infantry Division).

53. Sommerset Light Infantry (43rd Infantry Division).

54. South Lancashire Regiment (3rd Infantry Division).

55. South Staffordshire Regiment (59th Infantry Division).

56. South Wales Borderers (49th Infantry Division).

57. Suffolk Regiment (3rd Infantry Division).

58. Welch Guards (Guards Armoured Division).

59. Welch Regiment (53rd Infantry Division).

60. Wiltshire Regiment (43rd Infantry Division).

61. Worcestershire Regiment (43rd Infantry Division).

62. York and Lancaster Regiment (49th Infantry Division).